장로교회사

A History of the Presbyterians
by Deok Kyo Oh, Th. M., Ph. D.

Copyright © 2006 Hapdong Theological Seminary Press
Published by Hapdong Theological Seminary Press
50, Gwanggyojungang-ro, Yeongtong-gu. Suwon-si, Gyeonggi-do, 16517 Korea

장로교회사

초판 1쇄 발행 | 1995년 10월 10일
2판 3쇄 발행 | 2005년 3월 16일
개정증보 3판 1쇄 발행 | 2006년 9월 5일
　　　　　 4쇄 발행 | 2013년 1월 22일
　　　　　 6쇄 발행 | 2024년 3월 10일
지은이 | 오덕교
발행인 | 김학유
펴낸곳 | 합신대학원출판부
주　소 | 16517 수원시 영통구 광교중앙로 50 (원천동)
전　화 | (031)217-0629
팩　스 | (031)212-6204
홈페이지 | www.hapdong.ac.kr
출판등록번호 | 제 22-1-1호
출판등록일 | 1987년 11월 16일
인쇄처 | 예원프린팅 (031)902-6550
총　판 | (주)기독교출판유통 (031)906-9191
값 17,000원

ISBN　89-86191-70-9

이 도서의 국립중앙도서관 출판시 도서 목록(CIP)은 e-CIP 홈페이지
http://www.nl.go.kr/cip.php에서 이용하실 수 있습니다.
(CIP 제어번호 : CIP 2006001859)

장로교회사

| 오덕교 지음 |

A History of the Presbyterians

합신대학원출판부

DCC   *Oxford Dictionary of the Christian Church.* Edited by Cross. London: Oxford University Press, 1958.

EB   *Encyclopaedia Britannica*, 14th edition (1967).

ERF   *Encyclopedia of the Reformed Faith.* Edited by Donald K. McKim. Louisville, Kentucky: Westminster /John Knox Press, 1992.

LCC 14   *Advocates of Reform: The Library of Christian Classics.* Edited by Matthew Spinka. vol. 14. Philadelphia: The Westminster Press. 1953.

LCC 21   *Calvin: Institutes of Christian Religion: The Library of Christian Classics.* Edited by John T. McNeill. vol. 21. Philadelphia: The Westminster Press. 1953.

MGA   *Minutes of the General Assembly of the Presbyterian Church in the United States of America from Its Organization A.D. 1789 to A.D. 1820 Inclusive.* Philadelphia, 1847.

RPC   *Records of the Presbyterian Church in the United States of America, etc.*, 1706~1788, Philadelphia, 1904.

SHC   *Second Helvetic Confession.* Philip Schaff, *The Creeds of Christendom With a History and Critical Notes*, vol. 3. Grand Rapids, Michigan : Baker Book House, 1985.

WCF   *The Confession of Faith; The Larger and Shorter Catechisms, etc.* Scotland: Free Presbyterian Publi- cations, 1983.

한국 교회는 이제 선교 2세기를 맞이하고 있다. 복음 전파와 함께 많은 기독교 명문 사학을 세워 인재를 양성하고 고아원과 모자원, 장애자를 위한 복지시설 등을 세워 구제에 앞장 서 왔다. 반상제도와 남존여비 사상을 타파하여 평등 사회를 만드는 데 공헌했으며, 국산장려 운동, 금주와 금연 등의 절제 운동을 통하여 나라 사랑의 본을 보였고, 105인 사건과 3 · 1 만세 운동 등에서 볼 수 있는 것처럼 자주 독립과 민족의 자존심을 지키는 데 앞장 서 왔다. 그 결과 선교 100년만에 세계에서 가장 규모가 큰 장로교회를 가지게 되었고, 수많은 신학교에서 목회자들을 배출하여 지구촌 구석구석에 선교사로 파송할 정도로 성장하였다. 현재는 세계에서 2번째로 선교사를 많이 파송하는 나라가 되었다.

그럼에도 불구하고, 오늘날 한국교회는 세상 사람들의 비판 대상이 되고 있다. 지난 1세기 동안 선진들이 지켜 온 아름다운 전통을 다 잃어버리고, 세속적인 집단으로 변모하였기 때문이다. 교권주의, 교회성장주의, 개교회주의,

지방색, 무인가 신학교의 난립, 그로 인한 자격 없는 목회자의 양산 등으로 세상의 지탄을 받아오고 있다. 특히 장로교회는 150여개가 넘는 교파로 분열하여 세상 사람들의 눈에 이기적이며 분파적인 집단으로 비춰지고 있다. 이러한 현상은 한국장로교회가 교회적 정체성을 상실한 데서 온 것이라고 할 수 있다.

장로교회의 정체성 확인은 장로교회의 역사와 신앙적 유산을 살핌으로 가능할 것이다. 장로교인들이 믿은 것과 살아온 방식을 고찰함으로 그 정체성을 확인할 수 있게 된다는 말이다. 곧 장로교회는 성경이 교훈하는 대로 믿고, 예배하며, 교회를 다스려왔다. 어떤 인위적인 교훈이나 사상이 교회를 다스리지 못하게 하고 성경을 통해 보여준 원리에 따라 사회를 변혁하며 교회를 운영해 왔다. 필자는 이러한 확신 가운데 장로교회를 사랑하고 지금까지 합동신학대학원에서 장로교회 역사를 강의하여 왔으며, 강의들을 묶어서 출판하게 되었고, 이번에 증보판을 내게 되었다.

이 책은 세 부분으로 구성되었다. 첫째 부분에서는 장로교회의 신학 원리에 대하여 다루었다. 장로정치의 성경적 배경과 역사성, 특히 초대 교부들의 글에 나타나는 장로교인들의 신학과 생활상을 고찰해 보았고, 계급 구조적인 감독정치가 나타난 상황과 그에 대한 장로교도들의 반응에 대해 다루었다. 둘째 부분에서는 루터, 츠빙글리, 칼빈과 같은 종교개혁자들의 신학 사상을 중심으로 장로교 신학과 예배, 정치사상의 발전 과정과 그것이 서구에 정착하게 된 배경을 살펴보았다. 마지막 부분에서는 미국장로교회와 한국장로교회를 중심으로 장로교도의 이상과 현실 사이의 갈등에 대해 다루었다. 뉴잉글랜드 청교도와 '언덕 위의 도시' 사상, 신앙고백에 대한 자세, 목사의 자격 문제, 부흥운동, 노예 문제, 진화론, 자유주의 신학의 도전, 민주화와 같은 시대적인 요구에 대한 장로교도의 반응을 살펴보았다.

이 책을 출판하면서 가능한 한 난하주(footnote)를 피하고 본문에 직접 그 출처를 밝히는 저자-연대기법(Author-date system) 등의 새로운 기법을 사용하였음을 밝힌다. 남아프리카 교회사에 대한 자료를 제공해 준 한성진 박사와 나의 반려자로 언제나 격려와 위로를 준 아내 이정화와 교열과 편집으로 수고해 주신 출판부의 조주석 목사님과 김현주 선생에게 감사를 드린다. 아무쪼록 졸저가 성경적인 교회 개혁을 추구하는 많은 사람들의 지성을 자극하여 성경적인 교회를 세워가는 방법과 장로교의 정체성을 확인하게 하고, 장로교회 운동을 통해 이 땅에 성경적인 문화가 이루어지기를 기도한다.

2006. 2.
연구실에서 오 덕 교

차례

1장
초대교회와 장로정치

인류의 시조 아담이 타락하면서 모든 인간은 죄를 범하였고, 죄의 영향으로 전적인 타락과 부패에 놓이게 되었다. 하나님이 세우신 법보다는 인간의 지혜를 더 높이며, 하나님의 뜻을 이루기보다는 대적하는 것을 더 좋아하게 된 것이다. 이러한 죄성과 부패의 흔적은 하나님의 말씀과 성령으로 거듭난 신자에게서도 발견할 수 있다. 그래서 지상 교회는 때때로 하나님의 교회인지 세상 왕국인지 구별할 수 없을 정도로 부패하기도 하고, 혼돈과 무질서에 빠지기도 한다.

하나님의 나라는 하나님의 말씀과 성령이 지배하는 곳에 이루어진다. 말씀과 성령이 다스릴 때 부패한 인간의 심성은 제어되고, 영적인 새로운 질서가 시작되어 유지된다. 하나님의 나라는 구원받은 모든 성도들이 사후에 참여할 '영광의 나라'(kingdom of glory)와 지상에서 성도들이 은혜의 수단을 맛보며 살아가는 '은혜의 왕국'(kingdom of grace)으로 구성된다. 영광의 왕국은 하늘에 속한 것이므로 이 땅에서 완성될 수 없지만, 은혜의 왕국은 이 세상에서 지상 교회를 통하여 시작되고 성장하여 간다. 곧 영광의 왕국은 구원 받은 모든 천상의 성도들로 구성되지만, 은혜의 왕국은 "세례를 통하여 믿음 생활을 시작하고 성찬에 참여함으로써 참된 교리를 고백하며, 사랑으로 하나가 되었음을 증거하며, 하나님의 말씀 안에서 살며, 말씀 전하는 일을 위하여 그리스도께서 맡기신 사역을 감당하는 무리들로 구성된다. 그렇지만 그 안에는 세상적인 야심을 가진 자들, 탐욕스러운 자들, 쟁투를 일삼는 자들, 악담하는 자들, 그리고 부정하게 생활하는 자들이 많이 섞여 있다"(Calvin 1960, 4.1.7). 그러므로 은혜의 왕국이 성장하고 죄악의 오염으로부터 보존되기 위해서는 왕국의 규범인 하나님의 말씀과 그 왕국의 규범을 시행하는 교회 정부가 바로 서 있어야 한다.

1. 교회정치의 여러 가지 형태

교회는 "하나님의 은밀한 선택에 기초"하여 세워졌다. 이 교회는 "선택 받은 자들이 그리스도 안에서 연합하여(엡 1:22~23) 머리되시는 그리스도 예수를 중심으로 한 몸을 이루고, 서로 연결되고 결합되어진" 유기체적인 조직(Calvin 1960, 4.1.2.)으로, 보편적이지만 하나이고, 음부의 권세가 해하지 못하도록 하나님의 보호하심을 받는다(마 16:18).

하나님의 은혜는 모든 자에게 적용되는 것이 아니라 믿는 자들에게만 주어진다. 교회는 하나님을 아버지로 믿는 자들에게만 어머니가 되기 때문이다. 어머니가 자녀를 잉태하여 젖으로 양육하는 것처럼, 교회는 성도들이 육체를 벗고 천사처럼 변화하여 천상의 영광에 들어갈 때까지 말씀과 성령으로 보살피며 인도한다(마 24:30~31). 이러한 면에서 볼 때, 교회는 성도들에게 없어서는 안 될 절대적으로 필요한 기관이다. "인간은 연약하여 교회라는 학교의 학생들로 존재하면서 거기서 벗어나서는 안 되며, 이사야(사 37:32)와 요엘(욜

2:32)이 증거하듯이, 교회의 품을 떠나서는 죄 사함이나 구원에 대한 소망을 가질 수가 없기 때문이다"(Calvin 1960, 4.1.4).

교회에 대한 다양한 의견과 입장은 수많은 교파를 만들어내었고, 오늘날은 서유럽과 아메리카 대륙 중심의 서방교회와 러시아와 동부 유럽 중심의 동방교회로 나누어져 있다. 동방교회는 그리스 정교회와 러시아 정교회가 중심을 이루며, 의식을 강조하고 신비 현상을 중시하고 있다. 서방교회는 로마의 교황청을 중심으로 하는 로마천주교회와 루터와 칼빈의 종교개혁 사상을 따르는 기독교회(Protestant)로 이루어져 있다.

기독교회는 장로교회, 루터교회, 침례교회, 성공회, 감리교회 등 다양한 교파로 구성되어 있다. 이 교회들은 한 하나님을 믿으며, 성경을 신앙의 기준으로 받아들이지만 교리와 교회정치에 대해서는 각기 다른 입장을 취한다. 하나의 교회가 이와 같이 여러 교파로 나누어진 것은 각 교파가 강조하는 신학적 전제의 차이 때문이다.

신학적 전제의 차이는 다양한 신학 운동과 교회 정치 형태를 주장할 수 있는 기초를 제공한다. 로마천주교회와 루터파 교회는 성경을 신앙과 생활의 권위로 인정하면서 인간적 전통과 이성을 성경과 동일한 권위가 있는 것으로 간주한다. 그러나 침례교회나 장로교회는 이성의 불완전함을 주장하면서 교회의 전통이나 이성적 교훈을 경시하고, 오직 성경만을 신앙의 최종적인 권위로 삼는다.

같은 신학적 전제를 가지고 있음에도 불구하고, 침례교회와 장로교회가 각기 다른 입장을 취하는 것은 성경을 보는 시각의 차이 때문이다. 장로교회는 계시의 통일성을 주장하면서 구약이 신약 안에서 완성되었다고 보는 반면, 침례교도들은 구약이 신약 안에서 폐지되었다고 보고 신약의 권위를 구약보다 더 강조한다. 곧 장로교도들은 구약의 할례와 신약의 세례를 같은 은혜 언약으로 보지만, 침례교회는 별개의 것이라고 주장한다. 이와 같이 신학적인 전제의 차이는 여러 교파들이 존재하게 할 뿐만 아니라 다양한 교회정치 형태가 설 수 있는 토양을 제공한다.

지상의 교회들이 취하고 있는 정치 형태는 크게 넷으로 나눌 수 있다. 로마 천주교회에서 채택하고 있는 교황정치(Papacy), 루터교회와 영국성공회와 감리교회 등이 취하고 있는 감독정치(Episcopacy), 독립교회와 회중교회와 침례교회 등이 채택하는 회중정치(Congregationalism)가 있고, 마지막으로 칼빈의 가르침을 따라 성경적 교회 운영을 주장하는 장로정치(Presbyterianism)가 있다.

교황정치

교황정치는 오랫동안 로마천주교회가 채택해 온 정치체제로, 교황 한 사람이 지상의 모든 교회를 다스린다. 교황주의자들은 성경을 하나님의 말씀으로 인정하면서도 교회회의를 성경과 같이 권위 있는 것으로 인정하고, '기록된 전통'(written tradition)인 하나님의 말씀과 '기록되지 않은 말씀'(unwritten tradition)인 교회의 전통이 신자들의 신앙과 생활에 있어서 핵심적인 규범이 된다고 주장한다.

이러한 전제 하에서, 로마천주교회는 교직의 지위와 업무에 있어서 계급상의 차별, 교직자와 평신도의 구별을 강조한다. 예수 그리스도께서 지상 교회를 다스리기 위하여 만드신 조직체가 바로 성직자 계층으로 구성된 교직제도라고 본다(성직자라는 말은 3세기에 나왔다. 3세기에 교회 사역자들, 특히 주교들을 사제라고 부르기 시작하였고, 사역자 집단 전체를 성직자(clergy)들이라고 불렀다.). 로마 교황이 그리스도의 대리자이며 지상 교회의 머리이며, 지상 교회는 교황 아래 추기경단, 추기경단 아래 대주교, 대주교 밑에 주교, 그리고 그 밑에 부제 (副祭) 등의 순서로 계급 구조를 이루어야 한다고 역설한다. 그리스도께서 교황에게 지상의 모든 권세를 다스릴 권한을 주셨으므로, 교황은 교회만이 아니라 세속 정부 영역까지도 다스려야 한다고 주장한다.

교황정치 제도는 교황을 정점으로 하여 모든 일을 일사불란하게 관장하며 처리할 수 있는 장점이 있다. 하지만, 성경이 보여주는 교회 행정 원리는 교회 지도자들이 세상 군주와 같이 지배하는 것이 아니라 섬김으로써 종의 도를 실천하는 것이다(마 20:25∼28). 그러므로 로마천주교회가 채택하고 있는 교황정치는 세속적이며 인위적인 조직이요 비성경적인 정치 체제라고 할 수 있다.

감독정치

감독정치는 교황정치의 변형으로, 기독교회 내에서 널리 채택되고 있다. 감독주의자들은 교황정치주의자들처럼 교회를 계급적인 구조로 보고, 성직자와 평신도를 구별함으로 평신도들을 교회 운영에서 제외시킨다. 교황주의자들이 지상의 모든 나라를 교황의 통치 아래 두려는 것과는 달리, 감독주의자들은 한 국가의 영역에서 한 명의 감독 또는 주교(bishop)를 세워 그를 중심으로 교회를 다스릴 것을 주장한다. 교황정치가 로마교회를 중심으로 전 세계적이요 보편적인 교회(cathourch)를 추구한다면, 감독정치는 한 나라를 중심으로 하는 국가교회(national church)를 지향한다. 감독정치는 상회와 하회의 구분이 분명하고, 성직자간에 계급이 존재하고, 지역 교회의 평등권과 자율권을 인정하지 않는다.[1]

---

1) 이와 같은 감독정치 체제를 감리교회가 따르고 있으나, 한국의 일부 장로교회들은 감독주의적인 교회 행정을 실시하고 있다. 예를 들면, 어떤 교회가 다른 지역에 교회를 개척하면서 동일한 교회명칭을 사용하게 하고 사람을 파송하여 교회를 관리하는 형태가 바로 그러한 것이다. 순복음 교단에서 볼 수 있는 것처럼, 곳곳에 분점을 세워서 지 교회를 다스리는 것도 로마천주교적인 계급 구조 형태의 한 모습이라고 할 수 있다. 이러한 교회정치 체제는 그리스도의 교회의 확장보다는 목회자 한 사람의 왕국 확장에 불과하며, 지역 교회의 자율과 평등

이 같은 감독정치를 채택하고 있는 교회로는 그리스 정교회, 스웨덴과 덴마크의 루터교회, 모라비아 감독교회, 영국 성공회(Anglican Church)와 감리교회 등이 있다. 성공회에서는 캔터베리 대주교가 최고의 권세를 가지고 있고, 감리교회에서는 감독이 동일한 권세를 행사한다. 감리교회는 영국성공회와 마찬가지로 교회정치에서 평신도의 참여를 부인한다. 곧 성직자들로 연회를 구성하고 연회가 교회를 다스리게 함으로 평신도의 교회정치 참여를 금하는 것이다.

회중정치

회중정치는 교황정치나 감독정치에 대한 반발로 일어난 정치체제로 침례교회, 형제단, 그리고 회중교회에서 채택하고 있는 제도이다. 회중정치주의자들은 교회 업무와 세속 정부의 업무는 별개의 것이며, 모든 지역 교회의 자율성이 보장되어야 한다고 주장한다. 즉 회중에 의한 목사의 선택, 예산의 자율적인 집행, 권징의 실시를 강조한다. 모든 교회와 교회 사이, 목회자와 목회자 간의 평등을 강조하며, 교회 안에 계급 구조가 있을 수 없다고 주장한다. 교회 연합을 강조하다 보면 교회가 제도화되고, 교회 조직이 계급 구조를 취할 가능성이 있다는 전제 아래, 노회와 총회 같은 교회회의의 위계제도를 반대하고, 치리와 권징을 위한 교회의 연합도 거부한다. 또한 구제나 선교, 교육 등 모든 행사를 개별 교회 중심으로 하는 등 개교회주의(個敎會主義)를 추구한다. 개교회의 결정을 최고로 삼으며, 어떤 상급회의의 판결에도 복종하지 않고, 교회의 모든 일을 결정할 수 있는 최종적인 권위를 개별 교회의 회중에 둔다.

그렇지만, 성경이 가르치는 교회정치 원리는 개교회주의적이 아니다. 사도

권을 가르치는 성경의 가르침에서 멀리 떠난 것이다. 교회의 자율을 부정하는 것을 비성경적이기 때문이다.

들이나 교부들이 다스렸던 초대교회는 개교회 중심으로 운영되지 않았고, 연합을 통해 권징과 구제를 실시하였다. 예루살렘 교회가 기근으로 어려움을 당할 때 안디옥 교회가 구제하기 위해 연보를 보내어 그들과 하나 됨을 나타내었으며(행 11:27~30), 할례 문제로 안디옥 교회 안에 갈등이 일어났을 때 예루살렘에 교회회의를 열어 문제를 해결하였다(행 15:6~21).

교회 직분자를 세울 때도 교회 연합체를 통해 임직하였다. 여러 교회가 연합하여 직분자를 세웠던 것이다. 디모데가 목사 안수를 받을 때 하나의 개교회가 행한 것이 아니라 "장로의 회"를 통해 받았다. 그래서 바울은 디모데에게 "장로의 회에서 안수 받은 것을 기억하라"(딤전 4:14)고 하였다. 이와 같이 사도 시대에는 예루살렘 교회회의와 "장로의 회"와 같은 교회 연합체가 있었고, 연합을 통해 교회를 운영하였다. 그러므로 어떠한 인위적 전제나 조건을 빌미로 하여 교회 연합을 부정하는 것은 성경적이라고 할 수 없다.

장로정치

장로교도들은 교회가 계급 구조로 이루어질 수 없고, 교직제도가 교회의 본질이 될 수 없다고 주장한다. 교회는 개인이 다스리기 위해 있는 것이 아니라 그리스도의 공동체를 섬기기 위하여 존재하기 때문이다. 장로교도들은 만인제사장직을 강조하며, 모든 성도가 하나님 앞에 평등하며 교직자 간 또는 교회와 교회 사이에 평등이 유지되어야 한다고 주장한다. 곧 계급적인 감독주의에 반대하여 교직의 동등성(parity)을 주장하고, 주교의 관할 아래 있는 교구제도가 아닌 소교구제도(parochial system)를 채택한다.

그렇지만 장로교회는 회중정치와는 달리 당회 · 노회 · 총회라고 하는 교회회의의 위계질서를 인정한다. 곧 회중교회가 주장하는 자율과 평등 사상을 수용하지만, 그들과 달리 교회회의의 위계성과 교회의 연합을 강조한다. 곧 장로교회 정치형태는 교회의 일치를 구현하는데 실패한 회중정치의 오류와, 교회의 권위 행사를 교직자 개인이나 교직자들로만 소집되는 교회회의에 두는 감독정치의 오류를 제거함으로 지역 교회의 자율, 교직자 사이의 평등, 교회의 연합을 추구한다.

장로교도들은 세속 정치 참여에 대해서도 적극적인 자세를 취한다. 교회가 세속정부로부터 전적으로 분리되어야 한다고 주장하는 침례교도와는 달리, 교회와 정부의 업무가 구별되어야 하지만 상호 보완되고 협력해야 한다고 보는 것이다. 두 기관은 다 같이 하나님이 세우신 기관들이므로 서로 도와 하나님의 뜻을 이루어야 하기 때문이다. 곧 교회와 세속정부가 서로 지배하는 것을 반대하고, 주어진 각자의 영역에서 업무를 다함으로 하나님의 영광을 드러내야 하며, 하나님의 뜻을 사회의 전 영역에 실현해야 한다고 주장한다.

장로교회의 또 다른 특징은 교회의 모든 제도와 권위의 기초를 성경에서 찾는다는 점이다. 영국성공회나 로마천주교회가 교회 연합의 기초를 교회 전통에 두는 것과는 달리, 장로교도들은 성경을 신앙과 생활의 최종적인 권위라고 믿으며 성경이 보여주는 교회정치 형태를 취하고 이에 기초하여 교회의 연합을 실현하려고 한다. 교회가 성경을 다스리는 것이 아니라 성경이 교회를 다스려야 하기 때문이다.

이와 같은 장로교 신학을 수용하는 교회들을 장로교회 또는 개혁교회라고 부른다. 네덜란드, 독일, 프랑스에서는 개혁교회라고 부르고, 영국과 미국을 중심으로 한 영어권에서는 장로교회라고 칭한다. 오늘날 장로교회는 영국, 네덜란드, 스코틀랜드, 미국, 프랑스, 폴란드, 헝가리, 독일, 아일랜드, 남아프리카, 호주, 그리고 한국 등에 널리 퍼져있다.

2. 장로정치의 성경적 배경

교회는 하나님에 의해 시작되었고, 신약의 교회는 "사도들과 선지자들의 터" 위에 세워졌다(엡 2:20). 곧 구약의 선지자들과 신약시대의 사도들이 입증한 예수 그리스도 위에 설립되었다. 스데반에 의하면, 교회는 모세 때부터 있었으며 이 교회를 "광야 교회"(행 7:38)라고 불렀고, 이 교회는 신약교회의 모형이었다. 구약교회는 예수 그리스도를 예시한다는 점에서 신약시대의 교회와 동일하며, 다만 이 교회들 사이에 다른 점이 있다면 시대 경륜과 교육 방법에서 차이가 있을 뿐이다. 바울은 "너희가 그리스도께 속한 자면, 곧 아브라함의 자손이요, 약속대로 유업을 이을 자"라고 하였다(갈 3:29). 이는 신약교회가 구약교회에 뿌리를 두고 있음을 보여주는 것이다. 또한 감람나무 비유를 통해서, 이방인 교회인 신약교회가 이스라엘 백성의 구약교회에 접붙임을 받았다고 언급하였다(롬 11:17~21). 그러므로 그리스도의 교회는 "사도들과 선지자의 터"(엡 2:20), 곧 신약의 사도들과 구약의 선지자들의 교훈에 기초하여 세워진 것이다. 이러한 성경의 가르침을 통하여, 우리는 구약시대의 이스라엘 백성은 신약교회의 모델이며, 구약시대의 교회정치 사상은 신약시대의 교회정치 모델이라는 결론을 얻게 된다.

장로정치의 구약적 배경

인간 사회를 다스려 온 최초의 통치 형태는 가장(家長)이 다스리는 족장정치였다(창 12:4, 욥 1:5). 노아 시대 이후, 족장들은 연륜과 경험을 토대로 하여 가정을 다스렸고, 그가 다스리는 사회에서 권세를 행사하였다. 이러한 족장정치는 인구의 증가 등 사회적인 변화와 함께 장로정치로 발전하였다. 이때부터 모세 시대의 이스라엘 지도자들에게 가돌(gadol) 또는 자켄(zaqen)이라는 용어

가 붙여졌다.[2] 이 용어들은 '손 위', '형', '나이든 장자' 또는 '나이든 사람'
이라는 뜻으로 '장로'에 대한 다른 표현이었다. 족장제도가 장로제도로 변모
하면서 장로들에 의한 대의정치(代議政治)가 시행되기 시작한 것이다.

장로제도의 기원은 모세 이전으로 올라간다. 하나님이 미디안 광야에서 모
세에게, "너는 가서 이스라엘의 장로들을 모으라"(출 3:16)고 명하신 말씀에서,
우리는 모세가 하나님의 부르심을 받기 전에 이미 장로제도가 있었음을 확인
할 수 있다. 곧 모세 이전에 언약의 백성인 이스라엘을 대표하는 장로들이 있
었고, 그들에 의하여 이스라엘이 다스려져 온 것이다.

장로제도는 모세 이후 이스라엘 공동체를 이끄는 정치체제였다. 이스라엘
백성들은 이집트에 머물 때부터 장로라는 말에 익숙해져 있었다. 모세는 이스
라엘 백성을 이집트에서 구출하기 위해 장로들을 소집하였고, 장로들은 이스
라엘 공동체를 이끌었다(출 3:16). 그 후 장로제도는 이스라엘 공동체가 시내
산(Mt. Sinai)에서 하나님과 언약을 맺고 선민이 되면서 그들을 다스리는 치리
제도가 되었다. 이 때부터 장로의 숫자는 모세에 의하여 70인으로 제한되었다
(출 24:1). 그 후 장로라는 말은 개역 한글판을 보면 모세 오경에 42번(창 50:7;
출 3:16; 4:29; 12:21; 17:5 등), 구약에 121번 이상 언급되었다.

이스라엘 사회에서 장로는 성격상 공적인 업무를 수행하는 자로, 백성들은
장로를 공인(公人)으로 인정하였다. 모세의 장인 이드로가 번제물과 희생물을
하나님께 가져왔을 때, 장로들은 이스라엘 모든 백성을 대표하여 모세, 아론,
모세의 장인과 함께 그것을 하나님 앞에서 먹었다(출 18:12). 모세는 여호와의

2) 장로(자켄) 직분은 이스라엘 백성의 전유물이 아니었고 이집트와 모압 백성 사이에도 있었다
(창 50:7, 민 22:7). 이 명칭은 고대 사회에서 보편적으로 사용되었다. 고대 로마 시대에서 지
배계층을 원로(senatus)라 하였고, 스파르타에서는 장로(presbys), 아랍에서는 세이크
(Seikh)라고 하였다. 이러한 점에서 볼 때 장로라는 말은 고대 사회의 통치자를 의미하는 보
편적인 단어였다. 자켄이라는 말은 창세기 50장 7절에 처음으로 사용된 이후 구약 성경에
178번 이상 사용되었는데, American Version에서는 자켄을 115번에 걸쳐 장로로 번역하였
다.

명령을 받아 그 모든 말씀을 백성의 대표인 장로들에게 진술하였고(출 19:7), 장로들은 이스라엘 백성이 속죄제를 드릴 때 여호와 앞에서 그 제물에 안수함으로 제사 업무에 참여하였다(레 4:15). 장로들은 모세와 대제사장 아론과 제사장들과 함께 직무를 수행하면서 이스라엘 백성을 다스렸고(레 9:1), 고라 일당이 반역을 꾀하였을 때에는 치리하는 일을 하였다(민 16:25). 이와 같이 장로들은 공인으로 언약의 백성 이스라엘을 말씀 가운데 다스렸다(민 11:16~17).

또한 장로들은 이스라엘 온 회중을 대표하는 자들이었다(민 11:24~25). 몇 가지 예를 들어보자. 모세는 멀지 않아 죽을 것을 예감하고 전 이스라엘 백성을 대표하는 장로들에게 가나안 땅을 점령하라고 명령하였고(신 29:10), 모세를 계승한 여호수아도 이스라엘 백성을 대표하는 장로들 앞에서 송별사를 행하였다(수 23:1~24:25). 사무엘 시대의 장로들은 백성을 대신하여 사무엘 선지자를 찾아가서 왕을 세워 달라고 간구하였고(삼상 8:4, 5), 헤브론에서 백성을 대신하여 다윗을 이스라엘의 왕으로 세웠다(삼하 5:3). 솔로몬은 백성의 대표인 장로들을 불러서 그들과 함께 성전을 봉헌하였으며(왕상 8:1), 포로시대에 에스라는 장로들과 함께 이스라엘 백성을 다스렸다(스 10:14; 5:5, 9). 이스라엘 백성들은 장로들을 통하여 발언하였고, 장로들의 말을 백성의 뜻으로 간주하였다(출 4:29; 수 24:1; 삼상 8:4). 이와 같이 구약 교회는 장로들에 의하여 통치되었다. 그러므로 구약 교회가 주교나 군주에 의하여 다스려졌다는 감독주의자나 교황주의자들의 주장은 성경의 가르침을 곡해한 것이다.

구약 교회와 장로정치

구약시대에서 장로의 직분은 성전 사역이나 성막 봉사 또는 제사와 관련된 것이 아니라 회중을 다스리는 것이었다. 성막과 성전에서 봉사하는 일은 레위 사람들과 제사장들의 고유한 업무였고, 장로들은 이스라엘 공동체인 교회를 말씀으로 다스리는 일을 하였다. 그들은 교회에 들어오기에 합당한 자와 부당한 자를 구별하였고, 교회 안에 들어 온 자들 가운데서 부도덕한 자를 치리하는 등 교회를 세상으로부터 구별하였다.

포로 시대에 접어들면서 예루살렘 성전에서 제사지내는 것이 불가능하게 되자, 이스라엘 백성들은 하나님의 말씀을 듣기 위하여 회당 중심으로 모였다. 이 때부터 회당 예배가 생겨났고, 회당에는 회당 운영 기구인 장로석이 있었다. 장로들은 회중의 영적인 상태를 돌아보았고, 믿음이 연약한 자를 붙잡아주고 악한 자를 추방함으로 교회를 운영하였다.

이러한 전통은 1세기에도 이어져서 회당에는 회중석과 구별된 장로석이 마련되었다. 예수께서는 나사렛에 있는 회당에 들어가셔서 성경을 읽은 후에 성경을 성경 맡은 자, 곧 장로들에게 주었다(눅 4:20). 이 때에도 장로들은 교회 회원을 받아들이는 일과 교회 회원 가운데 악한 자는 추방함으로 교회의 순결을 유지하였다. 회당은 10가족이면 조직할 수 있었고, 회당 운영을 위하여 3인의 장로가 필요하였다(Hays 1892, 27).

구약의 교회는 감독주의자나 로마천주교회가 주장하는 것처럼 그 권위가 위에서 아래로 내려오는 하향적인 것이 아니라 상향적 조직이었다. 모세는 광야 교회를 세우면서 "이스라엘 중에서 재덕이 겸비한 자를 선발"하게 함으로 교회 정치를 아래서 위로 권위가 올라가는 상향식 제도로 만들었다(출 18:24~26). 포로 시대 이후, 이스라엘 백성의 최고 통치기관은 백성에 의하여 선출된 산헤드린(장로회)이었지만, 산헤드린의 권위도 회중으로부터 비롯되었다. 이와 같이 구약의 교회제도는 회중으로부터 권위가 나오고, 그에 기초하여 평등과 자율을 실시하는 제도, 곧 상향적 장로정치를 유지하고 있었다.

장로 회의에서 최고의 판단 기준은 율법이었고, 중대사를 결정하거나 율법을 해석할 때는 다수의 뜻을 존중하였다. 그러나 인간이 결정할 수 없는 중요한 문제는 하나님의 직접적인 간섭에 맡겨 우림과 둠밈에 의해 결정하도록 함으로, 모든 문제를 하나님 중심으로 해결하였다. 장로 제도는 회당, 앞에서 언급한 것과 같이 산헤드린 제도와 함께 신약시대의 교회에 의하여 계승되었고, 그 증거들은 복음서만이 아니라 사도행전과 바울 서신에 잘 나타난다.

구약시대의 교회와 정부는 상호 종속적이 아니라 보완적이었다. 교황주의자들이 주장하는 것처럼 교회가 정부를 지배하고, 영국성공회에서 볼 수 있는 것처럼 세속권이 교회를 지배하는 것이 아니라, 교회와 정부의 영역은 엄격하게 구분되어 있어서 통치자들이 종교 문제에 관여할 수 없었다. 이스라엘의 초대 왕이었던 사울은 블레셋 백성과 전쟁하던 중 선지자 사무엘이 오지 않음으로 제사를 드릴 수 없게 되었다. 그 때 백성이 흩어지자 당황한 나머지 제사장만이 할 수 있는 제사를 직접 드렸다. 하나님은 이러한 사울의 주제 넘는 행동을 정죄하고 저주하였다(삼상 13:12~13). 또한 이스라엘 왕 웃시야가 교만해져서 성전에 들어가 제사장을 대신하여 제사하였을 때, 하나님은 그를 저주하여 문둥병에 걸리게 하였다(대하 26:16~21). 이와 같이 구약교회는 행정 관료가 종교 본연의 일에 개입하거나 제사장들이 세속정치 영역에 관여하는 것을 금하였고, 각자의 영역을 상호 존중할 것을 가르쳤다.

장로정치의 신약적 배경

신약성경은 인간이나 교회회의가 교회를 다스리는 것이 아니라 예수 그리스도께서 다스려야 한다고 가르친다. 교회의 머리는 예수 그리스도이며, 그분의 가르침에 따라 교회가 운영되어야 하기 때문이다. 예수 그리스도께서는 하나님의 말씀과 성령으로 교회를 통치하시므로, 말씀과 성령이 임하는 곳에 온전한 교회가 세워진다.

하나님은 말씀을 통하여 교회 직분자의 종류, 자질과 의무를 규정하시고(딤전 3장; 딛 1장), 성령을 통해 각 사람을 부르고 신자로 만들 뿐만 아니라 각종 은사를 주셔서 직분자로 세우시고, 그들에게 주어진 일을 감당할 수 있는 능력을 주신다(엡 4:11). 그러므로 교회가 교회답게 운영되기 위해서는 성경적 기준에 따라 직분자를 세우고, 직분자가 성경적 사역 원리에 따라 교회를 다스려야 한다.

그러면 신약에서 보여주는 교회정치 원리가 무엇인지 살펴보자. 물론 신약의 정치 체제는 장로들에 의해 다스리는 장로정치였고, 장로정치는 신약의 근간을 이루고 있다. 장로들은 유대 사회만 존재한 것이 아니라 신약시대의 이방인 교회에도 존재하였다. 안디옥 교회에 장로를 세웠다는 기록은 없지만, 사도들이 장로들을 통하여 예루살렘 교회에 부조금을 보낸 것을 보면 장로들이 있었음을 알 수 있다(행 11:30). 바울은 소아시아와 고린도에 장로들을 세웠다. 2차 선교 여행 때에는 이고니온, 비시디아, 루스드라 지역에 복음을 전한 후, 금식 기도하며 "각 교회에 장로들을 택하여" 세웠다(행14:23). 바울은 선교 여행을 하면서 디도를 그레데에 남겨두었는데, 그 이유는 교회 가운데서 "그릇된 일을 바로 잡고 장로를 세우기 위해서"였다(딛 1:5).[3] 이와 같이 장로제도는 구약시대로 끝난 것이 아니라 신약시대에도 계속하여 존재하였다(행 15:2, 4, 6, 22, 23; 16:4).

감독과 장로, 동직이명

감독주의자나 교황주의자는 '하나의 교회에는 한 명의 감독(주교)'(one church one bishop)이 있다는 명제 아래, 교회는 성직자인 감독(목사)이 다스려야 한다고 주장한다. 그리스도께서 신약교회를 위해 감독과 장로와 집사의 3

---

3) 신약성경에는 장로(presbyteros)라는 말이 60회 이상 나온다. 이 단어는 (1) '연령적으로 위에 있는 사람' 또는 '조상'(눅 15:25; 행 2:17; 마 15:2), (2) '공직에 있는 사람'(마 16:21; 26:47, 57; 27:3, 12), (3) '영광스러운 자리에 있는 자'(계 4:4: 10:5, 6, 8, 11)를 의미한다.

개 직분을 세우셨고, 이 직분들은 계급 구조를 형성한다고 가르친다. 신약에 감독 직분이 5번이나 언급되어 있는 것을 보면, 교회는 감독을 중심으로 운영되어야 한다는 것이다. 감독은 성직자에 관한 언급이며, 치리장로는 평신도로 고린도전서 12장 28절에서 보여 주는 것처럼 감독을 "돕거나 교인을 다스리는 직분"이라고 본다. 장로의 사역은 단지 교회를 "다스리는 것"이요, 그에게 결코 가르치는 일이 허용되지 않았다고 보는 것이다. 따라서 한 교회에는 하나의 감독(목사)이 있을 뿐이며, 그 밑에 장로들과 집사들이 있어서 감독(목사)을 섬겨야 한다고 가르친다.

그러나 장로주의자들은 계급주의적인 로마천주교회나 영국의 성공회 또는 감리교회와는 달리, 장로와 감독이 하나의 직분으로 동일한 직분에 대한 다른 설명이라고 주장한다. 성경에서 장로와 감독이라는 단어가 나타나지만, 이는 다른 직분을 뜻하는 것이 아니라 동일한 직분을 의미한다는 것이다. 다만 장로가 권위를 상징한다면 감독은 임무를 요구한다는데서 차이가 있을 뿐이라는 것이다. 그러면 성경이 어떻게 장로와 감독에 대해서 서술하는지 살펴보도록 하자.

먼저 성경 기자들의 직분 묘사에 대해 살펴보자. 성경 기자들은 교회 직분에 대하여 논할 때 일반적으로 직분의 기능과 활동에 관련하여 서술하였다. 히브리서 기자는 장로에 대해 "너희를 인도하는 자"라고 하였고(히 13:7), 바울은 "수고하고 주 안에서 너희를 다스리며 권하는 자"라고 하였다(살전 5:12~13). 또한 목사직에 대해서 언급할 때는 장로, 목사, 목자, 교사, 감독 등으로 다양하게 표현하였다. 곧 회중을 감독하는 일과 관련해서는 '감독'(행 20:28), 양떼를 먹이는 일로는 '목자'(벧전 5:2~4), 교훈으로 권면하며 거역하는 자를 책망하여 각성하게 하는 일에는 '교사'(딛 1:9, 딤전 2:7, 딤후 1:11), 왕이신 그리스도께서 맡긴 일을 행하는 일과 관련해서는 교회의 '사자'(계 2:1)라고 하였다. 교회 직분을 이와 같이 다양하게 서술한 것은 그러한 직분이 있다는 것을 나타내려는 것이 아니라 직분의 기능에 대해 설명하기 위해서였다. 그러므로 감독이라는 말이 성경에 있다고 하여 감독직이 성경적이라고 주장하는 것은 옳지 않으며, 교회를 감독, 장로, 집사의 3직분의 계급적인 구조로 보는 것도 같은 오류를 범하는 것이다.

둘째로, 성경은 감독과 장로라는 말을 동의어로 사용하였다. 사도행전 20장 17절에서 28절을 보자. 바울이 에베소 장로들을 밀레도로 초청한 후 신앙 안에서 살 것을 권면하면서 그들을 감독이라고 칭하였다(28절). 즉 치리장로인 그들을 감독(episkopos)이라고 부름으로 장로와 감독이 동일한 직분이라는 것을 밝힌 셈이다. 우리는 디도서 1장에서도 같은 결론을 얻게 된다. 바울이 디도서 1장 5절 이하에서 장로의 자격에 대하여 언급한 다음 감독에 대하여 말하였지만 감독과 장로의 직분이 다르다는 것을 시사하지 않았다. 헬라어 원문에 감독이라는 단어 앞에 5절과 7절을 연결하는 접속사인 "왜냐하면"(γαρ) 이라는 단어가 있기 때문이다. 다른 말로 하면, 바울이 7절에서 감독이라고 말한 것은 5절의 장로에 대한 설명인 것이다. 바울은 디모데전서 3장 2절에서도 교회에서 다스리는 자(장로)와 가르치는 자(목사)를 다 같이 감독이라고 부름으로, 장로와 감독을 동의어로 사용하였으며 동일한 직분이라고 가르쳤다.(베드로는 "장로들"에게 "하나님의 양무리를 치되" 이익을 바라지 말고 사명감으로 하고, "맡은 자들에게 주장하는 자세를 하지 말고 오직 양무리의 본이 되라"(벧전 5:1~2)라고 당부하였다. 이러한 장로의 사명과 자세는 오늘날 목사에게 주어진 임무와 같은 것이다.)

셋째로, 교회 조직 면에서 감독과 장로는 같은 직분이다. 감독주의자들은 초대교회로부터 하나의 교회에는 한 명의 감독이 있어서 교회를 다스려왔음으로, 모든 교역자는 감독에게 복종하여야 한다고 주장한다. 그러나 사도 시대에는 한 교회에 한 명의 감독이 아니라 여러 명의 감독들이 있어 교회를 섬기고 있었다. 바울은 빌립보 교인들에게 편지하면서 그 교회의 "성도와 감독들과 집사들"에게 문안하였다(빌 1:1). 여기서 우리는, 감독주의자들의 주장처럼 빌립보 교회를 한 명의 감독이 다스린 것이 아니라, 다수의 감독들(episkopoi)이 섬기고 있었음을 확인할 수 있다. 그레데 교회에도 여러 명의 장로들(감독들)이 있었고(딛 1:5), 그 외의 많은 교회들도 그룹의 감독들에 의하여 다스림을 받았다(히 13:7, 17). 따라서 하나의 교회에는 한 명의 감독이 있어야 하고, 그에 의해 교회가 다스려져야 한다는 주장은 잘못되었다는 것이다.

넷째로, 사도들은 교회 안에 장로(감독)와 집사라는 2가지 직분만 존재한다고 밝혔다. 소위 예수 그리스도의 수제자라고 불리는 사도 베드로는 베드로전서 5장 1절에서 자신을 감독이라고 하지 않고 '장로'라고 소개하였다. 예수님의 사랑을 많이 받았던 사도 요한도 자신을 '장로'라고 칭하였다(요이 1:1; 요삼 1:1). 야고보는 병든 자들에게 목사를 초청하여 기도할 것을 권면하면서, 목사를 감독이라고 부르는 대신 장로라고 칭하였다(약 5:14). 이와 같이 소위 감독이라고 불리던 사도들이 감독과 장로가 명칭만 다를 뿐 동일한 직분이라고 가르쳤고, 아무도 계급 구조적인 의미를 내포하는 감독이라는 단어를 사용하여 자신을 소개하지 않았다. 그러므로 감독과 장로가 다른 직분이라고 주장하는 것은 옳지 않은 것이다.

이러한 성경의 가르침에 비추어 볼 때, 초대교회의 교회 직분은 감독 밑에 장로와 집사가 존재하였던 것이 아니라, 장로(감독)와 집사라는 두 가지 직분만 있었다. 바울의 증거는 이를 더 확증해 준다. 바울은 디모데전서 3장에서 교회의 직분을 설명하면서 교회를 이끄는 직분자들로 감독과 집사를 기명하였다(딤전 3:1~2, 12). 예루살렘 교회에도 성직자인 '감독', 평신도인 '장로'와 '집사'로 구성된 것이 아니라 자신을 장로라고 부르기를 좋아하던 사도들(행 6:2, 4)과 일곱 집사(행 6:2~3)만 존재하였다. 이러한 점에 비추어 볼 때, 저명한 교회사가인 네안더(Neander, d. 1850)가 초대교회 당시에 "모든 교회가 회중에 의하여 피선된 장로 또는 감독들의 연합체에 의하여 다스려진 것과 이 두 명칭 사이에 어떤 차이가 없었다는 점은 확실한 것이다"라고 주장한 것은 초대 교회의 정치제도에 대한 가장 적절한 지적이라고 할 수 있다(Rice 1929, 30).

치리장로와 강도장로

위에서 살펴 본대로, 신약성경은 교회 직분을 장로와 집사의 2직분으로 규정하지만, 장로에는 여러 가지 명칭이 있다. 디모데전서 5장 17절에 "잘 다스리는 장로를 배나 존경할 자로 알되, 말씀과 가르침에 수고하는 이들을 더할 것이니라."는 구절에서 볼 수 있듯이, 다스리는 장로와 말씀과 가르침에 수고하는 장로가 있다. 물론, 다스리는 장로는 일반 장로이고, 말씀과 가르침에 수고하는 장로는 목사를 의미한다.

가르치는 장로는 목사와 교사로 나누어진다. 누가는 바울과 바나바를 목사요, 장로로 설명하면서 '교사'라고 언급하였고(행 13:1), 바울은 교회의 머리이신 그리스도께서 교회 가운데 목사와 교사를 세워 "성도를 온전케 하며 봉사의 일을 하게 하려" 한다고 하였다(엡 4:11~12). 이와 같이, 신약에서 장로를 목사, 장로, 교사로 나눔으로, 신약교회는 장로(목사, 교사, 장로)와 집사라는 2가지 직분으로 운영되어졌다.

그러면 가르치는 장로(강도장로)와 다스리는 장로(치리장로) 가운데 누가 더 우위에 있는가? 물론 성경에서 장로의 신분이 목사의 신분보다 아래 있다고 말하지 않지만, 다만 교회 사역에서 기능상의 차이가 있다는 것을 교훈하면서 치리 장로와 강도 장로에 대해 특별한 관심을 가질 것을 명하였다. 데살로니가전서 5장 12절에서 바울은 "형제들아 우리가 너희에게 구하나니 너희 가운데서 수고하고 주 안에서 너희를 다스리며 권하는 자들을 너희가 알고 그들의 역사로 말미암아 사랑 안에서 가장 귀히 여기라"고 하였다. 치리 장로를 귀히 여길 것을 권한 것이다. 히브리서 13장 7절에는 "하나님의 말씀을 너희에게

일러주고 너희를 인도하던 자들을 생각하며 그들의 행실의 결말을 주의하여 보고 그들의 믿음을 본 받으라"고 하였고, 17절에는 "너희를 인도하는 자들에게 순종하고 복종하라. 그들은 너희 영혼을 위하여 경성하기를 자기들이 청산할 자인 것 같이 하느니라. 그들로 하여금 즐거움으로 이것을 하게하고 근심으로 하게 말라. 그렇지 않으면 너희에게 유익이 없느니라."고 하였다. 강도 장로에 대해 순종하며 본받는 삶을 살 것을 권한 것이다. 이처럼 성경은 장로들을 귀하게 여기되 목사에 대하여 특별한 관심과 존경을 표할 것도 명하고 있다.

초대교회의 운영과 행정 원리

예수 그리스도의 부활 승천 후 예루살렘에서 열 한 제자, 120명의 문도, 500여명의 회중(고전 15:6)에 의해 교회가 시작되었다. 오순절 성령 강림으로 교회의 터가 더 견고해졌고, 베드로의 설교를 통해 3,000명(행 2:41), 나아가 5,000명이 회개하고 교회의 품에 안겼다(행 4:4). 제자의 수가 많아지면서 교회 조직이 필요하게 되자, 사도들은 성령과 지혜가 충만한 사람들을 집사로 세워 구제와 공궤하는 일을 맡기고, 기도와 말씀 전하는 일에 전무하였다(행 5:42; 6:1~6).

교회 직분이 나누어지면서 사역도 세분화 되었다. 장로(감독)에게는 회중을 가르치고 다스리는 일이,[4] 집사에게는 매일의 애찬(love feast) 상을 준비하고 가난한 자들과 병든 자들을 돌보는 일이 맡겨졌다. 장로는 예배 인도, 권징의 시행, 교회 재정의 관리를 담당하였고, 집사는 고아와 과부를 보살피고 접대

---

4) 장로들은 한 개인으로 온전하지 않았고 언제나 장로회라는 집단 또는 회의체를 이룰 때 온전한 모습을 가졌다(행 11:30; 14:23; 15:2, 4, 6. 23; 16:4; 20:17, 28; 21:18; 빌 1:1; 딤전 4:14; 약 5:14; 벧전 5:1).

와 구제의 일을 맡았다. 장로들은 헌금을 맡아 관리하였고, 집사들은 그것을 모으는 일과 배분하는 일을 하였다. 교직 업무가 세분화되었다고 해도, 집사들이 다른 직무를 할 수 없었던 것은 아니다. 스데반과 빌립에게서 볼 수 있는 것처럼, 집사들도 설교자와 전도자로 활약하였다. 이는 그들이 집사의 업무를 버려둔 채 공적인 사역을 행한 것이 아니라 개인의 은사를 발휘한 것이라고 보아야 한다. 전도와 설교가 특정 계층의 전유물이 아니라 모든 회심자가 불신자들에게 복음을 전하고, 은사가 있는 그리스도인은 가르칠 수 있었기 때문이다(참조, 행 8:4; 9:27; 13:15; 18:26, 28; 롬 12:6; 고전 12:10, 28; 14:1-6, 31).

초대교회에서 교직자를 세우는 일은 매우 신중하게 시행되었다. 바울이 디모데에게 "아무에게나 경솔히 안수하지 말라"(딤전 5:22)고 경고했던 것처럼, 초대교회는 직분자를 세울 때 만전을 기하였다. 사도들은 성령과 지혜가 충만한 자(행 6:3)를 모든 회중 앞에서 공개적으로 선출하였다. 임직식은 '장로들의 회'가 주관하여(딤전 4:14) 온 교회가 금식한 후 임직자의 머리에 손을 얹고 기도함으로 거행하였다(행 13: 2~3, 행 14:23; 딛 1:5; 딤전 5:22, 4:14, 딤후 1:6).

장로교회는 교회의 타율적 운영, 교직에서의 계급구조, 개교회주의를 부정한다. 반대로 지역교회의 자율성(autonomy of a local church), 교역자 사이의 평등(equality between pastors), 교회의 연합(unity of the Church)을 강조한다. 이러한 행정의 원리가 성경과 사도들이 가르쳐 준 것들이기 때문이다. 그러면 초대교회가 운영되어 온 정치 원리가 과연 장로교회적 행정 원리였는지 살펴보도록 하자.[5]

---

5) John Rice는 장로들이 회중에 의하여 공정하게 선택되어야 하며, 모든 교회 직분자가 동등하며, 교회의 연합을 신앙하는 것이 장로교회정치의 원리라고 주장하였다. 특히 지역 교회가 합법적으로 회중에 의해 선택된 장로 조직체를 가져야 한다고 말하였다(Rice 1929, 24). John Leith는 그의 책 Introduction to the Reformed Tradition에서 장로정치의 기본 원리로 (1) 성경의 권위(Leith 1980, 188~192), (2) 대표를 통한 교회의 통일성(Ibid., 192~194), (3) 목회자의 동등성(Ibid., 195~196), (4) 자율성, 곧 목회자의 청빙과 선출에서의 회중의 권리

초대교회는 교회 일군을 세우거나 연보를 보내는 일, 그리고 교회 권징을 시행하면서 상부의 지시가 아닌 회중에 의해 결정함으로 지역 교회의 자율을 중요하게 다루었다. 가롯 유다가 배교 후 사도의 수가 결원되었을 때, '소위 수제자' 라고 하는 베드로가 사도를 임명하지 않고 회중이 맛디아를 제비뽑아 사도로 세웠다(행 1:23~26). 당시 회당이나 성전에서 임명하거나 지명하는 것과는 달리, 하나님의 뜻이 이루어지기를 기도하면서 회중에 의해 제비를 뽑은 것이었다. 회중에 의한 직분자의 선택은 모든 권세가 회중으로부터 비롯됨을 의미하는 것이다. 초대 집사를 세울 때도 사도들이 임명하지 않고 회중의 선거를 통해 세웠다. 구제 문제로 예루살렘 교회가 혼란 가운데 빠지게 되자, 교회는 성도들 가운데서 일곱 사람을 제비뽑아 집사로 임직하였다(행 6:1~6, 집사로 선택된 자들의 이름을 보면 헬라인들로 추측된다). 회중적 자율 사상은 치리나 예산의 집행에서도 나타나고 있다. 안디옥 교회가 흉년으로 고생하던 예루살렘 교회를 위하여 연보한 일이나, 마케도니아 교회가 바울을 위하여 선교비를 보낸 것들이 그러하다(이러한 교회의 자율 사상은 2세기에도 유지되었다. 로마의 클레멘트(Clement of Rome)는 AD 100년경에 쓴 편지에서 교회 일꾼은 전 회중의 동의에 의하여 결정되었다고 하였다.) (Miller 1842, 13~14 참고).

초대교회는 교직자 사이에 평등을 실천하였다. 베드로는 사도의 권위가 아니라 동료로서 장로들을 권면하였고(벧전 5:1), 예수님의 사랑을 받던 제자 요한도 자신을 감독이라 칭하지 않고 계급적인 의미가 전혀 없는 장로라는 말로 자신을 소개하여 교직자 사이의 평등을 드러냈다(요일 1:1). 초대교회의 성도들은 스스로 "함께 종 된 자"(골 1:7), "함께 군사 된 자"(빌 2:25), "같은 장로"(벧전 5:1), 또는 "동역자"(빌 2:25; 4:3; 몬 1:24)라고 칭함으로 교회의 직분이 동

　• 　보장을 제시하였다(Ibid., 196~197). 그리고 James Moffatt는 장로교회의 원리를 (1) 장로 사이의 평등(the parity of presbyters), (2) 회중의 권리(the right of the people), (3) 교회의 연합(the unity of the church)으로 보았다(Moffatt, 1928, 2).

등하다는 것을 보여주었다.

마지막으로 초대교회는 개교회를 중심으로 일하지 않고 연합하여 선교와 구제의 일을 감당하였다. 이방인의 할례 문제로 안디옥 교회에 내분이 일어났을 때, 사도들과 장로들과 형제들이 예루살렘에서 교회회의를 열고 문제를 해결하였다(행 15:2, 4, 6, 22, 23). 예루살렘 교회회의에는 베드로와 바울과 요한과 디도가 참석했고, 아마 다른 사도들도 참석했을 것으로 보인다. 회의를 주재한 이는 소위 수제자라고 하는 베드로가 아니라 야고보였고, 회의 진행은 회중 앞에서 공개리에 이루어졌다. 이때 사도들은 장로들과 함께 토론하며 법령을 통과시키면서 이방인들에게 걸림돌이 될 수 있는 할례를 베푸는 대신 경건한 유대인들에게 거부감을 주는 특정 행위들, 곧 우상에게 바친 고기나 피를 먹고 목매어 죽인 짐승을 먹는 것과 온갖 형태의 육체적 불결을 금하도록 명하였다. 이와 같이 초대교회는 교회회의를 통해 교회 연합을 실천하였다. 연합 운동은, 디모데를 임직할 때 개교회가 한 것이 아니라 '장로의 회'가 행하였듯이(딤전 4:4) 직분자 임직식에서도 드러난다.

예루살렘 교회회의가 채택한 규정들은 교회 당국자들이 발행한 최초의 법령, 교회법, 또는 회칙이었다. 이는 의심할 여지없이 성령의 인도 하에 교회가 채택된 것으로, 유대인 회심자와 이방인 회심자들이 뒤섞여 있던 시대와 상황에 맞춰 지혜롭게 조정된 것이었다. 하지만 이 결정은 "일시적인 긴급 현안에 대한 일시적인 방편에 불과"하였고, "항구적인 구속력을 가진 무오한 법령의 선례가 된 것은 아니다"(Schaff 2004, 1:402). 다른 말로 하면 교회회의 결정은 절대적인 권위를 가진 것이 아니라 상대적이어서 항상 성경에 비추어 판단되어야 하는 것이다.

이와 같이 초대교회는 지역교회의 자율, 교역자 사이의 평등, 교회의 연합을 실천하였는데, 이것이 바로 장로교회 정치원리이다. 초대교회의 성도들은 장로정치 원리를 교회에 적용하면서 유대만이 아니라 사마리아와 이방인 세계에도 복음을 전하여 그리스도의 나라를 건설하였다. 이제 초대교회의 성도들이 예배한 모습을 살펴보도록 하자.

3. 초대교회의 예배와 신앙고백

초대교회의 성도들은 성경의 가르침대로 예배드리려고 노력하였다. 예수께서는 "아버지께 참으로 예배하는 자들은 신령과 진정으로 예배할 때가 오나니 곧 이때라. 아버지께서는 이렇게 자기에게 예배하는 자를 찾으시느니라. 하나님은 영이시니 예배하는 자가 신령과 진정으로 예배할지니라"고 하였다 (요 4:23~24). 이 말씀대로 초대교회의 성도들은 영혼을 쏟아 하나님을 찬양하며 기도하였고, 진리의 말씀만이 예배의 중심이 되게 하여 '신령과 진정'의 예배를 실천하였다. 예배 시 예수를 하나님으로 높이며 찬송하였으며, 유대인의 안식일보다는 그리스도의 부활을 기념하여 안식 후 첫 날을 '주의 날'로 지켰다(고전 16:2; 계 1:10).

사도시대의 예배

사도시대의 공 예배는 설교(복음 전파), 구약성경의 낭독, 기도, 찬송, 성례로 구성되어 있었다. 설교는 초기에 회심하지 않은 사람들에게 전하는 전도 연설의 형태로, 예수의 생애에 관한 중요한 사실을 간략하게 소개하고 회개를 권고하는 형식을 취하였다. 사도행전에 나와 있는 베드로와 바울의 설교가 그 대표적인 예이다.

설교와 함께 구약성경의 낭독이 있은 후 구체적인 강해와 적용이 이어졌다.

기도는 다양한 형태의 간구, 중보, 감사로 이루어졌다. 비록 기도가 유대교에서 유래하였지만, 사도들은 예수의 이름으로 기도를 드렸다. 모든 계층의 사람들과 당면한 상황을 위해서, 심지어는 원수들과 박해자들을 위해서까지 기도하였으며, 직분자의 임직 등의 중대사 앞에서는 전 교회가 금식하며 기도하였다(행 13:1~2). 물론 신약 성경 어디서도 금식하며 기도하라고 명하지 않았지만 말이다. 그들은 특별한 필요와 상황에 따라 성령의 감화를 받아 자유롭게 기도하였으며, 획일적이고 독점적인 기도문의 흔적은 찾아볼 수 없다.

바울이 서로 덕을 세우는 방편으로서 "시와 찬미와 신령한 노래들"을 부르라고 당부한 것처럼(엡 5:19, 골 3:16) 찬송을 불렀는데, 찬송은 기도의 형식을 띠었다. 찬송의 예로, 구주께서 나실 때 천군이 부른 찬송(Gloria, 눅 2:14), 시므온의 찬송(Nunc dimittis, 눅 2:29), 동정녀 마리아의 찬송(Magnificat, 눅 1:46 이하), 사가랴의 찬송(Benedictus, 눅 1:68 이하), 베드로가 기적적으로 관원들의 손에서 구출된 후에 부른 감사 찬송(행 4:24~30), 서신서에 흩어져 있는 찬송의 단편들(롬 11:36, 엡 5:14; 딤전 3:16; 딤후 2:11~13 등)이 있다.

그리고 교회 가입의 표징과 인으로서 할례를 대신하여 세례를 베풀었다. 세례는 그리스도의 제자가 되었다는 외적인 표지이자, 은혜계약에 들어가는 의식이었다. 세례는 성격상 단 한번 받아야 하였다. 세례의 일반적 형식은 침수(侵水)였지만, 침수가 불가능한 경우에 물을 뿌리거나 붓는 것도 허용되었다. 곧 병자와 죽어가는 사람들, 그리고 전체적으로든 부분적으로든 침수가 불가능한 경우에 그렇게 하였다. 예루살렘에는 급수와 개인 목욕 시설이 변변치 않았으므로, 3,000명에게 세례를 베푼 경우에 침수보다는 물을 뿌리거나 붓는 형식으로 시행되었을 가능성이 높다. 신약성경에 유아세례를 시행하라는 명령은 없지만, 난지 8일 만에 할례를 베푼 유대인들의 보편적인 관습으로 미루어 볼 때, 유아세례의 실시를 짐작할 수 있다. 그리고 온 가족이 세례 받은 경우가 신약성경에 5번이 기록되었는데, 대부분의 가정에는 유아가 있는 것이 일반적인 현상이므로, 유아들에게 세례를 베풀었을 가능성도 높다.

제1장 초대교회와 장로정치 37

2세기 이후의 예배

이와 같이 순수하고 단순한 초대교회의 예배는 2세기에도 이어졌다. 2세기 초엽 비시니아(Bythynia)의 총독이었던 플리니 2세(Pliny Jr.)는 로마의 황제 트라쟌(Trajan, 98~117)에게 보낸 편지에서 초대교회 성도들의 생활에 대하여 다음과 같이 보고하였다: "그리스도인들은 정한 날 해뜨기 전에 모여 그리스도에게 찬송을 드렸습니다. 그들은 죄악을 범하지 말자고 스스로 맹세하였고, 도적질이나 강도질을 금하고, 간음하거나 약속을 깨지 말고, 소환되었을 때에 진리를 부인하지 말자고 서약하였습니다. 그 후, 해산하였다가 해 없는 음식을 먹기 위하여 다시 모였습니다." (Hanzsche 1934, 16). 여기서 볼 수 있는 것처럼, 초대교회의 성도들은 주일 성수를 하고 성찬을 시행했으며, 그들의 예배는 의식적인 예배가 아니라 찬송과 설교와 성찬 중심의 단순한 예배였음을 알 수 있다.

2세기 중엽의 순교자 유스티누스(Justin Martyr, c. 100~165)의 증언을 살펴보자. 성도들은 주일에 모여 성경을 읽고 설교한 후 기도드렸고, 성례와 연보를 드렸다. 유스티누스는 다음과 같이 말하였다: "일요일에 도시나 농촌에 사는 모든 사람이 한 장소에 모이면, 시간이 허락되는 대로 사도의 글이나 선지자의 글을 읽었다. 낭독자가 읽는 것을 끝내면, 사회자가 설교를 통하여 이러한 영광스러운 모범을 닮자고 권면하였다. 그리고 우리는 일어나서 위에 계신 분께 기도를 올려 보냈다. 기도가 끝나면 떡과 포도주가 나누어졌고, 사회자가 감사의 기도를 드렸다. 잘 사는 사람들과 나누어주기를 원하는 사람들이 선물을 모아 구제하는 사람들과 사회자에게 맡겨 … 필요한 사람들에게 나누어주었다" (Hanzsche 1934, 17).

초대교회 예배에서는 설교만큼이나 성찬이 강조되었다. 성찬은 엄숙한 분위기에 시행되지 않고 축제처럼 진행되었다. 라틴 교부 테르툴리아누스(Tertullian, c. 160~220)는 성찬식이 사랑을 확인하는 '사랑의 잔치'라고 언급하였다. 그는 당시 드려지던 성찬 예식에 대해 이렇게 기록하였다: "우리는 하나님께 드리는 기도의 맛을 느끼기 전에는 성찬상으로 가지 않았다. 배고픈 자는 만족할 만큼 먹었으며, 품위를 유지하면서 유익할 만큼 마셨다. 우리는 전능하신 하나님이 예배 받으시는 것을 기억하면서 스스로 만족하였다. 주께서 대화를 들으시는 것을 아는 자처럼 암시적으로 뒤바뀐 말을 하였다. 잔치가 시작될 때나 끝날 때 기도한 후 헤어졌다. 우리는 연회에 참석한 것이 아니라 배움의 자리에 있었던 것같이 여전히 겸손과 순결을 지키려고 하였다"(Hanzsche 1934, 17). 이와 같이 초대교회의 성도들은 신령과 진정으로 드리는 단순하면서도 성경적인 예배를 드렸다.

초대교회는 교회 절기를 중시하지 않았다. 예수 그리스도의 십자가 사건으로 "먹고 마시는 것과 절기와 월삭" 같은 모든 절기들이 폐하여졌기 때문이다 (골 2:16). 절기들은 구약의 그림자들로, 실재이신 그리스도께서 오신 후에는 그것들이 신자들을 더 이상 얽어맬 수 없으므로, 초대교회의 성도들은 오늘날 교회들처럼 성자들을 기념하여 지키는 절기나 사순절, 대강절, 그리고 성탄절 등을 지키지 않았다. 사순절 동안에 금식이나 고행, 또는 자학하지 않았고, 성탄절을 앞두고 대강절을 지키지 않았으며 심지어 성탄절조차도 교회 절기로 여기지 않았다.

사실상 성탄절은 3세기까지만 해도 교회에서 없던 절기였다. 교회 절기에 대해 해박한 지식을 가지고 있던 오리게네스(Origen, c. 185~254)까지도 당시의 여러 가지 축제일과 금식일에 대해 서술하였지만 성탄절에 대해서는 한 언급도 하지 않았다. 성탄절은 313년 콘스탄티누스 대제(Constantine the Great)의 개종과 함께 태양신을 섬기던 이교도들이 교회에 들어오면서 교회에 소개되기 시작하였다(Miller 1842, 76). 이교도들이 개종하면서 태양신 숭배 사상을 교회에 가져왔고, 낮의 길이가 길어지기 시작하는 동짓날 곧 로마력으로 12월 25일을 태양절, 다른 말로 성탄절로 지키기 시작하였다.

초대교회의 성도들은 참된 예배가 신령과 진정으로 드려져야 한다고 믿었으므로 기도문에 의존하여 기도하는 것이 예배의 원리에 맞지 않는다고 보았다. 신령과 진정으로 드려야 할 예배를 형식에 매이게 하기 때문이다. 그들은 기도문에 의존하지 않고, 영적인 눈을 떠서 하늘을 향하여 손을 벌리고 소원을 토로하였다. 이러한 전통은 5세기까지도 계속되었다. 5세기의 교회사가인 소크라테스(Socrates, 380~450)와 소조먼(Sozomen)은 당시의 교인들 가운데 "공 예배에 같은 단어를 쓰는 사람이 없었다."고 진술하였다. 곧 예배 때에 기도문을 사용하지 않았다는 의미이다. 라틴 교부였던 아우구스티누스(Augustine of Hippo, 354~430)도 당시에는 "같은 내용으로 기도하면서도, 다른 단어를 사용하여 기도할 수 있는 자유가 있었다."고 기록하였다(Miller 1842, 68).

초대교회의 신앙고백

초대교회의 신앙고백은 오늘날 교회에서 볼 수 있는 것처럼 정교하거나 신학적이지 않았고 매우 단순하였다. 교리 논쟁이나 성경 해석이 발전하지 못했기 때문이다. 초대교회의 신조는 세례 문답을 받을 때 장로들 앞에서 고백하는 신앙고백(Baptismal formula), 개인적인 신조, 그리고 교회회의가 채택한 신앙고백 등 3가지 유형으로 나눌 수 있다. 세례자들을 위한 신앙고백은 가장 오래된 형태의 신앙고백이며, 이로부터 발전하여 완성된 것이 사도신경이다.

사도신경은 2세기까지만 해도 그 윤곽이 나타나지 않았다가 이그나티우스(Ignatius, C.35~C.107)가 107년에 쓴 글과 이레니우스(Irenaeus, 130~220)가 180년경에 펴낸 글에 어느 정도 모양새가 드러났고, 259년경 로마의 감독이었던 디오니시우스(Dionysius)의 글에서 구체적인 모습이 나타난다. 그 내용은 다음과 같다: "나는 하늘과 땅을 만드신 전능하신 하나님 아버지를 믿는다. 그리고 그의 외아들 우리 주 예수 그리스도를 믿는다"(Hanzsche 1934, 20). 그 후, 4세기에 접어들어 비로소 오늘날 우리가 사용하는 신앙고백과 같은 형식을 갖춘 사도신경이 만들어졌다.

4. 교부시대의 교회정치

사도 시대 이후 교부 시대에 접어들어서도 여전히 교회는 상호간 평등 관계를 유지하였고, 개교회의 자율성이 보장되었다. 천주교도들이 로마 교황이었다고 주장하는 로마교회의 목사 클레멘트(Clement of Rome, ?~102)는 『고린도교인들에게 보내는 첫째 편지』(The First Epistle to the Corinthians, 95년경)에서 사도들이 갓 설립한 교회들에서 신앙의 처음 익은 열매들, 즉 회심자들을 '감독과 집사들'로 세웠다고 하였다. 그리고 바울이 빌립보서 1장 1절에서 교직자를 언급하며 장로라는 단어를 생략한 것은 장로들을 감독들과 동일시했기 때문이라고 하였다. 반대로, 바울이 감독들을 언급하지 않은 채 장로들에게 순복하라고 한 것은 같은 이치라고 주장하였다. 또한 그는 "교직자는 교회를 감독하기 위하여 교회에 의해 선택된 자들"이므로, 그들의 권세에 도전하는 것은 큰 죄악을 범하는 것이라고 경고하였다(Schaff 1910, 2:646).

2세기가 시작되면서 장로와 감독이라는 용어가 이그나티우스(Ignatius) 때부터 구분된 직분으로 사용되었다. 감독은 장로협의회의 보좌를 받은 회중의 우두머리로 간주되었고, 나중에는 교구의 우두머리와 사도들의 계승자로 간주되었다. 그는 107년에 쓴 『서신』(Epistles)에서, 모든 교회는 감독(목사)과 장로가 있어서 성도들을 다스리며, 교인들은 감독에게 복종하고 그 지도와 권고에 따르라고 권면하였다(Ignatius 1985, 6:1). 그렇지만 이그나티우스는 오늘날의 감독 교회에서 볼 수 있는 것과 같이 감독 중심으로 교회를 운영하라고 주장하지는 않았다. 교회의 치리권이 감독뿐만 아니라 장로에게도 있다고 보았기 때문이다.

서머나 교회의 목사 폴리캅(Polycarp)은 110년경에『빌립보인에게 보내는 편지』(Epistle to the Philippians)에서 빌립보 교회에는 집사와 감독만이 있으며 직분의 높고 낮음을 측정할 수 없다고 하였다(Schaff 1910, 2:666). 이레니우스도 장로와 감독을 같은 직분으로 간주하였고, 사도직의 전승은 바로 감독직의 전승으로, 즉 장로와 감독의 전승이라고 하였다. 순교자 유스티누스(Justin Martyr) 역시 이레니우스와 동일한 견해를 피력하였다. 이와 같이 교부들은 한결 같이 초대교회가 감독과 장로, 곧 목사와 장로에 의하여 다스려져 왔다고 주장하였다.

5세기 초반까지도 장로정치는 일반적으로 널리 시행되고 있었다. 라틴 교부 가운데 가장 영향력이 있었던 히포의 아우구스티누스는 장로정치의 기본 원리인 감독과 장로의 동등함을 인정하였다. 그는 장로 제롬(Jerome)에게 편지를 보내면서 "감독직이 장로 직보다 더 높은 것으로 생각하는 경향이 일어나고 있지만, 그렇지 않습니다. 여러 면에서 볼 때, 아우구스티누스는 제롬보다 열등합니다."라고 말하였다. 아우구스티누스 당시의 교부 제롬(Jerome, 342~420)도 고대 기독교 사회에서 장로와 감독은 같은 위치에 있었다고 하였고(Miller 1842, 16), 동방 교회의 설교자요 신학자였던 크리소스토무스(John Chrysostomus, 347~407)도 장로와 감독이 동등한 직분이라고 하였다. 그러나 초대교회가 당면한 문제들, 곧 박해와 이단자의 출현으로 인하여 장로 중심의 초대교회는 점차로 감독 중심적으로 변하게 되었다.

폭군 네로가 박해를 시작한 1세기 중반부터 콘스탄티누스 황제가 개종한 4세기 초반까지 교회는 극심한 핍박을 받게 되었다. 박해가 닥쳤을 때 생명을 바쳐 신앙을 지킨 사람도 있었지만, 피하여 숨거나 배교한 사람들도 다수였다. 신앙의 자유가 선포되자, 교회는 배교자 처리 문제로 더 큰 고통을 겪어야 하였다. 배교자를 무조건 받아들이자는 파와 영원히 교회로부터 추방할 것을 주장하는 파가 대립하여 교회의 분열이 시작되었다. 사단의 전략이 언제나 그러하듯, 교회가 분열하여 무질서와 혼란 가운데 빠져있을 때 이단 운동이 일어났다.

1. 감독 중심 사상의 등장

이단을 척결하고, 교회를 바로 세우기 위해서는 지역 교회의 장로 또는 감독을 중심으로 온 회중이 하나로 뭉치는 것이었다. 로마의 클레멘트(Clement of Rome, ?~101), 안디옥의 이그나티우스(Ignatius of Antioch, 35~107), 리옹 (Lyons)의 이레니우스(Irenaeus of Lyon, 130~220)와 같은 교부들은 감독 중심의 연합을 호소하였다. 물론 그들은, 앞 장에서 살펴본 것처럼, 감독과 장로가 동일한 직분이라는 것을 인정하고 있었다(순교자 유스티누스, 아테나고라스, 알렉산드리아의 클레멘트, 오리게네스, 테르툴리아누스, 락탄티우스 같은 당시의 유력한 교회 지도자들은 평신도였거나 기껏해야 장로였다.).

교회에서 감독이 다른 직분보다 더 중요하게 인식되기 시작한 것은 구제 제도의 변천과 밀접한 관계를 가진다. 초대교회는 집사들이 고아와 과부, 빈민과 나그네를 보살피는 일을 도맡았다. 그러나 감독이 구제금을 위탁받아 배분하는 행정적 책임을 맡으면서 교회 직분에 대한 임무의 변화가 나타나, 그리스 사회에서는 감독을 회계 담당관으로 부를 정도가 되었다. 세월이 흘러 고아와 과부들, 가난한 자와 불구자들을 보살피는 기구들이 설치되고, 감독이 이를 관할하게 되었다. 이와 함께 감독은 교회에서 가장 힘 있는 존재로 인식되기 시작하였고, 교부들은 교회 문제의 해결을 위해 감독 중심으로 뭉칠 것을 주장하였다.

클레멘트는 96년에 쓴 「고린도 교회에 보내는 첫 번째 편지」(The First Epistle to the Corinthians)에서 교회 안에 번지던 영지주의 사상을 경계하면서 죄에 대한 회개와 신앙적 견인을 역설하였다. 영지주의가 교회에 미친 피해를 지적한 후, 교회 질서의 유지를 강조하였다. 그는 성도들이 하나님의 뜻을 행한다면 "최초의 교회, 즉 태양이나 달이 만들어지기 전에 창조된 영적인 교회에 속하게 될 것"이며(14.1), 구원받으려면 교회에 소속되어 신앙 가운데 바로 설 것과 교회 질서의 유지를 위해서는 감독에게 순종해야 한다고 서술하였다(14.3).

소아시아 출신으로 프랑스 남부에서 사역하였던 교부 이레니우스는 5권으로 된 「이단 논박」(Against the Heresies)을 저술하여 영지주의의 허구를 비판하고 신앙의 전승을 강조하였다. 그는 이단의 특징이 "성경과 전통에 따르지 않는 것"(3.2)이라고 지적하고, 복음은 사도들이 감독들에게 구전 또는 문서로 전달해 준 것이라고 단언하였다. 곧 사도들이 "복음을 널리 전했고, 하나님의 뜻 가운데 감독들에게 문서로(in scripturis) 전수해 주어 신앙의 기초와 기둥이 되게 하였다"(3.1). 그들이 교수직(teaching position)과 모든 교훈을 그들의 후계 자인 감독들에게 전해 주었으므로, 성도들은 "사도들이 전해 준 전통의 규범을 따라야 한다."고 주장하였다(4.1-2). 감독직의 사도적 전승을 강조한 것이다.

감독 중심 사상은 이그나티우스에게서 더 진전된 모습으로 나타난다. 이그나티우스는 유대교와 가현설(Docetism)에 맞서서 감독을 중심으로 뭉칠 것을 역설하였다. 「마그네시아인들에게 보내는 편지」(*Letter to the Magnesians*)에서, 감독 중심으로 "하나의 기도, 하나의 간구, 하나의 마음, 하나의 소망"을 가질 것을 권하였고(7.1), 「트랄리아인들에게 보내는 편지」(*Letter to the Trallians*)에서는, 지상에 흩어진 모든 교회들의 유일하신 '보편적 감독'이신 그리스도께서 인간 감독을 대리자로 세우셨으므로, 모든 교인은 감독에게 순종해야 하며, "감독 없이 아무 일도 행하지 말라"고 권면하였다(2.1). 그리고 "감독은 하나님의 위치에서, 장로들은 사도들의 위치, 내게 가장 소중한 분들인 집사들은 만세 전에 성부와 함께 계셨고 종말에 우리에게 나타나실 예수 그리스도의 사역을 위임받아 수행해야 한다."고 말하면서 "예수 그리스도께서 성부를 따르셨듯이, 여러분 모두는 감독을 따르라."고 명하고, "감독 없이 세례를 주거나 성찬을 거행하는 것은 불법이다"라고 지적하였다(Schaff, 2004, 2:152). 또한 「서머나 교회에 보내는 편지」를 통해, "감독이 있는 곳에 회중이 모이게 하라. 이는 예수 그리스도께서 계신 곳에 공교회가 있는 것과 마찬가지다"(8.2). "감독들을 존중하는 자는 하나님에 의해 존중되지만 감독 모르게 행하는 자는 마귀를 따르게 될 것"(9.1)이라고 하는 등 철저한 감독 중심 사상을 피력하였다.[6]

---

6) 이러한 이그나티우스의 감독 중심 사상은 그가 죽은 지 얼마 뒤에 해악으로 나타났다. 곧 안디옥 교회는 악명 높았고 독재를 행하던 감독 사모사타의 바울로 인하여 큰 어려움을 당하였

하지만 이그나티우스의 감독주의 사상은 로마천주교회와는 차이가 있다. 감독(교황)이 단일 지교회의 머리와 중심으로 나타나지만 천주교회에서 주장하는 것처럼 전체 교회의 대표로 나타나지 않았고, 감독의 유일한 권세를 주장한 것이 아니라 감독을 그리스도의 대리자로 보면서도 감독의 지도를 받는 장로들과 집사들까지도 사도들의 계승자로 보았다. 또한 감독들 사이에 계급의 구별이 없고, 수위권의 흔적도 없으며, 모두를 그리스도의 온전한 협동 대리자로 간주한 것은 현대 감독주의자들과 차이점이라고 할 수 있다. 한마디로 말하면, "이그나티우스의 감독주의는 교구 중심적이 아닌 지역 교회 중심적이었으며, 사도 시대에 기원을 둔 정착된 제도가 아니라 발전 과정에 있는 제도였다."(Schaff, 2004, 2:153).

초기 교부들의 감독 중심 사상은 3세기 이후에 감독주의 사상으로 변질되었다. 특히 키프리아누스(Cyprianus, 200~258)와 제롬(Jerome, 342~420)과 같은 교부들이 감독직의 기능상 우위성을 주장하면서 계급 구조적인 감독주의가 역사에 등장하게 되었다(Bettenson 1974, 71~74).

키프리아누스는 251년 「공교회의 일치에 관하여」(On the Unity of the Catholic Church)를 통해, 분파주의는 박해보다 간교하며 교회에 위협적이라는 글을 썼다. 이단들과 분파주의자들은 "신앙을 약화시키고 진리를 왜곡하고 교회의 일치를 파괴하기 위해" 마귀가 만들어낸 도구들이라고 지적하면서 분파주의를 경계하였다(1~3절). 그는 분파주의의 해악을 지적한 후, 성경의 가르침에 따라 감독을 중심으로 교회의 일치를 이루어야 한다고 주장하였다.

비록 키프리아누스가 감독 중심의 일치를 역설하였지만, 감독에 대한 무조건적 순종을 주장하지는 않았다. 그의 주된 관심은 교회의 하나 됨으로, 감독

다. 그는 성직위계제도에 의해 세속화된 감독으로, 269년 교리적 · 윤리적 죄악들로 인하여 폐위되었다. 이를 통해 우리는 교회의 진정한 일치가 단순히 목회자에게 순종하는 데서 오는 것이 아니라 사도적 복음을 유지할 경우만 가능하다는 것을 알 수 있다.

은 자신이 섬기는 교회만이 아니라 보편적 교회의 일치를 위해 관심을 가질 것을 촉구하였다(5절). 그는 교회를 어머니로 비유하면서 "교회를 어머니로 여기지 않는다면 하나님을 아버지로 가질 수 없으며"(6절), 참된 교회는 하나로, 거짓 교회로 피하는 자는 멸망할 것이라고 선언하였다. 또한 "감독은 교회 안에 있고, 교회는 감독 안에 있다. 누구든지 감독과 함께 하지 않으면 그는 교회 안에 있는 것이 아니다."라는 말로 감독직의 사도적 전승을 주장하기도 하였다. 곧 사도들은 감독이었고, 감독이 후계자를 임명함으로 오늘날까지 이 전승이 단절되지 않고 계승되어 왔다는 것이다.

이와 같이 교부들이 감독 중심의 교회 일치와 감독직의 사도적 전승을 주장하면서 교회정치는 새로운 국면을 맞게 되었다. 감독직의 우위성이 거론되기 시작하였고, 장로회의 어떤 고정적인 명칭, 곧 직원들이 모일 때 회의를 주관하는 직책이 생겨난 것이다. 다른 말로 하면, 목사가 교권의 상징으로 떠오르면서 회의 사회자가 감독과 같은 권세를 행사하기 시작하였다. 그러나 키프리아누스 이후 곧 바로 감독주의가 나타났다고 볼 수는 없다. 왜냐하면 당시의 교회들은, 현대의 교회들처럼 감독에게 특별한 권세를 주지 않았기 때문이다. 감독들은 교회 문제를 해결하기 위해 장로들의 동의를 구해야 했고, 중대한 문제의 경우에는 회중의 지지를 얻어야 했었다.

감독 중심의 교회정치 체제는 사제주의 신학과 결합하면서 막강한 힘을 가진 교황 통치 시대를 열게 되었다. 일부 지역에서 나타나기 시작한 감독주의 사상은 시간이 흐르면서 전 교회로 확산되었다. 교직자들은 스스로 주교(bishop)라고 칭했고, 더 높은 지위를 추구하면서 대주교(archbishop)와 총대주교(patriarch)라는 용어를 사용하였으며, 7세기에는 스스로 교황이라고 부르기 시작하였다. 10세기 이후 교황들은 신앙적인 문제만이 아니라 세속적인 영역까지 지배하며 왕과 같이 처신하였다. 한 나라의 왕을 세우거나 폐하는 등 천상천하의 유일한 권세자로 나타났다.

2. 교황정치의 신학적 배경

그러면 이와 같은 계급 구조적인 교황정치가 일어나게 된 신학적 배경을 살펴보자. 로마천주교회는 예수께서 베드로를 모든 사도들 위에 세워 수제자로 삼아 베드로 위에 교회를 세웠고, 그에게 천국 열쇠를 맡겼다고 가르친다. 따라서 베드로를 계승하는 교황이 천국 열쇠를 가지고 있고, 교황이 "땅에서 무엇이든 매면 하늘에서도 매이고 땅에서 무엇이든지 풀면 하늘에서도 풀린다." 고 주장한다. 로마천주교도들이 가장 애용하는 신앙고백 가운데 하나인 「볼티모어 요리문답서」(Baltimore Catechism)는 다음과 같이 기록하고 있다: "그리스도께서 그의 교회 안에서 성 베드로에게 특별한 권세를 주사, 모든 사도들의 머리와 모든 교회의 수석 교사요, 통치자로 세우셨다. 그리스도께서는 수석 교사이며, 통치자인 성 베드로의 권세를 그의 후계자들에게 계승하게 하셨으니, 그가 곧 로마의 주교인 교황이다. 따라서 교황은 그리스도의 대리자요, 교회의 머리이다" (O'Brien 1975, 112). 곧 교회가 베드로 위에 세워졌고, 베드로가 로마교회를 세웠다는 전제 아래 로마교회의 우위권을 주장하고 있는 것이다.

반석 - 베드로 논쟁

로마천주교회가 내세우는 베드로의 우위성과 교황의 베드로 승계 사상은 마태복음 16장의 말씀에 대한 오해에서 기인한 것이다. 예수께서 가이사랴 빌립보 지방에서 제자들에게 "너희는 나를 누구라 하느냐"고 물은 적이 있다. 이때 베드로가 "주는 그리스도시요 살아 계신 하나님의 아들이시나이다." (마 16:16)라고 고백하자, 예수께서 "너는 베드로라 내가 이 반석 위에 내 교회를 세우리니 음부의 권세가 이기지 못하리라 내가 천국 열쇠를 네게 주리니 네가 땅에서 무엇이든지 매면 하늘에서도 매일 것이요 네가 땅에서 무엇이든지 풀면 하늘에서도 풀리리라"(마 16:18~19)고 하셨다. 로마천주교도들은 이 말씀을 문자적으로 해석하여 예수께서 베드로라는 인물 위에 교회를 세우시겠다고 약속하였고, 그에게 천국 열쇠를 주어서 교회를 다스리게 하였다고 주장하고 있다. 또한 부활하신 예수께서 갈릴리로 오셔서 베드로를 부르시고 여러 번에 걸쳐 "너는 내 양을 치라"고 하신 말씀(요 21:15~19)은 베드로에게 교회의 양육권을 주신 것이라고 주장한다.

그러나 이러한 로마천주교회의 해석은 잘못된 것이다. 성경의 전후 문맥을 살피거나, 초대교회사에 나타난 몇 가지 기록만 보아도 해석의 오류를 발견할 수 있기 때문이다. 다음의 몇 가지에 대하여 주의하여 보자.

로마천주교도들은 베드로와 반석이 같은 것으로, 교회가 베드로라는 인물 위에 세워졌다고 주장하지만 이는 근거 없는 것이다. 헬라어는 다른 어떤 언어보다도 성(性)과 수(數)와 격(格)의 구별이 분명한 언어로 의미하는 바가 확실하다. 그러나 여기 쓰인 단어들의 성은 전혀 일치하지 않는다. 예수께서 바요나 시몬을 부를 때는 베드로(Petros)라고 하셨지만, "내가 이 반석 위에 내 교회를 세우리니"(마 16:18)라고 하실 때는 살아 있는 돌을 의미하는 '페트라'(Petra)를 사용하셨다. 즉 시몬에게 적용된 '베드로'라는 말은 남성 형태이나, 예수께서 그의 교회를 세우시겠다고 한 '페트라'는 여성 명사로, 어원상으로 '베드로'와 '페트라'는 구별이 된다. 그러므로 반석은 베드로 자신을 의미하는 것이 아니라, 교회의 기초가 되시는 예수 그리스도 자신 또는 베드로가 예수 그리스도께 고백한 신앙고백, 곧 "주는 그리스도시요 살아 계신 하나님의 아들입니다"를 의미한다고 해석하는 것이 자연스럽다.

로마천주교도들은 성경 다음으로 교부들의 성경 해석을 중시하며 인용한다. 그러나 교부들은 로마천주교회가 주장하는 것처럼 반석을 베드로로 해석하지 않았다. 동방 교회의 교부인 존 크리소스토무스(John Chrysostomus)는 반석을 "예수 그리스도에 대하여 베드로가 한 고백, 곧 그리스도에 대한 신앙고백"이라고 하였고, 이러한 고백 위에 교회가 세워졌다고 하였다. 서방 교회의 대표적인 교부인 히포의 아우구스티누스(Augustine of Hippo)는 "예수께서 말씀하신 반석은 곧 예수 그리스도 자신"이라고 하였다. 알렉산드리아의 교부 시릴(Cyril of Alexandria, d. 444)도 아우구스티누스와 동일한 입장을 취하였다. 반석이 예수 그리스도를 의미한다는 견해는 종교개혁자 마틴 루터(Martin Luther)의 입장이기도 하였다.

이와 같이 동방과 서방의 교부들은 한결 같이 반석을 베드로로 해석해 오지 않았다. 조지 샐몬(George Salmon, 1819~1904)의 연구 보고는 더욱 흥미롭다. 그는 초대교회 당시 영향력 있던 85명의 교부들이 마태복음 16장 18절을 해석한 내용을 연구하여 보고하였다. 17명이 베드로, 44명이 베드로의 신앙고백, 16명이 예수 그리스도, 8명이 모든 사도를 의미하는 것으로 나타났다. 통계에서도 드러나듯이 교부들이 반석을 베드로로 해석했다는 로마천주교회의 주장은 모순이라는 것을 알 수 있다.

더구나 사도들의 증언은 베드로 위에 교회가 세워졌다는 로마천주교회의 입장을 전적으로 부정한다. 예수 그리스도의 가르침을 가장 잘 해석한 바울은 고린도전서에서 "이 닦아둔 것 외에 능히 다른 터를 닦아둘 자가 없으니 이 터는 곧 그리스도 예수라"(고전 3:11), "그 반석은 곧 그리스도시라"라고 하였다(고전 10:4). 에베소서에서는 교회가 "사도들과 선지자들의 터" 위에 세워졌고, "예수 그리스도께서 친히 그 모퉁이 돌"이 되셨다고 진술하였다(엡 2:20). 교회의 기초는 예수 그리스도라는 것이다.

로마천주교도들은 베드로 위에 교회가 서 있다고 주장하지만 베드로 본인은 교회가 그리스도에 기초해서 세워졌다고 단언하였다. 그는, "성경에 기록하였으되 보라 내가 택한 보배로운 모퉁잇돌을 시온에 두노니 그를 믿는 자는 부끄러움을 당하지 아니하리라 하였으니 그러므로 믿는 너희에게는 보배이나 믿지 아니하는 자들에게는 건축자들의 버린 그 돌이 모퉁이 머릿돌이 되고 또한 부딪치는 돌과 걸려 넘어지게 하는 바위가 되었다 하였느니라."고 말하였다(벧전 2:6~8). 곧 '건축자들이 버린 돌' 이신 예수 그리스도 위에 교회가 세워졌다고 하였다. 이와 같이 사도들은 교회의 기초가 인간 베드로가 아닌 건축자인 유대의 종교지도자들이 버린 돌, 그리스도 예수라고 주장하였다.

마지막으로, 성경은 교회가 한 개인의 인격 위에 세워졌다는 것을 부정한다. 로마천주교도와 교권주의자들의 주장대로 성경 어느 곳에도 베드로가 사도들을 대표한다거나 예수 그리스도의 수제자라고 한 성경 구절을 찾아 볼 수 없다. 베드로는 자신이 다른 사도들이나 장로들보다 우위에 있다고 하지 않았고, 오히려 "함께 장로가 된 자"라고 말함으로 그들과 동등한 위치에 있었음을 밝혔다(벧전 5:1). 바울도 베드로의 우위성을 인정하지 않았다. 만일 교회가 베드로라는 인물 위에 세워졌다면, 바울이 감히 베드로의 약점을 지적하지 못했을 것이다. 그러나 바울은 안디옥에 있을 때 유대인의 면전에서 행한 베드로의 외식을 공개적으로 지적하고 면책하였다(갈 2:11~14). 이와 같은 성경의 증거를 통해 볼 때, 교회는 베드로라는 허물뿐인 인간 위에 세워진 것이 아니라 흠과 티가 없으신 그리스도 예수 위에 세워졌음을 알 수 있다. 그러므로 교회가 베드로 위에 세워졌다는 로마천주교회의 사상은 성경이나 역사에 의해 입증될 수 없는 낭설이라고 단정할 수 있다.

교황의 베드로의 계승 사상

로마천주교도들은 베드로 위에 교회가 세워졌고, 교황이 베드로의 모든 권세를 계승한 자라고 믿는다. 그들은 초대 교부들이 로마교회의 주교들을 베드로의 계승자로 인정하였다고 주장하면서, 테르툴리아누스(Tertullianus)와 오리게네스(Origen)의 글을 인용한다. 테르툴리아누스가 한때 "교회가 세워질 반석이라고 불려졌고, 하늘과 땅에서 매고 풀 권세를 갖고 하늘나라의 열쇠를 받은 베드로에게 숨겨진 것이 있는가?'라고 한 말을 빌미삼아 테르툴리아누스가 로마 감독의 베드로 계승권을 인정하였다는 것이다(Murphy 1886, 27). 그리고 오리게네스가 주님께서 "양떼를 다루면서 베드로의 덕성을 요구하지 않고, 그에게 최고의 권위를 주셨고, 그 위에 교회를 세우셨다"고 글을 쓴 적이 있는데, 이는 교회가 베드로 위에 세워졌음을 인정한 것이라고 주장한다(Murphy 1886, 28).

그러나 오스카 쿨만(Oscar Cullmann)의 해석은 다르다. 쿨만은 천주교도들이 테르툴리아누스가 살던 시대에 대한 역사적인 배경과 오리게네스가 말하고 있는 전후 문맥을 올바로 살피지 못한 데서 오해가 생겨났다고 주장하였다. 당시의 역사적 상황을 보면, 테르툴리아누스는 로마의 주교 칼리스투스(Callistus, 223년경 사망)와 고행 문제로 논쟁중이었다. 칼리스투스가 로마 감독의 베드로 계승을 내세우면서 자신이 바로 그러한 권위를 가지고 있다고 주장할 때, 테르툴리아누스는 이를 부인하는 위치에 있었다. 이에 쿨만은, 테르툴리아누스의 마태복음 16장 18절과 19절에 대한 해석은 베드로를 한 인격체이며 영적인 대표로 인정하는 선에서 나온 것이지, 결코 로마의 주교(교황)를 베드로의 계승자로 간주한 것이 아니라고 하였다. 쿨만의 논지를 한마디로 요약하면, 누가 적에게 이로운 증언을 하겠느냐는 것이다.

쿨만은, 비록 오리게네스가 베드로 위에 교회가 세워졌다고 주장했지만, 이는 로마천주교회의 해석과는 다른 의도라고 보았다. 왜냐하면 오리게네스는 문자를 성령과 대비시켜 해석하였는데, 곧 반석이 문자적으로 베드로를 의미하지만 영적으로는 베드로와 같은 모든 자에게 적용될 수 있으며, "반석은 그리스도의 모든 제자를 가르친다."고 하였기 때문이다. 교회가 베드로라는 한 인간이 아닌 베드로와 같은 모든 성도 위에 세워졌다고 본 것이다. 그러므로 쿨만은 로마천주교회가 로마천주교회의 기원을 교부들의 증언을 통하여 합리화하려는 주장은 허구에 불과하다고 비난하였다(Cullmann 1953, 159~161).

로마천주교도들은 베드로가 로마교회를 세웠고, 로마 주교들이 그를 계승하고 있다고 주장한다. 그러나 로마교회는 베드로가 로마에 도착하기 오래 전 오순절 성령 강림 때에 은혜를 받은 로마인들이 예루살렘에서 돌아와서 세웠음을 역사가 증명하고 있다(행 2:10 참고). 교부 이레니우스(Irenaeus)는 「이단논박」(*Against Heresies*)에서 로마교회는 오순절 사건 이후 예루살렘에서 돌아온 로마인들이 세웠으며, 나중에 바울과 베드로 두 사람에 의하여 양육되었다고 진술하였다(III. 3. 2). 곧 바울이 베드로보다 먼저 갔고, 베드로는 바울을 이어 2대 목회자가 되었다고 하였다. 물론 로마의 초대 감독도 베드로가 아니었다. 베드로보다 먼저 바울이 갔기 때문이다. 그러므로 로마천주교회가 사도적 기원을 갖는다는 사상과 로마교회가 베드로 위에 서 있다고 하는 주장, 교황이 베드로의 후계자라는 천주교도들의 주장은 전혀 근거 없는 그릇된 것이라고 할 수 있다.

3. 교회의 계급 구조화와 교황권의 절정

그러면 성경이나 교부들에 의해 인정을 받지 못하던 로마교회가 서구 교회들을 지배하는 집단으로 부상하게 되었는지 역사적 배경을 살펴보도록 하자. 로마천주교회의 등장은 시대적인 상황, 특히 콘스탄티누스의 개종 이후 목회자들의 교권 지향적 움직임과 예배의 부패 현상과 아주 밀접한 관계를 가진다.

종교적 관용과 예배의 형식화
교회 지도자들의 타락은 콘스탄티누스 대제(Constantine the Great, 288~337)가 기독교로 개종하고 로마 황제들에 의한 처참한 박해가 막을 내리면서 시작되었다. 콘스탄티누스의 개종 이전에는 기독교인들이 박해의 대상이었지만, 황제의 개종과 함께 교회 지도자들은 황실로부터 급여를 받으며 황제의 식사 초대를 받는 등 사회적으로 인정받기 시작하였다. 목사의 지위가 올라가게 되자, 목사직을 지원하는 사람들이 늘어났고, 목회자 사이에 높은 지위를 얻기 위한 경쟁이 점차로 심화되었다.

세상적인 명예와 지위를 탐하려는 목사들 탓에 교회생활도 변질되었다. 교세에 의해 목회자의 권위가 평가되면서 큰 도시 교회의 주교가 지방 교회의 주교보다 중시되기 시작하였다. 대도시의 주교가 중소 도시의 교회들을 지도·감독하면서 교구 주교(bishop of diocese)가 생겨났다. 이때부터 한 국가의 수도에 위치한 주교는 대주교(metropolitan bishop 또는 archbishop)라고 불려졌고, 지방 교구의 주교 위에 권세를 행하였다. 또한 대주교 사이에 권력 투쟁이 시작되면서 총대주교(Patriarch)가 생겨났다.

교회정치가 인위적인 형태로 변질되자, 인간의 고안을 중시하고 전통을 의지하는 예배가 나타났다. 성경이 제시한 초대교회 성도들의 단순한 예배가 사라지고 의식적인 예배가 도입되었다. 신령과 진정으로 드리는 예배보다는 형식과 외적 치장을 강조하기 시작하였고, 예배당을 화려하게 장식하는 것이 본격화 되었다. 기도문이 등장하였고, 기도가 주문과 같이 읽혀지게 되었으며, 기도를 고행의 수단으로 간주하는 현상이 나타났다. 예배가 의식 중심으로 변하면서 세상을 등지고 산이나 은신처에 기거하며 기도를 생업으로 삼는 수도승들이 등장하였다.

예배의 형식화에 대한 교회 지도자들의 비판이 만만치 않았다. 특히 예배의 타락에 대한 비판의 목소리가 컸다. 교부 바실(Basil, 330~379)은 기도문을 가지고 기도하는 것을 예배의 형식화로 보고, 기도문의 사용을 경계하였다. 그는 "성경에 기초하여 당신이 할 수 있는 능력을 다하여 하나님을 찬양하라. 만일 미리 준비된 것이나 기도서를 읽는다면 참으로 어색할 것이다. 그 다음

에 청원하라"고 하였다(Miller 1842, 69). 기도서의 활용을 신령과 진정으로 드
리는 예배를 거스르는 것으로 본 것이다.

바실의 경계에도 불구하고 기도문의 사용은 점차 보편화되었다. 633년 톨
레도(Toledo) 교회회의는 최초의 공적인 기도서라고 할 수 있는 「직분자의 책」
(Libellus Officialis)을 승인하였고, 그 후로 기도문이 점차로 보급되었다. 기도문
은 게으르고 무능한 사제들의 전용물이 되었으며, 예배도 미신적으로 변모해
갔다. 예수 믿고 구원 받는 것이 아니라 성례에 참예함으로 구원 얻는다는 사
상이 생겨났고, 천국에 가기 전에 죄를 용서받기 위해 연옥에서 잠시 머물며
죄 값을 치루면 정결하게 된다는 연옥 교리가 퍼졌고, 이는 후에 로마천주교
회의 핵심 교리가 되었다.

또한 이교도를 교회로 인도하기 위하여 이교적인 의식을 도입하면서 로마
와 그리스 사람들이 섬기던 여신 숭배가 교회 내에 들어왔다. 여신 숭배는 마
리아 숭배로 이어졌고, 동정녀 마리아와 성자들에게 기도하는 것이 보편화되
어 중세 인들은 기도할 때에 마리아를 하나님께 나아가는 중보자로 간주하곤
하였다.

성화와 성상이 교회생활의 중심으로 부상하여 기도와 예배 때에 사용하는
일이 잦아졌다. 4세기 말 복식(服飾) 제도가 변화될 때 사제들이 노동자들이
입던 망토를 고수함으로 사제복이 되었다. 사제복의 등장으로 복장을 통하여
평신도와 성직자를 구별하는 현상이 나타났으며, 사제를 통하여 하나님의 은
혜가 나타나 사죄를 받게 된다는 사제주의 사상이 일어났다. '제단' '희생'
'사제' '대사제' 라는 단어가 널리 사용되었으며, 교회는 계급 구조화되었다.
교회의 계급화는 성직자 계층만이 아니라 평신도간에도 생겨나, 섬김을 위해
존재하는 집사 직분이 집사와 부제(subdeacon)로 나누어졌다. 집사의 주 업무
인 가난한 자를 보살피는 기능은 사라지고 공예배와 성례 때 사제를 보좌하여
돕는 기능이 중시되면서 집사를 부제라고 부르기 시작하였다.

교회의 계급구조화

이러한 변화의 시기에 로마교회는 교회의 주도권을 강조하기 시작하였다. 그들은 로마교회가 베드로 위에 세워졌으며, 베드로를 계승한 사람이 로마의 감독, 곧 교황이라고 주장하며 서구의 모든 교회를 지배하고자 하였다. 그러나 전기한 것처럼, 그들의 주장은 오류에 기초한 것이었다.

로마교회는 4세기 초반만 해도 서구에서 큰 영향력을 행사하지 못하였다. 아리우스(Arius, ca. 250~336)의 이단 사상을 논하기 위해 모인 니케아 회의(Council of Nicea)에서 로마교회의 역할을 살펴보자. 이단자 아리우스가 나타나 성자 예수는 성부 하나님에 의하여 피조 받은 존재로, 반(半)은 하나님이고 반은 인간인 반신반인(半神半人)이라고 주장하였다. 다수의 교회 지도자들이 아리우스의 사상을 지지하였지만, 아타나시우스(Athanasius)가 아리우스의 이단성을 역설함으로 교회는 혼란 가운데 빠지게 되었다. 교회가 혼란 가운데 놓이자, 콘스탄티누스 황제가 325년 니케아에 교회회의를 소집하였다. 회의는 알렉산드리아와 안디옥 교회가 주도하였으며, 로마교회는 자신의 입장을 전혀 밝히지 못하고 침묵하였다. 4세기 초반까지도 로마교회는 서구 사회에서 미미한 존재였기 때문이다.

아리우스가 니케아 회의에서 이단으로 정죄되었지만 문제가 해결된 것은 아니었다. 아리우스주의자들이 다시 교회회의를 열어 니케아 회의의 결정을 번복하였고, 반(反)아리우스주의자들 역시 다시 모여 니케아 회의의 결정을 확인하고 아리우스주의자들을 정죄하였다. 이러한 반전을 거듭하다가 4세기 말에 이르러는 교회회의의 권위가 상실되고, 교회는 무정부 상태에 빠지게 되었다.

이 때부터 영향력 있는 교회들이 나타나기 시작하였다. 그 대표적인 교회가 로마교회였다. 로마교회는 당시 제국의 수도인 로마에 위치하였다는 점을 내세워 영향력을 행사하였다. 로마의 주교 다마수스(Damasus, 304~384)는 로마교회의 우위성을 강조하면서 영향력을 넓혀갔고, 로마교회는 - 마치 한국 교회의 경우 총회가 공신력을 잃게 되면서 개교회주의가 팽배해지고 대형 교회들이 교단에 영향력을 행사하는 것과 같이 - 개교회들을 충고하거나 격려함으로 그 권한을 효율적으로 행사하였고, 이를 통해 무정부 상태에 있던 서구 교회를 평정하여 나아갔다.

힘을 얻게 된 로마 감독(주교)은 유럽의 모든 교회를 지배하고자 하는 야망을 드러내기 시작하였다. 그는 세속권에 대항하여 교회권의 우위성을 주장하며 세속 군주처럼 행동하였다. 이교도의 관습을 받아들이고 395년에는 주피터(Jupiter) 신의 대사제장 칭호인 대사제(Pontifex Maximus)라는 말을 자신의 칭호로 사용하였다. 이 때부터 로마교회의 감독(교황)을 '대사제'(Pontiff)라고 칭하기 시작했고, 로마 감독이 하나님의 사자(使者)인지 이방 종교의 사제인지 구분하기 힘들게 되었다.

5세기 중엽에 들어서면서 교회 제도가 발전하고 교권이 강화되었다. 각 도시마다 주교를 머리로 하여 교회가 조직되었다. 비록 성도들이 모여서 교회를 세우고 싶어도 주교 없이는 교회를 조직할 수 없었다. (이때부터 로마천주교회에서는 사제가 주재하지 않는 교회를 공소(空所)라고 부르기 시작했다). 주교는 교회의 구성 요소 가운데 단연 제일의 위치를 차지했고, 그가 속한 교구(parochia)안에서 왕권과 같은 영향력을 행사하였다. 그러나 로마 감독은 평신도를 무시할 수 없었다. 왜냐하면 오늘날처럼 추기경단에 의하여 주교가 선발되지 않았고, 교구의 성직자, 귀족과 회중이 직접 선출하였기 때문이다(Deansley 1985, 2~3).

로마교회의 영향력이 커지면서, 평신도의 힘은 약화되기 시작하였고, 지방의 주교들은 어려운 일이 발생하면 로마 감독에게 조언을 구하였다. 로마 감독은 로마 황제처럼 칙서 형식으로 답서를 보냄으로 그의 우위성을 나타냈다. 점차로 로마 감독은 막강한 권세를 가진 교황으로 면모를 바꾸어갔다.

로마교회가 구체적으로 교권을 신장한 것은 레오 1세(Leo I, 440~461) 때이다. 그는 펠라기우스(Pelagius) 이단 문제로 혼란에 빠졌던 교회를 개혁하고, 정치력을 발휘하여 교회 구조를 중앙집권화 하였다. 로마교회가 베드로 위에 세워졌고, 베드로의 권세를 계승하고 있는 것이 로마의 감독이라고 주장하며, 아프리카, 스페인, 오늘날의 프랑스로 불리는 골(Gaul)지역으로 그의 영향력을 넓혀 갔다. 이러한 상황에서 로마 황제 발렌티니안 3세(Valentinian III)가 서로마의 모든 주교들은 로마의 주교 레오 1세(Leo I)에게 복종하라고 명함으로, 레오는 서로마 제국 내의 가장 막강한 주교가 되었다. 이러한 지리적·정치적인 요인들을 활용하면서 로마 감독(교황)은 세력을 확장해 나갔다.

그 후 476년 게르만 민족(German)의 침입으로 서로마 제국이 몰락하자, 로마교회는 서로마의 구심점이 되었다. 로마 감독 그레고리 대제(Gregory the Great, 540~604)는 뛰어난 웅변술로 침략자 롬바르드 족(Lombards)을 물리치고, 가난한 자를 돌보는 등 선정을 펴서 백성의 지지를 얻어냈다. 결과적으로 로마교회는 무정부 상태에 있던 로마 제국의 새로운 세력 단체로 성장하여 서로마 제국 제일의 큰 집단이 되었다.

그레고리는 그의 영향력을 동로마제국에까지 넓히고자 하였다. 동로마제국에서 포카스(Phocas)가 쿠데타를 일으켜 왕권을 찬탈하자 동로마의 대주교 존(John the Faster, d. 595)은 강력히 비난하였지만, 그레고리는 포카스를 동로마 제국의 합법적인 왕으로 인정하여 주었다. 이에 포카스가 동로마의 대주교 존을 홀대하고 그레고리를 진정한 주교로 높이자, 콘스탄티노플의 입지는 약화되었고 로마는 서구에서 가장 강력한 집단이 되었다. 로마교황청은 교활하며 부도덕한 방법을 동원하여 영향력을 넓힘으로 유럽의 중심적인 세력이 되어갔다.

비록 그레고리 대제가 수단과 방법을 가리지 않고 교황의 권세를 신장시켰지만, 스스로 교황이라고 부르지는 않았다. 뿐만 아니라 전 세계 교회의 우두

머리를 의미하는 '보편적인 교회의 머리' 라는 용어의 사용도 자제하였다. 콘스탄티노플의 대주교 존이 스스로 '보편적 교회의 주교'(universal bishop)라고 칭하자, 그레고리 대제는 그 같은 말은 적그리스도적이요, 마귀적이라고 비판하면서 존이 신성모독죄를 범하였다고 몰아세웠다. 그렇지만 그레고리의 교권지향적인 사상은 그의 후계자들에 의해 더욱 커져서 7세기에 이르러는 스스로 교황이라고 칭하기 시작하였다. 607년 동로마 제국의 황제 포카스가 그레고리의 후계자 보니페이스 3세(Boniface III)를 '보편적 교회의 주교' 라고 부른 후로, 사람들은 로마의 감독을 교황이라고 부르기 시작하였다.

로마 교황권의 절정

7세기 이전의 기독교권은 5개 교구로 나누어져 있었다. 곧 이스라엘의 예루살렘 교구, 시리아의 안디옥 교구, 아프리카의 알렉산드리아 교구, 동로마 제국의 콘스탄티노플 교구, 그리고 서로마 제국의 로마 교구가 서로 자웅을 겨루었다. 622년 마호멧(Mahomet)이 나타나 성전(聖戰)을 선포하고, '한 손에는 코란, 한 손에는 검' 을 들고 아시아와 아프리카를 점령하면서 예루살렘, 안디옥, 알렉산드리아 교구가 역사에서 사라졌다. 기독교권은 콘스탄티노플 교회를 중심으로 하는 동로마권, 로마교회를 중심으로 하는 서로마권으로 나누어졌다. 동로마의 콘스탄티노플은 모슬렘과 맞대고 있어 자주 전쟁을 치러야 했으나 서로마는 적대적인 세력이 없었으므로 정치적 안정을 누리며 발전하였다. 더구나 콘스탄티노플 교회가 신학적으로 약하였기 때문에 로마교회는 서방에서 절대적인 영향력을 행사할 수 있게 되었다.[7]

---

7) 동방 교회의 몰락은 이미 오래 전부터 시작되었다. 135년경 로마에 의한 예루살렘의 완전한 멸망과 함께 예루살렘 교회가 그 영향력을 상실하였고, 2세기에 일어난 몬타누스주의자(Montanist)에 의하여 에베소 교회도 역사의 무대에서 사라졌다.

다른 교회들에 비해 뛰어난 신학이나 전통이 없었던 로마교회가 우위성을 내세우고 다른 교회들을 지배하기 위해 고안해 낸 것이 위조문서이다. 그 대표적인 문서로 「실베스터의 전승」(Legend of St. Sylvester, 480~490)과 「콘스탄티누스의 기증」(Donation of Constantine, 754년경) 등이 있다. 이 문서들은 한결같이 로마교회와 다른 교회들의 차이점을 부각시키는 내용으로, 콘스탄티누스 황제가 문둥병에 걸렸을 때 로마 감독(주교) 실베스터(Sylvester)가 세례를 주어 병을 고쳐 주었으며, 병 고침을 기뻐한 황제가 라테랑(Lateran) 궁을 감독에게 선물로 주고 콘스탄티노플로 천도하였다는 등의 이야기들로 채워져 있다. 그러나 이 문서들은 1440년 인문주의자 로렌조 발라(Lorenzo Valla)의 연구에 의하여 위조임이 밝혀졌다.

교황청은 교황권을 신장한 후 세속권을 지배하기 위하여 수단과 방법을 가리지 않았다. 750년 페핀(Pepin)이 프랑크 왕국의 메로빙 왕조(the Merovingian)의 왕 칠데릭(Childeric III)을 폐위하고 카롤링 왕조(the Carolingian)를 창건하자, 교황 자카리우스(Zacharius)는 보니페이스를 보내어 그를 합법적인 왕으로 대관하여 주었다. 왕위 찬탈로 정부의 정통성을 인정받지 못했던 페핀에게 교회가 도덕적으로 인정을 해 준 것이다. 이에 페핀은 롬바르드족의 침입으로 위협을 당하던 교황청을 도와줌으로 로마교회와 프랑크 왕국은 상부상조하는 관계로 발전하였다.

이후로 교황에 의한 왕의 대관식이 자연스럽게 시행되고, 9세기 이후로는 교황의 대관에 의해서만 왕이 되는 전통이 생겨났다. 교황 레오 3세(Leo III)는 800년 샤를마뉴 대제(Charlemagne), 교황 스티븐 4세(Stephen IV)는 814년 경건왕 루이(Louis the Pious), 교황 루이 2세(Louis II)는 875년 대머리 찰스(Charles the Bald)를 프랑크 왕국의 왕으로 대관하였고, 왕들은 이에 보답하기 위해 로마 교황청의 보호자로 나섰다. 이 때부터 교황의 대관 없는 왕권은 무효라는 사상이 나오게 되었다.

교황의 권세는 그레고리 7세(Gregory VII, 1021~1085) 때 절정을 이루었다. 그는 1073년 교황 직에 올라 교회의 머리라고 자처하며 세속 권세를 손 아래 넣었고, 반대자는 가차 없이 징벌하였다. 독일의 황제 하인리히 4세(Heinrich IV)가 그의 권세에 도전하자, 교황은 그를 폐위하고 파문하였다. 교황의 파문으로 지지 세력을 잃게 된 하인리히는 결국 교황의 용서를 구할 수밖에 없게 되었다. 엄동설한에도 불구하고, 어린 아들을 데리고 알프스를 넘어 교황이 머물던 카놋사로 가서 성밖에서 3일 동안 무릎 꿇고 사죄를 구한 후 겨우 왕권을 회복할 수 있었다.

스콜라 신학과 교권의 강화

교권이 이처럼 신장되자, 중세 신학자들은 인위적인 전통을 강조하는 신학을 만들어내어 교황정치의 타락을 가속화시켰다. 그들은 성경이 아닌 이성에 기초하여 신학을 연구함으로 신학의 변질을 가져왔다. 예를 들어 캔터베리의 대주교 안셀름(Anselm of Canterbury, 1033~1109)은 「모노로기온」(*Monologion*) 과 「프로스로기온」(*Proslogion*), 「왜 하나님이 사람이 되었나」(*Cur Deus Homo*) 등과 같은 많은 책을 저술한 학자였다. 그러나 그는 저서들을 통해 계시에 의존한 신앙보다는 지성에 근거한 이해를 강조함으로 신학을 철학의 시녀로 만들었다. 성경에서 출발하지 않고 인간적 전통이나 인위적 전제 또는 철학 위에 신학을 해석하려 한 것이다. 그에게 있어 신학의 출발점은 이성으로, 성경에서 계시하는 하나님에 대해 논술하는 것보다는 인간적 사유를 통해 하나님의 존재를 설명하려고 하였다. 곧 하나님은 완전한 존재라는 전제에서 하나님에 대해 논하고, 완전하기 위해서는 존재해야 한다고 주장하는 '존재론적 논증'(ontological argument)을 통하여 신의 존재를 입증하려고 하였다.

안셀름의 가르침은 그의 제자 피터 아벨라드(Peter Abelard, 1079~1142)에 의해 계승되었다. 그는 「로마서 주석」(The Exposition of Romans)에서 하나님이 우리를 사탄으로부터 구속하였다는 전통적인 속죄론인 보상 이론을 비판하고 도덕적 감화설을 주장하였다. 하나님은 성자의 성육신·생애·죽음을 통해서 도덕성을 드러낼 뿐만 아니라 "우리에게 나타내신 고유한 은혜의 행동을 통해" 그의 사랑을 나타내신다고 하였다. 그리고 이러한 도덕성과 사랑을 통해 우리를 하나님 자신에게 좀 더 완전하게 결합시키시고, 이러한 신적 은혜의 시여로 인간의 심령이 정화되어 구원이 일어난다고 하였다.

중세 신학은 철학적 사유를 강조함으로 성경에서 이탈하여 인위적인 학문으로 변질되었다. 성경에 대한 관심보다는 전통과 철학을 중시하였고, 이성적 사유에 의해 신학 연구를 하였다. 이성적 신학은 중세 신학의 근간이 되었고, 이는 교회 정치에도 영향을 미쳤다. '명제의 거장'(Master of Sentences)이라고 불리는 피터 롬바르드(Peter Lombard, 1100~1160)는 교회정치 사상을 인위적으로 변질시킨 대표적인 인물이다.

롬바르드는 젊은 시절에 유럽을 유랑하면서 신학을 익혔고, 파리에서 노후를 보내면서 그의 역작인 「명제」(Sentences)를 출판하였다. 그는 이 책에서 교회 직분을 주교와 교역자로 구분하였다. 교역자에는 예배당 시설을 관리하는 사찰(janitor), 예배 중에 시편, 강복, 응송을 담당하는 선창자(precentor), 집회 때에 성경을 낭독하고 교회의 도서들을 관리하는 독서자(讀書者, reader), 귀신 들린 자들과 세례 예비자에게서 기도와 안수로 귀신을 쫓아내는 구마사(制魔師, exorcist), 미사 의식 때 신부를 돕는 시종(侍從, acolyte), 집사를 돕거나 대리하는 부제(副祭, subdeacon), 사제(司祭)가 있다고 하였다. 목회 사역은 성령에의 참여를 요구하지만, 목회 사역에서 상위 직분으로의 승진할 때 충만한 은혜가 부여된다고 하였고(iv.24.2), 이러한 은혜를 향유한 목회자들은 "은총에 의해서 그들의 교리와 영성을 다른 자들에게 전수한다."고 하였다(iv.24.3). 교회 사역에서 중요한 것은 성령의 은혜보다 승진에 의해 부어지는 권위와 카리스마라는 것이다.

그는 주교(교황)직을 일반 사제들로부터 구별하였다. 주교직은 감독의 실제적인 기능, 즉 "그들 아래 있는 자들을 돌보는" 기능에서 비롯되었으며 (iv.24.15), 백성의 습성과 생활을 감독하며 "사제들의 우두머리요, 따르는 자들의 길이요," "최고의 사제"로서 "사제들과 집사를 세우며 모든 성직을 분배"하는 역할을 담당한다(iv.24.16)고 하였다. 롬바르드는 교역자를 사제와 주교로 구분하여 차별화하고, 주교를 사도적 계승자로 내세움으로 한 사람 교황이 온 천하를 다스릴 수 있는 교황정치의 이론적 토대를 견고하게 만든 셈이다.

중세 철학자들의 지원 가운데 교황은 14세기에 이르러 영적인 권세만이 아니라 세속권까지 완전히 장악하였다. 교황이 하늘에 날아가는 새를 가리키면 땅에 떨어질 정도로 위상이 높아졌다. 교황 보니페이스 8세(Boniface Ⅷ)는 1302년 내린 칙서에서 다음과 같이 말하였다: "우리들은 복음서를 통해서 영적이며 세속적인 두 개의 검을 교회에 주셨다는 것을 배워 알고 있다. 사도들이 '주여 보소서' - 이렇게 말한 것은 저희가 사도들이기 때문에 교회를 의미한다. - '여기 검 둘이 있나이다.' 라고 말하였을 때, 주님은 '많다.' 고 하지 않고 '족하다.' (눅 22:38)고 하셨다. 세속적인 검이 베드로의 권력 안에 있음을 부인하는 자는 '검을 집에 꽂으라.' (요 18:11)고 하신 주님의 말씀을 오해하고 있는 것이다. 영적인 검이나 세속적인 검 모두가 교회의 권세 안에 있다. 전자는 사제에 의하여, 후자는 왕이나 통치자에 의하여 사용되지만, 사제의 뜻에 따라 허가를 받아 사용되어야 한다. 하나의 검은 또 하나의 검의 지배 아래 있어야 하며, 세속적인 권위는 영적인 권위를 따라가야 한다"(Lingle 1977, 23).

이러한 교황권의 절정은 교회를 타락으로 이끌었다. 지도자들의 타락으로 말씀의 권위가 약화되고, 거짓과 미신이 성행하였다. 주님의 성찬대신 신성모독적인 미사(Mass) 제도가 소개되었고, 도저히 수용할 수 없는 온갖 종류의 미신거리로 예배가 훼손되었다. 바른 교리는 파묻혀 버렸고, 공적인 집회들이 우상숭배와 불경(不敬)의 온상으로 전락하였다. "교황청은 여로보암 시대의 이스라엘 보다 더 부패하여 복음은 전복되었고, 경건의 모습은 사라졌다." 모든 것이 완전히 혼란 속에 빠지면서 하나님의 거룩한 성 대신 추한 바벨론의 모습으로 변한 것이다(Calvin 1960, 4.2.12).

　이와 같이 로마교회가 빛을 잃고 있을 때, 한편으로 그리스도의 교회는 여전히 남아있었다. 교황청의 부정부패 가운데도 교회의 흔적은 있었고, 교회를 개혁하고자 하는 신실한 하나님의 자녀들이 존재하였다. 하나님은 세례 등 교회의 흔적들을 남겨 두어서 완전히 멸절되지 않게 하신 것이다. 건물이 무너질 때 그 기초와 잔재가 남듯이, 교회의 주인이신 그리스도께서는 적그리스도로 말미암아 교회가 완전히 붕괴되게 버려두지 않으시고, 숨겨 두신 선지자들을 통하여 그의 교회를 회복하셨다.

4. 피터 왈도의 장로교 운동

피터 왈도

　중세의 부패한 교회를 개혁하고자 한 대표적인 인물이 바로 프랑스 리용의 부유한 상인이던 피터 왈도(Peter Waldo, d. 1217)였다. 그는 프랑스 보(Vaux) 지역의 도핀(Dauphine)에서 태어나, 젊은 시절 장사로 많은 재산을 모았다. 1173년경 한 동료가 파티 석상에서 급사하는 것을 목격하고, 인생의 의미에 대해 고민하던 중 한 사제를 만나게 되었다. 그에게 하나님께 나아가는 길을 묻자, 사제는 "네 소유를 다 팔아 가난한 자들에게 주라 그리하면 하늘에서 보화가 네게 있으리라"(마태 19:21)는 말씀을 실천하고 성지 순례를 떠날 것을 권하였다(Armitage 1887, 294). 그 후 왈도는 재산을 가난한 사람들에게 나누어주고 스스로 가난한 삶을 살기로 결심하였다. 프랑스와 독일 전역에 기근이 닥치자, 리용에 사는 가난한 사람들을 찾아가서 빵, 채소, 고기, 그리고 돈을 나누어주는 등 기독교적인 사랑을 실천하였다(Schaff, 1907, 5:494).

피터 왈도의 개혁 운동

교회의 부패가 말씀에 대한 무지에서 비롯된다고 확신한 왈도는 성경을 프랑스어로 번역하여 보급하고자 하였다. 원어를 읽을.수 없었던 그는 학자들에게 의뢰하여 복음서와 시편 등의 성경과 교부들의 글을 프랑스어로 번역한 후, 성경을 암송하며 보급하는 일에 앞장섰다. 특히 그는 복음서를 좋아하여 암송하였고, 복음서의 말씀대로 살고자 하였다.

왈도의 개혁운동에 영향을 받고, 그의 선행과 설교에 감동을 받은 사람들이 모여들기 시작하였다. 그의 뛰어난 인격과 전도 열정에 감동을 받은 사람들은 대부분 평신도였다. 그들은 예수 그리스도와 사도들의 삶을 본받고자 하였고, "리용의 가난한 사람들"(Poor Men of Lyons), 또는 왈도파(Waldenses)라고 불려졌다. 그렇지만 그들은 로마천주교회를 떠나 새로운 교회를 세우려고 하지 않았고, 오직 복음을 전파하며 살고자 하였다.

왈도는 설교 운동을 통해 교회의 세속화를 비판하였다. 교황이나 교회회의는 많은 오류가 있어 신빙할 수 없으며, 성경만이 오류가 없는 유일한 규범으로 인간에게 구원에 대한 진리를 제공한다고 가르쳤다. 이러한 신앙 가운데 성경을 교회에서 공적으로 읽게 하였고, 남녀 설교자를 보내어 성경대로 사는 운동을 전개하였다. 또한 로마교황청의 계급 구조가 인위적이며, 성경에 없는 연옥과 미사와 화체설은 믿을만한 것이 되지 못한다고 단언하였다.

왈도파는 예배에서 인위적인 요소를 전적으로 배제하고자 하였다. 세례 베풀 때 십자가 표시를 하는 것, 유아를 봉헌하는 헌아식(獻兒式), 그리고 견신례 등 비성경적인 것과 금식일과 축제일을 아예 인정하지 않았다(Miller 1842, 19). 당시 로마천주교회에서 시행하던 대부모(代父母) 제도도, 세례는 대부모와 관계 때문이 아닌 수세자 부모와의 은혜 계약에 근거한다는 이유로 반대하였다.

왈도의 개혁 운동은 프랑스를 넘어 독일의 프랑크푸르트와 뉘른베르크, 그리고 보헤미아 지역으로 퍼져나갔다. 왈도의 개혁 사상은 1220년 작성된 「왈도파의 신앙고백서」(A Confession of Faith of the Waldenses)에 잘 나타나는데, 오늘날 장로교회의 신앙고백과 거의 일치하는 점이 매우 흥미롭다. 프린스턴 신학교의 교수였던 사무엘 밀러(Samuel Miller)의 지적처럼 왈도파는 중세 시대의 진정한 장로교도였다(Miller 1842, 18~19). 왈도파의 신앙고백서는 두 가지가 남아 있는데 먼저 「14개 조항 신앙고백」을 살펴보자:

1. 우리는 사도신경에 나오는 12조항의 모든 내용을 믿고, 그것과 모순되는 것은 이단적이라고 여긴다.
2. 우리는 한 하나님, 곧 성부, 성자, 그리고 성령을 믿는다.
3. 성경은 거룩한 정경(canon)이다.
4. 성경은 전능하시고 지혜와 선이 무한하며, 선으로 모든 만물을 창조하신 한 분 하나님을 우리에게 보여준다. 하나님은 자신의 형상과 모양으로 아담을 창조하셨다. 그러나 아담은 사탄의 유혹에 의해 불순종하여 타락하게 되었고, 죄가 세상에 들어왔다. 우리는 아담 안에서 범죄자가 되었다.
5. 하나님은 그리스도를 보내주신다고 옛 선조들에게 약속하셨다. 그들은 율법, 불의, 연약함을 통해 죄의 심각성을 알았고, 그리스도의 오심을 기다렸으며, 그리스도가 오셔서 율법을 완성하셨다.
6. 성부의 정하신 때가 되자, 그리스도가 이 세상에 태어나셨다. 그는 우리에게 어떤 선함도 없는 죄인이라는 것을 밝히 보여주셨다. 그는 진실하신 분으로, 하나님의 자비와 은혜를 우리에게 보여주셨다.

7. 그리스도는 우리의 생명, 진리, 평화, 의이며, 우리의 목자, 변호자, 희생제물, 제사장이다. 그는 우리의 구원을 위해 죽으시고 의를 위해 다시 살아나셨다.

8. 예수 그리스도 외에 우리와 성부 하나님 사이에 어떤 중보자나 변호자가 없다. 동정녀 마리아는 거룩하고, 겸손하고, 은혜로운 분이다. 모든 성도들의 영혼은 하늘에서 그들의 육체가 심판 날에 다시 부활할 것을 기다리고 있다.

9. 저 세상에는 두 곳이 있다. 하나는 구원받는 자들을 위한 곳이고, 다른 한 곳은 멸망 받을 자들을 위해 예비된 곳이다. 전자를 낙원, 후자를 지옥이라 부른다. 우리는 거짓된 적그리스도가 만들어 낸 연옥을 부인한다.

10. [종교적 목적으로] 인간이 만든 모든 고안물들은 하나님 앞에 가증한 것들이다. 우리는 축일, 축일 전야, 성수(聖水), 특정한 날에 육체를 학대하는 일 등, 그리고 미사를 혐오한다.

11. 적그리스도에게서 온 모든 인간적 고안물들 - 가톨릭 교인들이 자발적으로 행하는 고해나 참회 - 을 미워한다. 그것들은 인간의 마음을 빼앗는 것들이다.

12. 성례는 성물을 상징하며, 불가시적 축복의 전형이다. 이런 상징이나 형식이 신자들에게 필요하지만, 신자들은 이런 상징을 소유하지 않거나 없어도 구원을 받는다.

13. 세례와 성찬 외에는 성례가 없다.

14. 세속적 권력을 존중하고 그에게 복종하며 법을 엄수하고, 세금을 납부해야 한다(Rockwell 1854, 259~262).

여기서 볼 수 있는 것과 같이, 왈도파는 성경 66권만을 신앙의 유일한 기초로 인정하였고(신앙고백서 제3조), 예수 그리스도만이 인간과 하나님 사이의 유일하신 중보자라고 고백하였다(제8조). 연옥은 적그리스도에 의하여 고안된 것이며(제9조), 교회 절기나 성자숭배, 성수(聖水), 금욕 주간, 그리고 미사 제도는 하나님이 아닌 인간에 의해 만들어진 것들이고(제10조), 그리스도께서 정하신 성례는 세례와 성찬뿐이다(제13조). 세속권도 교회와 함께 하나님이 세우신 기관이므로, 그리스도인은 세속권을 경외하되 순종하며 세금을 바쳐야 한다고 하였다(제14조).

또 다른 신앙고백서에서 왈도파는 다음과 같이 그들의 신앙을 고백하였다: "기독교인은 마태복음 5장에 기록된 말씀에 위배되지 않는 범위 안에서 하나님의 이름으로 맹세할 수 있다"(제1조). "하나님께서 명하신 것 이외에는 어떤 행위도 선하다고 할 수 없으며, 하나님께서 금하신 것 이외에는 어떤 행위도 악하다고 할 수 없다"(제2조)고 주장하여 모든 가치 판단이 성경에 기초해야 함을 가르쳤다. 또한 로마천주교회에서 널리 행해지는 "고해성사는 하나님께서 명하신 것이 아니며 … 죄에 대한 고백은 하나님께만 할 수 있다."(제5조). 예배드리는 동안 사적인 대화를 금했고(제7조), 예배 시간에 무릎을 꿇는 것과 수건으로 머리를 가리는 등의 외적인 행동들이 필요하지 않다고 하였으며, "참된 예배는 오직 요한복음 4장의 말씀처럼 신령과 진정으로 드리는 것"이라고 하였다(제8조). 병을 고치거나 귀신을 쫓아내기 위해 안수해서는 안 되고(제9조), "원수 갚는 것은 옳지 않다"(제10조), "잘못 행하는 기독교인들에게 영적인 권위를 행사할 수 있다"(제11조)고 하여 교회 권징의 필요성을 주장하였고, "금식을 위해 시간을 정하는 것은 옳지 않다"(제12조), "결혼은 모두에게 금지된 것이 아니며"(제13조) "평생 순결을 강요하는 교리는 극악무도한 것"(제15조)이라고 하여 성직자의 독신주의를 비판하였다. "고리대금은 하나님께서 금하신다."(제17조)고 하였고, "세상의 터전이 만들어지기 전에 하나님께서 구원받을 사람들을 선택하셨다."(제19조)고 선언함으로 타락전예정설을 주장하였다. 또한 "하나님의 말씀을 시중드는 목회자는 교회에서 명하지 않는 한 이곳저곳으로 다니며 순회 설교를 해서는 안 된다"며(제22조), 목회자들이 교회 일보다 가족의 안녕을 위해 사는 것은 사도적 부르심에 맞지 않는다고 하였다(제

23조). 이와 같이 왈도파는 루터의 종교개혁 이전에 이미 개혁주의적인 신앙을 고백한 장로교도들이었다고 단언할 수 있다.

왈도파의 교회정치와 박해

한 걸음 더 나아가 왈도파는 그들이 작성한 「교회의 권징」에서 오늘날 장로교회가 고백하는 2직분 사상을 주장하였다. 교회 직분을 장로와 집사로 구분하여, 집사의 업무는 가난한 자를 돌보는 것으로, 장로는 교인들을 살피는 것을 주된 업무로 나누었다. 장로는 회중이 추천한 후 당회에서 선거하였고, 장립식을 거쳐서 그 직무를 수행하게 하였다. 장로 장립은 교회에서 행하였고, 장립 예배에는 통상적으로 설교와 권면이 있었다. 권면은 (1) 회중의 영적인 상태를 부지런히 살피고, (2) 목사를 도와서 교회를 섬기며, (3) 오류를 책망하라는 내용을 담고 있었다. 왈도파 교회에서 계급구조는 인정되지 않았고, 모든 목사와 장로는 동등한 권세를 가진다고 보았다(Rockwell 1854, 262~264). 그리고 노회 제도를 두어 교회의 문제를 해결하였다.

왈도파의 장로정치 사상은 로마천주교회의 주된 공격의 대상이었다. 교황주의자 애니아스 실비우스(Aneas Sylvius)는 왈도파가 교황 비우스 2세(Pius II) 이후 생겨났다고 지적하며, 그들은 "계급주의를 부인하며, 사제와 사제 사이에 어떤 지위나 직분의 차이를 인정하지 않는 집단"이라고 비판하였다. 트렌트 교회회의(Council of Trent)가 열렸을 때, 로마천주교회의 신학자 메디나(Medina)는 왈도파가 주장해 온 사제직의 평등 교리가 정죄되어야 한다고 역설하였다. 그리고 16세기 로마천주교회의 최고의 학자라고 불리는 추기경 로버트 벨라민(Robert Bellarmine)도 왈도파가 감독주의의 신적인 기원을 부인하였다고 지적한 바 있다(Miller 1842, 18~19). 이와 같은 반(反)왈도파의 주장을 통하여, 우리는 왈도파가 교회와 교회 사이, 그리고 교역자와 교역자 사이의 평등과 자율을 주장하였음을 역으로 유추할 수 있다.

왈도파는 목사를 목사와 교사로 나누었다. 목사직은 종신직이 아니었고, 만일 목사가 죄를 범할 경우 출교하든지 설교권을 박탈하였다. 노회는 목사와 각 교회에서 파송한 장로로 구성되었는데, 장로 총대는 각 교회에서 2명 이하로, 장로의 투표권은 한 표로 간주하였다. 장로 총대 수를 제한한 것은 큰 교회가 작은 교회를 지배하는 것을 금함으로 교회 사이의 평등을 유지하기 위해서였다. 노회 업무의 원만한 처리를 위하여 한 명의 목사를 사회자(moderator)로 세웠으며, 사회자의 임기는 다음 회기까지로, 일반 회원과 다른 특별한 권세가 주어지지 않았다. 노회는 목사후보생의 시취, 안수, 교회 질서를 유지하는 일 등을 다루었다. 모든 교회는 당회를 두었으며, 당회와 목사는 노회의 관할아래 있었다(Breed 1872, 37, 16). 왈도파 "목사들은 일년에 한번씩 노회로 모여 교회 문제를 논의하였다. 교회 헌금을 노회에 가져가면 장로들이 받아서 보관하였다." 장로는 회중의 선거에 의해 선출하며, 교회 문제를 다루기 위하여 일년에 한 번씩 총회를 열었다(Breed 1872, 16).

왈도는 1179년 로마교황청으로부터 왈도파를 인준받기 위해 로마로 갔다. 제3차 라테랑 교회회의에 참석하여 개혁운동의 성격에 대해 설명하는 문서와 신·구약성경 주석을 교황 알렉산더 3세에게 제출하였다. 그러나 교황청은 왈도의 청원을 거절하였고, 설교를 금하며 감독의 지도에 따르라고 명하였다.

12세기말부터 교황청은 왈도파에 대한 박해를 시작하였다. 1184년 교황 루시우스 3세(Lucius III)가 소집한 베로나 교회회의(Council of Verona)는 왈도파를 반제도적인 교회운동을 펴던 카타리(Cathari)파와 함께 이단으로 정죄한 후 활동을 금하였고, 왈도파에 가담하는 자를 출교시켰다. 박해가 심해지자 왈도파들은 개인 집에서 비밀 예배를 드렸고, 순회설교자들이 이들을 돌보며 설교운동을 계속하였다. 그 결과 프랑스와 독일, 스페인, 이태리, 폴란드, 그리고 오스트리아까지 널리 퍼지게 되었다.

13세기에 이르러 왈도파에 대한 박해는 더욱 거세졌다. 1229년 교황 인노센트 3세(Innocent III)는 발렌시아(Valencia) 교회회의를 열어 왈도파가 주교의 허락 없이 설교하는 등 교회의 권위에 도전한다는 명분을 내세워 이단이라고 정죄한 후 처형을 명하였다. 이 때 이태리와 오스트리아, 특히 프랑스의 알프스 남부 지역 피드몽(Piedmont) 산에 숨어 있던 수많은 왈도파가 죽임을 당하였다. 1380년 교황 클레멘트 7세(Clement VII)는 수도사를 동원하여 왈도파를 색출해 처형했고, 1487년 교황 인노센트 8세(Innocent VIII)는 18,000여명의 군대를 보내 왈도파를 진멸하고자 하였다. 이 때 백만 명 이상이 처형되었다. 교황청은 순결한 하나님의 자녀들을 칼과 창으로 살해하였고, 남편이 보는 앞에서 아내의 가슴을 벌겋게 달구어진 인두로 지져 죽이는 등 만행을 자행하였다.

끝없는 탄압에도 불구하고, 왈도파의 성경적인 개혁 운동은 이어지고, 그들의 지지 세력도 확산되었다. 1260년경에 이르면서 왈도파는 42개의 교구로 성장하였고, 롬바르드와 프로방스 지역에서 수많은 신학자들과 학교들이 왈도파를 따랐다(Broadbent 1985, 96). 특히 보헤미아에서는 왈도파 운동이 두드러졌다. 15세기에는 얀 후스(John Huss)에 의한 개혁 운동이 일어났고, 이 운동은 후스파(Hussites)에 흡수되었다.

16세기에 들어서 종교개혁이 일어나자, 왈도파는 적극적인 지지를 표하였다. 그들은 대표단을 루터에게 보내어 종교개혁을 응원하였고, 1530년에는 그들의 지도자 모렐(Morel)과 피터 메이손(Peter Masson)이 스트라스부르의 개혁자 마틴 부처(Martin Bucer)와 바젤의 종교개혁자 외콜람파디우스(Oecolampadius)를 만나 종교개혁을 위한 도움을 구하였다. 1532년에는 샹포랑 교회회의(Synod of Chanforan)를 열어 종교개혁을 수용할 것을 결의하고(Hays 1892, 38), 신앙고백서를 작성하였다. 그들은 로마천주교회가 부인한 예정 교리를 다시 채택하고, 성직자의 결혼을 허용하며, 성찬 시에 떡과 포도주를 모든 신자들에게 나누어 줄 것을 선언하였다(DCC 1435).

5. 교회회의 운동과 종교개혁의 선구자들

왈도파에 의한 교회 개혁이 교황청에 의해 좌절되면서 중세교회는 뿌리로 부터 가지에 이르기까지 전적으로 타락하였다. 특히 교황청의 타락이 심하였 다. 로마교황청은 교회만 아니라 세속 권력까지도 장악하여 부귀와 영화를 탐 닉하였다. 교회의 재정적 풍요는 성직자의 도덕적 타락을 가속화시켰다. 이를 억제하기 위해 성직자의 독신주의를 채택하였지만 성공하지 못하였다. 사람 이 홀로 지내는 것이 좋지 못하고, 음행을 방지하기 위해 하나님이 가정을 세 우셨다는 성경의 가르침에 비추어 볼 때, 독신제도는 창조 질서를 무시한 것 이기 때문이다. 사제들의 성적 부도덕은 결국 축첩으로 나타나기도 했으며, 이러한 현상이 일반화되면서 사생아를 양육하는 것이 사제들의 주된 업무가 되었다.

또한 교황 무오설에 근거하여 교황 한 사람이 전권을 장악하는 큐리얼리즘 (Curialism)이 확산되면서 교황이 절대 권력을 행사하였다. 스스로 그리스도의 대리인이라고 주장하며, 세속권을 지배하면서 왕을 세우고 폐하며, 왕비의 간 택까지도 자신의 뜻대로 하였다. 교권이 절대적인 권력으로 변모하자, 교회 지도자들은 교황권을 손에 넣기 위하여 암투하였고, 두 세 명의 교황이 동시 에 나타나 서로 정통성을 주장하기도 하였다. 이렇게 교회가 온갖 수치를 드 러내던 시대를 '교회의 바벨론 포로 시대'(The Babylonian Captivity of Church, 1309~1377)라고 부른다.

교회회의 운동(Conciliar Movement)[8]

'교회의 바벨론 포로 시대'는 교황 클레멘트 5세(Clement V, 1264~1314)로 부터 시작된다. 그는 프랑스 출신으로, 원래 성격이 포악하고 부도덕한 인물 이었으나, 프랑스 왕의 비호 아래 1305년 교황에 피선되었다. 프랑스로부터 물질적·정신적 지원을 받던 클레멘트는 1309년 왕의 권유로 교황청을 프랑 스 아비뇽(Avignon)으로 옮겼다. 이때부터 교황청은 프랑스 왕의 수중에 있게 되었고, 대부분의 교황과 추기경이 프랑스 인으로 채워졌다.

왕의 간섭으로 교회의 자주권이 상실되고 교회의 권위가 추락하자, 교황청 에 대한 비판이 거세게 일어났다. 땅에 떨어진 교황권을 회복하기 위해 유명 한 신비주의자 시에라의 캐더린(Catherine of Siera)이 교황 그레고리 11세 (Gregory XI, 1329~1378)에게 교황청을 로마로 옮길 것을 요청하였고, 그레고 리는 그 충고를 받아들여 1377년 1월 로마로 옮겼다. 그러나 1378년 3월 갑자 기 교황이 사망하면서 교황청은 혼란의 소용돌이에 휘말리게 되었다.

그레고리가 죽자, 교황 추대를 맡고 있던 추기경단이 두 파로 나누어져 대 립하였다. 오랜 협상 끝에 두 세력은 우르반 6세(Urban VI)를 교황으로 선출하 였으나, 그는 교만하고 부덕하여 주변에 원수가 많은 사람이었다. 결국 13명 의 추기경(그 가운데 10명이 프랑스 인)이 반란을 도모하여 그를 폐위한 후 클레 멘트 7세(Clement VII)를 새로운 교황으로 세웠다. 이 사건으로 교회의 대분열 (the Great Schism)이 일어나는 계기가 된 것이다. 그러나 우르반이 물러나지 않 자, 로마에서 교황의 직무를 수행할 수 없게 된 클레멘트가 아비뇽으로 가서 업무를 시작함으로 2명의 교황이 존재하게 되었다. 북 이태리, 독일, 스칸디나 비아와 영국은 로마 교황청을, 프랑스와 그 위성국들, 스페인, 포르투갈, 스코

8) 교회회의 운동에 대하여는 LCC 14, *Advocates of Reform: From Wyclif to Erasmus*를 참고하 라. 이 책에서 Matthew Spinka는 Henry of Langenstein의 *A Letter on Behalf of a Council of Peace*, John Gerson의 *On the Unity of the Church*와 John Major의 *A Disputation on the Authority of a Council*에 나타난 교회회의 우위론을 소개하였다.

틀랜드와 남부 이태리는 아비뇽의 교황청을 지지하였다.

교회 분열로 교황청의 위신이 크게 추락하였다. 특히 교황들에 의한 교권 투쟁이 심화되면서 재정적 부패는 절정에 이르렀다. "모든 직분은 아비뇽에서 매매가 가능하다"고 할 정도로 성직 매매가 일반화되었다(Spinka 1953, 92). 교회의 부패가 만연하자, 교황청에 대한 반대 운동이 거세게 일어났다. 특히 프랑스와 백년 전쟁을 치르고 있던 영국이 반대 운동을 주도하고, 독일이 합세하여 아비뇽 교황청에 대항하였다. 영국 의회는 '종교개혁의 계명성'이라고 불리는 존 위클리프(John Wycliffe)의 설득에 의해 교황청에 호소하는 것을 금하는 법을 제정하고, 아비뇽과의 관계를 끊었다. 대륙에서는 교황 요한 22세(John XXII)에게 출교 당한 바 있던 바바리아의 루이 4세(Louis IV)가 반대 운동을 주도하였다. 루이 4세는 잔던의 존(John of Jandun), 파두아의 마르실리오(Marsiglio of Padua, ca. 1275~1342), 옥캄의 윌리엄(William of Ockham, c. 1300~1349)과 같은 저명한 학자들에게 피난처를 제공하면서 교황청 반대 운동을 이끌었다.

이러한 저항과 함께 학자들이 교회 개혁을 제기하였다. 교황 무오설에 기초하여 교황에게 절대적인 권세를 주던 큐리얼리즘(Curialism)에 대한 회의가 전기한 학자들 사이에서 일어나기 시작한 것이다. 그들은 교회 분열을 종식하고, 성직 매매와 족벌주의 같은 교회의 부정부패를 척결하기 위해 교회회의를 소집할 것을 요구하였다. 이러한 시대적 흐름에 부응하여 전개된 사건들을 교회회의 운동(Conciliar Movement)이라고 부른다.

교회회의 운동의 시발점은 4세기경 아리우스 이단 문제로 교회가 혼란스러울 때, 곧 콘스탄티누스 대제가 교회회의를 소집한 때로 돌아간다. 니케아 회의 이후 위기가 닥칠 때마다 교회회의를 통해 문제를 해결해 왔으므로, 학자들은 교회가 당면한 문제를 풀기 위해 회의의 소집을 촉구하였던 것이다. 교황도 인간이므로, 교황 개인의 생각보다는 여러 사람의 의견을 수렴하는 것이

안전하고 유용하다고 보고, 교황의 독재를 일삼는 큐리얼리즘은 총회의 결의를 따르는 교회회의 운동으로 대체되어야 한다고 주장하였다.

파리 대학의 교수였던 존(John of Paris)은 1302년에 「황제와 교황의 권세에 대하여」(De potestate reginae et papali)라는 책을 출간하였다. 이 책에서 그는 교황만이 교회의 교리를 확정할 수 있는 권한을 가진 것이 아니며, 교황도 그릇된 교리를 주장하면 교회회의에 의해 폐위되어야 한다고 기술하였다.

마르실리오는 「평화의 수호자」(Defensor Pacis, 1302)를 통하여 교회개혁에 대한 영감과 청사진을 제시하였다. 교회는 신실한 자로 구성되고, 교회의 최고 권위는 전 교인에 의하여 뽑힌 성직자와 평신도의 대표로 구성된 총회에 있다. 총회는 교회 업무와 교리적인 문제에 대하여 거론할 권한이 있으나 교황이나 성직자는 세속적인 일에 간여할 수 없다고 하였다. 이러한 마르실리오의 사상은 국권(또는 세속권)을 교권 위에 올려놓는 것으로 16세기에 루터에 의해 다시 거론되었다. 또한 마르실리오는 교황정치가 그리스도가 아닌 역사에 의하여 자라온 산물이라고 주장하여 교황권의 신적 기원을 부인하였다(Spinka 1958, 93~94).

옥캄은 「대화록」(Dialogue, 1343)을 통해 존이나 마르실리오보다도 한 걸음 더 발전된 교리를 제시하였다. 그는, 교황은 인간으로 이단에 빠질 수 있는 연약성을 가진 존재이며, 교인 총회 또는 교회회의는 이단에 빠진 교황을 폐위할 수 있다고 주장하였다. (옥캄의 사상은 교회회의를 교황의 권위보다 높이는 것이다). 그는 교황이나 총회의 결정도 오류가 있을 수 있지만, 오직 성경만 무오하다고 하여 성경의 유일한 권위를 강조하였다. 또한 교회 사역에서 남녀평등을 내세우며 여성도 교회회의의 회원이 될 수 있다고 주장하였다(Spinka 1958, 94).

이러한 교회회의운동(Conciliarism)은 14세기 말경에 파리대학에 와 있던 몇 명의 독일 학자들에 의해 다시 제기되었다. 겔하우젠의 콘라드(Conrad of

Gelnhausen, d. 1390)와 랑겐슈타인의 하인리히(Henry of Langenstein, d 1397) 등
이 교회회의를 통한 개혁을 주장하였다.

콘라드는 1379년에 「간단한 편지」(Epistola brevis)를 써서 총회의 소집을 요
구하고, 프랑스의 왕인 샤를 5세(Charles V)와 신성로마제국의 왕인 벤체스라
스 4세(Wenceslas IV)에게 교회회의 소집을 호소하였다. 그들이 무관심하자, 콘
라드는 1380년 5월 다시 편지를 써서 벤체스라스와 그의 경쟁자이며 팔라티네
이트의 선제후인 루프레흐트(Ruprecht)에게 보냈지만 역시 반응이 없었다.

그러나 교회회의 운동은 얼마 후 열매로 나타났다. 랑겐슈타인의 하인리히
가 콘라드의 주장이 포함된 「평화회의의 편지」(Epistola concilii pacis)라는 글을
출판하면서 토론의 방향이 달라진 것이다. 그는 교황청이 교회를 위해 존재하
며, 교회가 교황청을 위해 존재하지 않는다고 주장하였다. 전체의 이익은 개
인의 이익에 따라야 한다는 옥캄의 유명론적 입장을 제시한 것이다. 그는 교
회회의를 통해 교회의 문제를 수습한 역사적인 예를 들면서 교회회의의 소집
을 강력하게 주장하였다. 만일 주교들이 교황 선출에 대한 권세를 행사하지
않는다면, 전 교회의 성도들이 나서야 하고, 총회에 참석할 대표를 뽑기 위해
서 국가적인 교회회의가 먼저 열려야 한다고 토로하였다. 세월이 흐르면서 교
회회의주의자들의 주장은 유럽 전역의 대학들을 중심으로 점차 확산되었다.

교회회의 운동은 아비뇽의 교황인 클레멘트 7세가 사망하면서 다시 불붙었
다. 클레멘트를 이어 교황에 오른 베네딕트 13세(Benedict XIII)는 스페인 사람
으로 프랑스 당국과 불편한 관계에 있었다. 교권의 도전을 받던 프랑스 왕은
1395년 국가적인 교회회의를 소집하고, 로마와 아비뇽으로 나누어진 교회의
분열을 종식시키기 위한 방안으로 교회회의를 열 것을 결의하였고, 옥스퍼드
(Oxford), 비엔나(Vienna), 부다(Buda), 프라하(Prague)에 대표들을 보내어 교회
회의에 참석하도록 설득하였다. 1398년 3월 프랑스 왕이 교황 베네딕트에 대
한 복종을 철회하고, 군대를 보내 아비뇽을 포위하자 아비뇽의 교황 베네딕트

13세는 로마 교황이 교황 직에서 물러난다면 자신도 동반사퇴 할 수 있음을 선언할 지경에 이르렀다.

1409년 피사(Pisa)에서 교회회의가 개최되어 양측을 대표하는 추기경들과 유럽 대부분 나라의 대표들이 참석하였다. 회의는 기존의 두 교황을 폐하고, 제3의 인물인 알렉산더 5세(Alexander V)를 새로운 교황으로 세울 것을 결의하였다. 그러나 두 명의 교황이 물러나지 않았으므로, 교황은 3명으로 늘어났다. 그 후 오랫동안 개혁을 위한 시도와 논쟁이 이어지다가 결국 1417년 교황청이 하나가 될 수 있었다.

위클리프와 성경적 개혁 운동

이와 같이 종교적으로 혼란하던 14세기에 장로정치의 횃불을 높이 든 인물이 바로 "종교개혁의 계명성"이라고 불리는 존 위클리프(John Wycliffe, 1328~1384)이다. 그는 옥스퍼드의 발리올 대학(Balliol College)에 진학하여 1358년 석사 학위를 받았고, 교수 사역을 하다가 1372년에는 신학박사 학위를 받았다.

위클리프가 교회의 지도자로 등장한 것은 1374년경이다. 영국 왕이 교회 분열과 교황청에 보내는 분배금 배정 등을 논의하기 위해 방문단을 교황청에 파견하였을 때, 위클리프는 방문단의 일원으로 아비뇽에 갔고, 거기서 교권의 타락상과 부정부패의 심각함을 깨달았다. 위클리프는 이듬해인 1375년 「하나님의 주권에 대하여」(On Divine Lordship)라는 책을 써서 교회 개혁의 필요성을 역설하였다. 하나님만이 만유의 주권자로, 지상의 권위는 하나님 밑에 예속되어야 한다. 지상의 모든 권위는 청지기직에 불과하므로, 세속권이나 교회의 권세는 하나님의 말씀에 따라 제한되어야 한다. 더구나 교회에게 주신 권세는 영적이므로, 교황은 칼이 아닌 말씀으로 교회를 다스려야 하고, 교회의 모든 부정과 부패가 축재에서 비롯되므로 세상 질서를 유지할 책임이 있는 정부는 성직자의 부정 축재를 환수해야 한다고 주장하였다. 세속권에 의한 교회 개혁을 강력히 주장한 것이다.

1379년에 쓴 「교황의 권세에 관하여」(On the Power of Pope)에서 그는 교황 정치가 인간의 고안품이라고 주장하였다. 교회의 머리는 교황이 아니라 하나님이신 예수 그리스도이며, 진정한 교황의 권위는 사회적 지위가 아닌 도덕성의 유지에서 나온다고 하였다. 이러한 논리에 따라, 그리스도처럼 청빈하고 단순한 삶을 살지 않는 교황은 그리스도의 일꾼이 아니며, 로마천주교회에서 시행하는 수도승의 구걸 행위, 죽은 자를 위한 미사, 종교적인 공로를 얻기 위한 성지 순례 등은 비성경적이라고 비난하였다. 교권과 세속권의 역할과 기능이 다르므로 분리되어야 하며, 교황은 세속권에 대한 지배욕을 포기해야 한다고 촉구하였다. 또한 당시에 성행하던 교회회의주의(Conciliarism)를 반박하고, 교회의 모든 전통, 교회회의 결정, 교황의 교서, 교회가 정한 모든 교리에는 오류 가능성이 있으므로 반드시 성경에 비추어 점검되어야 한다고 주장하였다.

위클리프는 성경만이 신앙의 유일한 기초라고 보고 다음과 같은 주장을 폈다. 모든 사람은 자신을 위하여 성경을 상고할 권리가 있고, 교회회의의 결정이라도 오류가 있을 수 있다. 세속권은 교권과 마찬가지로 하나님께로부터 왔으므로 신성하며 존중되어야 하고, 교황이 하나님의 대리자라면 왕도 그러하다. 모든 개인은 사제의 도움 없이도 직접 하나님께 나아갈 수 있고, 기도하거나 회개할 수 있다. 성찬의 떡은 그리스도의 실제적인 몸이 아니라 단순한 상징에 불과하다. 로마 교황청은 다른 교회들에 대하여 지배권이나 우위권을 주장할 수 없다. 교회 재판은 세속 법정에 종속되어야 한다. 교회가 부를 축적해서는 안 되고, 교회 재산은 회원의 자발적인 헌납에 의하여 마련되고 보존되어야 한다. 교회에 만연한 성상 숭배나 성지 순례는 우상 숭배와 같다. 감독과 장로는 '직위에서 동등'하므로, 사도 시대의 감독과 사제직은 같은 것이다.[9]

신약교회의 모델을 따라 모든 교회는 교회와 교회 사이, 그리고 성직자들 사이에 평등성(equality)을 회복해야 하고, 지역 교회의 자율성(autonomy)이 보장되도록 해야 한다.

위클리프의 교회정치 사상은 보헤미아의 종교개혁자 얀 후스(John Huss, 1369~1415)에게 전수되었다. 그는 1413년에 쓴 「교회론」(De Ecclesia)에서 성경적인 교회로의 개혁을 촉구하였다. 성직자의 재산 소유를 반대하고, 교회의 계급 구조화를 비난하였다. 교회의 부패는 성직자가 물질에 관심을 두는 데서 비롯되며, 교회의 계급화는 세상적인 관례를 따르는 것이라고 보았다. 교회는 성도들 사이와 교회들 사이의 평등을 기초로 하여 상호간 영적으로 교제를 나누는 곳이기 때문이다.

후스는 같은 해 「성직매매에 관하여」(On Simony, 1413)를 출판하였다. 그는 성직 매매로 인한 교회의 타락상을 지적하고, 이를 개혁하기 위해서 교회 조직의 개편을 주장하였다. 교회 직분자는 상부의 임명이 아닌 회중에 의한 선거로 세워져야 하는데, 이러한 선거 방법은 초대교회 당시 가룟 유다를 대신할 사도를 뽑을 때 사용했던 방법이라고 하였다(LCC 14: 224, 236, 268). 후스는 교회의 권세가 아래서 위로 올라가야 한다고 보았고, 회중에 의한 교직자의 선출을 주장하여 후대의 루터와 칼빈에게서 볼 수 있는 만인제사장주의적인 기독교 정치 원리의 기틀을 마련하였다.

---

9) 브리드는 지적하기를, 위클리프는 예배에서 모든 인간적인 의식을 배척하고, 오직 성경에 근거한 예배를 강조하였으며, 초대교회의 사제와 감독직이 동일한 것으로 간주하였다고 하였다(Breed 1872, 23).

3장

종교개혁과 장로정치 이상

초대교회 이후 거의 사라진 것처럼 보이던 장로정치가 성경적인 형태로 다시 그 온전한 모습을 드러내기 시작한 것은 종교개혁 이후이다. 종교개혁과 함께 성경의 권위가 회복되면서 성경적인 교회 형태에 대한 연구가 시작되었기 때문이다. 종교개혁자들은 교회의 부정과 부패가 교회정치의 타락에서 기인한다고 보고, 성경적인 교회 구조와 정치에 대해 연구하였다. 그 결과 성경적인 정치 형태는 한 사람에 의해 다스려지는 교황정치가 아니라 교직자 사이의 평등, 지역 교회의 자율, 그리고 교회적 연합을 강조하는 장로정치라는 것을 확인하였다.

물론 모든 종교개혁자의 교회정치 사상이 장로정치였다고 할 수 없으나, 그들의 개혁 운동은 장로정치의 발전에 여러 면으로 공헌하였다. 루터에 의해 만인제사장주의 사상이 확산되면서 모든 교직자 사이의 평등이 강조되었고, 이러한 평등 사상은 장로정치(Presbyterianism)의 기초를 마련하였다. 필립 멜랑히톤(Philip Melanchthon), 울드리히 츠빙글리(Huldreich Zwingli), 마틴 부쳐(Martin Bucer)와 존 아 라스코(John a Lasko)와 같은 종교개혁자들에 의해 성경적 교회정부 체제가 밝혀졌고, 그와 함께 장로교 정치가 점진적으로 회복되었다. 그러면 장로정치사상이 종교개혁자들에 의하여 발전되어 온 과정을 간략하게 살펴보도록 하자.

1. 마틴 루터와 만인제사장주의

마틴 루터(Martin Luther, 1483~1546)는 1483년 11월 독일의 아이슬레벤(Eisleben)에서 광산업을 하던 한스 루터(Hans Luther)의 아들로 태어났다. 그는 죄를 범한 인간이 진노하시는 하나님 손에서 어떻게 벗어날 수 있을지 고민하던 중에 수도원에 들어갔다. 거기서 아우구스티누스파 수도원장이던 요한 슈타우피츠(Johannes Staupitz)의 허락을 받아 성경을 연구하였고, 시편 22편과 로마서 1장 17절을 통하여 복음의 빛을 발견하였다. 로마천주교회의 신학이 성경에서 멀리 떠나 있음을 확인한 그는 로마천주교회가 교회회의와 교황의 가르침 등 그릇된 교회 전통에 근거하고 있음을 밝히고자 하였다. 확실한 신앙의 근거는 오직 성경(Sola Scriptura)이라고 외치면서 성경이 교훈하는 바에 따라 교회를 개혁할 것을 주장하였고, 1520년에는 로마천주교회의 사제주의에 대항하는 여러 권의 책을 써서 만인제사장주의를 옹호하였다.

루터는 1520년 출판한 「교회의 바벨론 포로 시대」(The Babylonian Captivity of the Church)에서, 로마천주교회의 일곱 가지 성례에 대하여 비판하고, 예수께서 세우신 성례는 오직 성찬과 세례의 두 가지뿐이라고 하였다. 또한 예수 그리스도께서 죄인들을 위하여 십자가에 달려 죽으심으로 모든 사람이 은혜의 보좌 앞에 나아갈 수 있게 되었고, 그 결과 모든 성도가 "왕 같은 제사장"(벧전 2:9)이 되었으므로, 신약시대의 성도들은 더 이상 사제의 중보를 받을 필요가 없음을 강조하였다. 이처럼 중세의 사제주의를 부정함으로 교회의 계급 구조를 타파하여 성경적인 교회 운영의 기초를 마련한 것이다.

1520년 11월에 쓴 「그리스도인의 자유」(The Freedom of A Christian)에서, 루터는 중세교회가 오랫동안 고백해 온 교황의 우위성을 부정하였다. 그는 이 책을 교황 레오 10세(Leo X)에게 헌정하면서 다음과 같이 주장하였다: "당신은 종들 가운데 종이요, 그 어떠한 사람보다도 더 비참하고 위태로운 자리에 있습니다. 당신이 이 세상의 주관자라고 아첨하는 자들에게 속지 말고, 하늘과 지옥, 연옥의 권세를 가지고 있다고 생각하지 마십시오. 이렇게 아첨하는 이들은 영혼을 파멸시키려는 당신의 원수입니다. … 그리스도의 심장이 없는 그리스도의 대리자는 적그리스도요, 우상이 아닙니까?"(Dillenberger 1961, 51). 루터는 교황이 하나님과 같은 절대자가 아니라 단순한 인간으로, 교황의 권세는 법에 의하여 제한되어야 하며, 한 걸음 더 나아가 모든 교직자는 평등하다고 주장하였다.

또한 「선행론」(A Treatise on Good Works)에서, 루터는 권징의 철저한 실시를 주장하였다. 그는 교회를 영적인 어머니라고 칭하면서, 성도는 교회의 치리에 순종해야 한다고 가르쳤다. 교회는 그리스도로부터 죄인을 파문하거나 벌할 수 있는 영적인 권세를 부여받았으므로, 권징을 시행함으로 하나님의 뜻을 실현하여야 한다. 교회 권징은 로마천주교회에서 흔히 볼 수 있는 것처럼 체벌과 벌금형 등 세속적이거나 물리적인 것이 아니라 권면과 설득 등 영적이며 목회적으로 시행되어야 하고, 설교와 교육을 통하여 완성된다. 그러므로 설교하지 않거나, 가르치지 않고, 금하지 않고, 벌하지 않는 곳에서 권징이 효율적으로 실시될 수 없다고 하였다. 루터는 권징을 세속적인 것이 아니라 영적인 것으로 보고, 이를 신실하게 행함으로 교회를 정화할 것을 주장하였다.

마지막으로, 루터는 「기독교 귀족에게 보낸 공개편지」(An Open Letter to the Christian Nobility)에서 교회회의주의(Conciliarism)를 지지하면서, 로마천주교회의 교황정치는 반드시 교회회의주의로 바뀌어져야 한다고 진술하였다. 그는

다음과 같은 주장을 내세웠다: (1) 로마 교황은 이미 백성과의 계약을 파기하
였으므로, 독일의 모든 제후와 귀족, 그리고 도시는 로마에 세금을 내서는 안
된다. (2) 정부는 교회를 대신하여 힘없는 자들을 보호하고, 불의를 억제해야
한다. (3) 독일의 제후와 귀족은 칙령을 발표하여 로마천주교회의 성직 임명을
반대하여야 한다. (4) 권징권은 교황에게 있지 않고 지역 교회의 감독에게 있
으므로, 지역 교회의 감독이 실시하여야 한다(Luther 1982, 2:99~101). 루터는
이와 같이 세속권의 우위를 주장하면서 교회 개혁을 외쳤고, 독일 민족주의를
고취하면서 지역 교회의 자율권 회복을 종용하여 독일 교회를 개혁하였다.

루터는 '종교개혁의 계명성'이라고 불리는 위클리프(John Wycliffe)처럼, 통
치자의 힘을 빌려 교회를 개혁할 것을 역설하였다. 그는 「독일 기독교 귀족에
게 고함」(Appeal to the Christian Nobility of the German Nation)에서, 교회 개혁이
하층이 아니라 상부의 권세자에 의해 이루어져야 한다고 보았다. 그의 논지는
대략 다음과 같다: 콘스탄티누스 대제(Constantine the Great)가 교회회의를 열
어 이단자 아리우스(Arius)로 인해 파생했던 문제를 해결하였던 것처럼, 독일
의 통치 계층도 부패한 교회를 개혁하고 감독할 의무가 있다. 왜냐하면 정부
에게 주어진 업무는 세속적인 치안을 유지할 뿐만 아니라 백성을 영적으로 보
호해야할 의무가 있기 때문이다(Koenigsberger 1968, 119). 루터의 이와 같은 세
속권 우위 사상은 중세의 교황 중심적 교권 사상을 약화시켰고, 세속권과 교
권의 구분을 주장하는 칼빈의 장로정치 사상이 태동하게 되는 계기를 마련하
였다.

루터는 통치권 문제를 다루면서 사회를 지배층과 피지배층의 이중 구조로
나누고, 이러한 구조를 떠나서는 사회 질서가 유지될 수 없다고 보았다. 이는
만인평등 사상에 배치되는 것으로 보이지만, 그가 생각하는 평등은 기능과 능
력의 차이까지 부인하는 것이 아니라 법적인 테두리 안에서의 평등을 의미하
였다. 그는 영적, 혹은 세속적인 무정부주의를 마귀적인 것으로 보았고, 모든

혼란이 무정부주의
에서 기인하는 것으
로 간주하였다. 그
래서 농민 전쟁 때
에 농민들이 보여준
폭력적 무정부주의
를 개혁이 아닌 개
악이라고 비난하였
다(Koenigsberger
1968, 128). 따라서
그는 사회 질서를

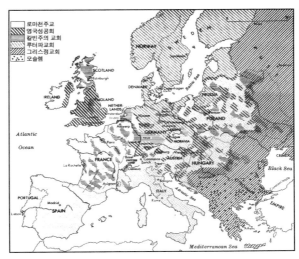

종교개혁시대의 유럽

위해 정부가 필요한 것처럼, 교회의 질서 유지를 위해서 영적인 정부가 필요
하다고 하였다.

루터의 사상은 후대의 종교개혁자들에게 크게 영향을 미쳤다. 하나님의 말
씀만이 교회를 지배하여야 한다는 '오직 성경 사상', 만인이 하나님 앞에서 동
등하며 제사장이라는 '만인제사장주의', 그리고 하나님이 교회 질서 유지를
위해 교직자 제도를 세우셨다는 사상 등은 결국 장로교회 정치사상의 기초가
되었다. 특히 목사의 자격으로 개인적이고 내적인 소명과 교회로부터 청빙과
교회에 의한 위임을 주장한 점, 목사의 청빙과 선택이 회중의 고유한 권한이
라고 주장한 점 등은 장로교회와 일맥상통하는 원리이다.[10]

---

10) 루터 교회는 이와 같은 루터의 교회정치 사상에 근거하고 있다. 프랭크 미드(Frank S. Mead)
에 의하면, 현대의 루터 교회에서는 일년에 한번씩 교회회의가 열린다. 교회회의는 목사, 선
거에 의하여 뽑힌 평신도 직원, 장로, 집사, 이사로 구성된다. 목사는 교인 가운데 투표권이
있는 사람들에 의하여 선택되고 청빙된다. 그러나 회중은 목사를 배척할 수 없다. 목사의 자
격은 대학과 신학교에서 신학을 마친 자로, 일년에 한번씩 열리는 대회(synod)에서 안수 받
게 된다. 또한 지 교회는 대회를 구성하고 대회는 목사와 평신도 대표로 구성된다(Mead
1975, 168).

2. 츠빙글리와 불링거의 장로정치사상

　루터와 동시대의 인물로, 장로교 정치의 기초를 놓은 인물로 취리히의 개혁
자 훌드리히 츠빙글리(Huldreich Zwingli, 1484~1531)가 있다. 그는 1484년 1월
스위스의 작은 마을 빌트하우스(Bildhaus) 출신으로, 인문주의의 영향을 받아
성경을 연구하고, 성경 연구를 통하여 개혁 운동의 횃불을 높이 들었다. 설교,
공개 토론, 그리고 권징을 통하여 교회 개혁을 추구하였고, 청중들이 이해할
수 있는 단순하고 직설적인 내용으로 설교하였다. 그는 설교와 논쟁 시 이해
할 수 없는 라틴어 대신 모든 사람이 알아들을 수 있는 독일어를 사용하여 취
리히 시민들의 지지를 끌어냈다. 곧 1523년에서 1525년 사이 취리히에서 열렸
던 3차례의 공개 토론을 통하여 로마천주교회가 성경에 기초하지 않고 부패
한 인간의 죄성을 따라 생겨난 비성경적이며 비윤리적인 종교임을 밝혔다.

츠빙글리와 교회 권징
　츠빙글리는 설교와 공개 토론을 통하여 로마천주교회의 정체를 폭로하고
취리히 시민에게 성경적인 신앙에 대해 소개하였다. 그는 취리히를 성경이 다
스리는 도시로 만들기 위해 먼저 교회를 바르게 세우려고 하였다. 교회는 예
수 그리스도에 대한 신앙을 고백하며 하나님을 예배하는 신자들의 유기적인
모임으로, 평신도와 성직자라는 계급으로 구성되지 않고 왕이신 그리스도 밑
에서 교직자와 교인들이 동등한 관계를 유지하며 상호 유기적인 관계를 가진
다고 보았다.
　이와 같은 공동체를 죄의 오염으로부터 지키고 정결하게 하는 수단이 바로
교회 권징이다. 권징에는 회중 차원의 개인적인 권면, 2~3명의 증인 앞에서
의 권징, 마지막으로 교회에 보고하여 시행하는 교회적 권징이 있다(마 18:15~

17). 권징의 종류에는 권면, 견책, 수찬 정지 등이 있으며, 가장 무거운 것이 출교로, 츠빙글리는 출교권이 교회가 아닌 세속 정부에 있다고 하였다. 교회가 정부의 보호와 지도 아래 있어야 한다는 것이다.

츠빙글리의 가르침에 따라 출교권이 세속정부의 관할 아래 있게 됨으로, 취리히에서는 정부가 교회를 지배하였다. 취리히 시정부는 권징위원회(Board of Discipline)를 두어, 2명의 목사, 회중을 대표하는 2명의 장로, 그리고 정부 기관을 대표하는 2명으로 구성하였다. 그러나 츠빙글리가 교회 권징 외에 다른 것을 정부의 손에 넘긴 것은 아니다. 위원회의 사명은 취리히 사회의 도덕적 파수꾼의 역할을 감당하는 것으로, 도덕적인 과오가 발견되는 시민들을 권징위원회를 통하여 징계하였고, 이러한 과정을 통하여 취리히 교회는 죄의 확산을 막을 수 있었다.[11]

츠빙글리는 1528년 교회가 당면하게 되는 문제를 해결하기 위하여 노회와 대회 제도를 둘 것을 제안하였다. 이 제안은 그가 죽은 지 1년 후인 1532년 10월 취리히 교회들에 의하여 채택되고, 시의회에 의하여 시행되었다. 시의회는 노회의 업무를 교리적인 것과 목사의 도덕성 관리로 제한하였고, 노회가 열릴 때마다 8인의 시의회 의원이 참석하여 정부가 교회의 모든 문제를 관할하도록 하였다. 따라서 취리히에서 정부의 허락 없는 목사의 임직은 불가능하였다.

---

11) 기독교도들이 취하는 교회와 정부의 관계는 크게 넷으로 나눌 수 있다. 첫째는 츠빙글리와 루터의 입장이다. 이들은 교회보다 정부의 권위를 더 높이고, 출교권이 정부에 속한 것으로 본다. 둘째로, 로마천주교도의 입장이다. 교회가 정부를 지배하기 때문에 출교권은 교회에 속한 고유 영역으로 본다. 셋째로, 재세례파의 입장이다. 정부는 세상적인 기원을 가지지만, 교회는 하나님에게서 기인한다고 주장하면서, 교회와 정부는 별개의 기관이며 상호 무관하다고 한다. 그리스도인의 정치 참여는 죄악에 참여함을 의미하므로 그리스도인은 공직을 맡아서는 안 되며, 권징의 문제에 정부가 참여할 수 없다고 하였다. 마지막으로, 칼빈의 입장이다. 칼빈은 교회와 국가의 동등한 권위를 강조하였다. 그는 교회가 정부보다 우위에 있다거나, 정부가 교회보다 우위에 있다는 사상을 다 거부하고, 이 두 기관은 하나님이 세운 기관으로 동등한 권위를 가진다고 하였다. 그는, 재세례파와는 달리, 정부와 교회의 기능을 구별하였으나, 출교권 문제에 대하여는 재세례파와 보조를 같이 하였다.

목사 고시는 고시위원회에 의하여 실시되었는데, 고시위원회는 시의회, 목사회, 신학교 교수회(Lecturer of the Carolinum)에서 2명씩 파송한 6인으로 구성되었다. 고시위원회에서 시행하는 고시에 합격하면, 목사후보생은 시의회의 검열과 통치자에 대한 순종 서약을 한 후, 목사 안수를 받고, 교회에 파송되었다.

하인리히 불링거의 교회정치 사상

1531년 츠빙글리가 카펠 전투에서 사망하자, 그의 사위였던 하인리히 불링거(Heinrich Bullinger, 1504~1575)가 취리히 교회를 맡아 종교개혁을 이어갔다. 불링거도 츠빙글리처럼 출교권이 정부에 속한 것으로 인정하였으므로, 교회는 여전히 정부의 통제 아래 있었다. 그는 취리히 시민을 교육하기 위해 1562년 그의 개인적인 신앙 간증을 기초로 하여 신앙고백서를 작성하였다. 이것은 「제2 스위스 신앙고백서」(The Second Helvetic Confession)라고 불리는데, 1566년 교회의 대표들이 참석한 교회회의에서 공식적으로 채택되어 스위스 교회의 신앙적 표준 문서가 되었다. 스위스 교회는 이 신앙고백서를 기초로 신학적인 일치를 이루게 되었고, 여러 주들이 동일한 신앙을 고백할 수 있었다.

「제2 스위스 신앙고백서」는, 로마천주교회가 1545년 트렌트 교회회의(Council of Trent)에서 승인한 바 있는 외경의 권위를 부인한 최초의 프로테스탄트 신앙고백이다. 이 신조는 대륙 교회가 만들어 낸 신조 가운데 가장 분량이 많으며, 「하이델베르크 요리문답서」 다음으로 널리 사용되고 있다. 1567년에 헝가리, 1571년에 프랑스와 폴란드, 1578년에는 스코틀랜드 교회에 의하여 채택되었다. 신앙고백서는 성경(1~2장), 하나님과 예정(3~10장), 교회와 교회생활(17~28장), 가정과 국가(29, 31장), 그리고 성례(19~21장)에 대하여 다루고 있다.

「제2 스위스 신앙고백서」는 개혁교회의 중요한 정치 원리인 교직자 사이의 평등 교리를 강조하였다. 관련된 내용을 살펴보자: "교회 목회자들에게 부여된 권한, 혹은 기능은 한결같이 동일하다. 분명히 초기에는 감독들, 혹은 장로들이 공동의 합의와 수고를 통해 교회를 다스렸다. 아무도 자신을 다른 사람보다 높이지 않았으며, 동료 감독들보다 더 큰 권력이나 권세를 행사할 수 없었다. 왜냐하면 그들은 '너희 중에 다스리는 자는 섬기는 자와 같을지니라.'(눅 22:26)는 주님의 말씀을 기억하고 있었기 때문이다. 그들은 겸손히 일하였으며, 서로 도와 교회를 다스리면서 교회의 질서를 유지해 왔다. … 질서를 위해 사역자 가운데 한 사람이 회의를 소집하여, 문제를 제시하고 논의하여 다른 이들의 의견을 수렴하는 등, 혼란이 야기되지 않게 주의하였다"(SHC chap. 18). 초대교회가 상호평등의 원칙에 의해 세워졌고 다스려져 왔다는 것이다. 이와 같이 취리히의 개혁자들은 권징의 필요성을 강조하고, 노회 제도를 제안하고, 목사와 목사 사이의 평등을 주장하여 장로교 정치 원리의 기틀을 마련하였다.

3. 존 칼빈과 그리스도 왕권의 회복

종교개혁에 대한 개혁자들의 입장을 크게 둘로 나눌 수 있다. 하나는 면죄부와 성직 매매 같은 로마천주교회의 부정과 부패로부터 단순히 교회를 개혁하려 했던 무리와, 교리와 예배와 교회 정부 형태를 성경에 근거하여 철저하게 개혁하므로 성경적인 교회를 회복하고자 한 그룹들이다. 전자의 경우가 루터의 개혁이었다면, 칼빈은 후자에 속한다. 칼빈은 로마천주교회 안에 있는 미신적인 예배를 개혁할 뿐만 아니라, 무지와 오류로 오염된 신앙을 바로 잡고, 교회 안의 인위적인 질서를 붕괴시켜 그리스도의 왕권을 회복하므로 교회를 개혁하고자 하였다.

존 칼빈

존 칼빈(John Calvin, 1509~1564)은 1509년 7월 10일 프랑스의 수도 파리에서 동북방 58마일 지점에 있는 피카르디 지역의 작은 도시 노용(Noyon)에서 태어났다. 세 살 때 어머니를 잃고 홀아버지의 슬하에서 자라났고, 파리에 유학하여 스승들의 영향으로 인문주의자가 되었다. 그는 1533년경에 로마천주교에서 개종하였고, 같은 해 11월 친구 니콜라스 콥(Nicholas Cop)의 파리대학교 총장 취임 연설문을 작성해 주었는데, 이 연설문에서 모든 학문의 유용성, 성경적이고 복음적인 개혁을 주장하여, 교회 당국의 눈 밖에 나 수배를 받게 되었다.

1534년부터 종교개혁에 대한 요구들이 거세게 일어나자, 1535년 프랑스 정부는 종교개혁자들을 박해하여 수많은 이들을 순교의 제물로 삼았다. 그 가운데는 칼빈의 개종에 다소 영향을 준 포르쥬(Ettine de la Forge)도 포함되어 있었다. 잔인한 박해 소식을 들은 칼빈은 프로테스탄트 신앙을 변증하기 위해 1536년 「기독교 강요」(The Institutes of the Christian Religion)를 바젤에서 출판하였다. 그는 이 책을 프랑스 왕 프랑수아 1세(Francis I)에게 헌정하면서 종교개혁자들에게 관용을 베풀어 달라고 탄원하고, 로마천주교회가 개혁교회를 비판하는 것은 터무니없는 것이며, 종교개혁은 미신적이 아니라 성경적인 운동이라고 호소하였다.

칼빈과 제네바

칼빈은 1536년 8월 파리를 떠나 스트라스부르(Strasbourg)로 향하던 중, 합스부르크-발로와(Habsburg-Valois) 전쟁으로 가는 길이 막혀서 제네바(Geneva)를 거치게 되었다. 당시의 제네바는 13,000명의 인구를 가진 도시로, 1,500명

의 투표권자와 200명의 의원으로 구성된 대의회(Big Council)와 25명으로 구성
된 소의회(Little Council)가 다스리고 있었다.

1536년 봄, 제네바 시의회는 종교개혁자 기욤 화렐(William Farel, 1489~
1565)의 지도 아래 복음적인 예배를 드릴 것을 결의하였고, 8월에는 미사를 금
하는 법령을 통과시켰다. 그 결과 많은 로마천주교도들이 제네바를 떠나고,
종교개혁 운동이 본격적으로 시작되었다. 이러한 시기에 칼빈이 제네바에 들
러 잠시 머물게 된 것이다.

화렐은 츠빙글리의 종교개혁에 동참했던 베른(Bern) 시가 제네바에 파송한
설교자로, 1532년 제네바를 처음으로 방문하여 프로테스탄트 예배를 시작하
였다. 그의 노고에 힘입어 제네바는 1536년 로마천주교회를 배척하고 프로테
스탄트를 정통적인 신앙으로 채택하게 되었다. 이 때 칼빈이 도착하자, 화렐
은 그에게 제네바 개혁 운동에 참여할 것을 권하였다. 공부할 계획이 있던 칼
빈이 그의 청을 완곡하게 거절하자, 화렐은 "긴급한 시기에 도움 요청을 무시
하고 거절한다면 하나님께서 저주를 내리실 것"이라고 경고하였다. 칼빈은 이
를 하나님의 음성으로 받아들이고, 1536년 9월 1일부터 제네바 개혁 운동에
적극 참여하였다.

당시 제네바의 목사들은 복음적으로 설교했지만 생활의 개혁에는 무관심
하였다. 칼빈은 복음적인 설교와 생활의 개혁은 동전의 양면과 같다고 보고,
교회 권징을 실시하여 교회부터 개혁하고자 하였다. 권징을 철저하게 시행하
여 제네바를 도덕적이며 영적인 도시로 개혁할 수 있다고 생각한 것이다.
1537년 7월 29일에는 화렐과 함께 「신앙고백서」와 「요리문답서」와 「교회 권
징서」를 작성하여 시의회에 제출하고, 모든 제네바 사람들이 이 문서들을 공
적으로 수용하고 고백할 것을 요구하였다. 이러한 방법을 통해 시민들을 신앙
적으로 하나로 묶어 놓고, 신앙을 실천함으로 도덕적인 개혁을 이루고자 한
것이다.

칼빈이 권징을 통해 교회를 개혁하고자 한 것은 개혁 공동체를 유지하려면 동일한 신앙고백이 필요했고, 교회개혁을 위해서는 교회와 정부의 업무가 구별되어야 했기 때문이었다. 츠빙글리와는 달리, 그는 출교권이 교회의 고유 업무이며 정부에 속하지 않는다고 보았다. 곧 성문법을 어긴 자를 벌할 수 있는 권세를 정부가 가진 것처럼, 교회법을 어긴 자들을 벌할 권세는 교회에 있다고 하였다. 교회에서의 치리는 물리적인 힘을 사용하는 것이 아니라 영적인 것으로 말씀의 선포를 통해 시행된다고 보았다. 통치자는 교회 안에서 단순한 사인(私人)에 불과하므로 출교 행사에 참여해서는 안 되고, 오히려 교회의 권징에 순종하여야 한다고 주장하였다. 그래서 제네바에서는 1560년부터 행정 관료(syndic)들이 더 이상 직위를 상징하는 지팡이를 가지고 교회에 들어오지 못하게 하였다.

제네바 의회는 권징권이 교회에 속한다는 칼빈의 주장에 불쾌한 반응을 나타내었다. 그의 주장이 시행된다면 시 의회가 더 이상 교회 일에 공식적으로 개입할 수 없게 되기 때문이었다. 이런 이유로 칼빈의 반대자들은 교회가 권징권을 가지게 되면 교회에 의한 폭정이 시작될 것이라고 선동하며 칼빈에 반대하는 운동을 벌였다. 칼빈은 결국 1538년 4월 22일 제네바에서 추방당하였다.

교회가 권징권을 가져야 한다는 칼빈의 입장 때문에, 어떤 이들은 칼빈의 교회 정부 형태가 성직자들이 세상사를 통치하는 형태의 신정정치(theocracy)라고 부른다. 곧 교회가 정부를 다스리는 형태라고 한다. 그러나 이는 옳지 않다. 왜냐하면 칼빈이나 제네바 교회는 세속 정부를 통치한 일이 없을 뿐만 아니라, 오히려 세속권이 교회의 영역을 간섭하곤 하였기 때문이다. 예를 들면, 1548년 9월 제네바 시의회는 목사들에게는 회중을 권면할 뿐 출교할 수 없다고 결의하였고, 같은 해 12월 시의회는 한 걸음 더 나아가 장로법원에 의하여 수찬 금지되었던 리처드 로욱스(Richard Roux)에게 성찬에 참여할 수 있다는 선언을 하였다. 그 후 목사들의 항의가 있자, 1555년 1월 24일 시의회는 1541

년 칼빈이 제출한 「교회 헌법」에 따라 장로 법원의 권한을 인정하여 주었다.

칼빈은 바젤로 건너가 연구에 전념할 계획이었지만 모든 것이 그의 뜻대로 되지 않았다. 그는 마틴 부처(Martin Bucer)의 초청을 받아 스트라스부르에 갔다. 그곳에는 프랑스에서 종교적인 박해를 피해 온 수 백 명의 성도들이 그를 기다리고 있었다. 그는 제네바에서처럼 스트라스부르의 피난민 교회를 맡을 생각이 없었으나 부처의 강력한 권고로 교회 사역을 시작할 수밖에 없었다.

부처는 원래 도미니칸 수도원의 수도사였으나 1518년 공개토론에서 루터의 종교개혁의 필연성을 주장하는 연설을 듣고 감동받아 개종한 종교개혁자였다. 1525년경부터 스트라스부르에서 카피토(Capito)와 함께 종교개혁을 일으켰고, 1527년부터 스트라스부르의 중심적인 종교개혁자가 되었다. 그는 츠빙글리처럼 교회 개혁에 있어서 권징의 중요성을 강조하였고, 이를 통하여 스트라스부르를 죄 없는 도시로 만들려고 하였다.

그러나 부처는 츠빙글리와는 달리, 권징 문제에서 교회와 정부의 영역을 구분하였다. 그는 권징이 세상 정부가 아닌 교회에 의해 시행되어야 하며, 교회는 권징을 물리적 힘에 의존하지 말고 영적이고 도덕적으로 시행해야 한다고 보았다. 1527년에 쓴 「마태복음 주석」(Commentary on St. Matthew)에서, 부처는 교회가 이 세상에서 하나님이 주신 사명을 감당하려면 정부의 간섭으로부터 독립해야 한다고 하였다. 특히 권징은 교회의 중요한 업무로, 인간의 판단에 맡겨져서는 안 되고 성경에 의해 이루어져야 한다고 주장하였다. 모든 백성은 교회만이 아니라 세속 정부에도 복종해야 하며, 교회와 정부의 영역은 전혀 다르므로, 교회가 정부를, 혹은 정부가 교회를 지배하는 것은 옳지 않다고 하였다. 정부와 교회는 각기 영역에서 고유한 권한을 가지므로 상호간 월권행위를 해서는 안 된다고 주장하고, 왕이 교회 영역을 침범하면 그 보다 낮은 권력자는 교회의 고유한 권세를 보존하기 위하여 왕에게 대항할 수도 있다고 하였다. 이처럼 권징 문제에 대하여 부처와 칼빈은 같은 생각을 품었다.

폭군에 대한 부쳐의 사상은 칼빈과 같았다. 칼빈은 비록 종교와 정치의 관계를 빌어 말하지는 않았지만, 부쳐와 마찬가지로, 중간 계층에 의한 폭군의 폐위를 주장하였다. 중간 계층은 제네바의 경우 시의회, 독일의 경우에는 영주들, 또는 의회, 귀족들을 의미한다. 곧 현대적인 용어를 빌린다면, 왕은 국회에 의하여 제재를 받고, 국회는 백성에 의하여 제재를 받아야 한다는 것이다. 따라서 칼빈에게 있어서 중간 통치자는 국민의 대표 기관이요, 권리의 보호자로 독재자를 대항하여 법을 제정할 수 있는 권리가 있는 자이다.

칼빈과 부쳐는 의기투합했고, 부쳐는 칼빈에게 여러 모로 도움을 주었다. 프랑스 피난민 교회를 맡아 섬길 수 있도록 주선해 주었고, 교회개혁에서 권징의 중요성을 인식시켜 주었다. 또한 단순한 예배의 필요와 예배의 중심은 미사 대신 설교와 성찬임을 가르쳤다. 부쳐의 영향으로, 칼빈은 복잡한 의식보다는 신령과 진정으로 드리는 단순한 예배를 선호하게 되었고, 성찬을 베풀때 성찬상을 중앙에 두고, 성경 봉독과 성경 해석을 강단에서 행하고, 나머지 성찬 예식은 성찬상에서 실시하도록 하였다. 기도는 기도문을 써서 읽을 수도 있지만 성령의 감동대로 할 수 있다고 보았고, 예배 시 영감 있는 시편 찬송을 부를 것을 강조하면서 츠빙글리처럼 악기 사용은 금하였다.

칼빈과 「교회 헌법」

칼빈이 떠난 뒤 제네바는 추기경 사돌렛(Jacopo Sadolet)의 선동으로 혼란 가운데 빠져들었다. 그는 제네바 시민들에게 로마천주교회로 회귀할 것을 촉구하면서 종교개혁 사상을 미신적이며 오류에 가득 찬 것이라고 비난하였다. 제네바가 종교개혁을 중지하고 로마천주교회로 돌아간다면 종교개혁을 지지하던 많은 사람이 로마교황청의 박해의 대상이 될 것이 분명하였으므로, 제네바 시민들은 로마천주교회로의 환원보다는 교회개혁을 계속하는 쪽을 택해야

만 하였다.

이런 상황에서, 제네바 의회가 츠빙글리 식의 교회와 정부의 관계를 유지하던 베른(Bern) 시와 동맹 관계를 맺자, 제네바 사람들은 시정이 베른의 영향 아래 들어갈지도 모른다는 두려움을 가지게 되었다. 종교적 · 정치적 위기를 해결할 인물로 칼빈이 돌아오는 것이 유일한 대안이었다. 결국 제네바 시의회는 민심의 요청에 따라 1540년 칼빈과 화렐에게 제네바 귀환을 요청하는 초청장을 보냈다. 그러나 칼빈은 제네바로 돌아갈 생각이 없었고, 화렐은 노이샤텔에서 목회하고 있었다. 자신보다는 칼빈이 가는 것이 낫다고 생각한 화렐은 칼빈에게 돌아갈 것을 권하였지만, 반응은 냉랭하였다.

칼빈은 "하루에도 수 천 번 죽어야 하는 십자가를 지는 것보다는 일백 번 죽더라도 다른 길을 택하고 싶어 하였다." 그러나 화렐의 강권과 시의회의 강력한 요청으로 1541년 9월 13일 제네바로 귀환하였다. 칼빈은 제네바 시의회에 다음의 두 가지 조건을 제시하였다. 성문화된 종교 헌장을 만들고 그에 기초하여 제네바를 거룩한 도시로 개혁할 것과 모든 제네바의 시민을 교육하기 위한 학교의 설립이었다.

베자(Theodore Beza, 1519~1605)는 그의 저작 「칼빈의 생애」(The Life of John Calvin)에서 당시의 칼빈에 대하여 다음과 같이 기록하였다:

"칼빈은 교회의 긴급한 요청에 의하여 돌아와서 질서 유지를 위한 법적인 장치를 마련하였다. 제네바를 제어할 필요가 있다고 생각한 그는 무엇보다도 기독교 교리와 교회의 권세가 온전히 보장된 장로제도가 세워지지 않고는 목회를 할 수 없다고 선언하였다. 그는 장로정치와 교회 질서가 적절히 유지될 수 있는, 하나님의 말씀에 기초한 실정법을 제안하였고, 이 법안은 모든 시민의 동의로 통과되었다"(Beza 1983, xxxviii). 베자가 언급한 법적인 장치라는 것은 바로 「교회 헌법」(The Ecclesiastical Ordinances of the Church of Geneva)을 의미한다.

칼빈은 제네바 사회 전 영역을 하나님의 말씀으로 개혁하고자 하였다. 개혁을 위한 하나의 수단으로 교회 헌법의 필요성을 인지하고, 제네바에 도착한 지 6주만에 「교회 헌법」을 작성하여 의회에 제출하였다. 「교회 헌법」은 소위 원회와 대의원회의 수정을 거쳐 1541년 11월 20일 목사들의 승인을 받지 않고 총회에서 통과되고 비준되었다. 의회의 수정은 교회 일에 대한 정부의 통제를 강화하기 위한 것이었기 때문에 여러 면에서 칼빈의 개혁 이상에서 멀어진 것이다. 그럼에도 불구하고, 교회에 대한 본질적인 입장을 수용하고 있기 때문에 이 때로부터 장로교회가 다시 태어나게 되었다고 할 수 있다(McNeill 1990, 185~186; Ogilvie 1897, 10).

「교회 헌법」의 내용을 살펴보면, 권징의 철저한 실시와 교회 교육의 시행을 제안하였고, 교회의 직분자들은 교회 개혁을 위해서 자신에게 부과된 사역에 충실할 것을 권면하였다. 신약시대의 교회 직분을 목사, 교사, 집사, 장로의 넷으로 보았고, 특히 교사직과 장로직은 칼빈이 제네바 귀환 조건으로 제시한 기독교 교육과 권징의 실시를 위한 제도적 장치였다.

칼빈은 「교회 헌법」에서 먼저 목사의 자격과 임무를 설명하였다. 목사는 '하나님의 입'과 같은 역할을 하는 이로, 그의 주된 업무는 말씀 선포, 예배 인도, 교육, 권징의 실시, 성례의 집행이다. 이 일을 수행하기 위해서 목사는 인격적으로 결함이 없고, 신학적으로 건전하여야 했다. 목사의 임직은 지역 교회의 청빙에 의해서 이루어지는데, 목사 시험을 치르고, 그 직분에 대한 훈련을 거친 후 안수하였다. 목사 고시를 치를 때 목사후보생의 성경에 대한 바른 지식 유무와 정통적인 신학의 소유자임을 점검하고, 교육 능력을 알아보기 위해서 설교나 교리 강해를 하게 하였다.

또한 목회자로서의 소양과 바른 성품과 좋은 습관의 소유 여부를 시험하였다. 다른 교회 목사들의 추천과 소의회(small council)의 수락, 교인들의 동의 과정을 통과해야 하였다. 목사의 안수는 사도적인 기원을 갖지만(딤전 4:15), 안수식이 성례 가운데 하나로 인정되는 등 미신적으로 시행되었으므로 일정기간 생략되었다. 목사에게 교리적인 오류가 발견될 경우, 목사들이 모여서 당사자와 그 문제를 토의하였고, 그래도 시정하지 않고 고집을 부리면 통치자에게 보내어 벌을 받게 하였다.

교사(doctor) 제도는 사도행전 13장 1절과 에베소서 4장 11절에서 비롯된 직분으로, 칼빈은 주로 신앙 교육을 위해 있는 직분으로 이해하였다. 교사는 바른 신학을 성도들에게 교수하고, 이단으로부터 교회를 보호하며, 잘 준비된 목사들을 배출하는 사명이 있었다. 제네바에서 교사들은 장년과 어린이 교육에 전념하였고, 일주일에 3번, 곧 월, 수, 금요일에 성경을 강해함으로 성도들이 하나님의 뜻을 바로 알 수 있게 하였다. 교사들은 성경을 학문적으로 강해하면서 가끔 라틴어를 사용하기도 하였다. 성경 강해에는 나이든 학생과 목사들이 주로 참석하였지만, 원하는 자는 누구든지 참석할 수 있었다. 칼빈은 교사 부족으로 어린이 교육이 어려움에 처하자, 1559년 제네바 아카데미(Geneva Academy)를 세워 교사를 충당하도록 하였다. 칼빈 당시 제네바 아카데미에는 800여명의 학생이 수업하였다. 그 가운데는 스위스, 프랑스, 네덜란드, 독일, 영국과 스코틀랜드에서 온 학생들이 있었다. 이로써 제네바는 전 세계를 향한 신학적 전진 기지가 되었다.

칼빈은 집사의 직무를 구제와 병자 간호의 두 가지로 보았다. 집사들은 환자와 어려운 자를 돌아보고, 구제 기관을 감독하므로 사회 복지 업무를 감당하였다. 칼빈은 사회보장제도를 실시하면서 구걸 행위를 법으로 금지하였다. 그는 노동을 통하여 하나님이 각자에게 주신 소명을 성취할 것을 주장하였으며, 노동과 무관한 축제일의 수를 줄이고자 하였다. 가난한 자를 위한 적절한 노동 정책을 시행하며, 주택, 난방 등의 일에 직접 관여하므로 빈곤층의 구제 방법도 적극적으로 모색하였다.

칼빈은 이와 같이 직분자들을 세워 제네바교회를 운영하였다. 목사들은 예배 인도, 성례의 시행, 설교 사역에 전무하면서 교인들을 돌보았다. 칼빈의 제네바교회에서 주일예배는 2번 드려졌으며, 어린이를 위한 요리 문답이 강해되었다. 주중에는 격일로 예배가 드려졌고, 나중에는 매일 예배가 있었다. 성찬은 한 달에 한번 정도 드리는 것이 좋다고 생각하였지만, 계절마다 시행되었다.

칼빈은 장로를 하나님이 세우신 직분으로 보고, 설교 사역과는 구별되며 성도들을 다스리는 사역이라고 보았다(LCC 21: 1166, 1170). 장로는 회중의 생활을 관찰하며 권면하되 특별히 형제애를 가지고 치리하는 자였다. 제네바의 모든 구역에는 영적인 문제를 살피는 한 두 명의 장로가 있었고, 목사와 장로로 구성된 장로 법원(오늘날의 당회)이 권징 문제를 다루었다. 장로회는 법정 서기 등 법률 계통에서 일하는 자, 상인 등 유산계층이 상대적으로 다수를 차지하였다.

칼빈은 권징을 교회에 속한 고유 업무로 생각하였지만, 장로 법원의 구성은 세속권의 영향을 받았다. 이는 시의회가 교회에 대한 정부의 간섭을 강화하기 위해서 칼빈의 승인 없이 「교회 헌법」을 수정하여 통과시켰기 때문이다. 그러나 1557년 이후 출교권이 교회의 관할 아래 있게 되었고, 시의회가 주관하던 장로 선거도 점차로 교회의 주관 아래 이루어져, 장로들은 시의회의 추천이 아니라 회중의 동의를 얻어 선출되었다. 그래서 제네바 교회는 칼빈이 추구하던 장로정치로 발전하게 되었다.

「교회 헌법」에 따르면, 장로 법원은 12명으로 구성되며, 2명은 소의회에서, 4명은 6인으로 된 중의회에서, 나머지 6인은 200인으로 된 대의회에서 선출하였다. 장로의 최초 임기는 1년이되, 매년 연말 시의회(Seigneury)에서 자격 심사를 받아 합격하면 직무를 계속하였고, 심사에서 떨어지는 경우에는 정직되었다(Ogilvie 1897, 10). 장로의 자격은 선하고 정직하며, 도덕적으로 무흠하며, 하나님을 경외하고, 영적으로 신실한 자로 제한하였다. 초기의 선거 방법은 소의회에서 추천하고 목사회가 심의하여 대의회에 추천한 후, 대의회가 인정하면 공적인 서약을 거쳐 장로로 취임하였다.

장로들은 매주 목요일 아침에 목사들과 함께 모여 장로법원을 운영하였다. 평의회원(syndics) 가운데 한 사람이 사회를 맡았고, 목사와 장로들은 교회 안에서 무질서와 방종으로 야기되는 일들을 살핀 후, 그 처치 방법에 대하여 토론하였다. 교인들 가운데 범죄자가 발견되면, 장로는 우선 형제애로 권면하였고, 개선되지 않거나 행동을 고치지 않으면 장로법원에 보고하여 치리하게 하였다. 끝까지 죄를 고집하면, 교회 권징의 마지막 단계인 출교 조치를 취하였다.

출교는 권징 가운데 가장 무거운 벌이었고, 죄지은 자가 회개할 때까지 효력이 유지되었다. 출교에 해당되는 죄에는 저주 행위, 알코올 중독, 간음, 주일날에 카드놀이 하고, 음란한 노래를 부르는 것, 자살 시도, 신성모독과 마술, 다툼, 폭행 등으로 교인의 품행에 관련된 것이 대부분이었다. 장로법원은 그 외에 교회 행정과 목회자 문제에 관한 것도 다루었으며, "70세의 여인과 25세의 청년이 결혼을 시도한 사건, 아내를 구타하고, 로마천주교회의 의식을 추구한 것" 등에 대하여 치리하기도 하였다.

칼빈과 교회정치 원리

그러면 칼빈의 교회정치 원리에 대하여 살펴보자. 칼빈은 "우리가 교회에 의하여 잉태되고, 태어나서 양육을 받고, 죽을 몸에서 벗어나 천사와 같이 될 때까지 교회의 돌봄과 다스림 가운데 보존되지 않는다면 생명으로 들어갈 수 없다"고 하였다(LCC 21:1015). 그는 교회를 그리스도인의 근거 기반으로 이해했지만 로마천주교회를 결코 교회로 인정하지 않았다. 참된 교회는 하나님의 말씀이 바르게 선포되고 성례가 신실하게 시행되어야 하는데, 로마천주교회에는 그러한 표지들이 이미 사라졌을 뿐만 아니라 비성경적인 감독정치가 교회정치의 골격으로 유지되고 있기 때문이었다.

칼빈의 생 피에르 교회(1750년대)

칼빈은 로마천주교회가 인간적인 전통에서 나왔다고 보았다. 성경이 보여주고, 사도들이 시행한 교회정치 체제는 장로정치였지만 세월이 흐르면서 감독정치로 변질되었다는 것이다. 그는 다음과 같이 초대교회의 모습을 묘사했다: "사람들은 가르침의 성격을 띤 직분을 맡은 사람이면 누구나 '장로'라고 불렀다. 각 도시에서는 장로들 가운데 한 사람을 뽑아 특별히 '감독'이라고 불렀다. 그것은 서로 대등한 지위 때문에 분쟁이 일어나지 않도록 하기 위함이었다(이러한 분쟁은 자주 도처에서 일어나고 있었다). 그렇다고, 감독 직분이 그의 동료들에 대하여 지배권을 행사할 만큼 영예롭고, 위엄이 있고 높은 지위는 아니었다. 오히려 감독은 원로원의 집정관 역할과 같아서 사건에 대한 보고서를 제출하고, 의견을 수렴하고, 상담, 권면, 그리고 격려하는 일을 하였다. 자신의 권위로 전체 의사를 통제하는 것과 같은 일은 장로회에서 수행하고 있었다." 이와 같이, 사도 시대 직후의 초대교회는 감독을 계급적인 계층으로 인식하지 않았지만, 점차로 교회 제도가 계급화되었고, 교권주의가 일어났다고 하였다(LCC 21:1069~1070).

칼빈은 교권주의를 개혁하기 위해서 성경이 제시하는 교회정치 원리를 회복해야 한다고 보았다. "인간 사회에서 공공의 평화를 조성하고 화합을 유지하려면 어떤 형태로든 조직이 필요한" 것처럼, 교회도 영적인 질서가 필요하다는 것이다. 이러한 질서의 회복은 인간의 지혜가 아닌 성경에 쓰여 있는 대로 할 때 가능하다고 하였다(LCC 21:1205). 칼빈은 다음과 같이 말하였다: "주님은 거룩한 말씀 속에 참으로 의로움과 위엄, 예배와 구원에 필요한 모든 것을 포괄적이고도 분명하게 표현하셨으므로, 우리는 주님의 말씀만 순종해야 한다. 그러나 외적 의식과 규율에 관해 우리가 준수해야 할 것을 규정하지 않으셨기 때문에 … 하나님께서 우리에게 주신 일반적인 규범에 맡기고, 교회가 필요로 하는 질서와 예법을 따라 판단해야 한다."(LCC 21:1207). '하나님의 법' (Jure divino)에 따라 다스려지는 교회 정부 형태는 우리 주님께서 "원했던 질서 체계"(LCC 21:1053)이며, 주님께서 "제정한 교회정치 형태"(LCC 21:1110)로 "주님께서 말씀 안에서 보이시고 제정하신 영적인 정부 형태"라고 하였다(LCC 22:58).

칼빈은 성경대로 교회가 다스려짐으로 (1) "신자들의 거룩한 모임에서 모든 일이 품위있게 집행되고," (2) "인간 공동체가 인간다움과 절제라는 유대감에 의하여 질서를 유지하게 된다."고 보았다(LCC 21:1206). 또한 성경의 가르침이 실현될 때, "인간의 고안물로 예배의 척도를 삼는 타락한 미신적 예배가 사라지고," "인간의 전통을 구원에 꼭 필요한 것으로 믿게 하여, 사람들의 양심을 억누르던 의무와 필연이라는 그릇된 견해를 무너뜨릴 수 있게 될 것"이라고 하였다(LCC 21:1206).

하나님이 규정해 주신 법에 따라 교회를 다스려야 한다는 칼빈의 주장은 장로정치의 원리가 되어왔다. 칼빈의 '하나님의 법 사상'은 스코틀랜드의 개혁자 앤드류 멜빌(Andrew Melville)과 웨스트민스터 총회에 참석하였던 총대들에게도 계승되었고, 이들에 의하여 장로교 정치 원리의 틀이 마련되었다. 미국 장로교 역사학자인 트린터우드(Leonard J. Trinterud) 교수는, 성경이 제시하고 칼빈이 주장한 교회정치 사상의 기본 요소는 그리스도의 주권, 직무의 분배, 대의정치를 그 골격으로 한다고 지적하면서 다음과 같이 말하였다: "교회는 그리스도를 유일한 머리로 하는 공동체 혹은 몸이며, 다른 지체들은 그 아래서 평등하다. 직무는 하나님께서 부르시는 은사에 따라 주어지므로 다양한 직분이 교회에 주어진다. 직분을 가진 자는 모든 교인에 의해 선출되어 교인의 대표가 된다. 교회는 전 교인의 정당한 대표로 선택된 직분자들, 곧 목사와 장로에 의해 통제되며 감독된다."(EB 18:467). 곧 칼빈의 교회정치 원리는 그리스도의 주권 아래서 모든 지체들이 누리는 평등성(equality), 직분을 맡은 자들을 통하여 자유롭게 운영되는 자율성(autonomy), 대표를 통하여 실시되는 연합성(unity)으로 요약된다고 본 것이다.

첫째로, 칼빈은 성경이 교회와 교회, 목사와 목사 사이의 평등을 교훈하고 있으며, 감독과 장로와 목사라는 말을 동의어로 사용한다고 보았다. 칼빈의 글을 살펴보자: "말씀을 전하는 사람들을 성경에서는 모두 '감독' 이라고 부른다. 바울은 디도에게 각 도시에 '장로들을 세우라' (딛 1:5)고 명령한 다음, '감독은 … 책망할 것이 없고' 라고 하였다(딛 1:7; 딤전 3:2 참고). 다른 곳에서는 한 교회에 소속되어 있는 여러 장로에게 문안하였다(빌 1:1). 사도행전에는 바울이 에베소교회 장로들을 불러 모은 후 설교한 것이 기록되어 있는데(행 20:17), 그는 그들을 '감독' 이라고 불렀다"(LCC 21:1060). 칼빈은 평등 사상에 근거하여, 교회 직분을 계급으로 보거나 계급적으로 만들려고 하는 모든 시도를 배척하였고, "교회 통치에 관련된 지배력 혹은 지배권을 형성하는 것까지도 아주 싫어하였다."(LCC 21:1072 footnote).

둘째로, 칼빈은 성경이 지역 교회의 자율권을 교훈한다고 주장하였다. 그는 목회자의 청빙이나 교회 예산의 사용 권한이 교권을 가진 고위 성직자가 아닌 지역 교회의 회중에게 있다고 보았다. 목사의 청빙은 교회의 대표인 장로들이 청빙하거나, 교권을 가진 한 사람이 임명하는 경우도 있지만, "회중에 의해 인정받은 자가 회중의 합의에 따라 목사로 세움을 받을 때, 비로소 하나님의 말씀을 따르는 것" 이다. 그러나 목사를 세울 때 "회중의 경솔한 행동이나 무질서로 인하여 교인 총회가 잘못되지 않도록 다른 교회의 목회자가 투표를 주재해야 한다."(LCC 21:1066)고 주장하였다. 칼빈이 이처럼 교역자를 회중에 의해서 선택하려고 한 것은 세속 통치자의 간섭이나 교권주의자들의 횡포를 막고 교회의 자율을 지키기 위한 의도가 있었다. 칼빈의 자율 사상은 스코틀랜드와 미국 장로교도에 의하여 채택되어 장로교 정치 원리의 핵심 사상이 되었다(Leith 1980, 196).

마지막으로, 칼빈은 교회의 연합을 강조하였다. 그는 평등과 자율을 강조하면서 연합을 부정하는 회중교회, 연합을 주장하지만 평등과 자율을 부인하는 감독정치를 모두 배척하였다. 감독주의에서 볼 수 있는 개인 통치의 허식과 횡포, 회중정치에서 자주 드러나는 대중의 변덕과 무질서를 두려워하였다. 하나님의 뜻은 특별한 기준을 갖춘 선택된 사람들에 의하여 결정될 때 비로소 나타나기 때문에, 칼빈은 회중이 선출한 대표들에 의해서 다스려지는 장로정치를 하나님이 세우신 제도로 간주하였다. 노회와 총회 같은 기관들은 "초기부터 진지하고 하나님의 말씀으로 잘 훈련된 사람들이 하나님의 권위로 논쟁을 해결하기 위하여" 세운 기관이므로 교회 연합은 성경적이라고 결론지었다 (Calvin 1949, 41).

칼빈은 성직자 중심의 교회 운영을 반대할 뿐만 아니라 전 회중이 직접적으로 교회 행정에 참여하는 것을 더욱 반대하였다. 회중에 의해 대표가 뽑히고 그들이 교회 업무를 수행할 때 교회의 질서가 유지되므로, 교회회의는 회중의 대표인 장로와 목사로 구성되어야 한다고 하였다. 그는 사도행전 15장 6절의 주석에서 다음과 같이 예루살렘 교회회의의 성격에 대해 설명하였다: "실제로 많은 사람들에 의해 논쟁이 벌어졌을지도 모른다. 비록 그 문제에 대하여 듣고 해결하기 위해 다수의 사람들이 모였을지라도, 누가는 일반 대중이 문제 해결에 관여했다고 생각하지 않도록, 사도와 장로만을 언급하였다. 다른 방도로 해결할 수 없는 논쟁이 벌어져서 교회회의가 소집될 경우, 우리는 이와 같이 하나의 질서가 하나님에 의해 제정되어 있음을 알아야 한다."(Calvin 1949, 41).

이제, 칼빈의 교회정치 사상에 대한 결론에 이르렀다. 칼빈은 인간들에 의하여 무너진 그리스도의 왕권을 교회에서 회복하므로 교회를 개혁하고자 하였다. 교회 개혁의 수단으로 권징의 철저한 시행을 주장하였고, 장로법원을 통하여 "사도 시대 이후로 가장 완전한 그리스도의 학교"를 제네바에 건설하고자 하였다. 특히 1559년에는 제네바 아카데미(Geneva Academy)를 설립하여 하나님의 말씀만 신봉하는 목사를 양성하여 배출함으로 제네바를 하나님의 말씀이 다스리는 도시로 만들었다. 성경만이 교리와 예배의 근거가 되며 교회정치의 틀을 제공한다는 칼빈의 '하나님의 법' 사상은 후대에 장로교회 예배는 물론 교회정치 원리의 근간이 되었다.

4. 칼빈 이후의 스위스 개혁교회

1564년 칼빈이 죽은 후, 제네바는 오스트리아령 사보이(Savoy)의 침략을 받아서 정치적 위기를 맞았다. 그러나 1584년 베른과 취리히와 우호 조약을 맺고 사보이의 위협을 물리쳤으며, 1603년부터는 어느 정도 자주권을 행사하는 독립 도시가 되었다. 이러한 상황에서 제네바 교회를 지켜 온 사람이 바로 칼빈의 제자요, 제네바아카데미의 학장이었던 시오도어 베자이다.

베자의 장로정치사상

베자(Theodore Beza, 1519~1605)는 1519년 프랑스에서 태어났으며, 1548년 심한 병고를 치른 후 로마천주교회에서 기독교로 개종하고 칼빈의 개혁 운동에 동참하였다. 그는 1555년 종교적 관용을 주장하던 카스텔리오(Sebastian

Castelio)에 대항하여 「기독교 신앙의 핵심」(Tabula praedestinationis, 또는 Sum of All Christianity)을 써서 칼빈의 예정 교리를 변증하였고, 1559년부터 제네바아 카데미의 학장이요 헬라어 교수로 봉직하였다. 1564년 칼빈이 죽자, 「칼빈의 생애」(Life of Calvin)를 저술하였고, 1576년 칼빈의 「교회 헌법」을 개정한 후, 권징을 보다 엄격하게 시행하여 제네바를 개혁하였다.

베자는 칼빈의 평등 사상을 사회 구조 가운데 적용하였다. 그는 1573년에 쓴 「행정 관료의 규율」(De jure magistratum)이라는 책에서, 왕이 백성을 위해 존재하지 백성이 왕을 위해 존재하지 않는다고 하였다. 왕과 백성의 사이에는 상호 책임이라는 끈이 있으며, 행정 관료는 법 아래 있고, 법의 제정자가 아니라 집행자라고 논하였다. 행정 관료나 백성은 다 같이 법 아래서 평등하다고 본 것이다.

베자의 평등 사상은 교회정치 영역에도 나타난다. 그는 힘이 있는 교회 목사가 약한 교회 목사를 지배하는 것을 옳지 않다고 하였다. 성경이 교역자 사이의 평등을 교훈하고 있고, 사도 시대의 교회들이 교직자 사이의 평등을 실현해 왔기 때문이다. 교회는 사도적인 순전함으로 돌아가야 하고, 사도적 전통이 유지되어야 한다는 것이다. 베자는 이렇게 말하였다: "우리는 단순히 사도들이 행한 업적만 보아서는 안 되며 ……. 오히려 사도들이 추구하던 목적과 그 목적의 수행을 위해 사도들이 사용한 방법과 형식을 존중해야 한다." (Henderson 1951, 45). 그는 교직자 사이의 평등을 주장하였고, 목사회의가 열릴 때 참석자들이 회의를 주관하는 의장(moderator)을 뽑아서 회의를 진행하게 하였고, 권력 집중을 막기 위해 매년 의장을 교체하도록 하였다.

베자는 철두철미한 예정론자로, 하나님이 창세전에 이미 구원하기로 작정한 자와 죄악 가운데 버려두기로 한 자를 작정하셨다는 타락전예정론(supralapsarianism)을 주장하였다. 또한 인위적 예배 행위를 거부하면서 철저한 예배 개혁을 시도하였다. 특히 성찬을 받으면서 무릎을 꿇는 행위를 교황청의 잔재로 간주하였다. 성도들이 성찬을 받을 때 무릎을 꿇는 것은 화체설을 믿기 때문이 아니라 그리스도에 대한 경외심 때문이라고 옹색하게 변명하던 영국의 캔터베리 대주교 그린달(Edmund Grindal)에게 베자는 다음과 같은 편지를 보냈다: "오! 귀하께서 하나님의 집을 청결하게 하였다는 것을 이해합니다. 그러나 귀하께서 아무 생각 없이 문 앞에 큰 돌을 하나 놓으셨는데, 이 돌이 걸림돌이 되어 어두움 가운데 지나는 많은 사람들을 넘어지게 하고 있습니다. 이 일로 귀하에 대한 불평이 생겼고, 이 돌이 옮겨지기를 기도하는 많은 사람들이 청원서를 제출하였습니다. 그러나 귀하께서는 그것을 오랫동안 방치하고 계십니다."(Miller 1842, 87~88). 이와 같이 베자는 예배에서의 인위적인 요소를 제거하고 성경이 보여주는 대로 예배를 개혁하고자 하였다.

칼빈과 베자의 영향으로 스위스 교회는 장로교 정치사상을 받아들였다. 17세기 초반, 프랑스어권 지역인 제네바(Geneva), 노이샤텔(Neuchatel), 로잔(Lausanne)에 장로교회들이 세워졌고, 독일어권의 바젤(Basel), 베른(Bern), 취리히(Zurich)에서 칼빈주의적 신앙고백이 채택되었다. 그러나 독일어권에서는 교회를 국가의 통제 아래 두던 츠빙글리 방식의 교회정치가 여전히 강세였다.

바젤에서는 「제2 스위스 신앙고백서」를 옹호하던 요한 야콥 그리나우스(Johann Jakob Grynaus, 1540~1607)가 바젤대학교의 신학교수로 부임하면서 개혁주의 신앙이 널리 보급되었다. 그를 이어 바젤교회를 맡은 요하네스 볼레비우스(Johannes Wollebius, 1586~1629)도 바젤대학교에서 구약을 강의하였고, 1626년 17세기 장로교의 대표적인 신학서라고 불리는 「기독교 신앙 개요」(Compendium Theologiae Christianae)를 저술하였다. 이 책은 개혁파 정통 신학을 간결하고 명료하게 설명하여 당시 개혁주의자 사이에서 널리 읽혔다.[12] 불

---

12) 개혁파 또는 개혁신학은 존 칼빈과 훌드리히 츠빙글리, 그리고 존 낙스와 같은 16세기의 종교개혁자의 신학에 뿌리를 두고 있다. 개혁주의는 "고전적 개혁주의와 장로교 신앙고백서(웨스트민스터 신앙고백서와 요리문답서, 벨직신앙고백서, 하이델베르크 요리문답서, 도르트 신경)를 지지하면서 보다 근대적으로는 현대적 성경 무오 신앙을 고백하는 사상이다. 미

레비우스에 의해 바젤은 스위스 개혁주의 신학의 중심지가 되었다. 베른에서
는 아브라함 무스쿨루스(Abraham Musculus, d. 1591)가 목회하였는데, 그는 은
혜의 보편성을 가르치던 사무엘 후버(Samuel Huber)의 사상을 비판하고 베자
의 예정론을 옹호하였다. 이와 함께 베른도 개혁주의의 중심적 도시로 발전하
였다.

취리히에서는 하인리히 불링거의 사위 루돌프 그발터(Rudolph Gwalther,
1519~1589)가 개혁주의 운동을 전개하였으며, 불링거의 많은 저서를 출판하
였다. 그를 이어 취리히 교회를 맡은 루돌프 슈툼프(Johann Rudolph Stumpf,
1550~1592)는 칼빈주의 핵심 사상인 제한 속죄설을 받아 들여 개혁주의 신학
의 기초를 든든히 다졌다. 그 후, 일부 목회자들이 성경의 무오를 반대하는 소
뮈르(Saumur) 학파의 주장을 따르면서 신학적인 혼란이 일어났지만, 취리히
교회는 1618년의 도르트 회의에 참석하여 개혁주의 신학을 확인하였고, 1647
년에는 학생들의 소뮈르 아카데미 입학을 저지함으로 스위스 안에서 신학적
좌경화 운동이 일어나는 것을 막았다.

프랑수아 튜레틴과 「스위스 일치 신조」

소뮈르 학파는 1604년 플레시스 모르네(Du Plessis Mornay)가 창시하였고,
루이 카펠(Louis Cappel, 1585~1658), 죠쉬에 플라스(Josue La Place, 1596~1655),
모아즈 아미로(Moyse Amyraut, 1596~1664) 등이 이끌었다. 카펠은 히브리어의
모음 부호가 탈무드 완성 이후 생겨났음으로 구약성경의 마소라 본문이 문자
적으로 완전무결한 것이 아니라고 주장하였다. 그의 동료 아미로는 하나님이

국에서는 크고 작은 장로교단, Christian Reformed Church와 Reformed Church in America
등 개혁교회 교단들이 이 안에 속한다. 명분상 개혁주의라고 표방하는 교단들이 미국에 많
지만, 그들의 신학이 다 개혁주의라고 말하기는 힘들다.

보편적인 자비와 특수한 자비를 가지고 계신다는 내용의 가설적 보편주의 (hypothetical universalism)를 주장하였다. 하나님은 자비로운 분으로, 믿음을 조건으로 모든 사람의 구원을 원하시지만 죄 때문에 모든 사람이 믿음을 가질 수 없으므로, 하나님은 그의 자비를 효과적으로 적용하기 위하여 특수한 소수만 구원하신다는 것이다(ERF 378). 플라스는 인류의 정죄 근거가 아담의 범죄가 아닌 아담에게서 물려받은 타락한 본성에 있다는 죄의 간접적 전가 교리를 주장하였다.

이와 같은 소뮈르 학파의 도전에 대하여 개혁주의자들의 응전도 만만치 않았다. 자유주의 신학의 도전에 대해 취리히의 하인리히 하이데거(Johann Heinrich Heidegger), 바젤의 루카스 게른러(Lucas Gernler), 제네바의 프랑수아 튜레틴(Francis Turretin)과 같은 신학자들은 「스위스 일치 신조」(Helvetic Consensus Formula)를 작성하여 칼빈주의 신앙을 수호하고자 하였다. 26조항으로 구성된 이 신조는 전통적인 개혁주의 신학을 옹호하는 것을 그 특징으로 한다. 신앙고백은 (1) 히브리어 구약성경과 헬라어 신약성경의 자음과 모음이 하나님의 영감에 의한 것이며(1~2조), (2) 아미로의 사상은 성경과 상충되며(4~6조), (3) 하나님은 아담과 행위 계약을 맺었고(7~9조), (4) 아담의 죄가 직접적인 전가를 통하여 후손들에게 이전되며(10~12조), (5) 하나님의 외적인 소명이 선택된 자들에게 유효하며(17~20조), (6) 인간 스스로의 힘으로 복음을 믿을 수 없고(21~22장), (7) 하나님과 선택자 사이에 은혜 계약이 존재하며(23~25조), (8) 말씀에 어긋나는 새로운 교리를 가르치지 못한다고 선언하여 소뮈르 학파를 정죄하였다(Reid 1982, 70).

17세기 제네바의 대표적인 신학자인 프랑수아 튜레틴(Francis Turretin, 1623~1687)은 1648년 제네바아카데미의 교수로 임명된 후 개혁주의 신학을 크게 발전시켰다. 「신학 논박 개요」(Institutio Theologiae Elencticae, 1679~1685)를 통하여, 튜레틴은 가설적 보편주의를 비판하고 전통적인 개혁 신학을 옹호하였다. 그의 글을 보면, (1) 하나님의 의지를 선행하는 의지와 결과로 나타나는 의지, 효율적인 것과 비효율적인 것, 조건적 또는 무조건적으로 나눌 수 없고, (2) 하나님은 결코 보편적인 자비를 의도하지 않았으며, (3) 그리스도를 보내기로 작정한 것은 선택의 작정에 따른 것이며, (4) 은혜 계약은 보편적인 것이 아니고, (5) 하나님은 유기자를 부르시지 않는다고 주장하였다(ERF 378). 그는 성경의 신적인 기원과 권위를 믿었으며, 그러한 권위는 성경의 내적, 외적인 증거 외에 성령의 역사로 입증된다고 하였다.

프랑수아 튜레틴의 정통 신학은 그의 아들 장 알퐁스 튜레틴(Jean Alfonse Turretin, 1648~1737)에 의하여 사라지게 되었다. 장은 제네바 교회의 목사로 부임하면서 선대로부터 물려받은 개혁주의 신학을 버리고, 자연신론과 합리주의를 수용하여 제네바의 신학을 좌경화시켰다(Reid 1982, 71). 이 때부터 제네바에서의 개혁주의 신학 운동은 진보적 신학의 영향을 받게 되었고, 점차로 세속화되었다.

4장
장로교회의 확산

칼빈의 성경적인 장로정치사상은 제네바에 국한되지 않고 온 유럽으로 퍼져 나갔다. 이는 칼빈의 노력과 그의 제자들의 공헌 때문이었다. 칼빈은 성경에서 재발견한 복음을 유럽의 지도층에 소개하였고, 종교개혁 운동을 격려하였다. 영국의 에드워드 6세(Edward VI)를 비롯한 유럽 여러 나라의 왕과 지도자들에게 편지하면서 교회 개혁을 촉구하였고, 장로정치를 실시하도록 권면하였다.

칼빈이 재건한 '그리스도의 완전한 학교'에서 수학한 사람들은 그들의 고국으로 돌아가서 칼빈이 발견한 장로정치사상을 보급하였다. 독일, 네덜란드, 영국, 스코틀랜드, 아일랜드, 프랑스, 체코슬로바키아, 폴란드, 헝가리는 말할 것도 없고, 반동 종교개혁의 중심지였던 이태리와 스페인에도 칼빈의 신학 사상이 전파되었고 장로정치가 소개되었다.

1. 프랑스 위그노 운동

칼빈의 신학과 교회정치 사상은 그의 고국 프랑스에도 소개되었다. 그러나 프랑스에서의 장로교 운동은 투쟁과 고통의 역사로, 엄청난 희생을 치루며 끝까지 용기를 잃지 않은 신앙의 용장들의 이야기였다.

　프랑스에서의 종교개혁 운동은 이미 칼빈 이전에 시작되었다. 12세기 피터 왈도(Peter Waldo)의 주도로 성경으로 돌아가자는 개혁 운동이 있었고, 16세기 인문주의자를 중심으로 개혁 운동이 일어났다. 그들은 성경을 원어로 연구하고, 프랑스어로 번역하여 종교개혁의 길을 열었다. 그 가운데 대표적인 인물인 자크 르페브르 데타플(Jacques Lefevre d'Etaples, 1450~1537)은 중세에 만연하던 미신이 성경에 대한 무지에서 기인하였다고 보고, 1523년 프랑스어로 신약성경을 번역하여 출판하였다. 그의 성경은 많은 프랑스 독자들의 사랑을 받으며 읽혀졌고, 그의 신학 활동은 기욤 화렐(William Farel)과 존 칼빈(John Calvin) 같은 종교개혁자를 배출하는 기반을 마련하였다.

박해와 프랑스개혁교회의 설립

　인문주의자들에 의하여 점화된 종교개혁은 프랑스 전역으로 번져나갔다. 프랑스의 왕이었던 프랑수아 1세(Francis I, 1515~1547)와 그의 누이 마그리트(Margaret)는 종교개혁에 비교적 관대한 입장을 취하였다. 특히 마그리트의 딸 쟌느 달베르(Jeanne d'Albert)는 철저한 프로테스탄트였고, 그녀의 아들 나바르의 앙리(Henry of Navarre)는 종교개혁의 지지자로, 나중에 프랑스 종교개혁의 운명을 결정하는 중요한 역할을 하였다(Lingle 1977, 30).

　프랑수아 1세는 이태리와의 전쟁에 승리하여 1516년 레오 10세와 볼로냐 조약(Concordat of Bologna)을 체결함으로 교회에 대한 영향력을 행사하기 시작하였다. 조약에 따라, 프랑수아는 교회법에 따른 감독 선출제도를 폐지하고 모든 교직의 임명권을 가지게 되었다. 당시 프랑스에는 10명의 대주교, 83명의 주교, 527명의 주임 신부가 있었는데, 왕은 자신의 뜻대로 직분자를 임명하였으며 교회가 소유하던 방대한 이권을 차지하였다. 그는 인문주의자들에 대하여 관대한 자세를 보였고, 성경 연구에 대하여 호의적이었으며, 성경 읽기를 즐겼지만 영적인 면에서는 무지한 편이었다.

16세기의 프랑스

그러나 1526년 스페인과의 전쟁에 패배하면서 프랑수아 1세의 통치권은 약화되었으며, 반면에 많은 땅을 소유하고 있던 로마천주교회 당국의 영향력은 커져갔다. 이러한 상황에서 프로테스탄트의 숫자가 늘어나고 종교개혁에 대한 요구가 거세지자, 프랑수아는 1533년부터 그들을 교회와 왕권을 위협하는 세력으로 간주하여 박해하기 시작하였다. 이로 인하여 수많은 사람이 신앙을 지키기 위하여 생명을 잃거나 프랑스를 떠나게 되었다. 존 칼빈은 이처럼 박해 받는 프랑스의 개혁자들을 변호하기 위해서 1536년 「기독교 강요」(Institutio Christianae Religionis)를 출판한 후, 제네바에서 개혁 운동을 전개하였고 1541년부터는 제네바의 지도적인 개혁자가 되었다.

프랑수아 1세를 이어, 왕좌에 오른 앙리 2세(Henry II, 1547~1559)의 박해는 더 가혹하였다. 그는 스코틀랜드의 메리 여왕의 남편으로 어린 나이에 왕좌를 받았으므로, 메리 여왕의 외삼촌으로 기즈 가(the Guise)의 백작이며 추기경이

었던 로레인(Lorraine)이 프랑스를 섭정하였다. 앙리 2세는 1547년 파리와 주변
의 여러 지방에 '불타는 방'(burning chamber)이라는 종교 재판소를 만들어 종
교개혁자들을 화형에 처하였는데, 그들 대부분이 칼빈의 제자들이었다. 제네
바에서 칼빈에게 3년간 교육받고 개혁주의 신학을 보급하던 금세공업자 클로
드 르 펭트르(Claude Le Peintre), 성경 보급상인 마세 모로(Mace Moreau)와 장 조
에리(Jean Joerry) 등이 1540년 화형에 처해졌다. 그러나 "화형대의 불길이 더욱
높이 타오를수록, 개혁 신앙의 불길도 더욱 널리 번져 나갔다"(Reid 1982, 78).[13]

　　이러한 박해 가운데도 프랑스인들은 1546년 모(Meaux)에서 최초로 개혁교
회를 조직하였다. 이 교회가 조직되게 된 배경은 다음과 같다. 교회 조직 이전
위그노들은 평신도 지도자의 인도 아래 개인 가정집에서 은밀히 예배하였다.
그러던 중 파리 근교에 살던 귀족 라 페리에(La Ferriere)가 자녀에게 은혜 언약
의 상징인 유아세례를 베풀고자 하였으나, 파리 주변에 개혁파 목사가 없어
불가능하였다. 페리에와 그의 친구들은 오랫동안 궁리한 끝에 교회를 조직하
기로 결의하였다. 그들은 교인가운데서 장로와 집사를 뽑고 교회를 조직한
후, 칼빈에 의하여 교육받은 젊은 지도자 쟌 르 마르숑(John le Marcon)을 목사
로 선택하였다. 장로회와 집사회를 구성한 후, 페리에의 유아에게 세례를 주
었으며, 이로서 프랑스 안에 최초의 개혁교회가 세워지게 되었다(Hays 1892,
42).그 후 앙제르(Angers), 푸아티에(Poitiers), 뤼덩(Ludun) 등 여러 곳에서 교회
들이 세워졌다. 1559년에는 100개로 늘어났고, 파리에서 최초의 프랑스개혁
교회 대회가 열렸고, 1562년에는 개혁주의 교회가 2,150개나 되었다. 마치 바
싹 마른나무에 불이 붙은 것과 같이 개혁의 불길은 전 프랑스 지역으로 번져
나갔다. 만약 종교적인 문제로 내란이 일어나지 않았다면, 프랑스는 유럽에서
개혁 신앙을 고백하는 가장 훌륭한 국가가 되었을 것이다.

---

13) 1554년 장 크레스펭(Jean Crespin, 1500~1572)이 쓰고 1619년 시몽 굴라르(Simon Goulart)
　　가 보완하여 출판한 「순교사기」(Martyrology)에는 순교자 789명의 이야기를 소개하고 있고,
　　그밖에 사형 선고를 받거나 사형에 처해진 사람이 2,120명이라고 하였다(Reid 1982, 78)

프랑스 신조와 권징규칙서

제네바에 있던 칼빈은 그의 조국 프랑스에 깊은 관심을 갖고 동역자들을 보내어 교회 개혁운동을 후원하였다. 1561년 프랑스 주재 베니스 대사가 프랑스 안에 칼빈의 교리를 전하는 사람이 50명이 된다고 하였고, 같은 해 로버트 킹돈(Robert Kingdon)은 142명이 활동하고 있다고 보고한 것을 보면, 칼빈이 이때 프랑스에 파견한 제자들만 해도 100여명이 넘었다. 제네바 교회는 1555년부터 1572년까지 최소한 120명 이상의 선교사를 프랑스에 파송하였다(Lingle 1977, 30).

칼빈의 후원 아래 개혁교회는 급속히 성장하였다. 장로정치를 추구하는 교회들이 늘어나자, 지도자들은 1557년 성탄절에 보다 효과적으로 교회를 관리하기 위해 대회(Synod)를 조직하려는 논의를 시작하였다. 이는 칼빈의 제자 앙뜨안느 샹듀(Antoine de Chandieu) 목사가 푸아티에(Poitiers)에서 프랑스 기독교 지도자들과 만나면서 시작된 것이다. 대회의 조직은 1559년에야 실현되었다. 같은 해 5월 26일에서 28일 사이 60여 개의 교회에서 온 150여 명의 대표들이 파리에서 비밀 대회를 열고, '프랑스개혁교회'(The French Reformed Church)를 조직하였다. 대회는 칼빈의 충고에 따라 제네바의 장로 법원과 유사한 항소 법원(Appellate Courts)을 설치하고, 칼빈의 제자 앙뜨안느 샹듀가 초안한 「프랑스 신앙고백서」와 「권징 규칙서」를 채택하였다. (프랑스 개혁주의자들은 위그노(Huguenot)라는 별명을 가졌다. 이 말은 'eidgenossen'(맹세한 동무들)이라는 말에서 나온 것으로 보인다(Ogilvie 1897, 21).

「신앙고백서」는 칼빈의 「35개조 신조」에 기초하여, 「권징 규칙서」는 칼빈의 「기독교강요」와 제네바 교회와 스트라스부르 교회의 권징 규범을 따라 작성되었다. 「신앙고백서」는 40개 조항으로 구성되어 있는데, 대부분 칼빈의 사상이 스며있다. 제2조와 제3조는 노회나 대회로 모일 때 총대들에 의한 회장의 선출을 명시하였고, 회장의 역할은 회의를 '진행하는 자'(moderator)로 규정하였다. 제5조는 성경의 권위에 대하여 기술하였고, 제8조는 섭리에 대하여, 제12조는 예수 안에서의 선택에 대하여, 제36조는 성찬에 대하여 서술하였다.

교회 정부 형태에 대하여는 제25조에서 제33조까지 다루고 있으며 칼빈의 영향이 두드러지게 보인다. 제25조를 보자: "교회는 그리스도의 권위에 의하여 세워졌다. 그리스도는 교회 안에서 말씀을 전하고, 성례를 시행하기 위하여 목사를 세우셨다. 그러므로 교회는 목사 없이 존재할 수 없다." 제26조는 "비록 교회 당국자가 교회의 참된 질서를 부정한다 해도 아무도 그 자신을 참된 교회의 질서로부터 분리해서는 안 된다"고 하여 교회정치 문제로 교회 분열을 합법화할 수 없음을 선언하였다. 제27조는 "참된 교회는 하나님의 말씀을 따르는 신자들의 모임"이라고 정의하였고, 제28조는 "하나님의 말씀이 제시하는 대로 성례가 시행되지 않는 곳에 교회가 존재하지 않는다. 비록 참 교회의 흔적이 로마천주교회 안에 남아 있다고 하여도 교황청은 정죄의 대상이다. 그러나 로마천주교회에서 세례 받은 자가 개종해 올 때 다시 세례를 받을 필요는 없다"고 하였다.

권징과 교회정치 원리에 대해서는 제29조부터 31조에서 다루었다. 제29조는, "우리는 참된 교회가 주 예수 그리스도께서 세우신 권징에 따라 통치되어야 한다고 믿는다. 교회에는 목사와 장로들과 집사들이 있어야 하고, 참된 교리가 유지되고, 잘못된 것은 바로 잡혀야 한다. 또한 어려움 가운데 있는 가난한 자와 고난당하는 자들을 도와야 한다. 총회는 예수의 이름으로 모이므로 위대한 자이든 그렇지 않은 사람이든 말씀에 의하여 고무되어야 한다."고 하였다. 제30조는, "모든 참된 목사들은 지위를 막론하고 교회의 유일한 머리요, 주권자요, 보편적인 교회의 감독이신 예수 그리스도 아래서 동일한 권위와 동등한 권세를 갖는다. 그러므로 교회들 간에 특별한 권세나 지배권을 행사할 수 없다"고 하여 교직의 평등을 주장하였다. 제31조는 "교회를 통치하는 권세

는 선거의 결과에서 비롯된다. 모든 목사, 감독(장로), 그리고 집사들은 그들의
직분에 부르심을 받은 증거가 있어야 한다."고 명시하였다.

이와 같이, 위그노들은 (1) 그리스도가 교회의 유일한 머리이며(제30조), (2)
교회를 위해 목사, 감독자(장로), 집사와 같은 직분자를 세우셔서 그들에게 권
세를 주셨으며(제25조, 제26조, 제31조), (3) 직분자들은 회중에 의하여 선택되
어야 하며(제31조), (4) 모든 목사는 동일한 권세를 가졌고(제30조), (5) 교회의
직분자는 교정과 오류 등의 교리 문제만이 아니라 구제에도 책임이 있다고 규
정하였다. 대회가 조직되자, 이미 장로교 형태를 유지하면서 칼빈주의 신앙을
고백하던 200여 개의 교회 가운데,[14] 100개가 프랑스개혁교회에 가담하였다
(Lingle 1977, 33). 그리고 프랑스개혁교회의 신조는 1571년 총회(National Synod
of France)에 의하여 채택되어 프랑스 최초의 프로테스탄트 신조가 되었다.

프랑스개혁교회의 교회정치 체제는 칼빈의 제네바 교회보다 더 발전된 형
태였다. 모든 지역 교회는 장로로 구성된 당회를 두었고, 당회들이 모여 노회
를 구성하였다. 프랑스를 몇 개 지역으로 나누어 지역 대회를 조직하고, 전국
적인 총회(National Synod, 또는 General Assembly)가 있어 교회들을 섬기게 하였
다. 노회는 보통 10개에서 15개의 교회로 이루어져, 지역에 속한 교회들이 목
사와 장로 한 명씩을 총대로 파송함으로 구성되었고, 일년에 2번 열려 지역 교
회들을 감독하며 격려하였다. 노회의 권한은 총회에 의해 제한되고, 대회의
결정에 복종해야 하였다. 대회는 매년 한 차례 열리고, 노회가 파송한 목사와
장로로 이루어졌다. 총회는 각 대회가 파송한 2명의 장로와 2명의 목사로 구
성되었다. 총회에서 목사의 사례에 대한 규정, 온건한 권징의 실시, 참회자들
의 사적 고백의 비밀 보장 등 목사와 신자들을 위한 신앙적이고 윤리적인 행
동 기준을 결정하였다.

---

14) 1561년 베자를 중심으로 한 12명의 목사들이 프랑스 왕실에 종교적인 관용을 촉구하였는데
    그 때 위그노적인 신앙을 고백하는 교회가 이미 200개 이었다고 보고하였다(Hays 1892, 42).

프랑스 개혁주의자들은 목사와 장로와 집사를 성경이 제시하는 교회 직분으로 인정하였고, 이들로 당회를 구성하였다. 처음으로 조직되는 당회는 회중의 선거로 구성하였고, 당회원이 궐석될 때는 부족한 숫자만큼 뽑도록 하였다. 노회는 모든 목사와 각 교회에서 파송한 1인의 장로 또는 집사로 구성하고, 일년에 2번씩 모였다. 노회는 교회 소송 사건들에 대하여 토의할 수 있었고, 목사의 이명과 이입을 맡았으며, 지역 교회를 감독하는 권세를 지녔다. 총회는 각 당회에서 보낸 대표자들로 구성하였으며 지 교회보다 우월한 권세를 가졌고, 필요시 소집되었다(Ogilvie 1897, 20).

종교적 갈등

위그노의 세력이 점점 확장되어 전국적으로 퍼져 나가고 총회가 조직되자, 로마천주교회와 정부 당국은 위협을 느끼기 시작하였다. 왕실과 로마천주교회 당국은 프로테스탄트를 소탕하기 위해 군대를 동원하려고 하였으나 위그노 세력도 만만치 않았다. 위그노 중에는 가스빠르 드 콜리니(Gaspard de Coligny) 제독, 나바르의 앙리 왕자(Henry of Navarre), 콩드(Conde)와 같은 정치적인 지도자들이 있어서 로마천주교도의 공격으로부터 스스로 방어할 수 있었다.

로마천주교회의 공격이 감행되자, 위그노들의 응전이 여기저기서 나타났다. 위그노의 천주교에 대한 무력시위는 정부 당국자로 하여금 프로테스탄트들이 반란을 선동하는 자들이라는 오해를 불러일으킬 소지가 있었다. 칼빈은 1557년 9월 16일 위그노 지도자들에게 다음과 같이 무력시위의 중지를 요청하였다: "우리는 위대하신 주님께서 인내하며 생활하라고 가르친 교훈을 여러분이 실천할 것을 부탁합니다. 그것을 육신적으로 지키기가 얼마나 힘든지 잘 알지만, 적에게 습격을 받을 바로 그 때가 우리 자신과 우리의 격정이 싸우는 시간이라는 것을 기억해야 합니다. … 분명히 말하지만, 하나님의 말씀이 허용하지 않는 그 어떤 것도 시도해서는 안 됩니다. … 하나님의 복음이 사람들로 하여금 반역과 폭동을 일으키고 검을 들게 한다고 조롱당하는 것보다 차라리 죽임을 당하는 것이 우리 모두를 위하여 나을 것입니다. 왜냐하면 하나님은 그의 종들이 태워진 잿더미에서 열매를 맺게 하실 것이기 때문입니다. 폭력은 단지 헛된 결과를 가져옵니다." (Reid 1982, 81).

칼빈은 1559년 6월 다시 한번 프랑스 신자들에게 무력 항쟁을 포기하고 순교의 제물이 되는 편을 택하라고 편지하였다: "만일 여러분이 신앙의 증거와 고난을 위한 희생이 필요하다면, 여러분을 변절하게 할 수도 있는 모든 유혹을 물리칠 용기를 가져야 합니다. … 오히려 가고 싶지 않은 곳으로 인도되었던 베드로의 죽음 이야기가 있지 않습니까? 그러므로 그를 본받아 여러분의 약점에 용감하게 맞서서 사단을 비롯한 모든 적에게 승리하십시오. … 사악한 무리가 이 땅에서 그리스도의 이름을 더럽히려고 기승을 부릴수록 예수께서는 여러분의 수고가 여러분을 활짝 핀 꽃처럼 만들 것입니다. 여러분은 십자가를 외면하지 말고, 우리 주 예수의 무리에서 이탈하지 마십시오." (Reid 1982, 81). 그리고 5개월 후 다시 편지하면서 "박해는 기독교인의 신앙의 지조와 굳건함을 시험하는 실제 전투의 장입니다. … 우리 하나님의 영광을 위해 목숨 바쳐 헌신한 순교자들이 진리를 위하여 흘린 존귀한 피를 바라보십시오. … 그 피를 교훈으로 삼고, 감동을 받아 순교자들의 뒤를 따르십시오."라고 권면하였다(Reid 1982, 81).

1560년 앙리 2세가 갑작스럽게 죽자, 그의 아우 샤를 9세(Charles IX, 1560~1574)가 왕위에 올랐고, 캐더린 메디치(Catherine de Medici)가 섭정하였다. 개혁자들과 로마천주교도 사이의 종교 분쟁으로 전쟁의 먹구름이 몰려옴을 감지한 캐더린 메디치는 푸와시(Poissy)에서 로마천주교회와 개혁교회의 지도자를 모아 회담을 열고, 1561년 1월 17일 생 제르멩 칙령(Edict of St. Germain)을 선포하여 위그노들에게 종교적 관용을 허락하였다. 비로소 위그노들은 자유롭게 예배할 수 있는 기회를 얻었다.

예배의 자유와 함께 위그노 교회는 비약적인 양적 성장을 경험하였다. 1555년에 겨우 2,000명에 불과했던 신자의 수는 1562년에는 전체 인구의 11퍼센트에 해당하는 200만 명으로 늘어났다. 여성과 청년이 많았고, 문맹률이 상대적으로 낮은 도시와 큰 부락 출신의 사제 계층, 법관, 변호사, 집달관, 공증인 등 법률 종사자들, 장인들과 상인들이 대부분이었다. 1562년 프랑스의 남부 지역에 은거해 있던 왈도파(Waldenses)가 합류함으로 위그노의 세력은 크게 확장되었다.

위그노의 신장에 위협을 느낀, 로마천주교회는 위그노 세력을 격파하기 위한 계획을 세웠다. 1562년 3월 1일 기즈 가문의 사람들은 바시(Vassy)에서 예배드리던 위그노들을 습격하여 60여 명을 살해하고, 200여 명에게 중상을 입혔다. 이에 격분한 위그노들은 칼빈의 충고를 무시한 채, 그 해 4월 12일 콩드를 중심으로 모여 로마천주교회에 대한 전쟁을 선언하였다. 위그노 교회는 군대 조직으로 변모하여 "지역 교회 책임자를 대위, 노회의 책임자를 대령, 각 지역의 최고 책임자를 장군으로 세우도록 하여 교회를 군사 조직화하였다"(Neal 1960, 31). 프랑스의 30여 년에 걸친 종교 전쟁(1562~1598)이 시작된 것이다.

로마천주교회 당국과 프랑스 왕실은 철저하게 위그노 소탕 작전을 개시해 툴스(Toulse)에서 3,000명이 넘는 위그노들을 죽였다. 위그노들은 라 로쉘(La Rochelle), 몽토방(Montauban), 코냑(Cognac), 라 샤리테(La Charite)와 같은 도시에서 로마천주교회에 대항하여 싸웠다(Ogilvie 1897, 23). 막강한 위그노 군대가 파리를 위협하자, 섭정 캐더린 메디치는 1570년 8월 위그노들의 파리 진격을 저지하기 위하여 셍 제르맹 평화선언(Peace of St. Germain)을 공포하였다. 이는 위그노에 대한 화해 조치였다. 위그노들은 파리를 제외한 모든 도시에서 예배할 수 있는 자유를 얻게 되었다.

위그노들은 1571년 로쉘에서 프랑스개혁교회 총회를 소집하였다. 총회에는 2,150개 이상의 교회가 참석함으로 위그노의 역량을 과시하였다(베자의 보고서에 의하면 1562년에 이미 2,150여개의 교회가 있었다). 이러한 교회의 성장은 경이적인 것으로, 당시 인구 2,000만 명 가운데 300만 명이 위그노가 된 것이다(Reid 1982, 70).

프랑스 해군 제독이며, 피카르디의 주지사였던 콜리니는 1559년 위그노에 가담한 후 위그노의 지도자요, 대변인으로 활약하였다. 1571년 스페인과 전쟁 중이던 네덜란드가 정치적 지원을 요청하자, 위그노 지도자들은 샤를 9세에게 네덜란드를 지원할 것을 권하였다. 그러나 로마천주교회 측은 이 제안을 강력히 거부하였다. 위그노의 확장을 두려워하였고, 메디치의 딸이 스페인의 펠리페 2세와 결혼한 상태였으므로 제안을 강력하게 거부한 것이다. 샤를 9세의 지원을 얻은 캐더린 메디치는 위그노를 섬멸할 음모를 꾀하였다.

1572년 8월 23일에 프랑스 역사를 새로 기록할만한 사건이 일어났다. 앙리 2세와 캐더린 메디치의 딸인 마그리트 드 발루아(Marguerite de Valois)가 위그노 지도자인 나바르의 왕자인 앙리와 혼인을 한 것이다. 천주교회를 대표하는 마그리트 공주와 위그노를 대표하는 앙리의 결혼이었기에 양측 모두 프랑스 내전을 끝낼 수 있는 명분이 생긴 사건이었다. 전 국민은 내란의 종식을 기대하면서 두 사람의 결혼을 축하하였지만 결혼 축하연은 위그노의 종말을 고하는 신호탄이 되고 말았다.

바돌로뮤 축제일인 8월 24일 셍 제르멩 교회당(St. Germain)에서 열린 결혼 축하예배가 거의 끝나 갈 때, 섭정인 캐더린 메디치가 군대를 보내어 교회당 종소리를 신호로 모든 위그노를 살해하라는 명령을 내렸다. 샤를의 군대들은 팔에 흰 완장을 두르고 십자가 표시가 있는 모자를 쓰고, 위그노를 색출하여 살해하였다. 나바르의 앙리는 도망하였고, 콜리니를 비롯한 10,000여명이 파리에서 살해되었다. 한 주간 동안에 프랑스 전역에서 약 30,000명에서 70,000

바돌로뮤 축제일의 대학살(1577.8.24)

명이 처형되었으며(Lingle 1897, 32),[15] 수많은 위그노들이 프랑스를 떠났다. 이러한 비극적인 사건으로 위그노의 수는 3분의 2 수준으로 감소되었다.

어두운 밤이 지나면 찬란한 아침이 오듯이, 잠시 잠깐이지만 종교적 관용의 시기가 왔다. 샤를 9세에 이어 그의 아우 앙리 3세(Henry III, 1574~1589)가 왕위에 오르면서 온건한 정책을 폈다. 그러자 그를 지지하는 폴리티크(politiques)와 앙리 드 기즈(Henry de Guise)를 중심으로 한 로마천주교도와의 갈등이 시작되었다. 폴리티크는 재상 로피탈의 지지자들로, 종교적인 관용을 주장하면서 종교전쟁으로 분열의 위기에 있는 프랑스를 구하고자 하였다. 그들은 위그노와 함께 평화의 기반을 마련함이 불가피한 일이라고 믿고 위그노와 한편이 되었다. 반면, 기즈 가문의 사람들은 프랑스가 스페인의 속국이 되어도 좋다고 생각하였으므로, 1576년 신성 동맹(Holy Union)을 맺고 스페인과 교

---

15) 그러나 Malherbe는 2만 명에서 3만 명이 살해된 것으로 추정하였고(Malherbe 1998, 3), Opgestal은 파리에서 1만 명이 죽었고, 그 외의 도시에서 3만 명이 죽은 것으로 말하였다 (Opgestal 1997, 4).

황의 지원을 요청하였다. 위그노들은 1576년 기독교 신앙을 다시 고백한 나바르의 앙리를 정치적 수장으로 삼았다. 1589년 앙리 3세가 자녀 없이 죽자, 위그노 지도자 나바르의 앙리가 폴리티크의 지원을 받아 프랑스의 왕으로 즉위하면서 앙리 4세(Henry IV, 1589~1610)라고 불려졌다.

위그노였던 앙리 4세는 정치적인 이유로 다시 로마천주교회를 받아들였다. 그는 1598년 4월 13일, 1570년에서 1576년 사이의 휴전기간에 작성한 평화협정의 내용을 문서화하여 낭트 칙령(Edict of Nantes)을 발표하였다. 낭트 칙령은 4 부분으로 구성되어 있었다. (1) 칙령 자체; (2) 예배에 대한 56개의 비밀 조항; (3) 목사들을 보상하기 위한 보상안; (4) 프로테스탄트의 안전을 보장하기 위한 장소에 대한 또 다른 비밀 조항 등이 바로 그것이다(Malherbe 1998, 4).

낭트 칙령은 로마천주교를 국교로 규정하였지만, 위그노들도 법으로 종교적 자유를 보장받게 해주었다. 위그노들은 로마천주교회의 축제에 참여하도록 종용되었으나, 더 이상 신앙적인 차이로 차별받지 않게 되었다. 성경을 소유하고, 대학과 일반 학교에 진학하며, 일체의 공직에 오르고, 자유롭게 무역하며, 병원 혜택도 누리게 되었다. 위그노 대표들이 법원에 상주하여 더 이상 위그노라는 이유로 법적인 차별을 받지 않게 되었고, 완전한 집회의 자유를 보장받았다. 정치적인 문제에 대하여 토의할 수 있는 권리, 파리와 같은 몇 개 도시를 제외한 200여 개의 도시를 다스릴 수 있는 자치권, 3,000명이 넘는 귀족들의 영지와 그 외의 지정된 장소에서 공적인 예배를 드릴 수 있는 자유를 얻었다. 낭트칙령으로 위그노들은 문화적 · 교육적 · 정치적인 자유를 마음껏 누릴 수 있게 되었다.

위그노들이 지은 예배당은 교회당(church) 대신 성전(temple)이라 칭해야 했다. 교회라는 말은 오직 천주교회만 사용할 수 있었기 때문이다. 낭트 칙령이 내렸을 당시 760개 정도 남아있던 위그노 교회는 여러 곳에 더 많아 생겨나게 되었다. 그들은 교육권을 부여받아 세당(Sedan), 소뮈르(Saumur), 몽또방

(Montauban), 니므(Nimes)에 대학을 세워 학문과 신학 훈련을 하였으며, 라 로
쉘 같은 해안가의 도시들은 거의 위그노로 채워졌다.

칙령 발표 후 평화를 누리던 1610년, 교황청에서 보낸 첩자에 의하여 앙리
가 살해되는 사건이 발생했다. 미망인인 마리아 드 메디치(Maria de Medeci)가
통치하면서 1610년 5월 낭트 칙령을 재확인하였지만, 천주교회 측은 위그노에
게 준 종교적인 자유를 철회할 것을 주장하였다. 1614년 문제 해결을 위한 회
의가 열렸지만 방안을 찾지 못하던 중, 루이 13세(Louis XIII, 1610~1643)가 정
권을 장악하고, 추기경 리슐리외(Cardinal de Richeliue)를 수상으로 임명하면서
위그노는 곤경에 처하게 되었다.

왕권신수설주의자였던 루이 13세는 절대 왕정을 추구하면서 위그노에게
준 자유를 박탈하려고 하였다. 이에 대항하여 위그노들은 1621년 무력 봉기를
시도하였다. 루이 13세는 1623년 위그노 도시들을 공격하였고, 1628년 10월
28일에는 위그노 요새인 라 로쉘(La Rochell)을 함락시켰다. 1629년 아를(Arles)
에서 「자비의 칙령」(Edict of Mercy)을 공포하여 위그노에게 어느 정도의 생존
권을 허락했으나 정치적 자유는 완전히 박탈하였다. 위그노들의 정치적 입지
는 약화되었으나 경제, 무역, 산업, 기술 분야에서 그들의 영향력은 막강한 영
향력을 과시하였으므로 누구도 그들을 무시할 수 없었다.[16]

---

16) 프랑스 교회는 이러한 고난에도 불구하고 훌륭한 개혁자들을 배출하였다. 칼빈은 언급할 필
요도 없고, 기욤 화렐(William Farel, 1489~1565)과 시오도어 베자(Theodore Beza, 1519~
1605)와 논리학자인 라무스(Peter Ramus, 1515~1572)와 같은 개혁 신앙을 대표하는 인물들
이 이어졌다. 화렐은 자신의 고향 도핀느(Dauphine)와 귀엔느(Guyenne)를 복음화 한 후,
1534년 제네바에서 개혁 운동을 전개하였다. 1538년 칼빈과 함께 제네바에서 쫓겨난 뒤, 스
위스 노이샤텔(Neuchatel)에서 30년간 목사로 사역하였다. 베자는 1548년 개종하여 칼빈을
도와 제네바를 개혁하였다. 1572년 바돌로뮤 대학살 이후 베자는 「위정자의 권리에 관하여」
(De Jure Magistratum)를 썼고, 1575에는 「칼빈의 생애」(The Life of Calvin)를 출판하였다.
라뮈는 스콜라 시대의 기독교가 이교적인 철학에 기초하였으며 성경보다는 아리스토텔레스
의 윤리가 기준이 되고 있다는 것을 지적하였다. 그는 Dialecticae partitiones와 Aristotelicae
animadversiones와 Oratio pro Philosophica disciplina와 같은 논리학 책을 통하여, 정의(def-

프랑스개혁교회의 쇠퇴

1633년 이후 프랑스개혁교회는 쇠퇴 일로에 들어섰다. 외적인 박해보다는 내적인 부패 탓으로 위그노 지도자들 일부가 합리주의 사상을 받아들여 성경의 권위에 도전하면서 교회의 힘이 약화되기 시작한 것이다. 이러한 움직임은 아미로와 플라스와 같은 소뮈르 아카데미(Academy of Saumur)에 속한 학자들에 의하여 주도되었다.

1643년 루이 13세가 죽자, 미망인인 앤(Anne of Austria)이 그의 어린 아들 루이 14세(Louis XIV, 1643~1715)를 대신하여 나라를 다스렸다. 같은 해에 추기경 마자랭(Cardinal Mazarin)이 리슐리외를 이어 수상에 올랐고, 그는 위그노의 종교적 자유를 제한하고 박해하였다. 그 후 한동안 마자랭이 관용적인 정책을 펴자, 위그노들은 '프롱 레지스탕스'(Fronde Resistance)라고 불리는 내란 기간(1648~1652)에 정부에 충성하였다. 이 같은 위그노의 태도를 반긴 루이 14세는 1652년 생 제르멩 선언(Declaration of St. Germain, 1652)을 통해서 위그노에게 종교적 자유를 허락하였으나 몇 달 후 다시 취소하였다.

박해가 한창이던 1659년 위그노들은 마지막 대회라고 불리는 루뎅(Loudin) 대회를 소집하여 교회의 장래를 논의하였다. 로마천주교회의 세력에 비하면 위그노의 영향력은 아주 미미한 상태에 있었다. 로마천주교 지도자들은 학문의 주도권과 사회적인 지위와 권력을 쥐고 있었다. 그들은 프랑스 땅에 위그노의 존재를 수치스럽게 여겼고, 위그노의 권리 장전이라고 할 수 있는 낭트 칙령에 대하여 불평을 드러냈다.

1661년 마자랭이 죽은 후, 루이 14세(Louis XIV, 1643~1715)가 친정을 시작하였다. 그는 "하나의 법, 하나의 신앙, 하나의 군주"라는 절대 군주제를 추구하면서 프랑스 안에서의 종교적인 통일을 이루기 위해 위그노에 대한 고사 작

---

inition)는 가능한 한 분명하고 단순하여야 하며, 허구(invention)와 판단(judgment)을 구별하여 논리 체계를 갱신하여야 한다고 주장하였다.

전을 전개하였다. 성직자 총회를 통하여 낭트 칙령의 집행 여부를 조사할 위원회를 임명하도록 하였고, 점차적으로 매년 위그노에게 주었던 특권들을 폐지하였고, 새로운 세금을 부과시켰다.

루이 14세는 1660년 공포한 법령을 통해서 위그노를 괴롭힐 수 있는 다양한 방법을 제시하였고, 위그노의 경제적인 이권을 제한하였다. 위그노의 예배 장소는 폐쇄되었고, 목사들은 거주 이전의 자유를 박탈당하였으며, 가난한 위그노를 위한 기부금들은 로마천주교 기관으로 돌아갔다. 위그노 신앙을 고백할 경우 공직에 오를 수 없었고, 자녀들은 로마천주교회 학교에서 교육을 받아야 하였다. 위그노 목사에 의하여 거행된 결혼은 무효로 처리되었고, 법정은 위그노의 고발을 아예 접수하지도 않았다. 위그노 마을에는 군대가 진을 쳤고, 군대의 잔악 행위에 대하여는 거론할 수 없는 상황이었다.

이러한 불이익에서 벗어날 수 있는 길은 로마천주교도로 개종하는 방법 밖에 없었다. 로마천주교인이 위그노로 개종하면 지역 사회에서 영구 추방되었지만, 위그노들이 로마천주교회로 개종하면 상을 베풀었다. 개종한 사람을 찾아서 다시 프로테스탄트 신앙으로 돌아오게 설득하는 자는 사형에 처하여졌지만, 수많은 위그노들은 배교하는 대신 신앙을 지켰고, 순교의 제물이 되었다.

루이 14세의 박해 정책은 성공적이었다. 위그노의 수가 줄어들자, 1685년 10월 18일 루이 14세는 더 이상 위그노가 프랑스에 없다는 구실로 낭트 칙령을 폐지하였다. 위그노에게 주어졌던 특권들은 모두 폐지되었고, 위그노 목사들은 15일 안에 교회를 떠나도록 강요당하였다. 위그노 교회당은 파괴되고, 학교는 폐교되었다. 그들의 자녀들은 로마천주교회의 신부들에 의하여 세례를 받고, 로마천주교도로 자라게 되었다. 왕권에 도전하려는 자들이나 박해를 피해 외국으로 나가려는 사람들은 가혹한 형벌로 다스렸다.

그럼에도 불구하고 많은 위그노들이 이민의 길을 택하였다. 피난 중에 붙잡히면 남자는 노예로 팔려 노예선에 끌려 노를 저었고, 여자들은 감옥에 던

져졌으며, 1686년 5월부터는 이민을 감행하는 자는 사형에 처하였다. 신앙의 자유와 죽음의 기로에 놓인 상황에서 25만 명이 넘는 위그노들이 죽음을 각오하고 신앙을 찾아 스위스, 영국, 네덜란드, 독일, 아일랜드, 남아프리카와 미국으로 이민하였다.

프랑스는 위그노의 이민으로 도덕적인 기둥을 잃고, 심각한 경제적 타격을 입게 되었다. 이민자들 가운데 부자와 기술자가 다수였기 때문이다. 한 예로, 툴르즈(Toulouse)는 낭트 칙령 이전에 견직 기술자가 40,000명이나 되었지만 이민으로 인구의 10분의 1 수준인 4,000명으로 감소하였고, 리용에는 12,000명이던 인구가 3,000명으로 줄어들었다(Ogilvie 1897, 30). 지식인과 자본가들을 잃은 프랑스는 폐허가 되었고, 반면 그들을 수용한 나라들은 크게 발전하였다.

미처 탈출하지 못한 위그노들은 로마천주교도를 피해 숨는 바람에 위그노 교회는 지하화 되었다. 성찬을 나누기 위해 은밀한 곳에 모였고, 서로 알아 볼 수 있는 상징물인 미로(Mereaux)를 사용하기도 하였다. 대부분이 스벤느(Cevennes) 산맥 근처로 숨어들어 굴과 창고, 텅 빈 들판과 같은 광야에서 예배하면서 신앙을 지켰다. 목사들은 위험을 무릅쓰고 숨어있는 교인들을 방문하여 격려하였고, 1686년 '광야 교회'(Church of Desert, 또는 Church under the Cross)를 조직하였다.

위그노들은 신앙을 지킬 뿐만 아니라 정부에 대항하여 싸우기도 하였다. 1702년 정부가 위그노를 색출하기 위해 아베 뒤 샤일뤼(Abbe du Chaylu)를 파송하자, 위그노들은 그를 살해함으로 정부와의 전쟁을 시작하였다. 그들은 쟝 카발리에(Jean Cavalier)를 중심으로 정부와 싸웠고, 내전은 1세기가 넘게 계속되었다. 내전으로 국가의 자원은 고갈 상태에 이르게 되었다.

그러나 루이 14세의 위그노에 대한 정책은 변함이 없었다. 그는 1715년 위그노를 이단으로 정죄하고 마지막 토벌 작전을 벌였다. 위그노들은 18세의 소년 앙뜨안느 쿠르(Antoine Court)를 중심으로 모여 장로교회를 재건하고, 루이에 대항하여 싸웠다. 정부와의 갈등이 최고조에 달하였던 1715년 8월 21일 위그노들은 니므(Nimes) 근처의 한 채석장에 모여 제1차 '광야 교회'(The Church of Desert) 대회를 조직하고, 프랑스를 개혁주의 신앙으로 재건할 것을 다짐하였다.

광야 교회는 장로 법원, 노회, 대회 제도를 두고, 교회의 직분으로 집사와 장로와 목사를 세웠다. 1년에 한번씩 교회의 당면한 문제를 해결하기 위하여 대회로 모였다. 그 후 대회 때마다 60여명의 장로가 참석하였으며, 장로들은 교회내의 무질서를 바로잡고, 예배 장소를 물색하는 일을 하였다. 목사의 숫자는 매우 적었고, 목사의 업무는 여러 지역을 순회하면서 교인들을 돌보는 것이었다. 교회의 재조직으로 개혁교회는 1728년에는 밤 집회에 3,000명이 모일 정도로 성장하였다(Ogilvie 1897, 32).

그 후 앙뜨안느 쿠르의 노력으로 스위스 로잔에 목회자 양성을 위한 신학교가 세워졌다. 로잔에서 신학 수업을 받은 젊은이들이 프랑스로 돌아가 광야 교회를 세워 나갔다. 그러나 시간이 지나면서 로잔의 신학교 교수들이 계몽주의의 영향으로 역사적인 칼빈주의 신학을 떠나 합리적인 신학을 가르치면서 프랑스 교회는 자유주의의 영향 아래 있게 되었다.

1787년 종교 관용령(Act of Toleration)으로 개혁교회는 잠시 신앙의 자유를 누렸지만, 1789년 프랑스 혁명과 함께 반종교적인 풍조가 전국을 휩쓸면서 프로테스탄트나 로마천주교를 막론한 모든 교회가 문을 닫게 되었다. 1805년 나폴레옹(B. Napoleon)이 위그노의 존재를 인정하자, 이에 힘입은 위그노들은 후배 양성을 위한 신학교를 몽토방(Montauban)에 세웠다. 그들은 1571년 라 로셸에서 채택한 「프랑스 신앙고백서」와 「권징 규칙서」를 고수하였지만, 내적으로는 합리주의의 영향을 받아 병들어 있었고, 목사들도 하나님의 말씀을 도덕 훈화로 생각할 정도로 자유주의 사상에 물들어 있었다.

19세기 중엽 프랑스개혁교회는 제네바의 영향으로 부흥하였다. 제네바에서 훈련을 받은 목사와 전도자들이 프랑스에 돌아와 1829년 리용에 전도자를 위한 훈련 학교를 세워 성경을 번역하고 로마천주교도에게 전도하였다. 당시 부흥운동을 주도했던 로베르 알덴(Robert Haldane)은 파리에 평신도 훈련 학교를 세워 평신도의 사역을 통한 교회 발전을 도모하였다. 그는 제네바에서 학생들과 여러 성도들에게 로마서를 강해하여 칼빈주의 신학을 보급하였으며, 이 때 목사 세자르 말랑(Cesar Malan)과 교회사가 메릴 따비네(J. H. Merle d 'Aubigne)와 같은 인물이 양육되었다.

알덴의 복음운동은 프랑스개혁교회 안에 있던 자유주의자들의 반발을 사게 되었고, 이로 인하여 복음적인 정통파와 도덕적 자유주의자 사이에 갈등이 생겨났다. 자유주의자들은 16세기 로쉘에서 위그노들이 채택한 「프랑스 신앙 고백서」를 배척하였지만, 정통파는 1848년 이들로부터 분리하여 프랑스 자유 교회를 조직하여 복고적인 장로교회 체계를 회복하였다(Loetscher 1980, 29~32). 일련의 어두움의 역사를 거치면서 프랑스개혁교회는 거룩한 그루터기로 남아, 20세기 중반 375,000명의 신자를 가지는 교회가 되었다(Lingle 1977, 32). 오늘날에도 프랑스 안에서 칼빈주의적인 신앙을 고백하는 위그노 후손들이 소수 존재하지만, 그들의 정치적, 경제적인 영향력은 대단한 편이다.

2. 네덜란드의 바다 거지들

종교개혁 이전 네덜란드는 후르테(Geert Groote, 1340~1384)에 의하여 세워진 공동생활형제단(Brethren of Common Life)을 통하여 개혁의 기초를 세웠다. 이 기관은 수도원이 아니었지만 학문과 경건을 강조하여 균형 잡힌 많은 학자들을 배출해 내었다. 곧 공동생활형제단 출신의 토머스 아 켐피스(Thomas a Kempis)는 실천적 경건 생활을, 베셀 간스포르트(Wessel Gansfort)는 이신득의 사상을, 데시데리우스 에라스무스(Desiderius Erasmus)는 성경적 경건 사상을 강조하여 종교개혁의 기초를 든든히 놓았다. 이러한 사상적 기초 위에 루터의 사상이 전파되면서 네덜란드는 종교개혁의 중심지가 되었다.

네덜란드의 교회개혁 운동

네덜란드 교회 지도자들은 종교개혁 운동에 대해 민감한 반응을 보였다. 루터의 종교개혁 사상이 소개 되자, 1519년 루방(Louvain) 대학의 교수들은 그의 사상을 정죄하고, 그의 글을 불에 태워 버렸다. 1523년에는 아우구스티누스파의 두 수도승 하인리히 보에스(Heinrich Voes)와 존 에쉬(John Esch)가 프로테스탄트 신앙을 전파하자, 로마천주교회 당국은 이들을 체포하여 브뤼셀에서 화형에 처했고, 이들은 종교개혁 이후 최초의 순교자가 되었다. 박해에도 불구하고, 종교개혁자들은 신약성경을 네덜란드어로 번역하여 암스테르담에서 출판하였으며, 1531년경에는 저지대(Low Country)의 방언으로 번역하였는데, 이 성경은 25판 이상이 인쇄되었다(Lingle 1977, 32).

루터파 이후, 1534년경 광신주의적인 재세례파에 의한 폭동이 일어났다. 그들은 유아세례를 거부하고, 성상(聖像)을 깨뜨리고 성화(聖畵)를 불사르면서 초대교회로의 환원을 주장하였다. 폭동으로 많은 로마천주교도들이 라이덴에서 살해 되었고, 암스테르담은 데모하는 이들로 넘쳐났다. 프리슬란트(Friesland)지역에서 재세례파가 수도원을 점령하자, 이의 탈환을 위하여 군인들이 투입되는 등 사회적인 혼란이 극에 달하였다.

혼란의 시기가 지나가면서 칼빈의 제자들에 의해 개혁파 교회 운동이 일어났다. 1542년경 야곱 리스펠드(Jacob Liesfeld)가 신구약을 번역하였고, 대부분의 네덜란드 귀족들이 독일의 루터파 제후들과 교분을 갖기 시작하였다. 칼빈은 1545년에 라틴어판 요리문답을 동 프리슬란트(East Friesland)의 목사들에게

헌사하고 개혁운동을
독려하였다. 개혁파
운동이 전개되자, 네
덜란드의 지배자 펠
리페 2세(Philip II)는
로마천주교회를 보호
하기 위하여 주교의
숫자를 4명에서 14명
으로 늘리고, 스페인
방식의 종교 재판소
를 설치하여 개혁파
운동을 억압하였으
며, 각 주(州)의 감독

네덜란드 저지대(1555)

직을 개편하여 영구적인 통치를 시도하려고 하였다.

종교재판소는 추기경 카라파(Cardinal Caraffa)에 의하여 운영되었다. 카라파는 프랜시스칸 수도사들과 도미니칸 수도사들에게 이단자 색출을 명하고 종교개혁자들의 글이나 책을 소지하거나 판매하는 것을 일절 금하였다. 성자들의 형상을 훼손하고, 성경을 읽거나 종교적인 토론과 논쟁을 벌인 자는 교수형이나 화형에 처하여졌고, 그들의 재산을 몰수하여 정보제공자에게 주기도하였다. 이러한 시기에 칼빈이 적극적인 도움의 손길을 내밀었다.

칼빈은 네덜란드의 종교개혁에 매우 깊은 관심을 가지고 있었다. 그의 어머니는 네덜란드의 캄브라이(Cambrai)에서 태어났고, 그의 아내는 리에주(Liege)출신이며, 칼빈도 네덜란드 국경에서 30마일 정도 떨어진 프랑스의 피카르디주의 노용에서 태어났다(Reid 1982, 97). 그는 스트라스부르에서 네덜란드의 개혁자 요한 슈트룸(John Strum)을 만났고, 제네바에서는 네덜란드의 뛰어난 신학자였던 프랜시스 유니우스(Francis Junius)와 만나 교제하였다.

칼빈은 이와 같이 네덜란드와 인연이 깊었기 때문에 네덜란드의 종교개혁을 이루기 위해 개혁자들을 파송하였다. 1544년 스트라스부르 프랑스 피난민 교회의 후임자였던 피에르 브룰리(Pierre Brully)를 네덜란드로 보냈으나 3개월 만에 화형에 처하여졌다. 그 후에도 계속하여 사람들을 보냈고, 네덜란드의 성도들에게 여러 번 격려 편지를 띄웠다(Reid 1982, 98).

네덜란드의 독립과 개혁교회의 정착

네덜란드의 장로교회 운동은 칼빈의 제자들에 의해 시작되었다. 칼빈은 제네바에서 교육받고 목사가 된 드 브레스(Guido de Bres)를 네덜란드로 보냈다. 드 브레스는 1559년 저지대(Low Country)에 도착하여 칼빈주의 운동을 전개하였다. 로마천주교인이었던 그는 성경 연구를 통하여 로마천주교회의 오류를 발견하고 프로테스탄트 교회로 개종하였고, 박해를 피해 영국에 머물면서 종교개혁 운동을 전개하였다. 그 후 프랑스 남부와 이태리를 거쳐 제네바로 가서 생활하던 중 칼빈의 가르침을 받고, 다시 네덜란드에 돌아와 1561년「벨직신앙고백서」(Belgic Confession)를 작성하였다. 이 신앙고백서는 많은 부분에서 프랑스개혁교회 신앙고백서를 인용하였는데, 나중에 프랜시스 유니우스에 의하여「벨직신앙고백서」라고 불려졌고, 1563년 앤트워프(Antwerp)에서 은밀하게 모인 대회에서 네덜란드 교회의 신앙고백으로 채택되었다.

이와 같은 시기에 네덜란드인들은 스페인의 종교재판과 학정에 대항하여 조직적인 저항 운동을 시작하였다. 개혁자들은 1566년 4월 500여명의 젊은 중산층 및 귀족들(lesser nobilities)과 함께 섭정 파르마(Parma)의 공작부인을 방문하여 옛날의 저지대가 누리던 정치적 자유의 회복, 종교 재판소의 폐지, 종교적인 자유의 보장을 청원하였다. 이때 왕실의 바브레이몽(Barvlaymont)이 청원자들을 "거지 떼들"이라고 조롱함으로, 개혁자들은 '거지 떼'라는 별명을 얻게 되었다.[17] 항거자들의 요구에 대하여 섭정(攝政)은 스페인에서 승인이 올 때까지 종교적인 자유를 허용한다고 발표하였다. 잠시잠간의 자유가 주어지면서, 개혁교회 운동은 크게 확산되었다. 바싹 마른나무에 불을 붙인 것처럼, 설교자의 말씀을 듣기 위하여 2만 명 이상의 사람들이 운집하기도 하였다. 그러나 급진적인 개혁을 주장하는 이들이 혁명을 선동하면서 성당을 파괴하거나 성상과 성화를 불태우는 등 혼란이 시작되었다.

개혁운동으로 사회적인 혼란이 계속되자, 스페인의 펠리페 2세는 1567년 1만 명의 군대와 함께 알바 공(Ferdinand Alvares of Toledo)을 파송하여 진압 작전을 개시하였다. 알바는 네덜란드에 도착하자마자, 혼란의 책임을 물어 스페인에 충성하던 귀족 에그몬드(Egmond)와 호른(Horn)을 체포하여 처형하였다. 교회 지도자들을 체포하고 구금하였으며, 3개월 만에 1,800여 명의 개혁자들을 교수형에 처하는 등 공포정치가 이어졌다.

알바의 폭정에서 네덜란드를 구한 이가 바로 오란혜의 빌헬름 공(William of Orange)이다. 빌헬름은 원래 펠리페 2세에게 충성하던 로마천주교도였으나 알바의 공포정치와 스페인 사람들의 잔악함을 체험하면서 1568년 천주교 신앙을 버리고 개혁자들의 편에 가담하였다. 그는 1572년 압제로부터 백성을 구하기 위해 펠리페 2세에 대항하여 전쟁을 선포하였고, 주변의 여러 나라에 원조를 요청하였다. 독일에 도움을 청했을 때, 독일인들은 네덜란드가 루터파 신앙을 받아들이고 아우구스부르크 신앙고백을 국가적인 신조로 채택할 것을 요청하였다. 빌헬름이 응하지 않자, 독일은 원조 요청을 거절하였다. 프랑스

---

17) 네덜란드의 개혁자들은 "거지들"이라고 불리는 것을 싫어하지 않았다. 탄원자 가운데 한 사람이었던 브리드로드(Brederode) 백작은 "그들이 우리를 거지 떼라고 불렀습니다. 우리는 그 이름을 받아들입시다. 그러나 종교재판에 대하여는 항의합시다. 그리고 왕은 진실하도록 하며, 거지들은 거지의 자루를 멜 것을 제안합니다."라고 주장하였다. 그 후 네덜란드의 개혁자들은 거지로 불려졌고, 자루를 메고 다니는 버릇이 생겨나게 되었다(Reed 1905, 83).

교회는 도움을 약속하였으나, 1572년 8월 24일 바돌로뮤 축제일에 위그노들이 로마천주교도에 의해 학살당하면서 약속을 실천하지 못하였다. 영국교회는 도덕적 지원 외에 아무런 도움을 주지 못하였다. 결국 강적 스페인을 이기는 길은 내적인 결속을 강화하는 것이었다.

빌헬름은 1579년 1월 북부의 홀란드, 질랜드, 젤더, 주트펜, 우트레흐트, 오버리셀, 그로닝겐과 같은 7개 주의 대표들을 모아 우트레흐트 조약(Treaty of Utrecht)을 맺고, 예배와 교회 행정의 자유를 선언하였다. 네덜란드인들은1581년 스페인으로부터 독립을 선언하고, 빌헬름을 통치자로 세웠으며, 1584년에는 네덜란드가 공화국가임을 선포하였다. 스페인은 네덜란드의 독립 운동을 막기 위하여 빌헬름의 살해 계획을 세웠다. 펠리페 2세가 빌헬름의 목을 베는 자에게 25,000 냥의 금을 하사할 것이라고 선포한 후, 여러 번에 걸친 그에 대한 암살 음모가 있었다. 1582년 3월 로마천주교도 자우레구이(Jaureguy)가 그를 저격하였고, 결국 1584년 7월 로마천주교회가 보낸 제랄드(Gerald)에 의하여 살해되었다(Lindsay 1963, 268). 1588년 영국군이 스페인의 무적함대를 무찌르면서 스페인은 약화되기 시작하였고, 이에 힘입은 네덜란드가 스페인과 전쟁 끝에 1608년 드디어 독립을 쟁취할 수 있었다.

개혁교회의 성장

네덜란드개혁교회는 정치적 혼란기에 더욱 성장하였다. 1560년대 말엽 네덜란드 남부에서 칼빈의 교회관을 따라 교회를 조직하려는 움직임이 있었지만, 알바의 철권 정치로 무산되었다. 목사들과 많은 교인들은 교회를 조직하기 위해 비교적 박해가 약했던 북부로 옮겨가 장로교 신앙의 교회를 세울 수 있는 날을 고대하고 있었다. 1568년에는 베셀(Wessel)에 모여 교회 조직에 관하여 구체적으로 논의하였고, 「네덜란드 교회의 목회자들이 교회를 섬길 때 필요하며 유용하다고 판단되어 온 조항들」이란 규칙을 채택하였다.

베셀의 모임은 1571년에 가서야 결실을 맺어, 개혁자들은 엠덴(Emden)에 모여 칼빈주의적인 성격을 가지는 대회를 조직하였다. 대회는 드 브레스가 작성한 「벨직신앙고백서」(Belgic Confession)를 네덜란드 교회의 신앙적 표준 문서로 채택하였다. 신앙고백서는 평등 사상을 교회정치의 기본 원리로 고백하면서 다음과 같이 선언하였다: "사역자들이 모두 우주의 유일한 감독이시며 교회의 유일한 머리이신 그리스도의 사람인 한, 어느 위치에 있든지 평등하게 동일한 권세와 권위를 가진다."(Belgic Confession 31; Schaff 3:422). 그리고 대회는 장로교적인 「교회 규칙서」를 제정하여 네덜란드 교회의 정치규범으로 만들었다.

엠덴 대회는 베셀 모임에서 제정한 교회 규칙과 프랑스개혁교회가 채택한 규칙서에 기초하여 교회의 권징과 생활 개혁을 실시하기로 하였다. 회의에서 채택한 「교회 규칙서」 제2조는 총회에 참석한 자들이 프랑스인과 신앙적 연대를 나타내기 위하여 「벨직신앙고백서」와 「프랑스신앙고백서」에 서명하도록 명시하였다. 제3조는 프랑스계를 위하여 제네바 요리문답서를, 독일계를 위해서는 우르시누스(Z. Ursinus)와 올레비아누스(K. Olevianus)가 1563년에 작성한 「하이델베르크 요리문답서」(Heidelberg Catechism)를 사용하도록 하였다. 모든 지역 교회는 목사, 장로, 집사로 구성된 당회(consistory)를 구성하여 최소한 일주일에 한번씩 교회 문제를 상의하기 위해 모이고(6조), 노회는 3개월 또는 6개월에 한번씩 모여 교회 문제를 해결하도록 하였다(7조). 지역을 중심으로 세워진 대회는 1년에 한번씩 모이도록 규정하였으며(8조), 2년에 한번씩 총회를 개최하도록 명시하였다(9조). 제25조에서 제34조는 개인적이든, 공적이든 도덕적인 권징의 실시를 강조하였고, 권징의 단계와 출교 등을 명시하였다. 이처럼 엠덴 총회는 네덜란드개혁교회 조직의 기초를 놓았다고 할 수 있다.

1572년 해변에 위치하였던 홀랜드(Holand)와 질랜드(Zeeland) 주와 같은 7

개 주는 빌헬름을 수장(Stadtholder)으로 내세워 독립을 선언하였다. 국가의 질
서가 회복되면서 외국으로 피신하였던 많은 개혁자들이 돌아오고, 개혁주의
적인 예배가 드려졌다. 1574년 네덜란드교회는 도르트(Dordrecht)에서 대회를
열고, 엠덴대회에서 작성한 「교회 규칙서」를 수정하여 채택하였으며, 성만찬
을 받기 전에 우선 자기 자신을 성찰하도록 하는 규례를 통과시켰다.

빌헬름은 교회가 이처럼 장로교회적으로 개혁되는 것을 달갑게 생각하지
않았다. 교회와 정부 관계에 있어서 칼빈보다는 츠빙글리의 사상을 선호하고
있었기 때문이다. 권징을 교회의 고유 권한이 아닌 국가에 속한 것으로 간주
한 츠빙글리의 사상이 스위스 신학자 에라스투스(Thomas Erastus)에 의해 네덜
란드에 소개되어 있었고, 빌헬름은 이러한 에라스티안주의(Erastianism)에 근
거하여 교회를 장악하려 하였다. 그러나 개혁교회의 지도자들은 정부로부터
교회의 독립을 주장하였다.

1576년 권징권의 환원이 성경적이므로 교회로 돌려보내라는 최초의 청원
이 있은 후, 교회는 정부 측에 여러 번에 걸쳐 권징권의 교회 환원을 촉구하였
다. 정부는 교회의 요구를 일축하였지만, 교회는 1578년의 도르트 대회(Synod
of Dordrecht), 1581년의 미델부르크 대회(Synod of Middelburg)를 통하여 권징
권의 교회 환원을 다시 촉구하였다. 권징권에 대한 요구는 교회와 정부를 갈
등 관계로 몰아넣어서 네덜란드는 정부를 지지하는 주와 교회 편에서는 주
(州)로 대립하게 되었다.

갈등을 해소하기 위한 대안으로 각 주별로 교회회의를 구성하여 교회 문제
를 해결하도록 하였지만, 정부의 교회에 대한 간섭은 계속되었다. 교회가 말
씀에서 떠난 성도를 치리하려고 할 때 정부가 나서서 방해하였다. 정부의 방
해는 주로 중앙보다는 지역 정부에 의하여 주도되었다. 한 예로, 1591년 그릇
된 신학 사상을 전하던 구다(Gouda)의 목사 헤르베르츠(Herman Herberts)를 교
회가 치리하였는데, 지역 정부는 그를 보호함으로 교회의 치리를 방해하였다.

정부의 교회에 대한 간섭은 아르미니우스 논쟁 때 그 절정에 이르렀다.

아르미니우스 논쟁

아르미니우스 논쟁은 야콥 아르미니우스(Jacob Arminius, 1560~1609)가 1603년 라이텐(Leiden) 대학 교수로 임명되면서 시작되었다(원래 이름은 야콥 헤르만스(Jacob Hermans)였으나 라틴식 이름으로 표기하면서 야콥 아르미니우스라고 불리게 되었다). 아르미니우스는 1560년 오우더바터(Oudewater)라는 마을에서 개혁 신앙을 고백하는 경건한 집안에서 태어나 우트레흐트(Utrecht) 대학과 마르부르크(Marburg) 대학에서 공부하였다. 그 후 라이텐(Leiden) 대학과 바젤(Basel) 대학, 파두아(Padua)와 로마(Rome)에서 수학하였으며, 제네바에서 베자 밑에서 신학 훈련을 쌓았다. 1587년 암스테르담에 돌아와, 1588년 네덜란드개혁교회에서 목사로 안수받았다. 그러나 그는 "하나님이 예수 그리스도 안에서 선택함을 받은 자들에게 자비하시고, 죄와 유기 가운데 버려진 다른 이들에게는 공의롭게 행하신다."는 「벨직신앙고백서」 16조항의 내용을 받아들이지 않았고, 칼빈주의적인 구원론을 배척하였으며, 만인구원론을 주장하고, 인간의 구원은 불확실하다고 가르쳤다.

아르미니우스의 신학 사상에 대하여 문제를 제기한 사람은 프랜시스 호마루스(Francis Gomarus, 1563~1641)이다. 호마루스는 아르미니우스가 1603년 라이텐 대학의 교수로 임용되자, 그의 신학이 전통적인 기독교 신앙과 칼빈의 가르침에서 멀리 떠나 있다고 비판하였다.

아르미니우스의 사상은 신인협동을 주장하는 신펠라기우스주의 사상이라는 비판이 일어나면서, 네덜란드는 아르미니우스 논쟁의 소용돌이 가운데 빠졌다. 1605년 모든 지역 대회들이 총회를 소집하여 아르미니우스의 오류를 제거하려고 하였지만, 네덜란드 정부는 교회의 이러한 노력을 방해하였다. 교회의 끈질긴 교회회의 소집 요구에 굴복한 올덴바네벨트는 1608년과 1609년 집회를 통해 아르미니우스 문제를 정치적으로 해결하려고 하였다.[18] 그러나 교회는 아르미니우스의 사상이 칭의와 선택 교리와 같은 종교적임을 내세워 교회회의를 통하여 다룰 것을 주장하였다.

아르미니우스 논쟁은 매우 복합적으로, 신학적이요, 동시에 정치적이었다. 네덜란드개혁교회 목사들은 정부로부터 교회의 독립을 주장하였으나, 아르미니우스주의자들은 에라스투스주의에 근거하여 교회가 정부에 예속되어야 한다고 주장하였다. 정부 지도자들은 아르미니우스주의자들을 후원하고, 교회의 독립을 외치는 개혁파를 반대하였다. 정부의 비호 아래 아르미니우스주의자들이 개혁파에 대항하자, 개혁파들도 정부에 항의하면서 아르미니우스주의자들과 싸웠다.

개혁파의 압력에 위협을 느낀 아르미니우스주의자들은 1610년 위텐보개르트(John Uytenbogaert, 1557~1644)를 중심으로 46명이 모여 오랜 시간에 걸쳐 신학적 논의를 거친 후에 정부의 보호를 요청하는 청원서를 제출했다. 이 청원서에서 그들은 (1) 하나님은 개인을 선택하지 않고, 하나님을 믿고 순종하는 이들을 선택하셨다. (2) 그리스도는 모든 사람을 위하여 죽으셨다. (3) 믿음은 하나님의 은사이다. (4) 믿음의 은사는 인간 편에서 수용할 수도 거절할 수도 있다. (5) 성도의 견인 교리는 모호하다고 진술하였다. 아르미니우스주의자들의 주장이 비성경적이었음에도 불구하고, 정부는 소수인 그들의 편에 서서 다수였던 칼빈주의자의 주장을 묵살하였다.

사태가 이렇게 발전하자, 칼빈주의자들은 정부의 영향력 아래 서 아르미니우스의 사상을 따르던 네덜란드개혁교회로부터 분리를 추구하였다. 1615년

---

18) 로마천주교도에 의해 빌헬름이 암살된 후 그의 아들 마우리스(Maurice)가 수장(stadtholder)이 되었지만, 실제적인 권력은 수호자(Advocate)라는 칭호를 가진 올덴바네벨트 (Oldenbarnevelt)의 수중에 있었다. 올덴바네벨트는 철저한 에라스투스주의로, 교회를 정부의 수중에 두려고 하여 개혁자들과 마찰을 빚었다.

일부 목사가 새로운 노회를 조직하여 떠나므로, 네덜란드 교회는 분열의 위기
에 봉착하였다. 이런 와중에 네덜란드를 구한 인물이 바로 빌헬름 공의 아들
마우리스(Mauris)이다. 그는 1617년 아르미니우스주의자인 위텐보개르트가
설교하는 교회에서 예배드리기를 거부하고, 칼빈주의자 편에 서서 정부의 교
회 지배를 주장하던 올덴바네벨트에 대항하였다.

마우리스는 아르미니우스 문제를 해결하기 위하여 1617년 대회 소집을 명
하였다. 올덴바네벨트가 민병대를 모아서 반항하자, 그는 1618년 8월 올덴바
네벨트를 체포하였다. 정치적인 후원자를 잃은 아르미니우스주의자들은 국외
로의 탈출을 시도하였다.

정부는 1618년 11월 13일 아르미니우스 문제를 다루기 위하여 도르트
(Dordrecht, 또는 Dort)에 교회회의를 소집하였다. 도르트 교회회의(도르트대회)
에는 18명의 네덜란드 의회 의원과 네덜란드 전역에서 모인 58명의 목사와 장
로, 영국과 팔라터네이트(Palatinate), 헤세(Hesse), 베른(Bern), 낫소(Nassau), 브
레멘(Breman), 취리히(Zürich), 제네바(Geneva), 바젤(Basel) 등에서 온 30여명
의 개혁교회의 대표들이 참석하였다.

회의는 1619년 5월 19일까지 이어지며 154번이나 모였다. 오전에는 교회가
당면한 전반적인 문제를 해결하기 위해 토의하였고, 오후에는 도르트 신조와
교리에 대하여 토의하였다. 대회를 통하여 개혁주의 교회의 구원론의 핵심 교
리가 되는 (1) 인간의 전적인 타락(Total depravity), (2) 무조건적 선택
(Unconditional election), (3) 제한 속죄(Limited atonement), (4) 불가항력적인 은
혜(Irresistible grace), (5) 성도의 견인(Perseverance of the saints)이라는 TULIP 교
리를 채택하였다. 아울러 대회는 「벨직신앙고백서」와 「하이델베르크 요리문
답서」를 다시 재승인하였고, 칼빈주의적인 성경 해석을 옹호하여 개혁주의 신
학의 기초를 다졌다.

도르트대회는 칼빈주의 5대 강령을 채택했을 뿐만 아니라, 네덜란드교회가

당면한 중대한 문제들을 다루었다. 네덜란드어의 성경 번역, 젊은이를 위한 정기적인 요리문답 교육의 실시, 예배 시 교리 교육의 시행, 식민지 원주민 자녀들의 유아세례 이전 신앙 교육, 목사후보생의 철저한 신학 훈련과 신앙 서적의 검열을 결의하였다.

총회 후반에, 개혁자들은 「벨직신앙고백서」 최종판과 「하이델베르크 요리문답서」를 그들의 신앙적 표준 문서로 승인하고, 주일 성수에 대한 논의를 매듭지었다. 네덜란드인 가운데는 청교도처럼 엄격하게 안식일을 지키는 사람들과 대륙 식으로 온건하게 지키는 사람들이 있었으므로, 회의는 안식일을 도덕법으로 인정하고, 공공 예배를 방해하는 일상적인 일과 오락을 금한다고 규정하여 중도의 입장을 취하였다. 마지막으로 오랫동안 끌어왔던 논제인 권징권을 교회의 고유 권한으로 확인하였고, 성경을 번역하여 스타텐버탈링(Statenvertaling)판을 출간하였다.

틸링크와 경건주의적 기독교

도르트회의 이후 네덜란드 개혁교인들은 신앙과 경건에 관심을 기울였다. 원래 종교개혁자들은 신자와 위선자를 구분하기 위하여 지정의의 전인적인 실천으로 나타나는 구원에 이르는 신앙(saving faith)과 단순한 지적인 동의 또는 인정 수준의 역사적인 신앙(historical faith)으로 구별하였다. 이러한 전통에 따라, 신앙을 생활로 나타내려고 경건 운동을 전개한 사람이 바로 빌헬름 틸링크(William Teellinck, 1579~1629)이다.

틸링크는 스코틀랜드의 세인트앤드루스대학과 프랑스의 푸아티에대학에서 법학을 공부하였고, 영국 여행 중 청교도들의 '실천적 경건'(practical piety)에 깊은 영향을 받았다. 그 후 라이덴 대학에서 신학을 공부하고, 헴스테드(Hemstede)와 브루게(Bruges)와 미델부르크에서 목회하면서 그리스도 안에서

의 새로운 생활, 자기 부인, 하나님을 아는 것에 대하여 설교함으로 큰 부흥운
동을 일으켰다.

틸링크는 특히 청교도 신학자 윌리엄 에임스(William Ames, 1576~1633)의
영향을 많이 받았다. 에임스는 박해를 피하여 1611년 네덜란드로 이민하여 대
학 강단에서 개혁주의 신학을 가르쳤다. 그의 저서 「신학의 정수」(The Marrow
of Sacred Theology)는 17세기 청교도들의 교과서로 사용되었으며, 하버드 대학
에서는 목사후보생의 필독서였다. 「신학의 정수」에서 에임스는 피터 라뮈
(Peter Ramus)의 논리를 따라, 신학을 아는 것과 실천하는 것으로 구별하였다.
바른 신학은, 아는 것을 우선으로 하지 않고 성경에 계시된 하나님의 말씀을
삶을 통하여 실천하는 것이다.

틸링크는 에임스의 가르침대로 신학을 지식 전달이 아닌 실천으로 이해하
고 실천적 경건을 생활화하였다. 틸링크의 경건주의는 판 로덴스타인(van
Lodensteyn, 1620~1677)에 의하여 계승되었는데, 그는 엄격한 생활과 자기 부
인을 강조하고, 그리스도의 체험을 역설하였다. 이러한 경건주의는 믿음보다
는 행위를 강조하는 브라켈(T. G. Brakel, 1608~1669)의 극단적인 율법주의로
나타나기도 하였다.

경건주의는 보에티우스(Gisbert Voetius, 1589~1676)의 합리적 사변주의로
발전하였다. 보에티우스는 1604년에서 1611년 사이 라이덴대학에서 철학과
신학과 셈족 언어를 공부하였으며, 그의 스승 호마루스의 가르침에 따라 엄격
한 칼빈주의자가 되었다. 대학에서 공부를 마친 보에티우스는 1611년에서
1634년까지 2 곳의 교회를 섬기면서 목회하였다. 목회 도중에 로마천주교회
와 아르미니우스 사상에 대항하여 싸웠으며, 도르트 대회에 참석하여 영향력
을 행사하기도 하였다.

그는 목사로서 심방과 요리 문답 교육, 매주 8번씩 설교하는 일에 열심을
다하였다. 1634년에서 1676년까지는 우트레흐트 대학에서 교수로 재직하여

신학, 논리학, 형이상학, 히브리어, 시리아어, 아랍어를 가르쳤다. 1634년 「경건의 능력에 관한 증거」(A Proof of the Power of Godliness)를 출간하였고, 1640년에는 르네 데카르트(Rene Descartes)의 철학 사상을 공격한 일로 유명세를 타게 되었다.

그 후 보에티우스는 신학적 논쟁에 참여하였다. 논쟁 대상자는 브레멘 출신의 신학자 요한네스 코케이우스(Johannes Cocceius, 1603~1669)로, 구약을 역사적 · 상황적으로 해석하면서 구속사적으로 이해하였다. 특히 구약이 더 이상 교의학적인 증거물이 될 수 없고 도덕률의 기초가 되어야 한다고 주장하면서, 성경을 교리적으로 이해하는 것을 배척하였다. 보에티우스는 코케이우스의 신학이 칼빈주의적인 교리와 생활을 와해시킨다고 비판하고, 성경 신학은 교리적이어야 함을 역설하였다. 이러한 보에티우스의 사상은 네덜란드의 개혁주의적 신학의 초석을 마련하였다.

18세기에 접어들어 개인주의와 합리주의가 네덜란드에도 상륙하였지만, 교회가 번성하였으므로 그 영향은 미미하였다. 대신 네덜란드인들은 교회와 정부 관계 문제로 어려움을 겪었다. 1618년과 1619년 도르트 대회에서 개정된 교회법을 정부가 인정해 주지 않음으로 교회의 원성을 샀으며, 지방 정부와 중앙 정부는 교회의 교회법 소유를 그들의 권한 침해로 간주하였다. 정부는 여전히 교회를 지배하기 위하여 목사에게 월급을 지불하고, 대학의 신학 교수를 임명하고, 대중 사이에 일어나는 신학적인 논쟁을 억압했다. 1796년 교회와 정부 사이에 간격이 생기자, 정부는 목사에게 주던 월급을 중단하고, 교회 재산을 몰수함으로 교회를 억압하였다.

프린스터러와 아브라함 카이퍼

19세기에 접어들어 프랑스의 정치적인 개입은 네덜란드를 혼란으로 몰아넣었다. 프랑스 혁명 이후 나폴레옹은 1806년 홀란드 왕국(Kingdom of Holland)을 건설하고, 1810년 홀란드를 합병하였지만, 1813년 네덜란드인들은 나폴레옹을 격퇴하였다. 그 해 오란혜의 빌헬름 프리드리히(William Frederick of Orange)가 귀국하여 왕위에 오른 뒤 개혁교회를 네덜란드의 국교로 선포하였다. 목사들은 정부로부터 월급을 다시 받을 수 있었고, 교회와 정부는 밀접한 관계를 가지게 되었다.

비록 빌헬름 1세(빌헬름 프리드리히)가 개혁교회를 국교로 선언하였지만, 그는 에라스투스의 사상을 따르는 성공회주의자였다. 18년간의 망명 생활을 통하여 영국 국교회 신봉자가 된 빌헬름은 네덜란드의 교회 행정을 장로체제 대신 귀족정치로 변경하기를 원하였다. 1816년부터 그의 의지대로 장로정치가 막을 내리고 왕에 의하여 임명된 대표들이 교회를 다스리기 시작하였다. 교회는 완전히 정부의 지배 아래 들어갔으며, 신앙고백에 대한 새로운 해석이 소개되었다. 그때까지 네덜란드 교회는 신앙고백이 "성경과 조화되었으므로" 승인한다고 하였으나, 새로운 해석은 "하나님의 말씀과 조화를 이루는 한 받아들여졌다"는 내용이었다. 이 는 자유주의적인 목사들에게 교리적인 자유를 허용하는 단서를 제공하여, 보수적인 신자도 정부의 임명을 받은 자유주의적 목사들을 반대할 수 없는 빌미가 되었다.

이러한 혁명과 격동의 시대에 나타난 지도자가 바로 판 프린스터러(Guillaume Groen van Prinsterer, 1801~1876)이다. 네덜란드 교회의 영적인 타락에 대하여 우려하던 그는, 정부의 통제를 비판한 빌더다이크(Bilderdijk), 유대교에서 개종한 다 코스타(Da Costa), 카파도제(Capadose)와 같은 지성인과 함께 개혁주의 신학을 세워 나갔다.

역사가요, 정치가였던 프린스터러는 프랑스 혁명이 몰고 온 결과를 주시하면서 혁명을 반대하는 정치적인 운동을 전개하였다. 그는 동료들과 함께 반혁명당(Anti-Revolutionary Party)을 조직하여 나라를 구하려고 힘을 기울였다. 혁명은 하나님의 주권과 율법을 반대하고, 모든 기본적인 권위와 질서를 부정하며, 주권은 백성이나 전제 군주에게 있는 것이 아니라 오직 하나님에게서 나오므로, 그리스도인은 주권자이신 하나님에게 복종하기 위하여 주어진 환경과 기회를 적극적으로 이용하여 선과 정의를 구현시켜야 한다고 주장하였다.

개혁파들이 정치 일선에 등장하면서 정부의 간섭이 줄어들자, 교회는 연합운동을 전개하였다. 당시 네덜란드에는 1833년 도르트 신조를 번역하여 출판한 일로 교회에서 추방된 코크(Henry de Cock) 목사가 이끄는 교회와, 이사야 8장 11절에서 15절을 인용하여 빌헬름 1세를 이스라엘의 아합 임금에 비교하여 설교한 일로 추방된 숄테(Henry Scholte) 목사가 이끄는 교회가 있었다. 두 교회는 박해 중에도 성장하여 1839년 정부의 승인을 얻는데 성공하였으며, 1840년 암스테르담에서 대회를 열고, 1869년에는 미델부르크 대회에서 '십자가 아래 있는 개혁파 회중'(Reformed Congregations Under the Cross)이라는 교단과 합동하여 기독교 개혁교회(Christian Reformed Church)를 설립하였다.

이 때 네덜란드 교회를 크게 발전시킨 인물이 바로 아브라함 카이퍼(Abraham Kuyper, 1837~1920)이다. 그는 쟌 헨드릭 카이퍼(Jan Hendrick Kuyper) 목사의 아들로, 초등학교 시절에는 열등생 취급을 받았지만 라이덴대학교를 졸업할 때는 최우수자로 졸업하였다. 프린스터러와 마찬가지로 대학 시절에는 종교적인 자유주의자였으나, 신앙을 회복하면서 정통 개혁파 신학자가 되어 기독교 사회 건설에 앞장섰다.

카이퍼는 1864년부터 비스트(Beesd), 우트레흐트와 암스테르담에서 목회하였다. 1870년에는 종교 주간지 「드 휴래트」(De Huraet) 편집인이 되었으며, 1872년 네덜란드가 당면한 문제를 개혁주의 신앙의 입장에서 조명하기 위하여 일간신문 「드 스탄다드」(De Standaard)를 창간하고 편집하였다. 한편

아브라함 카이퍼

프린스터러가 창당한 반혁명당을 재결성하여 1874년에는 하원 의원에 피선되었다.

카이퍼는 일반 은총의 영역에도 하나님의 나라를 구현하려는 의도로 정치와 교육 사업에 관심을 기울였다. 1880년 자유대학교를 설립하여 신학과 설교학과 히브리어와 문학을 강의하였고, 정치에 참여하면서 목사직을 사임하고 장로가 되어 암스테르담 교회를 섬기며 신실하게 권징을 실시하였다.

암스테르담교회 당회는 자유주의적 신학을 반대하였으므로, 자유주의적인 신앙을 고백하는 사람이 교회회원이 되는 것을 금하였다. 이로 인해, 카이퍼의 암스테르담 교회와 네덜란드 교회 당국의 마찰이 일어났다. 1886년 교회 당국은 자유주의적인 사람들을 교인으로 받아들이지 않았다는 이유로 카이퍼와 암스테르담 교회의 장로들을 제명 처분하였다.

징계를 당한 카이퍼와 그를 중심으로 한 200여 교회는 네덜란드개혁교회를 떠나 돌레안티(Doleanti) 교회를 세웠다. 이 교회는 1892년 분리파 교회와 합하여, 「벨직신앙고백서」, 「하이델베르크 요리문답서」, 「도르트 신조」와 같은 전통적인 칼빈주의적인 신앙을 고수하는 네덜란드개혁교회(Gereformeerde Kirken)로 성장하였다.

카이퍼의 사상은 영역 주권 사상에 기초한다. 그는 가정과 교회와 국가는 각각 고유한 책임 영역이 있고, 각 영역에 대한 주권은 하나님으로부터 유래한다고 하였다. 이러한 사상에 근거하여, 정치, 경제, 신앙 등 다양한 영역들은 각자에게 주어진 고유한 업무와 영역이 있으므로 상호 존중되어야 한다는 것이다. 이러한 영역 주권 사상에 기초하여, 그는 정부의 지배로부터 교회의 자유와 생의 모든 영역에서 칼빈주의의 원리를 실천할 것을 주장하였다.

카이퍼는 1901년에서 1905년 사이 네덜란드 수상으로 재직 시 그의 영역 주권 사상을 정치 영역에 실현하였다. 투표권을 모든 시민에게 확대하였고, 기독교 학교를 세워 국가의 지원을 확대하였으며, 노동자 보호를 위한 사회적인 입법을 추진하였다. 그 결과 네덜란드는 20세기 초반 가장 강력한 개혁주의 국가를 이루었다.

그렇지만 20세기에 들어서면서 네덜란드개혁교회는 자유주의 신학의 도전과 세속화의 영향으로 점차 그 세력을 잃어가고 있다. 특히 세속화가 교회에 미친 영향은 대단하였다. 한 예를 들어보자. 인본주의자들이 인구 팽창으로 인한 사회 구조의 붕괴를 염려하면서 산아의 제한을 주장하자, 개혁파 교인들은 이를 적극적으로 지지하였다. 생육하고 번성하라는 하나님의 명령보다는 인본주의적 가치관을 따른 것이다. 그러나 로마천주교도들은 가족계획에 반대하였다. 그 결과 개혁교인의 숫자는 급격하게 줄어들었고 천주교인이 수는 늘어남으로, 오늘날 네덜란드는 로마천주교 국가가 되어 있다. 이를 통해 하나님의 명령을 거부하고 세속주의를 따를 때 교회의 붕괴가 쉽게 올 수 있다는 교훈을 얻을 수 있다.

3. 남아프리카의 개혁교회

남아프리카의 장로교회 역사는 네덜란드와 프랑스, 영국의 이민자들에 의해 시작되지만, 유럽인들이 남아프리카에 도착한 시점은 15세기로 거슬러 올라간다. 1448년 바돌로뮤 디아즈(Bartolomeu Diaz)가 케이프타운 지역을 항해했고, 바스코 다 가마(Vasco da Gama)가 인도로 가는 도중 나탈(Natal)에 잠시 기착한 기록이 있다. 1580년 영국의 프랜시스 드레이크 경(Sir Francis Drake)이 케이프타운을 항해하였으며, 1589년에는 네덜란드인 코넬리우스 하우트만(Cornelius Houtman)이 케이프타운을 거쳐 자바(Java)로 갔다.

유럽인들의 남아프리카 이민은 1602년 네덜란드인들이 동인도회사(Dutch East India Company)를 설립하면서 시작되었다. 특히 얀 판 리벡(Jan van

Riebeeck, 1619~1677)이 1652년 4월 케이프타운에 정착촌을 개척한 후 수많은 네덜란드인들이 이민하였고, 1657년에는 자유 시민들(free burghers)이 이주하였다. 이민자들은 대부분 코케이우스(Johannes Cocceius, 1603~1669)의 언약 신학을 주장하는 등 개혁주의 신앙을 고백하는 이들이었다.

네덜란드개혁교회의 정착

이민운동과 함께, 암스테르담노회는 이민자들의 신앙과 건강을 돌보기 위해 신앙이 돈독한 간호사(Sick-comforter)들을 파송하였다. 그들은 간호 업무 외에 목사가 없는 지역의 교회에서 주일 예배와 저녁기도회를 인도하는 등 교회를 돌보았다. 간혹 동양으로 가는 목회자들이 들러서 예배를 인도하기도 하였다. 1665년 네덜란드 교회는 요한 판 아켈(Johan van Arckel) 목사를 파송하였다. 아켈은 8월 케이프타운에 도착하여, 9월 최초의 성찬식을 가졌으며, 장로와 집사를 선출하여 교회를 조직하였다. 그 해 12월 케이프타운 교회의 당회는 목사의 생활비로 매월 100 네덜란드 플로린을 지불할 것과 루터파 교인들의 성찬 참여를 결의하였다.

인구의 증가로 주거 지역이 넓혀지면서 1679년 스텔렌보쉬(Stellenbosch)에 교회가 세워졌고, 케이프타운의 목사가 3개월에 한번씩 방문하여 설교와 세례를 집행하였다. 이 교회는 1687년 당회를 조직하고, 예배당을 헌당하는 등 크게 성장하였다. 정착지는 넓어졌지만 가축 사육을 위한 방목지가 부족하자, 총독 판 더 스텔(Willem Adrian van der Stel)은 지경을 넓혀 내륙으로 진출하였고, 1687년 드라켄슈타인(Drakenstein) 식민지가 세워졌다. 1700년에는 툴바계곡(Tulbagh Valley)까지 정착지가 확장되어갔다.

프랑스에서 낭트 칙령이 폐지되자, 1688년 피에르 시몽(Pierre Simond, 1651-1713) 목사를 비롯한 많은 위그노들이 이주해왔다. 위그노들은 동인도회사의 도움으로 스텔렌보쉬와 드라켄슈타인, 파알(Paarl), 프랑슉(Franschhoek), 벨링톤(Wellington)에 정착하였다. 동인도회사가 위그노들을 네덜란드 사회에 동화시키려는 의도로 여러 지역으로 흩어놓았지만 위그노들은 1689년 자체 교회를 세웠다. 시몽은 간호사인 만카탄과 번갈아가면서 듀라켄슈타인와 스텔렌보쉬의 예배를 인도하고, 케이프타운의 판 안 아켈 목사와 강단을 교류하며 두 민족 간의 간격을 좁히는 등 개혁신앙의 확산을 도모하였다.

18세기에 이르면서 위그노들은 전염병과 자연재해로 큰 고통을 겪었다. 1708년과 1751년, 그리고 1767년의 천연두 발생으로 수많은 사람이 죽었고, 1722년에 케이프타운 근교의 테이블 만(Table Bay)에 불어 닥친 폭풍으로 10척의 배가 파선하고 600여명이 사망하였다. 위그노 자녀들은 네덜란드의 자국 동화정책으로 학교에서 네덜란드어만을 사용했으므로 자국어를 잊어버렸고, 1724년부터 프랑스어 예배가 사라졌다. 그들은 점점 지경을 넓혀 1745년 츠발트란트(Zwartland), 1746년 스웰렌담(Swellendam)에 교회를 설립하였다.

내륙 진출과 함께 이주민들의 예배 참석이 어려워지자, 목사들이 장거리를 여행하며 예배를 인도하였다. 교회의 지원이 필요함을 인식한 네덜란드 동인도회사가 1745년 각 교회 대표들과 지사들을 소집하여, '매년 1월 셋째 주 월요일에 연례 노회(classis)로 모일 것'을 결의함으로 최초의 교회 연합체가 조직되었다. 네덜란드 개혁교회가 남아프리카의 공인된 국교가 되었고, 이때부터 1795년까지 개혁교회 회원에게만 참정권이 부여되었다(그러나 이 규정이 엄격히 적용되지는 않았다).

개혁교회는 원주민에 대한 관심을 갖고 선교 운동을 전개하였다. 간호사인 빌렘 브란트(Willem Wylant)에 의해 시작된 선교 운동은 암스테르담 노회의 요청으로 파송된 모라비안교도 게오르크 슈미트(Georg Schmidt, 1709~1785)에 의하여 본격적으로 전개되었다. 그가 죽은 후 개혁파 목사 리쩨마 판 리어(Helperus Ritzema van Lier, 1764~1793)가 케이프 지역의 혼혈과 노예들에게 복음을 전파하기 위해 1788년 복음협회를 설립하여 흑인 복음화에 주력하였다.

영국의 지배와 남아프리카 교회

18세기말에 이르러 동인도회사의 교회 지배를 비판하는 움직임이 일어났다. 케이프타운의 개혁파 교회들은 정부의 교회 간섭을 반대하였고, 루터파들도 루터파 교회 규정의 재개정을 요구하였다. 1804년 총독 드 미스트(J. G. de Mist, 1749~1823)가 교회 법령을 통해 자유를 선언함으로 모든 교파가 동일한 자유를 얻게 되었다. (그러나 당국은 법령 선포 이후에도 여전히 교회 문제에 개입하였다).

이러한 시기에 케이프타운의 지배를 놓고 영국과 네덜란드의 갈등이 본격화되었다. 1795년부터 1803년 사이에 영국이 지배하다가 1803년 네덜란드인의 수중에 들어갔고, 1805년 영국인들이 재점령하였다. 혼란을 틈타서 1815년 샤카(Shaka) 족이 남동 아프리카에 줄루(Zulu) 왕국을 세웠고, 1820년 수많은 영국인들이 알고아 만(Algoa Bay)에 정착하여 영국의 지배를 강화하였다.

결국 1805년부터 줄곧 영국이 남아프리카를 지배하게 되었으며, 이때부터 네덜란드 개혁교회와 영국 성공회가 남아프리카의 공인된 종교로 인정받았다. 영국의 지배와 함께 네덜란드 개혁교회(Nederduits Gereformeerde, NG)는 목회자의 부족으로 어려움을 겪게 되었다. 성도들은 정기적인 예배에 거의 참여하지 못하고 사적인 예배에 의존하였으며, 자녀들은 교회 교육의 혜택을 받을 수 없었다. 영국 정부는 스코틀랜드 목회자들을 초청하여 네덜란드개혁교회에 배치하였다. 그들 중 하나가 남아프리카의 신학을 이룩한 앤드루 머레이(Andrew Murray, 1794~1866)이다. 머레이는 스텔렌보쉬 대학에서 강의하면서 교회 연합운동을 벌였고, 복음주의 연맹을 조직하여 교회의 일치를 추구하였다.

네덜란드개혁교회는 1824년 케이프타운에서 남아프리카의 첫 번째 대회를 개최하였다. 대회는 코이코이족에 대한 선교 지원을 결정하였고, 효율적인 선교를 위해 백인 교회를 '모교회'로, 혼혈 또는 흑인교회를 '자매교회'로 구성하였다. 교회는 성장하였지만, 영국인과 네덜란드인 사이의 갈등이 문제였다. 네덜란드계의 백인들, 곧 아프리칸스(Africans)는 1836년 영국인의 지배를 피해 북부지역으로 이주하여 나탈(Natal), 오렌지 자유 주(Orange Free State), 트랜스바알(Transvaal) 등에 교회를 세웠고, 19세기의 후반에 오렌지 자유 주(Orange Free State)와 트랜스바알 대회를 조직했다. 1853년 더크 판 더 호프(Dirk van der Hoff, 1814~1881) 목사가 도착하여 영국의 지배 아래 있던 네덜란드 개혁교회(NG)를 떠나 '아프리카 네덜란드 개혁교회'(Nederduitsch Hervormde Kerk van Africa, HK)를 조직하였다. 1859년에는 더크 포츠마(Dirk Postma, 1818~1890) 목사가 '개혁교회'(the Gereformeerde kerk, GK)를 조직함으로 남아프리카에는 3개의 개혁교회가 존재하게 되었다.

남아프리카의 개혁교회들은 성경의 영감, 교회 법정의 권위와 교리적 순수성의 유지 등 칼빈주의 신학을 철저히 따르면서 서로 약간의 차이점을 드러냈다. 포츠마 중심으로 세워진 '개혁교회'(GK)는 철두철미하게 칼빈주의 신학을 견지하며, 신학적 자유주의를 거부하고 모든 영역에 성경의 교훈이 적용되어야 함을 강조한다. 이들은 1807년 네덜란드에서 출판되어 1814년에 케이프 지역에 수입된 찬송가의 사용을 반대하기도 했다. 지역 및 전국 대회가 있으며, 흑백, 혼혈이 함께 모이는 총대회가 있다. '네덜란드 개혁교회'(NG)는 남아프리카에서 가장 큰 개혁 교단으로 인종별로 독립된 대회를 구성하고 있으며, 선교적이며 경건주의적 복음주의자인 앤드루 머레이의 전통과 삶의 체계로서의 영역 주권을 주장하는 아브라함 카이퍼의 전통을 추구해 왔다. 최근에는 칼 바르트, 헨드릭 크래머 및 베르카우어 등의 신정통주의 전통을 따르는 경향이 있다. '아프리카 네덜란드 개혁교회'(HK)는 사도신경, 니케아 신조, 아타나시우스 신조와 벨직 고백서, 하이델베르크 요리문답, 도르트 신조 등 보수적인 신학을 고백하고 있다. 사회·정치 문제에 관해서 아주 보수적이어서 개교회 차원에서 흑백 신자들 사이의 교류는 거의 전무하다. 1928년 이후 점차 선교 활동을 확대하고, 흑인 목회자들을 양성하여 각각의 민족에게 파송하고 있다.

장로교 운동

장로교 운동은 1806년 케이프타운에 진치고 있던 스코틀랜드 출신의 하이랜드(Highland) 93연대에 속한 장로교도들에 의해 시작되었다. 그들은 케이프타운에서 칼빈주의 모임을 결성하고, 1812년까지 목사 없이 매주 예배를 드렸다. 1812년 런던선교부(London Missionary Society) 소속의 스코틀랜드 선교사 조지 톰(George Thom, 1789~1842)이 인도로 가던 중 이 교회의 담임목사로 부임하였다. 그는 예배를 인도하고 8명의 장로를 세움으로 조직교회를 만들었다. 1814년 93연대가 떠나고 1818년 톰이 사임하면서 이 교회는 네덜란드 개혁교회(Dutch Reformed Church)에 소속되었고, 1819년 런던선교부의 일을 감독하기 위해 온 존 필립(John Philip)이 부임한 후 회중교회적 독립교회인 유니언 채플(Union Chapel)이 되었다.

1827년 케이프타운 동부의 베드포드(Bedford)와 그레이엄타운(Grahamstown)에 회중교회와 장로교회가 결합된 형태의 연합교회(Union Church)가 세워졌고, 원주민 코이코이(Khoi Khoi)족에 대한 선교 운동이 시작되었다. 이와 함께 노예 해방이 추진되어 1834년에 노예들이 석방되었다. 1842년에는 백인 정착민 목회 중심의 트리니티(Trinity) 교회와 원주민 선교 사역 중심의 유니언 채플로 업무가 나누어졌다.

1829년 케이프타운에 최초의 장로교 교회인 성 앤드루(St. Andrew) 교회가 세워진 후 장로교회는 전국으로 확산되었다. 토머스 프링글(Thomas Pringle)이 이스턴 프로빈스(Eastern Province)에서, 존 브라운리(John Brownlee)가 츄미

(Chumie)에서 사역하였다. 글라스고우 선교회, 런던 선교회, 스코틀랜드자유 교회 등이 나탈 지역의 백인 선교에 앞장섰고, 그로우트(Grout)와 린들리 (Lindley)가 나탈주의 줄루 족에게 선교하였다. 글라스고우선교부의 지도 아래 톰슨(W. Thompson)과 존 로스(John Ross) 목사, 그리고 존 베니(John Bennie) 장로를 중심으로 카프라리아(Kaffraria) 장로회가 세워졌고, 1852년경에 백인 정착민들을 중심으로 나탈장로회가 설립되었다.

1875년 네덜란드 개혁교회가 자율법안을 통과시켜 정부로부터의 자유를 선언함으로 남아프리카 내에 국가 공인 교회가 사라지게 되었다. 모든 교회와 노회들은 킴벌리에 모여 교회 연합의 추구를 요청하는 편지를 띄웠다. 1894년경에 트란스바알(Transvaal), 포트엘리자베스(Port Elizabeth), 케이프타운, 킹 윌리엄스타운(King Williams Town) 등에 장로회가 세워졌다. 카프라리아 자유교회 노회는 성장하여 카프라리아 노회와 트란스케이(Transkei) 노회로 나누어졌다.

1895년 이스트 런던(East London)에서 교회 연합을 위한 교회회의가 개최되었고, 1896년 킹 윌리엄스타운의 회의에서 자유교회가 난색을 표명하여 연합이 이루어지지 않았다. 1897년 더반에서 모인 모임에서 남아프리카 장로교회 총회(Presbyterian Church of South)가 조직되었다.

총회는 영국장로교회가 1890년 작성한 "24개조 신조"(24 Articles of the Faith)를 교리적 표준으로 채택했다. 인종간의 평등 논의로 백인들의 불만이 있었지만, 흑인 리더십 개발을 위한 제안이 제기되었다. 남아프리카 장로교도들은 성경 및 신학 비평, 과학에 대한 낙관, 자유주의 및 경건주의적 복음주의의 영향을 많이 받았다. 노예제도 및 어린이 노동에 대해 반대하였고, 비국교도의 경우 성공회에 대한 저항도 있었다. 이러한 긴장은 마침내 1920년대에 반투장로교회(Bantu Presbyterian church)와 송가장로교회(Tsonga Presbyterian church)의 형성으로 귀결되었다.

1907년 남아프리카 회중교회 연합(Congregational Union of South Africa)이 남

아프리카장로교회에 연합을 제시하였으나 1908년에 거부되었다. 그 후 1928
년 성공회, 회중교회, 감리교회와 장로교회는 복음주의 신학을 강화할 목적으
로 연합을 모색하였다. 1934년 교회 연합의 기수였던 존 모트(John R. Mott)가
남아프리카를 방문하여 교회를 설득하자, 감리교회를 제외한 상기 교회들이
연합을 위한 재시도를 벌인 후 1936년 남아프리카교회협의회(Christian Council
of South Africa)를 조직하였다. 1947년 다시 교회 합동을 위한 논의가 있었으나
무산되었다. 연합을 위한 진부한 시도들을 거친 후, 1976년 남아프리카 장로
교회가 연합을 지지하였고, 다른 교단들은 기구적 연합을 주장하였다.

남아프리카와 아파테이트

1875년 트랜스바알에서 세계 굴지의 금광이 발견되고 1892년 킴벌리
(Kimberley)에서 다이아몬드 광산의 발견은 남아프리카의 운명을 크게 달라지
게 만들었다. 금의 발견은 부어(Boers, 네덜란드계 백인을 지칭하는 용어, 농부라
는 의미)계와 영국계 사이의 갈등을 일으켰다. 네덜란드인들은 자신들이 개척
한 오렌지, 트랜스바알 지역의 독립이 영국에 의해 파괴될까 두려워했고, 영국
인들은 네덜란드 민족주의의 발생과 성장이 영국의 입지를 위협할 것으로 확
신했다. 두 그룹간의 갈등은 결국 1899년에서 1902년까지 영국-부어 전쟁(the
Anglo-Boer War)으로 이어졌다.

영국-부어 전쟁은 20세기 남아프리카의 미래에 중대한 사회, 경제, 특히 정
치적인 영향을 미쳤다. 금과 다이아몬드의 채광으로 광산업이 발달하였고, 산
업의 발달은 인구의 도시화를 초래했으며, 도시화와 함께 언어, 문화, 인종 및
경제적 갈등이 나타났다. 1948년 국민당(National Party)이 권력을 잡고 흑백 분
리 정책을 추진하면서 흑인에 대한 인종 차별을 펴는 아파테이트(Apartheid) 정
책이 시작되었고, 이로 인해 흑인들의 각성과 저항이 시작되었다. 백인우월정

책에 대한 비판의 소리가 높아지자, 1961년 아프리칸스를 사용하던 네덜란드 개혁교회(NG)와 아프리카 네덜란드 개혁교회(HK)가 세계교회협의회에서 탈퇴하였다.

1968년 영어권의 성공회 주교 빌 버네트(Bill Burnett)와 나우데(Naude)를 중심으로 한 인사들이 성명서를 통해 예수 그리스도의 복음과 아파테이트의 사상은 다르다고 선언하였고, 많은 교회가 이를 지지하였다. 1979년 7월 남아프리카 기독교 리더십대회(South Africa Christian Leadership Assembly)는 아파테이트에 반대하는 입장을 천명했고, 1982년 알란 보삭(Allan Bosaek)이 주도하는 네덜란드개혁교회 선교교단(Nederduits Gereformeerde Mission Church)은 아파테이트를 '세속적인 복음' 또는 '이단'으로 정죄하면서 화해와 일치를 거부하는 집단이라고 선언하였다.

이와 같은 국내외의 도덕적, 경제적, 정치적 압력은 결국 1990년 아프리카 민족회의(Africa National Council)의 지도자 넬슨 만델라(Nelson Mandela)의 석방과 더불어 백인 정권을 물리치고 흑인 지배 시대를 열게 되었다. 남아프리카 교회들은 교회가 사회의 누룩이 되어야 한다는 새로운 도전을 받았고, 교회를 중심으로 흑백간의 상처를 잊기 위한 다양한 노력들이 시도되었다. 1994년 4월 아파테이트가 끝나고, 처벌 목적이 아닌 진실 규명을 위해 만들어진 "진실과 화해 위원회"가 참 화해의 가능성을 온 세상에 보여주었다. 이와 같은 시대적 흐름에 맞춰 개혁장로교회가 남아프리카 장로교회와의 연합을 주도하여 1997년에 장로교 연합을 위한 초안을 작성하였다. 1998년 합의를 거쳐 1999년 9월 포트엘리자베스에서 열린 총회에서 연합하였고, 남아프리카연합 장로교회(Uniting Presbyterian Church in Southern Africa)라 칭하게 되었다.

5장

스코틀랜드 장로교회

낙스 이전에도, 비록 규모는 작았지만, 장로교 운동이 소수에 의하여 스코틀랜드와 아일랜드에서 명맥을 유지해 오고 있었다. 그 대표적인 예로 아일랜드를 복음화 한 패트릭(St. Patrick, c. 389~461)과 스코틀랜드에 복음을 전한 콜롬바(Colomba, c. 521~597)를 들 수 있다.

패트릭은 초대교회로부터 이어 온 장로교 정치를 아일랜드에 전수한 이로, 자신을 장로로 소개하면서 교회는 장로와 감독이 함께 다스려야 한다고 주장하였다. 그의 영향으로, 5세기중엽 아일랜드에는 365명의 감독과 3,000여명의 장로가 교회를 다스렸다(Hays 1892, 37).

콜롬바는 6세기 경 아이오나(Iona)에 선교 본부를 두고 장로교 단체인 쿨디(Culdees)를 조직하여 스코틀랜드를 기독교 국가로 만들었다. 쿨디는 감독주의를 추구하던 교회 당국과 싸우면서 장로교 신앙을 지켜 와서 스코틀랜드는 10세기 말까지도 장로정치가 주류를 이루었다. 그러나 11세기에 스코틀랜드의 왕 말콤(Malcolm)이 로마천주교도였던 색슨족의 마거릿(Margaret)과 결혼하면서 교황정치가 정착하게 되었다. 말콤이 스코틀랜드인들에게 로마천주교회의 예배와 체제를 따라 생활할 것을 강요하자, 쿨디들의 거센 저항으로 수많은 사람이 재산과 생명을 잃었다(Hays 1892, 37).

그 후 스코틀랜드인들은 교회 개혁을 위해 수고하였고, 수많은 이들이 개혁 운동을 전개하다가 순교의 제물이 되었다. 몇 사람의 예를 들어보자. 위클리프(John Wycliffe)의 성경 중심적인 개혁 사상에 영향을 받은 제임스 레스비(James Resby)가 성경적인 신앙의 회복을 외치다가 1407년 순교하였다. 보헤미아에서 온 후스파(Hussite) 선교사 폴 크라바르(Paul Crawar)도 오직 성경에 기초한 개혁을 주장하다가 1433년 당국에 의해 처형당하였다.

종교개혁 시대에 접어들어서는 "스코틀랜드 종교개혁의 계명성"이라 불리는 패트릭 해밀턴(Patrick Hamilton, 1504~1528)이 순교하였다. 그는 독일 유학을 통해 루터의 종교개혁 사상에 심취하였고, 귀국한 뒤 세인트앤드루스대학(St. Andrews)에서 가르치면서 종교개혁 운동을 소개하였다. 1528년 세인트앤드루스의 추기경이었던 제임스 비튼(James Beaton)에 의하여 체포되어, 대학 광장에서 화형에 처하여졌다.

1. 존 낙스와 의회 중심적 개혁

존 낙스

해밀턴에 의하여 시작된 스코틀랜드의 종교개혁은 존 낙스(John Knox, 1513?~1572)에게 계승되었다. 낙스는 영국과 스코틀랜드의 국경 지역인 하딩톤(Haddington)에서 태어났으며, 어린 시절에 대한 기록은 거의 찾아 볼 수 없어서, 대부분의 학자들은 낙스의 출생 년도를 1505년 또는 1513년으로 추정하고 있다. 낙스는 하딩톤에서 고등교육을 받고 세인트앤드루스대학교에 진학하여 수학과 법을 연구하였는데, 그 때 인문주의자인 존 메이저(John Major)의 가르침을 받았다. 메이저는 평화주의자로 스코틀랜드의 평화 유지를 위해서 영국과의 관계 개선을 역설하였고, 폭군에 대한 백성의 저항권을 주장하였다. 낙스는 존 메이저의 영향으로 국제 정치에서 프랑스보다는 영국과의 관계 정상화를 촉구하였고, 군주의 권세를 제한하려고 했던 것으로 보인다.

낙스의 개혁과 유배 생활

스코틀랜드 종교개혁이 시작될 때, 낙스는 공증인의 일을 하면서 한 귀족의 자녀를 가르치고 있었다. 그는 강건하고 우람한 신체의 소유자로, 스코틀랜드의 개혁자 조지 위샤트(George Wishart, 1513~1546)가 설교할 때 검을 들고 호위하곤 하였다. 1546년 3월 1일 위샤트가 로마천주교 당국에 의하여 이단적인 종교개혁 운동에 동참하였다는 이유로 화형에 처하여지자, 종교개혁 운동은 지하운동으로 변했고, 낙스도 피신하였다. 그 해 5월 29일 세인트앤드루스 시민들은 추기경 관저를 습격하여 폭정을 일삼던 데이비드 비튼(David Beaton)을 살해하고 성을 함락한 후, 수비대를 만들어 왕실과 로마천주교회 세력에 대항하였다. 낙스도 수비대원의 일원으로 활약했으며, 한편으로 설교를 맡고 있었다.

세인트앤드루스 성이 개혁자들의 손에 들어가자, 스코틀랜드 왕실과 교회 당국은 프랑스에 원병을 요청하였다. 왕실은 제임스 5세의 미망인으로 프랑스 기즈 가문(the Guise) 출신인 메리(Mary)가 지배하고 있었다. 낙스 일행은 메리 왕비와 그녀를 후원하던 프랑스에 대항하여 싸웠다. 그러나 1547년 7월말 세인트앤드루스는 막강한 무기로 무장한 프랑스에 의하여 함락되었고, 낙스 일행은 체포되었다. 낙스는 프랑스의 포로가 되어 19개월 동안 갤리(galley)선에서 노를 젓는 노예로 생활하다가, 1549년 영국 왕 에드워드 6세(Edward VI)의 교섭으로 극적으로 석방되었다.

영국에 도착한 낙스는 에드워드의 배려로 스코틀랜드 국경 지대에 가까운 도시 베릭(Berwick)과 뉴캐슬(Newcastle)에서 교구 목사로 임명받아 설교를 시작하였다. 1551년에는 궁정 설교자로 초청받아 에드워드 왕 앞에서 서는 등 영국에서 훌륭한 설교자요 개혁자로 인정을 받았다.

낙스를 신뢰한 에드워드 6세는 그에게 영국의 4대 교구 가운데 하나인 로체스터(Rochester)의 주교 자리를 맡도록 제안하였다. 그러나 낙스는 감독정치가 성경에 기초한 정치 형태도, 유용한 정치도 아님을 내세워 정중히 거절하였다. 낙스는 베릭에서 목회하면서 장로정치를 실시하였고, 개혁주의적인 예배를 드렸다. 그는 성찬 시 떡과 포도주를 받을 때 무릎을 꿇는 것은 우상 숭배와 같다고 정죄하고, 참여자들을 성찬 식탁에 둘러앉게 하였다.

1553년 에드워드가 죽고 메리 여왕 (the Bloody Mary)이 왕위에 오르자, 프로테스탄트에 대한 본격적인 박해가 시작되었다. 캔터베리 대주교 토머스 크랜머(Thomas Cranmer)를 비롯하여 니콜라스 리들리(Nicholas Ridley)와 휴 라티머(Hugh Latimer) 등 300여명의 개혁자들이 스미스필드(Smithfield)에서 화형에 처하여졌다. 낙스를 포함한 800여명의 개혁자는 박해를 피해 대륙으로 피신하였다.

낙스는 프랑크푸르트(Frankfurt)로 건너가서 성경이 제시하는 장로정치를 실현하고자 하였지만 감독주의자인 리처드 콕스(Richard Cox)의 강한 반발로 뜻을 이루지 못하였다. 콕스는 칼빈의 추종자였지만, 교회 행정은 성직자들에게 일임하여야 한다는 사상으로 프랑크푸르트 피난민 교회를 영국 성공회처럼 만들려고 하였다.(엘리자베스가 왕위에 오르자, 콕스의 지지자들은 귀국하여 성공회 정책을 폈지만, 낙스의 지지자들은 감독정치를 펴던 영국 국교회를 비판하며 청교도 운동을 전개하였다.)

낙스는 프랑크푸르트를 떠나 칼빈이 있는 제네바로 갔다. 제네바는 칼빈의 노력에 의하여 성경대로 개혁된 거룩한 도시로 변모하여 있었다. 제네바의 개혁된 모습을 본 낙스는 "사도 시대 이래로 가장 완전한 그리스도의 학교"라고 찬양하였고(McNeill 1979, 295), 영국 피난민을 돌보면서 칼빈과 함께 교회 개혁 운동을 전개하였다.

1555년 섭정 기즈가의 메리(Mary of Guise)가 잠시 종교적 관용 정책을 폈다. 영국의 메리 여왕이 프로테스탄트를 박해하자, 영국과 적대적인 관계에 있던 스코틀랜드의 왕실이 영국과 반대로 종교개혁자들에게 관용적인 자세를 취하였던 것이다. 이 틈을 탄 낙스는 그 해 8월 고국 스코틀랜드를 방문하여 마저리(Marjorie Bowes)와 결혼하였다.

낙스는 6개월간 스코틀랜드 전역을 여행하면서 개혁 신앙의 전파에 힘을 기울였다. 미사를 적그리스도적인 교회의 산물이라고 지적하며, 개혁주의적 방식의 성찬을 시행하였으며, 가장(家長)은 가정의 제사장으로 가족의 신앙 문제를 책임을 지고 가정 예배를 통한 경건한 가정을 이룰 것을 호소하였다. 또한 초대교회의 모범을 따라 평등과 자율에 근거한 교회 정부를 세울 것을 역설하였다.

낙스는 당시 여러 명의 정치 지도자들과 교분을 쌓았다. 스코틀랜드 메리 여왕의 이복형제로 후에 스코틀랜드 모레이 지역의 백작(Earl of Moray)이 된 제임스 스튜아트 경(Lord James Stewart)과 아가일 백작(Earl of Argyll)이 된 로른 경(Lord Lorne), 글렌케른 백작(Earl of Glencairn)과 레싱톤의 윌리엄 메이트랜드 (William Maitland of Lethington)와 교제하면서 개혁 신앙을 소개하였다.

낙스가 제네바로 돌아간 뒤, 에든버러 지방 법원은 낙스를 이단으로 정죄하고 그의 형상으로 허수아비를 만들어 불태웠다. 그러나 낙스를 지지하던 정치 지도자들은 1557년 12월 오직 참된 복음만 의지하여, "우리들의 모든 능력과 목숨을 다하여" 그리스도의 교회를 보호 · 보존하고, "더러움과 신성모독"에 가득 찬 우상 숭배를 자행하는 "사단의 모임"을 배척하며, 전심전력을 다해 진정한 종교개혁을 실행하기로 하나님과 사람들 앞에서 서약하였다. 이를 '제일 계약'(The First Bond)이라고 칭하는데, 그들이 계약에 서명함으로 장로교 운동이 드디어 시작되었다(Reid 1974, 163). 「제일 계약」은 모든 교구에서 에드워드 6세가 만든 「제2 기도서」를 사용하고, 사적인 성경 해석을 인정하며, 평신도의 성경 소유를 허용하였다.

낙스가 고국 방문 중이던 1555년 11월 1일 칼빈이 영국 피난민을 위한 교회를 열었다. 피난민들은 매주 50명에서 200여명 정도 회집하였으며,[19] 크리스토퍼 굿맨(Christopher Goodman)과 안소니 길비(Anthony Gilby)를 임시 목사로 세우고 성경적인 교회 운동을 전개하였다.

낙스는 제네바로 돌아오자마자, 피난민 교회의 목회에 참여하였다. 그는 동료들과 함께 1556년 2월 「기도의 형식과 성례 등의 집행」(The Form of Prayers and Administration of the Sacraments etc.)을 출판하였다. 이 책에서, 그들은 신앙고백과 예배 모범과 교회 정부의 조직에 대한 의견을 피력하였고, 신앙고백이나 예배와 치리는 반드시 성경의 가르침에 따를 것을 주장하여 「공동기도서」나 에드워드 6세 때 만든 신앙고백서와는 판이하게 다른 입장을 표명하였다.

예배는 죄의 고백, 시편 찬송, 주의 강림을 비는 기도, 설교 및 그 후의 질의응답, 목회자의 기도, 축도 순으로 진행하였고, 예배를 성경 해석이라고 할 만큼 설교 중심적이었으며, "하나님의 감동을 따라 누구든지 말하거나 질의할수 있다"고 하여 의식적인 것을 피하였으며, 목사는 예배 형식에 매이지 않고 성경을 중심으로 예배를 인도하게 하였다. 그리고 「공동기도서」와 구별되게

---

19) 영국 피난민은 제네바에 213명 이상 머물지 않았다. 이들 가운데 직업을 보면, 신사 계급이 30명, 상인 10명, 공인 13명, 학생 20명, 사제 8명, 농업 4명이고, 설교자라고 직업이 기록된 자와 직업이 명시되지 않은 이가 있다. 이 숫자는 유럽 여러 나라에서 제네바로 피난 온 전체 난민 수에 비하면 높은 것이다. 난민 수를 보면, 신사 계급 166명, 상인 40명, 공인 32명, 학생 119명, 사제 67명이었다. 이 통계는 「제네바 주민등록서」(Règistre des Habitants)에 근거한 것이다(Reid 1974, 133에서 재인용).

목사가 사용하던 기도문을 생략하였다. 세례는 기도와 설교를 통해 거행하며, 성찬식은 한 달에 한번, 또는 회중이 원하는 때에 실시하도록 하였다. 성찬을 행할 때는 목사가 회중과 함께 식탁에 앉아 감사드린 후, 모든 이에게 분배하였다. 포도주도 마찬가지 순서를 따르고, 감사 기도를 드린 후, 시편 찬송과 축도로 마치도록 하였고, "아무도 하나님의 말씀에 의한 보장 없이는 이 거룩한 예식에 다른 것을 첨가하지 못하도록" 규정하였다(Reid 1974, 135).

사실상, 「기도의 형식과 성례 등의 집행」에는 낙스의 사상이 그대로 나타나고 있다. 낙스는 성례 집행이나 예배 의식에 신약에서 가르치는 규범과 실례를 따를 것을 주장하였다. 그는 1549년 베릭에서 인간이 창안해 낸 예배가 아닌 성경적이며 단순한 예배를 시도하였으며, 이러한 입장은 1550년에 쓴 「주의 만찬에 관한 기독교 신앙의 선언」(Declaration of the Christian Belief in the Lord's Supper)에 여실히 드러나 있다.

낙스는 1553년 예식서 사용 문제로 프랑크푸르트에서 콕스와 논쟁을 벌였다. 1554년에는 제네바에서 런던의 프로테스탄트들에게 편지를 보내면서 예배 내용 가운데 인간의 고안품은 우상 숭배에 지나지 않는다고 썼고, 1556년에는 스코틀랜드 장로교인들에게는, 자신이 동료들과 같이 최근에 출판한 「기도의 형식과 성례 등의 집행」에서 지적한대로, "성경과 형제들의 총회의 논의"에 따를 것을 충고하였다(Reid 1974, 136, 137). 또한 영국에서 1559년에 「공동기도서」가 나오자, 그 내용이 "뒤죽박죽"(a mingle mangle)이라고 비난하였다. 낙스는 이와 같이 소견에 좋은 대로 드리는 인위적이며 형식적인 예배를 가증한 것으로 보았다. 일부의 학자들은 낙스의 이러한 예배관이 칼빈과 다른 점이라고 주장한다.[20]

---

20) Macmillan은 그의 책 The Worship of the Scottish Reformed Church, 1550~1638.에서 칼빈은 낙스와 달리 예배 의식서(liturgy)를 좋아하였다고 주장하였다(Macmillan 1931, 57f.). 그러나 Reid는 칼빈은 예배 예식서를 따라 예배하는 것을 좋아하지 않았다고 하였다(Reid

낙스 일행은 「기도의 형식」에서 교회 행정 문제도 다루었다. 그들은 신약 시대의 교회 직분으로 목사, 장로, 집사만을 인정하고, 매년 선거에 의하여 뽑 도록 하였다. 장로는 교인을 다스리면서 목사를 보좌하고, 집사는 구제금을 모아서 분배하는 일을 하며, 목사는 말씀과 성례 집행의 업무를 담당하는 것 으로 보았다. 매주 목요일은 이 세 직분자들이 모여 교회 일을 논의하고 치리 하도록 하였다. 세 직분자들은 동등한 가운데 그리스도의 통치를 실현하여 현 대적인 민주 체제의 기초를 놓았다. 교회 치리의 목적은 교회를 보호하고, 죄 인을 회개시키며, 회심을 통하여 하나님을 영화롭게 하는데 있으며, 치리는 사 적인 권면에서 공적인 비난으로 전개되고, 최종적으로는 출교까지 할 수 있다 고 하였다. 출교는 당회가 아닌 전교인의 결의를 거칠 것과 책벌의 기준은 성 경에 따르도록 명시하였다.

그 후, 낙스는 영국과 스코틀랜드의 여성 통치자들이 가하는 종교적 박해를 혐오하면서, 1558년 「괴물 같은 여성 통치에 대항하는 첫 번째 나팔 소리」 (First Blast of the Trumpet Against the Monstrous Regiment of Women)라는 책을 출 판하였다. 이 책에서, 그는 여자들이 나라를 다스리는 것이나, 특히 남편이 외 국인일 경우 그에게 통치권을 양도하는 것은 잘못이라고 비판하였다. 그는 다 음과 같이 썼다: "자연의 빛, 하나님께서 창조하신 만물의 질서, 여인들을 향 한 저주와 악담, 하나님의 율법과 말씀의 해석자인 성 바울의 말, 하나님의 교 회에서 가장 존경을 받아 온 저자들의 지혜에 의하여 조명된 규칙과 법령에 의하면, (여인들의 지배는) 자연에 어긋날 뿐만 아니라, 하나님의 뜻과 율법에 역행하는 것임이 분명히 밝혀지고 있다. 여인이 국가와 제국을 손아귀에 넣 고, 남성을 지배하거나 국가, 영지, 지방, 도시의 통치자가 된다는 것은 하나님

1974, 135). 왜냐하면, (1) 칼빈은 1548년 10월 22일자 영국의 소머셋(Somerset)에게 보낸 편 지에서 성찬식에 목사나 교인들이 비성경적인 요소를 삽입하는 것을 반대하였고(Letters de Jean Calvin, J. Bonnet, ed. (Paris, 1854), 1:261), (2) 칼빈 자신이 사용한 예배 형식을 보면 예배를 집전하는 목사에게 보다 많은 재량을 허용하고 있기 때문이다(Calvin 1949, 2:109 ff.)

을 모독하지 않고는 행해질 수 없는 일이다"(Reid 1974, 147). 낙스의 여성 통치 비판은 당시 폭정을 일삼던 영국 여왕 피의 메리와 스코틀랜드의 지배자 기즈 가문의 메리, 프랑스의 앙리 2세의 왕비 캐더린 메디치를 의식한 것이었지만, 칼빈을 비롯한 많은 개혁자들의 비난을 받았다.[21]

1558년 11월 17일 영국에서 '피의 메리' 여왕이 죽자, 왕위 계승 논쟁이 일어났다. 로마교황청과 스코틀랜드 왕실은 영국의 헨리 7세(Henry Ⅶ)의 증손인 스코틀랜드의 메리(Mary of Scots)에게, 영국 왕실은 엘리자베스에게 각각 왕위 계승권이 있다고 주장하였지만, 결국 엘리자베스가 왕위를 계승하였다. 엘리자베스는 왕위에 오르자마자 프로테스탄트에 대한 관용을 베풀어 많은 개혁자의 귀국을 허용하였다. 엘리자베스의 정책은 스코틀랜드의 개혁자들에게 영국을 힘입어 교회를 개혁할 수 있을 것이라고 하는 기대감을 안겨 주었으며, 낙스도 그렇게 생각하였다.

낙스와 「제일 치리서」

낙스는 개혁에 대한 소원을 가지고 1559년 5월 스코틀랜드로 돌아갔다. 귀국하면서 그는 "오 하나님, 나에게 스코틀랜드를 주시든지 아니면 죽음을 주십시오."(O God, give me Scotland or die.)라고 부르짖었는데, 이 기도는 역경 가운데서도 점차로 현실화되었다. 그 해 7월 낙스는 에든버러의 목사로 선택되었고, 세인트 자일스 교회당에서 매주일 2번 설교하는 등 적어도 일주일에 3번 이상 설교하였다.

낙스는 스코틀랜드 전역을 다니면서 설교함으로 많은 지지자를 얻었다. 낙

---

21) 여성의 통치에 대하여 반대한 것은 낙스만이 아니다. 스트라스부르에서 제네바에 망명 중에 사망한 포네(Ponet) 주교도 「정치력에 관한 논문」(*Treatise of Politick Power*)에서 여성의 통치를 반대하였고, 쟝 보댕(Jean Bodin)도 「공화국」(*De Republica*)에서 같은 의견을 표명하였다.

스의 설교 운동과 함께, 1559년 말 종교개혁자와 프랑스의 지지를 받던 왕실의 대결이 절정에 이르렀다. 그 해 12월 프랑스군은 스코틀랜드에 대한 영향력을 강화하기 위해 900여명의 군대를 추가로 파송하였고, 계속하여 15개 연대의 병력을 더 보낼 계획을 세웠다. 마침내 1560년 1월 프랑스군의 종교개혁자에 대한 소탕 작전이 시작되었다. 곤경에 처한 낙스 일행을 돕기 위해 영국이 군대를 파송하면서, 이 싸움은 영국과 프랑스의 전쟁으로 비화되었다. 그 해 4월, 낙스가 에든버러 중심에 있는 세인트 자일스 교회(St. Giles Church)를 담임하게 되었고, 6월에는 종교개혁의 장애물이었던 기즈 가문의 메리가 사망하였다. 1560년 7월 6일 에든버러 조약(Treaty of Edinburgh)이 체결되어 영국과 프랑스 군대가 스코틀랜드를 떠나면서 마침내 평화가 찾아 왔다.

낙스는 1560년 8월 그의 동료들과 함께 교회 전체의 전면적인 개혁을 요구하는 청원서를 의회에 제출하였다. 이에 대한 찬반 토론이 있은 후, 스코틀랜드 의회는 낙스와 다섯 명의 목사에게 신앙고백서 작성을 요청하였다(다른 5명의 목사는 존 스파티스우드(John Spottiswood), 존 로우(John Row), 존 더글러스(John Douglas), 존 윈램(John Winram), 존 윌록(John Willock)이다.). 이들은 4일 만에 신앙고백서를 작성하여 의회의 상임위원회에 제출하였고, 상임위원회는 이를 인준하여 본회의에 상정하였다. 로마천주교도들이 입법 과정을 살피려고 참석하였지만, 의회가 종교개혁자들이 제출한 신조를 채택함으로 종교개혁자들의 승리로 끝났다. 의회는 로마교황청이 주장하던 교회의 사법권을 폐지하고, 미사를 불법으로 정죄하는 등 로마천주교회의 모든 집회를 불법화하고, 프랑스와 단교를 선언하였다.

낙스 일행에 의하여 작성된 「스코틀랜드의 신앙고백서」(The Scot Confession)는 25개 조항으로 구성되었으며, 대륙의 개혁교회 영향이 두드러지게 나타난다. 스탠퍼드 리이드(Stanford Reid) 교수는 「신앙고백서」가 제네바로부터 가장 큰 영향을 받았다고 주장하면서 이렇게 서술했다: "곧 칼빈의 요리

문답과 제네바에 있던 영국 회중이 만든 신앙고백 등이 분명히 그 기초를 이루고 있다. 동시에, 낙스가 스코틀랜드에 갖고 들어온 것으로 보이는 1559년의 「프랑스신앙고백서」도 용어와 신학적으로 볼 때 밀접한 관계를 갖고 있다. 또한 아 라스코(John à Lasko)와 불링거(Bullinger)의 글들, 발레리안 포울레인 (Valerian Poulin)의 「거룩한 예식서」(*Liturgia Sacra*) 가운데, 특히 '교회의 표지' 부분 등과도 상당한 유사점이 있다"(Reid 1974, 192).

신앙고백이 이처럼 대륙 교회의 영향을 받고 있지만, 스코틀랜드교회의 산물이요, 낙스의 작품임에 틀림없다. 특히 신조가 채택하고 있는 세속 정부에 대한 입장은 낙스의 사상으로, 하나님 앞에서 행정 관료의 의무와 책임을 강조하고 있다. 신앙고백서는 이신칭의, 선택, 은혜에 의한 하나님의 예정, 모든 신앙 문제에서 성경의 최종적인 권위에 대해 명확하고 상세하게 서술하였으며, 비성경적인 교리나 인간이 만들어 낸 예배 의식, 교황의 권세 그리고 교회 회의의 권위를 부정하였다. 특히 미사를 엄격하게 금지하였다.

낙스는 1560년 12월 20일 에든버러에서 자신을 포함한 6명의 목사와 36명의 장로들과 함께 스코틀랜드 장로교회를 조직하였다. 총회는 미사를 집전하고 있는 사제들을 처벌하기 위한 법률의 집행을 의회에 청원하였으며, 그 명단을 첨부하였다. 총회를 1년에 2번씩 개최하기로 하고, 차기 총회에 참석할 총대들은 인근 교회들의 수입과 예산에 관한 정보와 토지 운영자들의 명단과 이들이 내는 세금을 파악하여 총회에 제출하도록 하였다. 낙스 일행이 이러한 조치를 취한 것은 교회 재산을 바르게 관리하여 목회자의 생활을 향상시키고 구제 사업을 전개하려는데 목적이 있었다.

총회는 1560년 5월 낙스가 작성한 「제일 치리서」(*The First Book of Discipline*)를 스코틀랜드 장로교회의 정치 원리로 채택하였다. 「제일 치리서」는 칼빈이 제네바 교회에서 사용하던 「교회 헌법」(*Ecclesiastical Ordinances*), 아 라스코 (John à Lasko)가 런던에서 사용하던 「양식서」(*Formula*), 프랑스개혁교회가 1557년에서 1559년 사이 작성한 「권징서」를 근거로 하여 작성되었다. (이 치리서를 「제일 치리서」라고 부르는 것은 멜빌이 작성한 「제이 치리서」와 구별하기 위해서이다.)

「제일 치리서」는 9장으로 나뉘어져 있지만 중요한 내용은 교리, 성례, 목사와 그들의 합법적 선택, 목사의 준비, 교회의 치리, 교회 정치 등 여섯 부분으로 구성되어 있다. 치리서는 성경을 신앙의 궁극적 권위로 인정하였고, 설교를 예배의 중심으로 강조하였다: "우리는 그분의 복음이 이 땅의 모든 교회와 모든 모임에서 참되고 공개적으로 전파되며, 이에 모순되는 모든 교리는 인간의 구원을 가로 막는 것으로 단호하게 억누를 필요가 있다."(서요한 1994, 152).

또한 세례가 설교와 함께 시행되는 것이 좋다고 하면서 주일날이나 주중 예배 때 설교 후에 시행하도록 하였다.

「제일 치리서」는 스코틀랜드를 도덕적으로 개혁하기 위해 철저한 권징의 실시를 주장하였다. 치리서의 작성 동기는 "순결한 생명을 구하고, 폭정을 억제하며, 억압받는 자를 옹호하고, 우리의 몸을 깨끗하고 거룩하게 지키며, 진지하며 절제하는 생활을 하고, 모든 사람에게 말과 행동으로 공평히 대하며, 우리의 이웃을 해하는 모든 것들을 억누르기 위함이요, 십계명의 둘째 판에 기록된 선한 일들을 행함으로 하나님을 기쁘게 하게 하기 위함"에 있었다.

「제일 치리서」는 교회와 사회 내의 계급 구조를 제거하였다. 모든 신자는 동등한 지위를 지니고 있으며, 교회는 과부나 고아, 노인 등 힘없는 사람과 압제받는 자들을 돌보기 위하여 예산을 사용할 것을 명하였다. 그리고 정부 차원에서 게으른 자와 거지들을 징계함으로 노동을 신성시 할 것을 규정하였다. 회중이 장로와 집사와 같은 교회 직원을 뽑을 때 순결성, 정직성과 성실성의 유무를 확인할 것과, "교회 직원을 뽑는 일은 지역 회중의 자유"임을 선언하였다.

「제일 치리서」는 완전한 장로교 체제라고 할 수 없으나 칼빈이 만든 체제를 왕국 전체에 적용하려는, 아주 괄목할만한 문서였다. 교구마다 회중이 동의한 목사와 장로들이 있어서 이들이 규율위원회를 구성했으며, 이는 후일 출교권을 가진 당회(session)로 발전하였다. 지역 교회들의 문제를 토론하기 위해 노회(presbyteries)가 생겼고, 목사 단체와 교회 단체 위에 대회(synods), 그 위에 총회(General Assembly)가 있었다.

치리서는 장로정치를 성경적인 교회 정부 형태로 수용하면서, 신약시대의 교회 직원으로 목사와 장로, 집사가 있다고 명시하였다. 교회 직원들은 노회와 대회의 감독 아래 교인들이 선출하고, "한 사람이 오랫동안 직무를 맡으므로 교회의 자유가 침해되지 않도록 하기 위하여," 장로와 집사의 임기는 1년으로 제한하였다.

목사의 주된 업무는 설교로, 설교의 목적은 교훈과 설득에 있고, 성도들이 쉽게 교리를 파악할 수 있도록 성경을 순차적으로 강해할 것을 명하였다. 성경 교리를 논의하기 위하여 일정한 거리 안에 거주하는 목회자들이 매주 모임을 갖도록 하였으며, 의장(moderator)을 뽑아 모임을 주관하게 하였다.

「제일 치리서」는 기독교 교육을 위한 제안도 곁들였다. 경건과 학식을 겸비한 자들의 필요성을 인식하여 매 교구는 학교를 설립하여 모든 사람이 대학 수준 이상의 교육을 받도록 하였다. 교회에 문법과 라틴어, 교리 공부를 가르칠 교사(schoolmaster)를 두고, 각 마을마다 고등교육 기관을 세우고, 스코틀랜드에 3개의 대학을 설립하도록 하였다. (그 결과 고등학교와 대학들이 세워졌고, 교육 운동으로 인하여 스코틀랜드는 문맹률이 크게 감소되었다. 1696년이 되자, 각 교구는 독자적인 학교를 가지게 되었고, 이때부터 스코틀랜드는 유럽에서 최상급의 교육제도를 갖춘 국가가 되었다.)

「제일 치리서」에 보면 목사가 없는 교회에는 독경사(Readers)를 두었고, 프랑스개혁교회의 예를 따라 주교직을 변형화하여 10명의 '감독자'(Superintendent)를 두었다. '감독자'는 영적인 권위 없이 다만 교구 조직을 감독하고 교역자 후보를 추천하는 행정권을 가지고 있었다. '감독자'의 의무는

말씀의 전파와 교인의 심방으로, 직무 태만 시에는 직위와 상관없이 물러나야
했다. 그러므로 「제일 치리서」의 감독자가 성공회의 주교직과 같다는 견해는
합당치 못한 것이다.[22]

낙스는 「제일 치리서」를 통하여 빈민 구제에 큰 관심을 나타냈다. 빈민 구
제와 보호가 교회의 사명이라고 생각한 낙스는 성찬 예식 때마다 가난한 자를
위해 특별 헌금을 하고, 집사들이 부자들로부터 1년에 4번씩 구제 헌금을 거
두어 가난한 자를 돌볼 것, 모든 시민에게 부과하던 십일조 세를 가난한 사람
들에게는 부과하지 말 것을 강조하였다.

낙스는 「제일 치리서」에서 구제 사업을 교회가 주도적으로 하기 위해 로마
천주교회의 소유 대지를 교회가 양도받아서 관리할 것을 제안하였다. 그러나
당시 교회 재산의 대부분을 귀족들이 소유하고 있었기 때문에 의회의 저항을
받았다. 낙스는 성경적 근거가 없는 모든 관습을 없애고자 축제일과 성일을
폐지하였고, 오직 주일만을 성일(聖日)로 간주하였다. 예배의 개혁을 위해
1564년 소위 '낙스의 예배의식서'(Knox's Liturgy)라고 불리는 「공동예배서」
(Book of Common Order)를 저술하여 총회의 승인을 받았다. 주로 제네바에 있
던 영어 회중의 예배 예식서에서 기초한 것으로, 자유로운 기도를 많이 하도
록 허용했고, 주어진 형식은 하나의 모범으로 간주되었다. 예배의 일반적 순
서와 내용은 아주 분명했지만, 이를 엄격하게 적용할 필요는 없었다.

---

22) 어떤 이는 '감독자' 직분이 엘리자베스 당시 영국교회에서 볼 수 있었던 주교와 같은 것으
로 낙스가 주교직을 인정하였다고 주장한다. 그렇지 않다. 왜냐하면 낙스가 처음 작성한 원
본에는 '감독자'에 대한 언급이 없고, '감독자'라는 말은 1560년 가을 존 윌락(John
Willock)과 존 스파티스우드(John Spottiswood)가 수정 작업에 참여하면서 나타났기 때문이
다. 치리서의 '감독자'는 주교와 달리, 그 임기가 한정적이었고, "자기가 관할하는 지방으로
부터 비판과 치리를 받는 입장에 있었으며, 총회 때마다 집회 초기의 활동에 대한 감사를 받
았다"는 것을 기억해야 한다(Reid 1974, 201). 또한 낙스는 장로교 신앙 때문에 에드워드 6세
가 로체스터 주교직 제안했을 때 거절하였으며, 존 더글러스(John Douglas)가 세인트앤드루
스의 주교직에 취임하려 할 때 주교직이 비성경적임을 내세워 강력히 반대하였다는 것도 잊
지 말아야 할 것이다.

낙스와 메리의 대결

스코틀랜드는 낙스의 종교개혁에 힘입어 기독교 국가로 변모하였다. 뛰어난 설교자였던 낙스는 성경을 풀어 해석함으로 많은 지지자를 얻었다. 세인트 자일스 교회당에서 그의 설교를 접한 앤드루 멜빌(Andrew Melville)은, "그는 보통 처음에는 몸을 약간 구부정하게 한 채로 설교를 시작했지만 마지막에는 어찌나 활력과 정력이 넘치는지 마치 설교단을 산산조각 내고, 날아오르려 하는 것처럼 보였고," 낙스가 다니엘서를 강의할 때는 너무나 동요되어서 "펜을 잡고 필기할 수 없을 정도"였다고 기술하였다(Spitz 1971, 295). 낙스의 영력 있는 설교를 통하여 시민들은 성경적인 개혁 운동에 대해 알게 되었다. 정치적인 지도자들이 종교개혁 운동에 앞장섰고, 서민 대중도 종교개혁의 대열에 동참하였다.

1561년 8월 프랑스로부터 18살의 젊은 여왕 메리(Mary of Scots)가 귀국하면서 스코틀랜드의 종교개혁은 위기를 맞게 되었다. 메리 여왕은 어린 나이에 프랑스로 가서 로마천주교회 교육을 받은 철저한 로마천주교 신자였다. 1560년 12월 그녀의 남편이며 프랑스 왕인 프랑수아 2세(Francis II)가 죽자, 다음 해 스코틀랜드로 영구 귀국하였다. 고국의 동정적인 분위기에 고무된 메리는 당당하게 국사(國事)를 자신의 뜻대로 집행하려고 하였다.

메리가 더 이상 프랑스의 왕비가 아니었으므로, 국가 독립을 위해 종교개혁을 지지했던 사람들은 이제 프랑스의 위협이 사라졌다고 생각하였다. 그러나 철저한 왕권신수설의 신봉자였던 메리는 귀국과 함께 스코틀랜드에서 절대왕정을 실현하고, 로마천주교회를 회복하고자 하였다. 먼저 국법이 금하고 있던 미사를 부활시킴으로 자신의 뜻을 펴기 시작하였다.

메리의 미사 제도 부활을 경계하던 낙스는 그것이 스코틀랜드에 미칠 영향을 우려하며 앞장서서 비난하였다. 한번의 미사는 만 명의 군대가 쳐들어오는 것보다도 더 두려운 것이라고 지적하였다. 낙스의 비난을 왕권에 대한 도전으로 간주한 여왕은 낙스를 소환한 후 경고하였다. 낙스는 여왕에 대항하여 반란을 일으킬 의사가 없음을 밝힌 후, 신앙 문제에서 자신의 주장이 로마천주교 주장보다 더 성경적이므로 여왕이 승복할 것과, 만약 국왕이 참된 종교를 박해할 경우 국민들은 왕에 대항하여 무력 항쟁을 벌일 것임을 밝혔다.(낙스의 저항 사상은 칼빈과 메이저의 영향이다. 칼빈은 「기독교 강요」의 마지막 장에서 행정 관료는 폭군을 제어할 수 있다고 하였고, 존 메이저(John Major)는 「대영국사」 (History of Greater Britain)와 「문장론 제4권 주해」(Commentary on the Fourth Book of the Sentences)에서 강압적이고, 악한 왕들은 제거할 수 있다고 하였다.)

이러한 시기에 교회 재산 활용에 대한 논쟁이 전국적으로 일어났다. 이미 낙스는 1559년 교회 재산을 정리하여 가난한 자와 목회자의 생활을 지원하려고 하였다. 그러나 교회 토지의 3분의 2를 소유하고 있던 귀족들이 로마천주교회의 성직자들에 대한 교회 몫의 수입 분배를 거부하였기 때문에 뜻을 이룰 수 없었다. 그들이 수입 가운데 4분의 1을 왕실에 할애하겠다고 제안하였으나 종교개혁자들은 모든 재산을 일단 왕에게 주어 재분배할 것을 주장하였다. 일련의 토의 끝에, 귀족들은 현재의 성직록을 받는 이들이 수입의 3분의 2를 갖고, 나머지는 여왕과 프로테스탄트의 몫으로 할당하기로 하였다. 토지 개혁이 아니라 기존의 형태를 거의 유지하는 것과 같은 셈이었다. 낙스는 이러한 조치에 대하여, "3분의 2는 완전히 악마에게 넘겨주고, 나머지 3분의 1은 악마와 하나님이 나누어 가지게 되었다"고 비난하였다(Reid 1974, 219). 재산 분배 과정을 통하여, 여왕은 17,000파운드의 연간 수입에다 상당량의 추가 소득을 얻게 되었지만, 로마천주교회는 20배 가까이 되는 30만 파운드 이상을 가지게 되었고, 그 가운데 3분의 2가 귀족들의 몫이었다. 따라서 교회 수입의 3분의 1을 목사의 급료와 구제와 교육에 충당하려 한 개혁자들의 계획은 차질을 빚게 되었고, 이로 인해 프로테스탄트 교회와 정부의 갈등은 더욱 깊어갔다.

1562년 12월 25일 에든버러에서 총회가 재개되어 교회의 당면 문제들을 다루었다. 낙스는 세 가지 문제를 제기하였는데, 첫째는 빈민 구제였다. 총회는 빈민 구제를 위한 청원서를 왕에게 제출하도록 낙스를 임명하였다. 둘째는 각 교회에 속한 목사관과 영지를 목사에게 넘겨주어 이들의 생활수준을 향상시킬 것을 제안하였다. 셋째는 성례와 결혼과 장례를 위한 「제네바 예식서」(The Book of Geneva)를 총회가 수용할 것을 요구하였다.

총회는 「제네바 의식서」를 받아들이고, 성찬식을 도시에서는 1년에 4번, 지방에서는 1년에 2번 실시하도록 하였다. 총회가 예식서를 성례와 결혼과 장례를 위해서만 사용하도록 한 것을 보면, 이러한 조처가 일반적인 의미에서의 예식서를 따라 예배하는 방식과는 다르다는 것을 알 수 있다. 한 편 이 예식서를 의무적으로 사용하도록 한 것이 아니라, 교역자들과 당회의 재량과 판단에 따라 행하도록 하였다는 것은 많은 문제점을 내포하고 있음을 보여준다.

낙스와 메리의 싸움은 계속되었다. 메리는 낙스의 종교개혁을 반대하면서 스코틀랜드를 로마천주교 국가로 만들려고 하였다. 1563년 스페인의 돈 카를로스(Don Carlos)와 결혼 계획을 세워 천주교회의 역량을 과시하고자 하였다. 이에 낙스는 그들의 결혼이 스코틀랜드에 미칠 영향력을 우려하여 적극적으로 결혼을 반대 하였다. 여왕이 무슨 권세로 자신의 재혼을 방해하느냐고 묻자, 낙스는 다음과 같이 대답하였다. "저는 여왕처럼 같은 왕국 안에서 태어난 백성입니다. 그리고 백작도, 남작도, 자작도 아니지만 (여왕의 눈에는 얼마나 사소하게 보일지 모르지만), 하나님께서는 저를 왕국의 유용한 지체로 만드셨습니다. 그렇습니다. 만약 왕국 안에 해로운 일이 일어날 것을 예견하면, 경고할 책임이 귀족들만 아니라 제게도 있습니다. 왜냐하면 저의 사명과 양심은 저에게 정직을 요구하기 때문입니다. 그러므로 여왕이여! 제가 공개적으로 외쳤던 것을 당신께도 직고하지 않을 수 없습니다. 만약 왕실 내의 귀족들이 당신이 불신자와 결혼하는 것에 동의한다면, 그들은 그리스도를 부정하고, 진리를 버리며, 왕국의 자유를 배반하는 것으로 여왕 자신을 위해서도 유익이 될 수 없습니다"(Reid 1974, 231). 낙스 일행의 강력한 반대에 부딪힌 메리는 결국 카를로스와의 결혼을 이루지 못하였다.

메리 여왕은 1565년 7월 영국에서 귀국한 단리 경(Lord Darnley)과 결혼하였다. 단리는 메리 다음으로 영국 왕위 계승권을 가지고 있던 인물로, 훤칠한 외모를 지닌 젊은이였으나 무능하였다. 결혼 후, 메리의 로마천주교 국가로의 환원 정책은 메리의 비서였던 이탈리아 출신의 데이비드 리치오(David Riccio)에 의하여 가속화되었다. 이에 종교개혁자들이 리치오를 교황청이 보낸 밀사라고 여기게 되고, 리치오와 메리와의 관계가 심상치 않다는 소문이 퍼졌다. 소문을 접한 단리는 질투심에 자객들을 보내 리치오를 칼로 찔러 살해하였다.

1566년 6월 메리는 리치오를 죽인 자를 검거할 것을 명령하였으며, 사건 조사 결과 그의 남편 단리가 주범이라는 것을 알게 되었다. 메리는 남편을 미워하게 되었으며, 출산을 앞두고 있던 몸으로 보스웰 백작과 사랑에 빠졌다.

메리와 보스웰의 애정행각은 보스웰이 메리의 남편 단리의 목을 졸라 죽임으로 비극으로 막을 내렸다. 메리는 보스웰을 벌하는 대신 그와 결혼하여 죄를 덮어주고자 하였다. 그러나 그녀의 어리석은 행동은 프로테스탄트는 물론 로마천주교의 분노를 초래하였다. 결국 메리는 1567년 부도덕한 여왕으로 정죄를 받고 폐위되었으며, 그의 한 살밖에 안된 아들 제임스 6세가 왕위에 오르게 되었다.

이와 같이 정치적 혼란기에 낙스의 지도를 받던 장로교회는 많은 개혁을 이루었다. 1566년 12월에 모인 스코틀랜드 총회는 목회자의 평등을 주장한 「제2 스위스 신앙고백」(The Second Helvetic Confession)을 승인하였다.(이는 스코틀랜드 교회가 세운 '감독자'(superintendent)라는 직분이 계급적이 아님을 확연하게 보여주는 것이다). 그리고 총회는 「스위스 신앙고백」에 따라 크리스마스와 성자 기념일 등의 각종 성일(Holy days)을 부인하고, 오직 주일만을 거룩하게 지킬 것을 선언하였다. 스코틀랜드 장로교도들은 이 때부터 성경적인 절기만을 교회력으로 채택하게 되었다.

2. 앤드류 멜빌과 사무엘 러더포드

메리가 폐위된 후 스코틀랜드는 강력한 장로교회 국가가 되었다. 1567년
의회는 1560년 의회가 결정한 종교개혁 정책들을 재확인하였고, 주교대신 목
사를 세웠다. 그러나 1572년 낙스의 죽음과 함께 사정은 달라졌다. 제임스 6세
의 섭정이던 모톤의 백작(Earl of Morton)이 스코틀랜드를 영국과 같이 만들기
위해 감독주의를 다시 소개하고 존 더글러스(John Douglas)를 주교로 임명하였
다. 감독정치가 소개되면서 장로정치는 재도전을 받게 되었다. 이러한 배도의
시기에 스코틀랜드의 장로교회를 구한 사람이 앤드루 멜빌이다.

앤드루 멜빌과 「제이 치리서」

앤드루 멜빌(Andrew Melville, 1545~1622)은 몬트로스 근교에서 태어났고,
세인트앤드루스대학교에서 수학한 후 프랑스 파리로 건너가 신학 교육을 받
았다. 1569년 제네바로 가서 베자의 영접을 받았으며, 아우구스부르크 은행가
퍼거(Ulrich Fugger)의 도움으로 헬라어와 히브리어 사본들을 구해 연구하여 유
창하게 읽을 수 있게 되었다. 그는 베자의 임명을 받아 제네바 아카데미의 헬
라어 강사가 되었고, 나중에는 시민법 학과의 과장이 되었다.

멜빌은 낙스의 사망 이후 교회가 혼란 가운데 있던 1574년 귀국하였다. 당
시 베자(Theodore Beza)는 스코틀랜드 교회에게 편지하기를, "제네바 교회가
스코틀랜드에게 보여줄 가장 큰사랑의 표시는 앤드루 멜빌이다."라고 하였다
(Dennison 1986, 65). 이는 멜빌이 어떤 인물인지를 보여주는 것이다. 멜빌은 귀

국 후 고등 교육의 실시와 장로교 정치의 회복을 위하여 전력을 기울였다.

스코틀랜드는 멜빌의 지도 아래 보다 철저한 교회개혁을 이루었다. 훌륭한 행정가요 신학 교수였던 멜빌은 1574년 글라스고우 대학교의 총장이 되어 학교의 발전을 이끌었고, 1580년에는 세인트 앤드루스대학교의 총장에 취임하여 교과과정, 교수법, 학문성, 그리고 학사 행정을 개혁하여 대학의 발전에 크게 공헌하였다. 특히 제네바 대학의 교육 제도를 스코틀랜드에 도입하였고, 낙스가 작성한 「제일 치리서」를 개정하여 1578년 '장로교 대헌장' 이라 불리는 「제이 치리서」(The Second Book of Discipline)를 작성하여 의회에 제출하고, 승인을 받았다.

그는 「제이 치리서」를 통해 보다 더 성경적인 장로정치를 적용하고자 하였다. 낙스가 '감독자' (superintendent)를 인정한 것과는 달리, 멜빌은 감독정치가 불법적이고 성경의 가르침에 위배되며 어떤 상황에서도 합리화될 수 없다 (Cunningham, 1:439)고 역설하였다. 그는 칼빈처럼 교회 직분을 장로와 집사 둘로 나누고, 성경에 나오는 "감독들, 목사들, 그리고 목회자들(ministers)은 동일한 용어"로 장로 직분에 대한 다른 묘사라고 보았다. 또한 「제이치리서」에서 국가 권력으로부터 교회가 독립되어야 한다고 가르쳤다. 교회는 국가 권력에게 양심과 종교에 관해 가르칠 권리와 의무가 있고, 하나님의 말씀에 따라 공권력을 사용하는 방법을 알려 줄 권리가 있다고 하였다. 이러한 멜빌의 노력으로 스코틀랜드는 1580년 장로교회를 회복할 수 있었다.

그러나 1584년 제임스 6세는 다시 감독주의를 교회 정치 원리로 채택하였다. 제임스는 국왕이 교회와 국가의 머리됨을 선포하였고, 1587년에는 교회 재산 폐기법(Act of Revocation)을 선포하여 모든 재산을 왕에게 귀속시켰다. 그렇지만 스코틀랜드인들은 1592년 장로교회를 다시 회복하였다.

멜빌은 감독제를 추구하는 제임스 6세와 여러 차례 대립하였다. 1596년에 열린 장로교 총회에서 제임스 왕에게 다음과 같이 충고하였다: "제가 전에 수

차례 말씀드린 바와 같이 지금도 말씀드립니다. 스코틀랜드에는 두 개의 왕국이 있고, 두 명의 왕이 있습니다. 이 나라의 머리인 제임스 왕과 교회의 머리인 예수 그리스도입니다. 제임스 왕은 그의 백성이요, 그의 왕국에서 왕(王)도, 주(主)도, 머리도 아니고, 하나의 지체일 뿐입니다. … 우리는 폐하를 왕으로 섬기며, 폐하에게 합당한 예우를 갖추고 복종할 것입니다. 그러나 거듭 말씀드리지만 폐하께서는 교회의 머리가 아닙니다. 폐하께서는 우리가 찾고 있는 영생을 이 땅에서 주실 수 없고, 우리에게서 빼앗아 가지도 못합니다. 그러므로 우리로 하여금 그리스도의 이름으로 자유로이 모이며, 교회의 일에 참여할 수 있게 허락해 주시기 바랍니다." (M 'crie 1885, 181). 그러나 제임스는 1597년 왕권신수설에 근거하여 감독제를 고집하였으며, 감독제를 도입하여 의회를 장악하고자 하였다.

1603년 제임스는 엘리자베스의 죽음과 함께 그의 뜻을 영국에도 펼 수 있었다. 영국 왕실이 인척관계에 있던 그를 영국의 왕으로 임명하였으므로, 제임스 6세는 스코틀랜드만이 아니라 영국까지 다스리게 되었던 것이다. 그는 왕위에 오르면서 제임스 1세(James Ⅰ, 1603~1625)로 명명되었다. 그가 장로교도들의 수중에서 양육되었음을 아는 영국의 장로교도들은 장차 영국이 장로교 국가가 될 것으로 기대하였다.

그러나 제임스 1세는 영국의 청교도는 물론 스코틀랜드의 장로교도까지 박해하였다. 공화정을 추구하는 장로교회보다는 정부가 교회를 다스리는 성공회 정치가 그의 통치권을 든든하게 해 줄 것으로 믿었기 때문이다. 제임스의 정책은 장로교도들의 반발을 초래하였으며, 특히 앤드루 멜빌은 거세게 반발하였다. 그는 제임스가 교회를 그의 수중에 넣으려 하자, 교회와 정부의 역할 구별을 외치면서 정부를 성토하였다. 이 일로 멜빌은 1607년 런던 타워(London Tower)에 투옥되어 4년간 영어(囹圄)의 생활을 거친 후 1611년에 영국에서 추방되었다. 그는 프랑스의 세단(Sedan)으로 건너가 그곳에 장로교도 양육에 남은 생을 바쳤다.

제임스 1세는 교회의 자유를 박탈하기 위해 모든 수단을 동원하였다. 뇌물과 협박으로 스코틀랜드의 옛 주교구들을 설득하여 1610년에 주교제가 완전히 회복되었다. 같은 해 스코틀랜드에서 3명의 주교를 런던으로 초청하여 영국 주교들에게 축성을 받도록 하였다. 1618년에는 스파티스우드(John Spottiswood)를 스코틀랜드 장로교 총회에 파송하여 (1) 성찬을 받을 때 무릎 꿇을 것, (2) 성탄절, 수난절, 부활절, 승천절, 성령 강림절 등 성일(聖日)의 엄수, (3) 감독교회적 견신례(Episcopal confirmation)의 시행, (4) 병자들을 위해 개인적으로 세례를 베풀 것, (5) 필요한 경우 개인적으로 성찬을 줄 수 있다는 내용의 「퍼스 5개 신조」(Five Articles of Perth)를 택할 것을 종용하여 86대 41로 통과시켰다.

그러나 대부분의 소교구들에서 이 조항들은 사문으로 남았다. 2세대에 걸쳐 성찬을 받을 때 무릎 꿇는 것은 비성경적이며 우상숭배에 가깝다고 배워온 회중들에게 느닷없이 무릎을 꿇으라는 명령은 이해할 수 없었기 때문이었다. 결국 제임스의 정책은 스코틀랜드 장로교도의 저항을 초래하였고, 종교적인 혼란을 가중시켰다.

제임스 1세가 1625년 서거하고, 그의 아들 찰스 1세(Charles I, 1625~1647)가 등극하면서, 스코틀랜드 교회는 더 힘든 시기를 맞았다. 찰스는 캔터베리의 대주교로 윌리엄 로드(William Laud)를 등용하여 영국에서 청교도 박해 운동을 전개하였고, 스코틀랜드에서는 예배와 교회정치에 있어서 성공회 정책에 따를 것을 강요하였다. 찰스는 1625년 철회령(Act of Revocation)을 공포하여 교회 조직을 계급화 하였고, 왕에게 스코틀랜드의 토지 소유권이 있음을 천명하였다. 스코틀랜드 귀족들은 장로교도 진영에 가담하여 왕의 철회령에 대항하였다. 찰스는 귀족들의 항거에 동요하지 않고 1633년 에든버러에서 대관식을 치름으로 자신의 입지를 보여주고자 하였다. 1635년에 스포티스우드를 대주교로 임명하였고, 1636년에는 주교들에게 스코틀랜드 교회법의 작성을 명하였다. 교회법은, 국왕의 수위권을 부정하는 자를 파문에 처하고, 공예배 시 즉흥적인 기도를 금지하고 성찬상을 제단으로 대체하도록 한 반면, 총회, 노회, 당회에 대하여는 언급하지 못하도록 하였다.

스코틀랜드의 주교들은 캔터베리 대주교 로드의 조언을 받아 들여 「스코틀랜드 기도서」(The Scottish Book of Common Prayer)를 작성하였다. 이는 영국의 「공동기도서」와 대동소이하지만, 칼빈과 루터의 입장을 거부하고 중세적인 예배를 추구한 점이 다르다. 성찬을 제사로 보는 암시들, 죽은 자를 위한 기도를 실은 점 등은 천주교회로 회귀를 의미하였다. 1637년 스코틀랜드 전역에 국왕의 담화문이 내걸려 「공동기도서」가 스코틀랜드 유일의 예배 형식이며, 모든 소교구는 부활절 전에 기도서를 구입해야 한다고 공고하였다.

그해 7월 넷째 주일인 7월 23일에는 세인트 자일스 교회당에서 이 기도서를 공식 사용할 것을 명하였다. 이 때부터 장로교회가 폐지되고 성공회 의식의 예배가 드려지게 된 것이다. 그 날 사제장(Dean)이 기도서를 낭독하려고 하자, 제니 겟즈(Jenny Geddes)라는 여인이 큰 소리를 지르면서 의자를 집어 던졌고, 다른 성도들도 기물을 집어 던졌다. 이 소동은 성공회 정책에 대한 반발의 표출이었다. 스코틀랜드의 장로교도들은 찰스의 종교 정책에 항의하면서 장로교 수호에 목숨을 걸 것을 서약하였다. 그들은 에든버러의 그레이프라야 교회당(Grey Friar's Church)에 장로교 총회를 소집하였다.

'국민 계약'과 '엄숙 동맹과 계약'

1638년 소집된 스코틀랜드 장로교 총회는 장로교회 정치와 예배를 사수할 것을 결의하고, 찰스에 항거하는 스코틀랜드 국민계약(Scottish National Covenant)을 맺었다. 감독제를 배척하고 장로교회를 스코틀랜드 안에서 회복하기로 결의하였다. 이는 참된 종교가 무엇인지 밝히고, 예배에서의 그리스도인의 자유를 강력하게 주장한 것으로 찰스 1세에 대한 선전 포고나 다름이 없었다.

국민계약은 아키발드 존스톤(Archibald Johnston)과 알렉산더 핸더슨(Alexander Henderson, 1583~1646) 등에 의해 작성되었다. 그들은 궁극적인 자유의 수호와 회복을 위해, 저항할 수 있는 권세가 국민에게서 나온다고 주장하였다. 국민계약은 세 부분으로 구성되어 있다. 첫째부분은 계약의 기초에 대해 논하였다. 성경만이 신앙의 기초이며, 성경에 의해 입증되지 않는 것은 받아들이지 않는다. 곧 천주교회의 거짓 성례들, 제단들, 특별한 날에 바쳐진 성상, 성물, 십자가 숭배에 기초한 로마천주교회의 적그리스도적인 모든 전제적인 법률들을 거부하였다. 둘째부분에서는 교황제도를 반대하고, 개혁교회를 지지하는 의회의 법률들을 열거하였으며, 마지막 부분에서는 서명자들에게 참된 종교의 고수와 보호의 의무를 부과하였다. 계약은 다음과 같이 선언하였다: "우리는 주 하나님의 위대하신 이름으로 기독교 신앙을 계속 고백하고 순종하기로 약속하고 맹세한다; 그리고 사는 날 동안에 우리의 소명과 하나님께서 우리에게 주신 힘을 다하여 이 종교를 수호할 것이며, 이를 거스르는 모든 잘못과 부패에 저항할 것이다."(서요한 1994, 159). 스코틀랜드인들은 이와 같은 국민계약을 맺은 후 성공회의 기도서와 「퍼스 5개 신조」를 폐기시켜버렸다.

국민계약을 초안한 알렉산더 헨더슨은 1583년 파이프(Fife) 근교의 크라이크(Creich)에서 태어났다. 그는 1599년 세인트앤드루스대학교의 살바토 대학(Salvator's College)에서 공부하여 1603년 문학 석사학위를 받았고, 그 대학의 평의원(regent)에 취임하여 8년간 학생들을 지도하였다. 1611년 설교권을 얻은 뒤, 1612년 로이챠(Leuchars) 교회의 목사가 되었고, 찰스 1세와의 정치 협상에 참여하는 등 교회의 자유와 국가 독립을 위하여 평생을 바쳤다.

스코틀랜드인들이 국민계약을 맺고 찰스 1세에 대항하여 전쟁을 선언하자, 찰스 1세는 전비를 마련하기 위해 오랜만에 의회를 소집하였다. 많은 청교도들이 의회에 진출하여 찰스의 종교정책에 반대하자, 그는 의회를 해산하려고 하였다. 그 과정에서 의회파와 왕당파 사이에 싸움이 일어나 이 분쟁은 결국 내란으로 번지게 되었다.

스코틀랜드는 1643년 영국과 아일랜드의 개혁자들과 함께 '엄숙 동맹과 계약'(Solemn League and Covenant)을 맺고 찰스의 정책에 반대하였다. '엄숙 동맹과 계약'은 국민계약이 발전한 것으로, 장로교 신앙을 보존하며, 교리, 예배, 정치, 권징을 성경 말씀에 따라 개혁할 것을 약속하였다. 계약을 통해 3개국의 지도자들은 의회의 권리를 인정하고, 왕권의 제한을 주장하였다. 왕의 권세는 참된 종교를 보호하며 옹호하는 데 있으므로 교황주의와 주교제도를 배척할 것을 다짐하였다. 스코틀랜드 교회는 웨스트민스터 총회에 감독관을 파견하고, 신앙고백과 대소요리문답 작성 과정에 참여하였다.

알렉산더 헨더슨, 사무엘 러더포드, 조지 길레스피, 로버트 베일리 등이 웨스트민스터 총회에 대표단으로 파견되었다. 이들은 장로교 정치의 확산을 위해 노력했으며, 특히 헨더슨은 영국 청교도들의 교회정치 사상을 비판하고 장로정치를 옹호하였다. 그는 1644년 런던에서 출판한 「스코틀랜드에서의 교회정부의 개혁」(Reformation of Church Government in Scotland)에서, 스코틀랜드 교회가 하나님의 은혜로 세상적인 타락과 이단과 분열을 막는데 앞장 서왔고, 교회 정치에서 성경적 원리를 지켜왔음을 서술하였다. 곧 성경을 신앙의 궁극적인 원리로 삼아 사도들이 세운 교회를 회복하여 왔다고 하였다. 그는 이렇게 말하였다: "하나님의 모든 책들은 완전하다. 생명의 책, 자연의 책, 섭리의 책, 그리고 특히 성경이 그러하다. 이 책은 그리스도의 재림 때까지 성령에 의해 모든 교회들에게 주신 완전한 지침서로 받아들여져 왔고 … 보편적이며 지속적으로 모든 시대와 장소에서 모두가 지켜야 할 일반적인 규범을 제공하고 있다."(Henderson 1644, 5~6). 또한 교회와 세속 정부는 상호 의존적인 관계에 있다고 진술하였다. 곧 "세속 정부와 교회 정부 모두가 성경에 잘 나타나 있다. 그러므로 이 둘이 대립될 수 없으며, 서로 상반될 수도 없다. 관리의 권세가 성경에 의해 입증되므로, 그들에게 주신 권세를 부정해서는 안 되고, 한 걸음 더 나아가 우리가 공언한 교회 정부에 대해서도 특별한 경의를 표할 필요가 없다."(Henderson 1644, 13). 즉 교회 정부를 세속 정부보다 높이 볼 필요가 없다고 하였다.

사무엘 러더포드(Samuel Rutherford, 1600~1661)는 웨스트민스터 총회에서 장로정치의 근본이 되는 계약 사상을 강조하였다. 그는 낙스와 멜빌, 부캐넌(George Buchanan), 핸더슨의 전통을 따라 시민 불복종의 사상을 발전시켜 법치주의를 내세웠다. 1644년에 출판한 「법이 왕이다」(Lex Rex)라는 책에서, 먼저 정부의 기원과 목적에 대하여 논하고, 정부의 구성에 대하여 진술하였다.

러더포드에 의하면, 정부는 인간의 간교한 꾀에 의하여 생겨난 것이 아니라 하나님의 계획으로 세워졌으며, 권악징선(勸惡懲善)이 아닌 권선징악을 위하여 존재하는 기관이다. 합법적인 정부는 통치자와 백성의 계약에 의하여 이루어진다. 통치자는 하나님의 사자로서 권선징악을 시행하므로 하나님과의 계약 관계를 집행하고, 악의 세력으로부터 백성을 보호하므로 백성과 맺고 있는 계약을 성취한다. 즉 통치자는 하나님과 백성과의 이중적인 계약 아래 있는 것이다. 백성이 계약을 깰 때 법의 심판을 받는 것과 같이, 통치자도 백성과의 계약을 깰 때 법적인 제재를 받아야 하며, 통치자가 백성에 대한 의무를 이행하지 않을 때 백성도 통치자에 대한 의무를 거부할 수 있다. 이러한 논리로, 러더포드는 찰스 1세의 왕권신수설을 부인하고, 주권재민 사상을 강조하였다. 모든 시민의 권력은 궁극적으로 하나님으로부터 나온 것이며, 백성은 통치자를 선택할 권리가 있고, 더구나 하나님으로부터 통치권의 한계를 정할 수 있는 권세를 부여받았다는 것이다. 왕은 백성의 유익을 위해 나라를 다스려야 하며, 개인은 부당한 폭력으로부터 자신을 보호할 수 있다고 주장하면서 찰스의 성공회 정책에 반대하고, 장로교회를 고수하고자 하였다.

러더포드와 함께 스코틀랜드 장로교 사상을 편 인물로 로버트 베일리(Robert Baillie, 1599~1662)가 있다. 1646년 감독주의자 존 맥스웰(John Maxwell)이 장로정치를 신랄하게 비판하는 글을 쓰자, 베일리는 온갖 이단과 분파 운동이 감독주의의 날개 아래서 자란다고 주장하면서 장로정치를 옹호하였다. 맥스웰이 주장한 것처럼, 장로들은 교회에서 권세를 행사하는 자가 아니고, 노회는 무역과 상업과 같은 세속적인 일에 개입하지 않으며, 총회는 세속적인 권세를 추구하지 않는다고 하였다. 곧 총회는 의회가 그들에게 부여한 권한만을 행사할 수 있으며, 총회 스스로 시민법을 고칠 수 없고, 다만 의회로 하여금 고칠 것을 권고한다는 것이다.

베일리는 교회와 국가가 서로 혼돈되거나, 서로의 영역을 침범해서도 안 된다고 주장하면서 감독주의가 그러한 혼란을 유발시킨다고 하였다. 곧 "모든 감독주의는 인간의 고안품이요, 하나님의 말씀에 기초한 것이 아니므로 왕을 떠받들어 왕의 특권들이 모든 법들 위에 있게 한다. 게다가 감독제는, 맥스웰이 말한 온건한 감독제일지라도 여전히 감독제이다. 온건한 감독제에 관해 말하는 것은 온건한 교황제도, 곧 온건한 전제정치에 관해 말하는 것과 같다." (서요한 1994, 171 재인용).

계약파 운동

'엄숙 동맹과 계약'이 영국과 스코틀랜드에 의해 맺어지고, 웨스트민스터 총회가 열리면서 찰스의 영향과 입지는 점점 약화되었다. 결국 의회파가 권력을 장악하면서 그는 1649년 1월 의회군에 의하여 체포되어 처형당하였다. 찰스가 처형되자, 독립파인 올리버 크롬웰(Oliver Cromwell)이 호민관이 되어 영국과 스코틀랜드를 다스렸다. 그가 독립파를 편애하는 정책을 펴자, 영국 성공회주의자와 스코틀랜드 장로교도들은 반발하였다.

크롬웰의 장로교도에 대한 차별 정책은 1651년 9월 워스터(Worster) 전투에서 스코틀랜드 군대를 물리친 후 본격화되었다. 1653년에는 에든버러에서 열린 장로교 총회를 해산하고, 정권 유지와 정치적인 불만을 잠재우기 위해 목사들의 모임을 금했다. 그리고 장로교 신앙을 고집하던 크리스토퍼 러브(Christopher Love)를 처형하였다. 이러한 크롬웰의 반(反)장로교 정책은 스코틀랜드인들의 민족주의를 부추기는 결과를 가져왔다.

크롬웰이 죽자, 스코틀랜드인들은 기쁨에 들떠 있었다. 그들은 네덜란드에 피신하여 있던 찰스 2세(Charles II, 1660~1685)를 초청하여 왕으로 삼았다. 찰스 2세가 1651년 왕위 계승을 조건으로 국민계약과 '엄숙 동맹과 계약'에 서약한 바 있기 때문이었다. 스코틀랜드의 찰스 2세 옹립은 영국의 장로교도를 자극하여, 그들도 찰스를 영국의 왕으로 대관하였다. 찰스 2세는 스코틀랜드와 영국의 명실상부한 통치자가 되었지만, 이러한 경솔한 장로교도의 행동은 결국 불행을 초래하였다.

찰스 2세는 1660년 왕정을 회복하자, 영국과 스코틀랜드와 맺은 모든 계약을 무효화하고 장로교 박해 정책을 폈다. "장로교회가 신사들의 교회가 아니다"라고 비난하면서 장로교를 탄압하고 성공회 정책을 폈다. 1661년 취소령(Rescissory Act)을 공포하여 1633년 이후의 모든 의회 결정을 무효화하였고, 주교 임명권이 왕에게 있음을 선언하였다. 장로교도에 우호적인 법은 모두 폐지되었고 감독제도가 시작되었다. 감독제가 부활하면서 1661년 9월 세인트앤드루스 대주교 제임스 샤프(James Sharp, 1618~1679) 등 4명의 주교가 태어났다.

1662년 10월 1일 글라스고우에서 모인 추밀원 회의는 주교들에게 성직 추천을 요구하지 않은 모든 목사들의 설교와 목회를 금하고, 한 달 안에 교구를 떠나도록 명하였다. 모든 목사들은 주교가 소집하는 회의에 의무적으로 참석해야 했고, 불참자는 상응한 처벌을 받았다.

찰스 2세의 박해정책에 스코틀랜드 장로교도들은 격분하였다. 그들은 1638년의 국민계약과 1643년의 '엄숙 동맹과 계약'을 상기시키면서 찰스 2세에 저항하였고, 백성과 통치자의 관계가 계약에 근거함을 내세워 계약의 실천을 요구하였다. 법에 따라 국정이 운영되고, 교회가 백성의 자유를 보호할 것을 주장한 것이다. 이와 같은 주장을 폈던 무리들을 계약파(Covenanter)라고 부른다.

계약파는 왕권신수설을 거부하고, 성경적 근거가 없는 절대적인 정치 권력을 부인하였다. 왕의 권세는 절대적인 것이 아니라 상대적으로, 백성에게 제한된 충성만을 요구할 수 있고, 백성이 왕과의 계약을 어길 때 벌을 받는 것처럼, 국왕도 법을 어길 때 백성에 의하여 제재되어야 한다고 하였다

찰스 2세는 계약파를 증오하여 탄압하였다. 그의 박해는 끔찍하다 못해 잔인하여, 그의 통치 기간을 '살육의 시기'(killing time)라고 부르는 이유가 여기에 있다. 그는 1681년 비밀집회 금지포고령을 내려 장로교도들의 회집을 금하였다. 비밀집회는 반역의 집결지로, 무지한 백성을 꾀어 가장 무신론적인 상태로 오도한다고 주장하면서 수많은 계약파를 체포하여 고문하고 살해하였다. 따라서 장로교회 신앙을 고백하는 이들은 남녀노소를 막론하고 처참하게 죽임을 당하였다(Lingle 1977, 48~49).

찰스 2세에게 왕관을 씌웠던 아가일의 후작(Marquis of Argyle) 알렉산더 캠벨(Alexander Campbell)은 찰스에게 장로교회를 국교로 삼겠다고 한 언약을 지킬 것을 요구하였다가 1661년 반역자로 몰려 처형되었다(맥닐 1990, 375). 그후 도널드 카질(Donald Cargil, 1627~1681)이 왕권신수설을 부정하고, 백성을 공의로 다스릴 것을 요청하자 1681년 살해하였고, 1688년에는 제임스 렌윅(James Renwick, 1662~1688)이 계약 사상을 주장한 죄로 처형당하였다.

그렇지만 찰스의 박해 정책을 지원하던 주교제도는 스코틀랜드 사람들에게 인기가 없었다. 정부가 평신도에게 성직임명권(patronage)을 주자, 리처드

카메룬(Richard Cameron, 1648~1680)을 비롯한 수백 명의 장로교 목사들은 이에 항의하며 투쟁을 벌였다. 카메룬은 찰스가 장로교회를 국교로 삼겠다고 약속하고 폐기한 것을 상기하면서 그를 위증한 폭군이요, 적그리스도라고 외쳤다. 결국 그는 사형에 처하여졌다. 찰스는 항거자들을 처형하거나 교회에서 추방하고, 그들의 빈자리를 영주들이 임명한 사람들로 채웠다. 이러한 찰스의 정책에 대해 장로교도들의 항의가 거세어지자, 찰스는 엄청난 벌금을 부과함으로 소요를 잠재우고자 하였다.

그러나 백성들이 벌금 징수에 반항하자, 찰스는 용기병을 투입하여 억압하였다. 백성들은 저항하였으며, 특히 남서부 지역에서 심하게 항거하였다. 1666년 펜트랜드(Pentland)에서 저항이 있었고, 1679년에 다시 보스웰 브리지(Bothwell Bridge)에서 백성들이 봉기하였을 때 찰스는 군대를 파견하여 진압 작전을 전개하였다. 찰스의 무모한 대응으로, 백성들은 찰스의 지원을 받던 주교제도를 혐오하고 불신하였다. 백성의 저항이 강력해지자, 결국 찰스가 손을 들면서 스코틀랜드에서 주교제가 사라지게 되었다. 그렇지만 장로교회의 지지도도 현저하게 떨어졌다.

3. 계약파 이후

1685년 찰스 2세가 사망하고 제임스 2세(James II)가 왕위를 이었다. 그는 찰스 2세보다 더 철저한 로마 천주교 신자로, 심사령(Test Act)을 내려 왕이 교회와 국가의 수장임을 선언하고, 그의 명령이나 허락 없이 국가적인 문제를 논의할 수 없게 만들었다. 영국과 스코틀랜드를 로마천주교 국가로 환원하려고 힘을 기울였고, 반대자들을 억압하였다. 성공회 예배대신 장로교식의 예배를 드리려고 모이던 비밀 집회를 엄격히 단속하였다. 비밀집회의 설교자나 참석자 모두에게 전 재산 몰수와 사형 집행을 선포하였다. 심지어 가정 예배 시 가족 외에 5명 이상이 참석할 경우 반역을 도모하는 것으로 간주되었다. 1685 년에서 1688년 사이에 박해는 절정에 이르렀고, 많은 사람들이 법적인 절차도 없이 즉결 처분되었다.

제임스 2세는 추밀원을 로마천주교 지지자들로 채우고, 1687년에는 종교 관용령을 내려 로마천주교도들에게 신앙의 자유를 주었다. 제임스의 편파적 인 로마천주교회에 대한 편애정책은 끊임없이 백성들의 저항을 불러일으켰는 데, 그 중심에는 계약 사상 때문에 심한 박해를 받아왔던 카메룬(Cameron) 파 가 있었다. 결국 저항은 명예혁명으로 이어졌고, 제임스 2세는 1688년 명예혁 명에 의해 왕위에서 쫓겨났다.

제임스 2세가 축출된 후, 그의 딸인 메리(Mary)가 네덜란드에서 귀국하여 영국과 스코틀랜드를 통치하였다. 메리는 네덜란드의 빌헬름 공(William of Orange)과 결혼하여 개혁주의 신학을 따르고 있었지만 여전히 성공회와 타협 적인 입장을 취하고 있었다. 메리는 왕권을 장악한 후 스코틀랜드 의회로 하 여금 종교 관용령(Act of Toleration)을 선포하게 하여 처참하던 '살육의 시기' 를 종식시켰다. 그렇지만 관용령이 모든 종파에게 동등한 기회와 권세를 주었 으므로 장로교회가 스코틀랜드에서 더 이상 유일한 교회 정치체제가 될 수 없 었다.

평신도의 목사 임명권

이러한 상황에서 스코틀랜드에서 감독정치를 청산하고 장로정치를 회복하 는데 일조한 지도자가 바로 계약파 목사였던 윌리엄 카스테어스(William Carstares, 1649~1715)였다. 그는 에든버러와 우트레흐트에서 교육을 받은 장로 교도로, 네덜란드에서 메리의 남편이던 빌헬름과 교제를 나누었다. 1689년 빌헬름이 영국에 도착하자, 그와 함께 귀국하여 궁중 목사가 되었고, 장로교회가 스코틀랜드에 재정착할 수 있도록 힘을 기울였다.

스코틀랜드 의회는 카스테어스의 중재에 의해 1689년 7월 성공회 체제인 감독제를 폐지하고 장로체제를 인정했다. 1690년 소집된 의회는 1661년 이래로 파면당한 모든 장로교 목사의 복직을 허락하였고, 1663년 이후 실시되었던 감독주의를 폐지하고, "장로정치가 이 나라 안의 유일한 그리스도의 교회 정부 형태"라고 선언하였다(ERF 59).

장로정치가 부활되면서 교회는 지역교회의 자율적인 권세를 행사할 수 있었다. 평신도의 목사 임명권이 폐기되고, 교회 정책에 대한 국가의 간섭을 금하였다. 교회와 정부는 상호의 영역을 구분하고 존중하게 하여 분쟁의 요소들을 제거하였다. 「웨스트민스터 신앙고백서」가 공적인 신앙고백으로 인정받았고, 당회, 노회, 지역 대회 그리고 총회와 같은 교회정치 구조가 승인되었다. 그러나 의회는 장로정치의 신적 기원을 지적한 1638년의 국민계약과 1643년의 '엄숙 동맹과 계약'과 같은 계약들에 대해서 언급하지 않았다. 이는 장로정치의 신적인 권리를 묵과함으로 다수의 성공회 교인들에게 감독주의를 지지할 수 있는 길을 열어준 것이라고 볼 수 있다.

1707년 5월 1일 영국과 스코틀랜드는 하나의 의회, 하나의 왕실로 연합하였다. 장로교도들은 통합 의회가 교회의 고유 업무에 대해 간섭하지 않겠다고 약속하자, 두 왕실의 연합을 지지하였다. 영국은 성공회를 채택하고, 스코틀랜드는 장로교를 국교로 받아들였다. 그러나 1712년 런던에서 열린 의회가 평신도의 목사 임명권(Lay Patronage Act)을 통과시키면서 스코틀랜드는 심각한 혼란 가운데 빠지게 되었다. 이 제도는 지역 교회의 자율성을 부인하는 것으로, 1649년 찰스 1세의 처형 이후 폐지되었다가 1661년 왕정복고로 회복되었고, 1690년 다시 폐지되었지만 1712년 다시 회복된 것이다.

의회가 평신도의 목사 임명권 제도를 법제화하려고 하자, 장로교도들은 이를 거부하는 탄원서를 의회에 제출하였다. 목사 청빙권이 회중의 권한에서 지역 시찰회 또는 대지주에게 넘어가게 되면 장로교의 정치 원리인 교회의 자율권이 침해받을 수밖에 없었기 때문이다. 장로교도의 청원과는 달리, 평신도의 목사 임명권이 통과되면서 장로교도들은 영국 국교회 의식에 따라 예배하도록 요구받았다. 수많은 장로교 목사와 회중들은 이에 대해 거세게 반발하였고 정부로부터 교회의 자유를 주장하였다. 또한 장로교 총회는 매년 해당 위원회에 성직 임명권을 없앨 것을 지시하는 명령을 내리곤 하였다. 그러나 시간이 흐르면서 합리주의의 영향을 받은 온건파들이 늘어나고, 그들이 평신도의 목사 임명을 수용하는 풍조가 만연하게 되면서 평신도의 목사 임명권은 스코틀랜드 교회에서 새로운 모습으로 나타났다.

신학정수논쟁

장로교 정체성의 위기에 처하자, 복음적인 장로교도들은 평신도의 목사임명권에 저항하면서 장로교 회복 운동을 벌였다. 그 대표적인 인물이 에벤에셀 어스킨(Ebenezer Erskine, 1680~1754)이다. 그는 1703년 스코틀랜드교회에서 목사 안수를 받은 후 그의 동생 랄프 어스킨(Ralph Erskine, 1685~1752)과 함께 설교 운동을 전개하여 큰 부흥을 체험하였고, 1714년부터는 교회당에 수용하지 못할 정도의 청중이 모여 야외 설교를 하곤 했다. 이러한 부흥운동에 힘입어 복음적인 장로교도들은 장로교 정체성 회복에 더욱 박차를 가하였고, 그로 인해 나타난 것이 신학정수논쟁(Marrow Controversy)이다.

신학정수논쟁은 1717년 열정적인 대중 설교자인 토머스 보스턴(Thomas Boston, 1677~1732)이 17세기 영국 청교도 에드워드 피셔(Edward Fisher)의 글인 「근대 신학의 정수」(The Marrow of Modern Divinity)를 재출판하면서 시작되었다. 보스턴은 이 책을 출판하면서 스코틀랜드를 재건하기 위해 장로교 정치 원리를 회복할 것과 「웨스트민스터 신앙고백서」를 신앙의 표준 문서로 수용할 것을 주장하였다. 보스턴이 이러한 주장을 편 것은 아르미니우스주의와 소지누스주의와 같은 자유주의적인 사상의 도전을 강하게 받고 있던 스코틀랜드 교회를 개혁 신앙으로 지키고자 함이었다.

그러나 1720년 총회는 보스턴의 기대와 달리, 보스턴의 제안을 비판하고 하나님의 자비로운 부르심과 구원을 강조한 「근대 신학의 정수」를 정죄하는 결정을 내려 칼빈주의 신학을 거부하였다. 보스턴의 신학적 입장을 지지하였던 에벤에셀 어스킨과 동료 12명은 1721년 총회에 재고를 요청하였다. 그러나 총회는 청원을 기각하고 자유주의적인 입장을 지지하였다. 이 때부터 스코틀랜드 교회는 칼빈주의 신앙을 포기하고 합리주의를 수용하기 시작하였다.

어스킨과 동료들은 스코틀랜드 교회가 변질된 것이 평신도의 목사임명권을 수용함에서 비롯되었다고 생각하고 있었다. 이러한 상황에서 1732년 총회가 성직임명권자의 권위를 강화하는 법을 통과시키자, 어스킨과 4명의 동료들은 시찰장에 의한 목사의 임명이 장로정치의 기본 원리인 지역 교회의 자율을 침해하며, 목사와 목사 사이의 평등을 부정하는 행위라고 지적하면서 항의하였다. 그는 평신도의 목사 임명권의 악폐를 다음과 같이 말하였다: "이 작은 땅 덩어리에 사는 사람들 사이를 갈라놓는 그리스도 나라의 일이라는 것이 무엇입니까? 바로 이 목사 임명권 때문에 금가락지에 좋은 옷을 입은 사람을 존귀하게 대하고, 남루한 복장을 한 자들을 경멸하는 죄를 우리가 범하고 있습니다." 어스킨 일행은 한 걸음 더 나아가 1733년 총회에서 온건파 다수가 자유주의 신학과 평신도 서임권의 강화 정책에 대해 침묵한 것에 대해서도 비판하였다.

이 일로 어스킨 일행은 노회에서 제명당하였고, 1740년에는 총회에서 목사직 면직을 받았다. 결국, 그들은 자유주의화된 스코틀랜드 교회를 떠나 스코틀랜드자유교회의 전신인 분리교회(The Secession Church)를 창립하였고, 이

교단은 급성장 하였다. 순수하게 말씀을 증거하고, 교회의 평등과 자율, 교회
와 정부 영역의 구분을 주장하면서 바른 신앙 운동을 전개했으므로 많은 사람
의 호응을 얻었던 것이다.

그러나 얼마 후 불행히도 어스킨 파는 스스로 내분을 겪었다. 이는 스코틀
랜드 사람들이 "현재 고백되고 있는 프로테스탄트 신앙"의 인정을 묻는 버그
스 서약(Burgess Oath)에 답하는 작은 문제에서 비롯되었다. 어스킨은 버거스
서약을 수락하고, 그의 동생 랄프 어스킨과 사위는 반대함으로, 1747년 어스
킨 파가 나누어지게 되었다. 1799년 어스킨 중심의 서약파가 다시 분열하였
고, 1806년 토머스 매크리(Thomas McCrie) 중심의 반서약파도 재분열의 아픔
을 체험하였다(맥닐 1990, 408).

1733년에서 1740년 사이의 제1차 분열 이후, 1752년 토머스 길레스피
(Thomas Gillespie, 1708~1774)에 의해 스코틀랜드 장로교 안에서 제2차 분열이
일어났다. 길레스피는 인간의 상태를 본래의 순수한 상태, 타락의 상태, 은혜
를 입은 복음 안에서의 상태와 영원한 세상에서의 상태로 설명한 토머스 보스
턴의 「사중 상태의 인간 본성」(Human Nature in Its Fourfold State, 1720)을 읽고
개종한 인물로 철저한 칼빈주의자였다. 그는 평신도의 서임권을 거부하는 등
확고한 장로교 정신의 소유자로, 교회 당국이 1752년 자신이 원치 않는 교회
의 목사로 임명하자 취임을 거부하였다. 이 일로 1754년 총회에서 면직되었
고, 1761년에 동조자들과 함께 구원교회(The Relief Church)를 조직하였다.

구원교회는 「웨스트민스터 신앙고백」을 표준 문서로 채택하는 등 칼빈주
의 신학을 핵심 사상으로 천명하였다. 구원교회 운동은 신앙적인 사람들의 지
지를 받게 되어서 1765년에는 120개의 교회와 10만 명의 신자를 거느린 교회
로 성장하였다. 반면 국교주의를 지향하던 스코틀랜드 장로교회는 합리주의
의 영향으로 점차로 영적인 힘을 잃어갔다.

18세기의 장로교도의 생활

정부의 야박한 정책과 박해로 18세기의 스코틀랜드 장로교도들의 생활은 매우 어려웠다. 목사의 사례비는 적으면서 감당해야할 직업상의 요구들은 혹독하였다. 목사들은 시찰회의 감시를 받아야 했고, 당회 일로 많은 시간을 빼앗겨야 하였다. 범죄에 대한 소문과 방종에 대한 암시가 전부 당회에 세밀하게 보고되었기 때문이었다. 일부 지역에서는 장로들이 직접 나서서 범죄자들을 색출하거나 예배 시간에 거리를 순찰하면서 불참한 자들을 적발하는 일이 많았으므로 백성의 불평이 커졌고 반발을 샀다.

예배는 단순하지만 엄격하게 드려졌다. 안식일에는 하루 종일 성경 읽기와 교리 공부, 공공 예배의 참석 등, 정해진 의무를 방해하는 세속적인 활동을 금하였다. 즉흥적인 기도의 장려로 기도를 미리 준비하면 신앙이 없는 것으로 취급받았으며, 교역자가 반복 없이 열정적으로 오랫동안 기도할 때 은혜를 많이 받은 것으로 간주되었다. 성경이 모든 성도들에 의해 열심히 읽혀지고 해석되었으며, 운율적인 시편 찬송이 성도들의 사랑을 받았다.

목사들에게는 설교를 철저히 준비하되, 원고 없는 설교를 하도록 요구되었다. 1720년 총회는 설교 때 원고 읽는 것을 하나님의 백성에 대해 죄를 짓는 일이며, 영적인 위로를 진정 방해하는 처사라고 비판하였다. 설교의 특징은 대체로 단호하고 엄격하였으며, 지옥이 가장 인기 있는 주제였다. 지옥의 공포는 죄에 대한 가장 효과적인 방지책으로 간주되었기 때문이다. 당시의 대표적인 설교자인 랄프 어스킨은 저주받은 자의 고통과 버림받은 자 위에 쌓여진 형벌을 생생하게 묘사함으로 명성을 얻었다. 그리고 토머스 보스턴은 "하나님이 죄인들을 불쌍히 여기지 않고 그들의 재난을 비웃을 것이다. 하늘에 속한 의인의 회중은 하나님의 심판을 즐거워할 것이고, 연기가 영원히 올라오는 동안 계속 찬송할 것이다"라고 지옥에 대한 설교를 하여 죄의 확산을 막았다.

성만찬 의식은 장엄하였다. 미리 몇 주간에 걸쳐 교역자들이 신자들을 방문하고 한 사람씩 교리를 가르치는 등 철저하게 성만찬이 준비되었다. 당회는 범죄 보고서를 심사했고, 모든 추문은 철저하게 밝혀냈으며, 대상은 당회원의 동료까지 포함하였다. 장로들은 각각 자신의 구역에서 불화한 사람들을 화해 시킴으로 성만찬에 참여할 준비를 하게 하였다.

'성찬 주간'(Communal Season)에는 말씀을 통한 자기 성찰의 기회였다. 모임은 목요일에서 토요일까지 진행되었는데, 하루 두세 번의 설교가 있었고, 참회하는 가운데 성만찬을 준비하였다. 성만찬에 참여하기 위해 밀려오는 무리들을 수용하기에 교회당이 좁았다. 그래서 이 기간 동안에는 야외에서 모이는 경우가 많았다. 주일 성만찬 예배는 오전 9시에 시작하여 하루 종일 계속되었고, 월요일 거창한 감사 예배로 끝을 맺었다.

4. 토머스 찰머스와 자유교회

18세기말과 19세기 초반에 데이비드 흄(David Hume)의 합리주의에 영향 받은 학자들이 중도주의(Moderates) 운동을 일으켰다. 그들은 교리와 권징에서 온건한 입장을 취하면서 교리보다는 도덕을 강조하였고, 평신도의 목사 임명권을 지지하였다. 이 운동의 기원은 글라스고 대학교의 프랜시스 허치슨(Francis Hutcheson, 1694~1746) 교수의 가르침을 받은 샤프츠베리 백작(Earl of Shaftesbury)의 윤리학에서 비롯되었다.

중도주의 신학

샤프츠베리는, 인간은 개인적 권리와 사회적 관계를 갖고 있는 존재이므로 이기적 목표와 이타적인 목표 사이에서 적절하게 균형을 잡는 곳, 곧 중용을

통하여 덕(德)이 실행된다고 보았다. 곧 이러한 조화가 성취되고, 행위의 가치
가 결정되는 곳에서 내적 도덕의식이 시작된다는 이론이다. 그는 인간의 의무
가 내적 조화의 아름다움을 성취하는 데 있고, 인간의 행복은 뉴턴에 의해 발
견된 광대한 우주와 일치하는 데 있다고 주장하였다.

샤프츠베리의 영향을 받은 중도주의자들은 인간 본성에 대한 낙관적 견해
를 주장함으로 전적 타락 교리를 부정하였고, 심판 교리만이 아니라 이신득의
에 대한 교리도 멀리하였다. 그들에게 기독교는 체험이나 교의가 아니라 윤리
적인 삶 자체였던 것이다.

중도주의 신학은 전염성이 강하여, 중도파의 영향을 받은 설교자들이 덕,
관대함, 자선 등에 대해 설교할 때 많은 교인들의 깊은 지지를 얻었다. 그들은
사도보다는 헬라 철학자 플라톤을 더 높이 평가하였고, 이교적인 입장을 취하
였다.

1712년 평신도의 목사임명권 회복과 함께, 피지명인은 교회의 심사를 받은
후 부임함으로 이론상 당회가 피지명인을 수용하거나 거부할 수 있는 권리를
가진 것으로 되었었다. 그러나 중도주의자들은 이를 형식적인 것으로 간주했
고, 복음주의자들은 피지명인을 선출하는 교회의 권리가 실제로 행사되기를
원하였다. 중도파는 국가법과 교회법에 복종할 것을 주장하면서 교구의 자유
를 반대하였고, 평신도의 목사 임명권을 지지하였다.

중도적인 세력이 점차 커지면서 교회의 상황이 악화되자, 보수적인 장로교
도들은 전열을 가다듬어야 했다. 그들은 먼저 교회 연합을 통해 중도주의의
확산을 막고, 평신도의 목사 임명권을 저지하려고 했다. 분리는 스코틀랜드
교회 내에서 자유주의 신학의 확산과 평신도의 서임을 주장하는 이들의 입지
만 강화해 주었기 때문이다. 따라서 1820년 반서약파와 서약파가 모임을 갖
고, 합동하여 연합분리교회(United Secession Church)를 조직하였다.

토머스 찰머스

이러한 교회적 혼란 가운데 장로교회의 순수성을 유지하려는 운동이 스코틀랜드 장로교 신학의 대부인 토머스 찰머스(Thomas Chalmers, 1780~1847)를 통해 일어났다. 그는 먼저 중도주의자들의 사상을 비판함으로 장로교의 신학의 정체성을 회복하고자 하였다. 중도주의자들은 겉모양이 화려하나 내적으로는 죽어있는 자들이라고 보았다. 한 예로 그들의 설교를 지적하였다. 그는 중도주의자의 설교가 화창한 겨울날과 같이 짧고 명확하며 냉담하다고 지적하면서, "간결함은 좋고 명확함은 더 좋으나 냉담함은 치명적이며, 달빛 같은 설교를 통해 추수를 기대할 수 없다"고 논하였다.

찰머스는 1803년에서 1823년 사이 글라스고우의 여러 교회에서 목회하였고, 그 후 신학교수로 봉직하였다. 1823년부터 1828년까지 세인트앤드루스 대학의 도덕 철학교수, 1828년에서 1843년 사이에는 에든버러 대학교의 신학교수, 1843년부터 1847년까지 자유교회대학(Free Church College)의 학장겸 교수로 사역하였다. 그는 강의와 설교와 저술을 통해 큰 인기를 누렸고, 뛰어난 웅변가로 장로교 신앙의 회복을 위하여 진력하였다. 그는 신학 외에 과학적 주제, 수학, 정치, 경제학에 대하여도 글을 쓸 정도의 유능한 학자요 탁월한 행동가였다.

찰머스는 교회정치 면에서는 자유를 강조하였고, 종교의 자유와 관용을 주장하였다. 그의 주된 관심사는 산업화로 인하여 소외된 자들에게 복음을 전하고 기독교 교육을 베푸는 것이었다. 1815년부터 1819년까지 글라스고우에서 목회하는 동안, 교회가 교회 밖의 사람들을 보살펴야할 필요성을 인식한 후 불신자들의 신앙과 문맹, 빈곤 퇴치를 위해 앞장설 것을 호소하였다. 정부가 가난의 정도에 따라 극빈자들을 돕는 정책을 펴자, 찰머스는 정부 정책이 가난한 자를 영원한 구제 대상자로 만듦으로 비도덕적인 인간이 되게 한다고 비판하였다. 가난의 궁극적인 원인이 종교가 없는데(irreligion)서 비롯되므로, 전도와 기독교 박애 정신을 실천하여 문제를 해결할 것을 촉구한 것이다. 그는 집사들에게 빈민 구제를 맡기고, 주간 학교와 주일학교 교사를 양성하여 교육이 필요한 아이들을 가르치고, 장로들로 하여금 교인을 돌보게 함으로 사회개혁을 이끌었다.

찰머스는 교회 확장에도 큰 관심을 기울였다. 교회의 대형화보다는 적당한 규모의 교회를 여럿 세우는 것이 옳다고 보고, 교회의 분립 개척을 주장하였다. 대교회주의나 개교회주의를 반대한 것이다. 그는 한 교회의 최대한 교인 수를 2,000명으로 보고, 교인들이 어디든지 예배하기 편한 곳에 교회를 건립하도록 주선하였다. 그 결과 1834년부터 교회 확장 운동이 시작되어 4년 후에는 200여 개의 교회로 증가하였다.

찰머스는 1832년 스코틀랜드 장로교회 총회장이 된 후 정부 당국에 평신도의 목사 임명 제도의 폐지를 촉구하였고, 1834년에는 회중의 지지를 받지 못한 목사나 목사후보생을 목사로 받아들일 수 없다는 '목사 추천 거부안'(Veto Act)을 총회에 제출하였다. 이 제안은 중도주의자들의 반대로 통과되지 못했다. 1841년 거부안을 의회에 제출하여 인준을 받으려고 했으나, 의회는 법안을 통과시키지 않은 채 해산하였다. 이러한 개혁 운동이 일어나자, 정부는 목사의 월급 인상을 유보함으로 교회를 억압하였다. 이 때, 찰머스는 목회자 후원을 위해 자금 모금 운동을 전개하여 교회를 지원하는데 앞장섰다(ERF 61).

정부가 교회 주권을 침해하자, 찰머스는 이를 교회에 대한 심각한 도전으로 보고, 교회의 자유를 보장할 만한 장치를 마련하려고 하였다. 그는 1842년 의회에 교회의 자유 보장을 재차 요청하였다. 그 골자는, (1) 교회의 머리는 오직 예수 그리스도 외에 다른 이가 없다. (2) 교회의 머리요, 왕이신 예수 그리스도는 세상 관원과 구별하여 교회 직원들이 다스리도록 교회 정부를 세웠다. (3) 이 정부는 그리스도의 법에 따라 치리하며, 백성의 자유에 따라 운영되며 섬기도록 세워졌다는 것이었다(Free Presbyterian Church 6)고 하였다. 그러나 찰머스의 요청은 무위로 끝났다.

스코틀랜드자유교회

찰머스는 기존 제도 아래서는 교회의 자유를 확보할 수 없음을 깨닫고, 1843년 동역자들과 함께 정부의 지배 아래 있는 스코틀랜드교회를 떠나 스코틀랜드자유교회(The Free Church of Scotland)를 조직하였다. 교회에 속한 영적인 문제에 대한 정부의 간섭을 거부하며, 교회의 영적 독립을 추구한 것이다. 이 때 스코틀랜드 총회는 찰머스의 분리 운동에 대해 적극적인 지지를 표하였다. 1,203명의 총대 가운데 451명이 정부의 지배를 받는 스코틀랜드 교회를 떠나는데 찬성하였다.

교구 교회, 목사관, 교회 재산을 포기하고 떠남으로 빈손으로 새로운 교회를 개척해야 하였지만, 신실한 스코틀랜드 장로교도들은 기꺼이 교회의 자유를 위해 교단을 떠나 스코틀랜드자유교회를 만들었다. 자유교회의 분리는 단순히 정부의 지배를 받는 교회로부터의 분리나 탈퇴가 아니라 국가로부터의 단절을 의미하였다.

스코틀랜드자유교회는 성경과 「웨스트민스터 신앙고백서」, 웨스트민스터 총회가 작성한 「교회정부형태론」, 「예배지침서」를 신앙과 예배의 표준문서로 채택함으로 전통적인 장로교 신앙에 대한 확고한 지지를 표명했다. 동시에 교회 개척 운동을 전개하여 1845년에는 500 곳의 예배 처소를 마련하였다. 교회당 건축비로 32만 파운드의 기부금과 목사관 건축을 위해 10만 파운드를 모금하였다. 자유교회 신도는 스코틀랜드 교인의 3분의 1을 넘었지만, 대학을 소유하지 못하였기 때문에 스코틀랜드 교회를 주도하기는 역부족이었다.

19세기말에 이르러 스코틀랜드자유교회는 자유주의 신학의 도전으로 어려움을 당했다. 자유주의 신학 사상을 소개한 윌리엄 스미스(William Robertson

Smith, 1846~1894)는 자유교회 출신으로 14살에 애버딘 대학에 진학하여 좋은 성적으로 졸업한 후, 에든버러의 뉴 칼리지(New College)에서 저명한 히브리어 문법책을 쓴 구약학자 데이비슨(Andrew Bruce Davidson) 아래서 수학하였다. 독일로 유학하여 리츨(Albrecht Ritschl, 1822~1889)의 강의를 접하면서 자유주의 사상을 수용하였다. 1870년 신학 수업을 마치고 귀국하였을 때, 스코틀랜드자 유교회는 그의 신학을 검증하지 않은 채 애버딘 대학교의 히브리어와 구약 비 평학 교수로 임명하였다.

스미스는 독일 괴팅겐 대학의 벨하우젠(Julius Wellhausen)과 교류하면서 구 약성경의 문서설을 주장하였고, 1875년 「브리태니카 백과사전」(Encyclopaedia Britannica) 제9판에 기고할 때 자유주의 신학 사상을 노골적으로 드러냈다. 그 는 '성경'(Bible) 항목에 대해 기고하면서 성경의 영감과 모세의 오경 저술을 부인하고, 다윗이 시편을 쓰지 않았다는 등 시편의 저자 문제, 구약 예언의 비 예언적 성격, 복음서의 저자가 마태나 마가, 누가와 요한이 아니라는 등 고등 비평의 관점에서 성경을 소개하여 큰 물의를 일으켰다.

스미스의 자유주의적 사상은 1876년 총회에 보고되었고, 총회는 1877년 그 의 사상이 이단적이라고 정죄하였고, 1881년 신학교 교수직에서 파면하였다 (Free Presbyterian Church 38~40). 그러나 1881년 300여명의 목사와 학자들이 학 문의 자유를 외치면서 스미스의 신학적 입장을 지지하여 스코틀랜드 교회는 혼란 가운데 빠지게 되었다. 성경의 영감과 무오 사상이 도전을 받았고, 웨스 트민스터 신앙고백에 대한 입장이 약화되고, 제한 속죄와 예정, 전적 타락 교 리 등이 배척을 받기 시작하였다.

교회 연합 운동

이와 같은 신학적 혼란을 막을 수 있는 길은 같은 신학을 가진 교단끼리 연합하여 하나의 교단을 만드는 것이었다. 같은 신앙과 동일한 교회정치 체제를 유지할 때 시대의 요청에 적극 응전할 수 있다는 생각이 퍼지면서 교회 연합 운동이 활발하게 나타났다. 19세기 중반 정통적인 장로교 정치사상을 따르는 교회들 사이의 연합 운동이 일어났고, 19세기말에는 자유교회와 연합장로교 회의 통합이 이루어졌다.

19세기 후반 스코틀랜드에는 세 개의 주요한 장로교회가 있었다. 스코틀랜 드장로교회(Scotland Auld Kirk), 자유교회(Free Church of Scotland)와 연합장로 교회(The United Presbyterian Church)로, 후자는 1847년 길레스피의 구원 교회 와 어스킨의 장로교회가 합동하여 생겨난 교단이었다.

자유교회와 연합장로교회의 차이점은 국가와 교회관에 관한 것이었다. 연 합 장로교회는 교회를 오직 교인들의 자발적인 모임으로 간주하여 교회와 국 가의 분리와 국가 정부로부터 특혜나 기부금을 금하였다. 한편 자유교회는, 교회의 분열 이후 국교회 제도가 폐지되었지만, 원칙적으로 국교회 해체를 인 정하지 않았다. 교회의 자유가 손상되지 않는 한도 내에서 국가가 종교를 승 인하고 지원할 것을 주장하였다. 이 문제를 제외한 차이점이 두 교단 사이에 없었으므로 양대 교단은 1860년대와 1870년대에 통합에 대한 논의를 시작하 였고, 1900년 초반 신학교 교장이던 레이니(Rainy)의 제안에 따라, 같은 해 10 월 연합하여 연합스코틀랜드자유교회(The United Free Church of Scotland)를 구 성하였다(Free Presbyterian Church 96).

그러나 "우리 자유인"(the Wee Frees)라고 불리는 스코틀랜드자유교회의 소 수파는 연합에 비판적이었다. 그들은 자유교회의 전통을 이어가고자, 자유교 회에 속했던 전 재산, 곧 기금, 예배당, 목사관, 대학, 총회회관 등을 양도할 것 을 법정에 호소하였고, 1904년 재판에서 승리하였다. 이로써 그들은 스코틀랜 드자유교회(Free Church of Scotland)라는 명칭을 사용하게 되었고, 작은 교단으 로 남았지만 자유교회의 신앙을 고수하여 왔다.

20세기에 들어서서 스코틀랜드 교회는 교회의 세속화와 교인수의 감소로 인하여 약화되기 시작하였다. 1935년에 스코틀랜드의 인구는 485만 명이었는데, 그 가운데 기독교인의 비율은 63.1%에 불과하였다. 전 인구 중 스코틀랜드 교회(Scotland Church) 43.3%, 연합자유교회(United Free Church) 0.6%, 자유교회(Free Church of Scotland) 0.4%, 자유장로교회(Free Presbyterian Church)가 0.1%였다(Free Presbyterian Church 170). 장로교 정체성의 상실과 함께 교인 수가 급격하게 감소하자, 분리교회(Original Secession Church)는 1954년 스코틀랜드 교회와 연합을 모색하였고, 일년 후인 1955년 두 교단이 합동하였다(Ibid., 247).

이와 같이 스코틀랜드 장로교회는 장로교회의 정체성을 지키기 위해서 정부의 간섭으로부터 교회의 자유를 주장했고, 교회의 자유를 지킴으로 성경적 기독교 운동을 전개하고자 하였다. 그럼에도 불구하고 2세대를 양육할만한 대학의 부재와 자유주의 신학의 침투, 그리고 세속화의 영향으로 점차로 약화되었다.

6장

영국 청교도와 장로정치

루터와 칼빈에 의하여 시작된 종교개혁운동은 영국에서 만개하였다. 교회 행정 체제를 성경적으로 개혁하여 교회 안에서 하나님의 말씀만이 통치하는, 칼빈의 '하나님의 법'(jure divino) 사상은 영국의 초기 개혁자들과 청교도에 의하여 채택되었고(Dennison 1986, 63), 종교개혁의 절정이라고 할 수 있는 웨스트민스터 총회에서 열매를 맺었다. 그러면 이러한 성경 중심적 개혁운동이 영국에서 일어나 열매를 맺게 된 과정을 살펴보자.

1. 영국 개혁자들과 장로정치사상

영국의 종교개혁자들은 무지와 미신 가운데 빠진 영국교회를 개혁하기 위하여 부단히 노력하였다. 특히 교회 안에서 그리스도의 선지자 직분과 제사장 직분을 회복하고, 한 걸음 더 나아가 그리스도의 왕권을 회복하려는 시도가 웨스트민스터 총회 전후로 빈번하게 일어났다. 곧 1640~1660년 사이에 3만부가 넘는 교회 개혁에 대한 팸플릿을 출판되었다. 내용의 대부분이 교회정치 형태에 관한 것으로, 교회의 직분이 2개인가 아니면 3개인가 하는 것이 논제 였다(Dennison 1986, 64). 감독주의자들은 3직분론을 성경적이라고 주장하며 계급 구조에 의한 교회 운영을 고집하였고, 장로교도들은 2직분론에 근거하여 평등과 자율과 연합을 강조하였으며, 회중교도나 독립파는 개별적 교회의 자 유를 주장하였다.

초기 개혁자들

영국 장로교도는 성경이 보여주는 교회 정부 형태가 장로정치이며, 신약교 회에는 장로와 집사라는 두 가지 직분만 존재한다고 주장하였다. 이러한 2직 분 사상은 '종교개혁의 계명성'이라고 불리는 위클리프(John Wycliffe)가 주장 했던 이론으로, 그는 2직분이 성경에서 제시하는 바임을 영국교회에 최초로 소개한 인물이었다. 사도 시대에는 감독을 의미하는 성직자(priest)와 집사 (deacon)의 두 가지 직분만 있었으며, 감독과 장로는 별개가 아닌 '동일한 직 분'(one and the same)이라고 하였다. 2직분론에 근거하여 위클리프는 교황, 추 기경, 대주교, 주교, 부제, 교직자, 사제장과 같은 직분들을 폐지하고, 집사와 장로에 의하여 운영되는 초대교회의 교회 행정 체제를 회복할 것을 역설하였 다(Miller 1842, 28).

2직분 사상은 영국교회의 전통이 되었다. 헨리 8세(Henry VIII)와 그의 아들 에드워드 6세(Edward VI)를 도와 영국교회를 개혁한 캔터베리의 대주교 토머 스 크랜머(Thomas Cranmer, 1489~1556)에게서도 2직분 사상을 발견할 수 있 다. 크랜머는 요즈음의 당회와 같은 교회 법원을 운영할 것과, 그러한 기관들 이 모인 지역 노회의 설립을 제안하는 등 장로정치 이론을 가지고 있었다 (Breed 1872, 23). 그는 1533년에 출판한 「기독교인의 제도」(The Institution of a

*Christian Man)*에서, "비록 사도 시대 이후 목사직의 우열이 생겨났다고 하지만, 신약성경에는 집사(또는 섬기는 자)와 장로(또는 감독)라는 직분 외에 다른 것이 없고, 직분 상호간의 등급(degree)이나 순서(orders)의 차이도 없다"고 주장하였다(Dennison 1986, 67). 크랜머의 장로정치 사상은 후에 영국교회의 대주교 2명과 19명의 주교들에 의하여 채택되었으며, 이때부터 그의 저서 「기독교인의 제도」는 '주교의 책' *(Bishop's Book)*이라는 별명을 얻게 되었다. 크랜머의 2직분론 사상은 존 낙스(John Knox)에 의하여 더욱 발전하였다. 스코틀랜드의 종교개혁자인 낙스는 1540년대 후반에 프랑스의 포로로 사로잡혀 노예생활을 하다가 영국 황실의 노력으로 자유의 몸이 된 뒤, 에드워드 6세의 궁중 설교자가 되었다. 에드워드 6세가 낙스의 종교적 지도력을 높이 평가하여 1552년 로체스터(Rochester)의 주교로 임명하였으나, 그는 감독정치가 성경적이 아니라는 이유로 사양하였다. 이러한 낙스의 장로교도로서의 모범은 영국인들에게 귀감이 되었다.

위클리프, 크랜머, 낙스의 장로정치 사상은 영국에 피신 중이던 폴란드의 종교개혁자 존 아 라스코(John à Lasko, 1499~1560)에게서도 나타난다. 그는 박해를 피해 영국에 와 있던 폴란드의 프로테스탄트를 지도하면서 그의 교회에 당회 제도를 도입하였다. 그는 한 명의 목사와 장로들(ruling elders)과 집사들을 두어 교회를 운영하고, 지역 교회의 모든 문제점은 감독(superintendent)의 지도 아래 해결할 것을 주장하였다.

2직분론은 칼빈에 의하여 더욱 강화되었다. 칼빈은 에드워드 6세의 섭정 서모셋 경에게 편지하면서 종교개혁을 독려하였고, 그와 함께 그의 가르침이 영국에 소개되었다. 윈체스터 교회의 부제였던 존 필폿(John Philpot of Winchester, 1516~1555)의 증언은 이를 뒷받침한다. 그는 1555년 피의 메리(Bloody Mary)에 의하여 장로교 신앙을 고백한다는 이유로 사형에 처하여졌는데, 순교 직전에 사형 집행관에게 다음과 같이 자신의 신앙을 고백하였다: "나는 제네바 교회와 교회의 교리를 따른다. 왜냐하면 보편적이고 사도적이기 때문이다. 나는 사도들이 설교한 교리만을 따르며, 에드워드 왕 때에 배운 교리만을 믿는다. 이는 제네바 (교리)에 따른 것들이다. 그대는 참되고 보편적인 교회에 적대적인 바벨론과 같은 교회, 곧 당신의 교회를 위하여 나와 다른 이들을 박해하는 일이 부끄럽지도 않은가?'(Dennison 1986, 67).

칼빈의 교회정치 사상은 엘리자베스 여왕 때에 영국에 토착화되었다. 1561년 영국 의회원이요 극작가였던 토머스 노턴(Thomas Norton)이「기독교 강요」(The Institutes of Christian Religion)를 영어로 번역하면서 성경적 교회관이 영국에 소개되어 교회에서의 자율과 평등이 강조되기 시작하였다. 그리고 1592년에는 아서 골딩(Arthur Golding)이 번역한「오비드와 시저」(Ovid and Caesar),「욥기 설교집」,「신명기 설교집」 등 27권의 설교집이 출판되어 칼빈의 사상이 영국에 널리 퍼졌고, 2직분 사상이 자리를 잡게 되었다.

토머스 카트라이트와 월터 트래버스

칼빈의 교회정치 사상은 청교도에 의해 계승되고 발전되었다. 그의 장로정치사상은 1570년대에 케임브리지 대학의 마거릿 석좌교수(Lady Margaret professor)였던 토머스 카트라이트(Thomas Cartwright, 1535~1603)에 의하여 구체적으로 제기되었다. 카트라이트는 케임브리지 대학에서 공부하였고, 평생 동안 제네바와 스코틀랜드 개혁자들과 친밀한 교분을 나누면서 개혁운동을 전개하였다. 1570년 케임브리지 대학의 신학교수로 취임한 후, 사도행전 연구를 통하여 영국 성공회의 감독정치가 비성경적이라는 결론을 얻고, 철저한 교회정치의 개혁을 촉구하면서 다음과 같이 주장하였다.

(1) 대주교와 부제의 명칭과 기능은 폐지되어야 한다.

(2) 교회의 합법적인 직분인 목사, 감독과 집사의 사역은 사도들이 세운 원래의 사역으로 돌아가야 한다. 곧 감독(목사)은 설교와 기도, 집사는 가난한 자를 구제하는 일에 전무해야 한다.

(3) 교회의 행정은 감독이나 부제 등의 직원들보다는 목사와 장로가 담당하여야 한다.

(4) 목사는 여러 교회를 돌보지 말고 한 곳의 지역 교회를 목회해야 한다.

(5) 교회의 후임 목사를 교회 당국자가 미리 정할 수 없다.

(6) 목사는 감독에 의하여 임명되지 않고, 회중에 의하여 공개적이며 공평한 선거를 통해 선발되어야 한다.

(7) 교회와 정부의 기능은 철저히 분리되어야 한다. 그리스도만이 교회의 머리이며, 통치자는 단지 교회의 회원에 불과하다. 교회는 교회 회원에 대한 권징을 행사함으로 순결을 유지해야 한다.

카트라이트의 장로정치 사상은 많은 지지자를 얻어냈지만, 감독주의자인 리처드 뱅크로프트(Richard Bancroft)의 반발을 사기도 하였다. 캔터베리 대주교 뱅크로프트는 1588년 2월 9일 감독주의의 신적 기원을 내세우면서, 장로주의를 고집하는 것은 영국을 스코틀랜드의 속국으로 만들려는 매국적인 의도가 있다고 비난하였다. 그는 카트라이트의 사상이 스코틀랜드 조정(朝廷)의 영향을 받는다고 매도하면서, 스코틀랜드가 제네바화(化)된 것과 같이, 카트라이트를 중심으로 한 영국의 청교도들은 영국을 스코틀랜드화(化)하려 한다고 주장하였다.

뱅크로프트의 주장에 맞서 청교도 존 레이놀즈(Dr. John Reynolds)는 장로정치가 오래전부터 영국에 있었고, 많은 개혁자들이 장로정치를 추구해 오고 있다고 하였다. 그는 주장하기를, "지난 500년 동안 감독이나 사제라고 불리는 모든 목사는 동등한 권세와 권위를 가지고 교회 개혁을 이루어왔다. 첫째는 왈도파(Waldenses), 그 다음은 마르실리오(Marsilius)와 포타비아누스

(Potavianus), 그리고 위클리프와 그의 제자들, 그 후 후스와 후스파, 마지막으로 루터와 칼빈과 브렌티우스(Brentius), 불링거(Bullinger), 무스쿨루스(Musculus)가 개혁 운동을 전개하였다. 우리 가운데는 주교들과 (여왕이 하사하는 월급을 받으면서) 우리의 대학에서 가르치는 신학 교수들이 이에 동조하고 있다. 즉 브래포드(Bradford)와 램버트(Lambert)와 쥬웰(Jewel)과 필킹톤(Pilkington) 등이 있다." (Breed 1872, 24~25에서 재인용)고 하였다. 레이놀즈의 반박에도 불구하고 교권주의자들은 장로정치의 확산을 두려워하여 카트라이트를 박해했다. 곧 뱅크로프트의 정치적인 공세와 정치적 야심가인 감독주의자 존 위트기프트(John Whitgift, 1530~1604)의 공격으로 인해, 카트라이트는 1572년 교단에서 쫓겨나는 비운을 겪게 되었다.

카트라이트는 신변의 위협을 당하면서도 장로정치 운동을 계속하였다. 1574년 월터 트래버스(Walter Travers, 1548~1643)와 함께 「하나님의 말씀에 묘사된 교회의 거룩한 권징」(The Sacred Discipline of the Church, as Described in the Word of God)을 출판하여 장로교회의 확산을 도모하였다. 그들은 「교회의 거룩한 권징」에서 장로교 정치와 권징이 성경에 근거하며, 성경은 교회와 교회, 교직자 사이의 평등성을 가르친다고 주장하였다: "그리스도의 교회에 늘 필요한 권징은 그리스도에 의하여 세워진 것으로 성경 속에 기록되어 있다. 그러므로 참되고 합법적인 권징은 오직 성경에서 비롯되어야 한다. 다른 것에 기초한 것은 불법이며, 거짓된 것이다. ⋯ 모든 지역 교회는 하나요, 동일한 권리와 형태를 가지므로 교회들 간에 우위성을 행사할 수 없다." (Briggs 1885, Appendix ii). 성경이 장로교회의 기본 원리인 교회의 평등과 신약교회의 직분을 목사, 교사, 장로, 집사로 규정하였다는 주장이었다.

카트라이트와 트래버스는 칼빈처럼 장로정치의 신적 기원을 지지하였다. 카트라이트는 교부들에 의하여 오류 없는 교회 정부가 만들어졌다는 존 위트기프트의 사상을 비난하면서, 성경만이 교회통치의 원리를 제공한다고 주장

하였고(Louma 1977, 45~59), 트래버스도 동일한 입장을 표명하였다. 트래버스
는 1617년 출판된 「교회 권징에 대한 충분하고 평범한 선언」(Full and Plaine
Declaration of Ecclesiastical Discipline)에서 다음과 같이 서술하였다: "나는 교회
의 치리가 교회를 관리하고 통치하기 위한 방편으로 하나님께서 제정하신 것
이라고 생각한다. 여기서 하나님을 치리의 제정자로 보는 것에는 … 보다 충
분한 증명이 필요하다. 왜냐하면, 성경이 이에 대하여 침묵하며 통치자와 교
회에 교회 행정이 전적으로 일임되었다고 주장하는 많은 사람들이 이러한 사
상을 반대하기 때문이다. 치리의 규칙과 형태는 인간의 조례나 상상에 의해
만들어지는 것이 아니라 하나님의 말씀에서 나와야 한다. 말씀에 따라 개혁되
어지는 교회에서는 오랫동안 그 순수성이 보존된다. 오늘날 우리들의 교회 안
에 존재하는 모든 부패한 모습은 하나님의 말씀인 맑은 샘을 떠나, 냄새나는
웅덩이나 도랑과 같은 교황의 환상과 상상에서 나왔기 때문이다." (Travers
1617, 6). 그는 이와 같이 교회정치가 성경적인 배경을 가져야 함을 강조하고,
무능한 목사의 축출, 감독제도의 폐지, 장로의 선출, 등급이 없는 대회 제도를
통한 교회의 개혁을 주장하였다.

　카트라이트와 트래버스의 장로정치사상은 엘리자베스 치하의 영국 교인들
에게 큰 영향을 주었다. 그 대표적인 인물들이 존 필드(John Field)와 토머스 윌
콕(Thomas Wilcox)이다. 그들은 1572년 6월 고위 성직자들의 횡포, 형식적인
예전과 권위적인 감독정치를 비판하는 「의회에 대한 권고」(Admonition to
Parliament)를 발표하였다. 이에 힘입은 일부 장로교도들이 같은 해 11월 20일
완즈워스(Wandsworth)에 최초로 장로교회를 세움으로 장로교 운동이 본격적
으로 시작되었다(Hays 1892, 47).

　장로교회 운동은 영국인 사이에서 널리 퍼졌고, 1586년에서 1588년 사이
절정에 이르러 2개의 국가적인 대회가 생겨났다(Bremer 1976, 13). 1590년에는
500여명의 목사들이 「교회의 거룩한 권징」에서 제시하는 장로정치 사상이 성

경적임을 밝히면서 장로교회 운동을 영국 안에서 실천할 것을 서명하였으며 (Breed 1872, 25), 17세기 초반에 접어들면서 윌리엄 브래드쇼와 윌리엄 에임스 등에 의하여 영국에 뿌리를 깊이 내렸다.

윌리엄 에임스

윌리엄 브래드쇼(William Bradshaw)는 영국교회의 개혁이 더딘 이유를 교회의 계급 구조 탓으로 보았다. 1601년에 출간한 「영국 청교도주의」(English Puritanism)에서 그는 청교도 운동의 신학적 배경에 대하여 논하면서, "개교회는 목사, 교사, 치리장로가 있다. 이들은 교회 안에서 최고의 영적인 직분으로 인정을 받아야 하며, 이러한 직분 위에 더 높은 목사가 없고 오직 예수 그리스도만이 계실 뿐이다. 적그리스도의 영에 의해 인도를 받는 자들은 스스로를 목사들 가운데 목사라고 사칭하며 높이곤 한다."고 지적하였다(Heimert 1985, 4).

윌리엄 에임스(William Ames, 1576~1633)는 윌리엄 퍼킨스(William Perkins)의 제자로 브래드쇼의 책을 라틴어로 번역하여 널리 소개하였고, 영국과 뉴잉글랜드 청교도 운동을 이끈 인물이었다. 그의 저서 「신학의 정수」(The Marrow of Sacred Theology)는 영국의 청교도만이 아니라 뉴잉글랜드 청교도의 필독서로, 교회정치 사상에 지대한 영향을 미쳤다. 그는 「신앙의 정수」에서 예수 그리스도만이 교회의 머리이며, 그의 지배를 받는 곳에 하나님의 나라가 이루어진다고 단언하였다. 또한 교회정치는 "임금이시며 머리이신 그리스도와 관련해서는 단일 군주제이다. 하지만, 가시적인 체계와 관련해서는 혼합적인 성격, 즉 부분적으로는 귀족적이며, 부분적으로는 민주적이다"(Ames 1968, 183)라고 평하였다. 교회정치가 단일 군주적이라는 것은 그리스도만이 교회의 머리라는 것을 보여주는 것이고, 귀족적이라는 것은 교인을 대표하는 장로들에 의한 정치를 의미하며, 민주적이라는 것은 회중의 권한을 강조하는 정치라는 것을 시사하는 것이다.

이러한 기초 위에, 에임스는 교회 직분을 맡은 자 사이의 평등을 주장하였다. 교회정치에서 "위계질서나 신성한 지배라는 것이 존재할 수 없고, 오직 종의 서열, 또는 신성한 봉사만이 있을 뿐"이라고 하였다. 그러므로 모든 교직자는 평등하며, "책임에 있어 다른 직원의 권세에 종속하지 않으며, 각자 직접적으로 그리스도에 의존한다."고 주장하였다(Ames 1968, 183). 에임스의 정치사상은 후에 웨스트민스터 총회에 모인 청교도에게 큰 영향을 미쳤다.

2. 웨스트민스터 총회와 장로정치

청교도 운동은 엘리자베스와 제임스 1세의 통치 기간에 장로교를 중심으로 급속도로 발전하였다. 1603년 제임스 1세(James I, 1603~1625)가 즉위하자, 영국의 장로교도들은 그를 통해 교회 개혁이 이루어질 것으로 기대하였지만 얼마되지 않아 실망하였다. 청교도들이 요청한 '천인의 청원'(millenary petition)을 다루기 위해 소집한 햄프턴 코트(Hampton Court)에서 제임스 1세가 "감독 없이 왕도 없다"(No Bishop! No King!)는 선언을 하여 감독주의를 지지하고, 교회와 국가의 역할을 구분할 것을 주장하던 장로교주의자들을 배척하고 박해했기 때문이다.

제임스는 장로정치보다는 감독정치에 호의적이었고, 로마천주교회와 밀접한 관계를 유지하고자 하였다. 그는 아들 찰스 1세를 스페인 공주와 결혼시키려고 했으며, 1618년 30년 전쟁이 일어났을 때 프로테스탄트 국가들이 요청한 도움을 거절하는 등 프로테스탄트 운동에 소극적인 입장에 서 있었다.

청교도들은 제임스 1세의 반종교개혁적인 성향과 성공회 정책을 목도하고, 통치자를 통한 교회 개혁이 불가능함을 깨달았다. 교회 개혁이 설교 운동을 통해서만 가능하다고 생각한 그들은 신학 교육의 초점을 설교에 두고자 하여, 케임브리지대학교와 옥스퍼드대학교를 설교자 양성 기관으로 만들고자 하였고, 이러한 학교들을 통해 많은 설교자들을 배출하는데 힘을 기울였다.

웨스트민스터 총회

설교 운동과 함께 영국교회 안에 설교자들이 속속 생겨나면서 교회 개혁이 가속화되었고, 장로교 운동이 널리 퍼져갔다. 장로교 운동의 확산과 함께 절대 왕조를 지탱시켜 주던 성공회의 감독정치가 공격받자, 찰스 1세(Charles I, 1625~1649)는 윌리엄 로드(William Laud)를 캔터베리 대주교에 임명하고, 청교도들을 고등종교법원(High Commission Court)에 소환하는 등 박해 정책을 폈다. 고등종교법원에 소환을 받은 청교도 가운데 다수가 귀를 잘리거나, 화인(火印)을 맞는 등 생명의 위협을 당하였다.

정부 당국의 박해로 장로교회 운동은 약화되었다. 그러나 그 약화된 다른 요인은 청교도 자체에 있었다. 그들은 교회 정치에 대한 의견 일치를 보지 못하고 나누어져 있었다. 계급 구조적인 성공회의 교회 정책에 반발하여 회중정치를 주장하는 자들이 나타났는가 하면, 반대로 성공회 안에 있으면서 칼빈주의적 감독주의를 지지하는 자들도 나타났다. 이러한 분열과 혼미의 역사는 내란과 공화정 초기에 다시 심화되었다(Ahlstrom 1972, 265).

찰스는 영국과 스코틀랜드에서 장로정치를 폐지하고 성공회를 국교로 삼아 그의 입지를 강화하고자 하였다. 그러나 찰스의 종교 정책은 영국과 스코틀랜드인들의 반발과 저항을 불러 일으켰다. 1638년 스코틀랜드인들은, 감독정치가 적그리스도적이며 성공회 정책은 진리의 가면을 쓴 마귀의 술책이라고 비난하면서 찰스의 종교 정책에 대항하였고, 만일 찰스가 성공회 정책을 추진한다면 전쟁을 일으킬 것을 선언하였다.

스코틀랜드 교회의 전쟁 선포로, 찰
스는 전쟁에 필요한 전비(戰費)를 마련
하고자 의회를 소집하였다. 이 때 다수
의 청교도들의 의회에 진출하여, 의회
는 찰스의 정책을 비판하고, 한 걸음 더
나아가 그의 지지 기반이었던 성공회
의 주교 제도를 폐지하려고 하였다. 의
회의 강력한 반대에 직면한 찰스는 의
회를 해산한 후, 새로운 의회를 구성하

웨스트민스터 예배당

기 위해 선거를 실시하였다. 그러나 더 많은 청교도들이 의회에 진출하였다.
찰스는 4번이나 의회를 소집하였지만 다시 해산하는 과오를 범하였다.

여러 번의 의회 해산과 더불어 의회 지도자들을 체포하려고 하자, 의회가
찰스에 대항하여 자위대를 구성하였다. 이로서 영국에서 왕당파와 의회파가
나타났고, 그 둘 사이의 내전이 시작되었다. 내란이 확산되자, 의회 지도자들
은 국가적인 위기를 신앙적으로 극복하기 위해 영국 전역에서 목사들을 초청
하여 웨스트민스터 총회를 소집하였다.

의회는 총회를 통해 영국교회의 신앙과 예배와 교회 행정 체제를 로마천주
교회의 잔재로부터 "완전히 개혁"하고, 성경적인 교리, 예배와 교회 정부 형태
를 완전히 회복하고자 하였다. 총회의 구성은 의회가 파송한 상원과 하원 의
원 각각 15명과 전국에서 모인 121명의 목사들로 이루어졌다. 총회는 1643년
7월 1일 개회하여 1649년 2월 22일까지 1,163번의 회의를 가졌는데, 회의에는
매번 60여명이 참석하였다.

총회는 1643년부터 1644년까지 예배와 교회 정부 형태에 대해 논의하였다.
예배에 대한 신학적 의견 일치를 보았지만, 교회 정부 형태에 대해서는 논란
이 분분하였다. 총회 참석자들의 교회관이 각기 달랐기 때문이다. 장로정치의

성경적 기원을 주장하는 장로교도(Presbyterian), 감독제를 반대하나 장로제를 일부 가미할 수 있다는 중도적인 무리, 소수였으나 막강한 영향력을 행사한 독립파(Independent), 정부가 교회를 다스려야 한다는 주장을 펴던 에라스투스주의자(Erastian)로 나누어져 있었다. 그 가운데 다수파는 장로교도들이었다.

총회는 오랜 논의 끝에 웨스트민스터 표준문서를 만들어 냈다. 곧 장로교도의 신앙의 정수라고 불리는 「웨스트민스터 신앙고백서」(The Westminster Confession of Faith), 그에 기초하여 장년 교육을 위해 작성한 「대요리문답서」(The Larger Catechism), 어린이와 자녀 교육을 위해 마련한 「소요리문답서」(The Shorter Catechism), 예배에 대한 성경적인 원리를 제시한 「공예배 지침서」(Directory of Public Worship), 그리고 성경적인 교회 정치 원리를 다룬 「장로교 정부형태론」(Form of Presbyterian Church Government) 등 장로교 신앙의 표준문서를 작성해 냈다.

「공예배 지침서」와 「장로교 정부 형태론」은 1644년 12월에 작성되었다 (Dennison 1986, 84). 영국 의회는 1645년 1월 「공예배 지침서」를 교회의 표준문서로 채택하였고, 1648년 「장로교 정부형태론」을 영국교회의 정치 원리로 승인하였다. 스코틀랜드 의회도 1647년 「장로교 정부형태론」을 스코틀랜드 교회 행정을 위한 지침서로 채택하였다. (그러나 1650년대에 들어서 독립파인 올리버 크롬웰(Oliver Cromwell)이 지침서를 무효화하면서 영국과 스코틀랜드에서 장로정치사상은 약화되었다.)

장로교도들은 1646년 초반 「장로교 정부 형태론」에 기초하여 장로교 공동 선언서인 「교회정치에 대한 신성한 권리」(Divine Right of Church Government)를 작성하였고, 영국 의회는 같은 해 3월 교구에서 장로를 선출할 수 있도록 허락하였다. 1647년 10월에는 런던의 137개 교구가 장로교 원리에 따라 12개 노회로 조직되었고, 랭카샤(Lancashire)에 9개, 에섹스(Essex)에 14개, 서포크(Suffolk)에서 14개의 노회가 조직되었다. 이로서 영국은 장로교 국가의 면모를 갖추게 되었다(맥닐 1990, 374).

「장로교 정부 형태론」

웨스트민스터 총회는 「장로교 정부 형태론」을 통해 예수 그리스도 왕권의 회복을 주장하였다. 교회정치에서 예수 그리스도의 왕권이 회복되어야 할 주된 이유는, 「장로교 정부 형태론」 서문의 서술처럼, 하나님께서 예수 그리스도를 "이 세상만이 아니라 오는 세상에서 모든 이름 위에 뛰어나시고, 또 만물을 그 발 아래 복종하게 하시고, 그를 만물 위에 교회의 머리로 주셨고, 교회는 그의 몸이요, 만물 안에서 만물을 충만하게 하시는 자의 충만"이기 때문이다 (WCF 397). 교회는 교황이나 왕과 같은 인간의 지배를 받는 곳이 아니라 만왕의 왕이신 예수 그리스도의 통치를 받는 영역이 되어야 한다고 본 것이다(웨스트민스터신앙고백서 25:3, 6 참고).

「장로교 정부 형태론」은 칼빈의 가르침을 따라 교회가 하나라고 선언하였다. 하나의 보편적인 교회(one general Church)만 그리스도의 재림 때까지 지상에 존재하게 된다는 것이다. 지역 교회(local church)는 보편적인 교회의 한 지체로, "그리스도를 믿는 믿음을 고백하고, 그리스도와 사도들이 가르친 신앙과 생활의 규칙을 따라 순종하는 가시적인 성도와 그들의 자녀로 구성된다." (WCF 398)고 하였다. 여기서 우리는 「장로교 정부 형태론」이 츠빙글리 이후 개혁주의 교회에서 발전되어 온 교회의 계약적인 면을 강조하고 있음을 발견하게 된다.

또한 그리스도께서 지상에 교회를 세우신 목적은 하나님의 말씀으로 성도를 불러 모아 훈련하여 완전하게 하는데 있다고 하였다. 교회가 커지고 "신자 수가 늘어나 한 장소에 모이기 불편하면, 주어진 모든 규례와 상호 의무를 더욱 잘 이행하기 위하여 서로 나뉘어도 합법적"이라는 논리로, 대교회주의 또는 개교회주의를 경계하며 교회의 분리 개척 필요성을 주장하였다. 개척하여 교회를 설립할 때는 뜻이 맞는 사람들끼리 교회를 구성할 것이 아니라, "주거의 경계"로 기준을 삼을 것을 권면하여 인간관계 보다는 복음화에 초점을 두었다(WCF 403).

「장로교 정부 형태론」에 보면, 교직자는 교회를 위하여 그리스도께서 세우신 일꾼이었다. 신약시대의 교회 직분은 사도, 선지자, 전도자와 같이 임시적으로 존재하던 직분과 목사와 교사와 장로, 집사와 같이 교회사 속에 항상 존재하는 직분으로 구분되며, 전자는 사도 시대 이후 폐지되었으나, 목사, 교사, 장로와 집사와 같은 직분은 예수 그리스도의 재림 때까지 교회를 위하여 존재한다고 하였다.

목사는 기도와 성경 연구에 전념하면서 공적인 예배 시 성경 봉독과 설교를 통하여 성도들을 권면, 설득, 교정, 교훈, 견책, 위로하며, 말씀을 확신시키고, 교리 문답을 가르치며, 성례를 집행하고 축복하며, 가난한 자를 보호하고, 교인들을 치리하는 일을 맡은 자(WCF 399)이며, 교사는 "성경 해석과 바른 교리를 가르치는 일과 반론을 펴는 사람들을 설득하는 직분"으로 "박사"(doctor)라고도 칭한다고 하였다. 교사는 목사처럼 교회에서 성례와 권징을 시행할 수 있고, 성경 해석과 학교에서 교수의 직분을 맡은 자로 보았다(WCF 401).

집사는 구제하는 직분으로, "설교하거나 성례를 집행할 수 없고, 다만 가난한 자를 돌아보고 생활에 필요한 물품을 분배하는 일"을 하는 자이다(WCF 403). 집사는 당회에서 공천하고, 회중의 동의를 얻어 당회가 안수하였다. 집사의 봉사 기간은 장로들이 잠정적으로 정하여 공동 의회에 제안하고 공동 의회가 확정하였으며, 집사의 수는 회중의 수에 비례하였다.

장로는 "교회 행정에서 목사를 돕는 직분"이었다. 당회가 장로직에 임직할 만한 자를 공천하면, 회중의 동의 과정을 거쳐 직분을 행사하였고, 만일 회중의 신임을 받지 못하면 장로가 될 수 없었다. 목사가 말씀을 봉사하는 자라면,

장로는 다스리는 직분으로 종신직이었다. 장로에게 주어진 임무는 여러 가정을 방문하고, 그들에게 속한 양 떼의 영적인 상태를 살피는 것으로, 장로의 수는 회중의 규모에 따라 결정되었다(WCF 402).

「장로교 정부 형태론」에서는 교회의 기초적인 행정 기관으로 공동의회(congregational assembly)를 두었다. 교회의 치리 기관으로는 노회(presbytery), 대회(synod) 총회(classical and synodical assembly)를 두었으며, 지역 교회의 직원회의(제직회)는 목사, 장로, 집사로 구성하도록 하였다(WCF 405). "회의는 말씀과 교리를 맡아 수고하는 직분을 맡은 자가 회무를 처리하는 것이 가장 편리하다"는 논리로, 목사가 회의를 주재하는 것이 바람직한 것으로 보았다. 전기한 모든 치리 기관에서 교회의 책벌을 가할 때 당회는 "교인들의 지식과 영적 상태를 심의하고, 권면하고, 꾸짖는" 직무를 행사하며(히 13:22; 살전 5:12; 겔 34:4 참고), 교회에서 출교 당한 자의 수찬을 금할 수 있다고 명시하였다.

「장로교 정부 형태론」은 노회 제도의 성경적 기원을 주장하였다. 디모데가 장로들의 회에 의해 목사 안수를 받았고(딤전 4:14), 안디옥교회가 할례 문제로 어려움을 당할 때 교회회의를 소집한 것(행 15:2~6)은 여러 교회들이 한 노회 행정 안에 있었음을 암시한다고 보았던 것이다. 「장로교 정부 형태론」에 명시된 다음의 내용을 살펴보자.

"첫째로, 예루살렘 교회는 하나 이상의 여러 교회로 구성되어 있었고, 한 노회 행정 아래 있었다. 예루살렘에 하나 이상의 교회(congregation)가 있었던 것이 분명함은, (1) 박해로 신자들이 흩어지기 전후에 언급된 여러 곳의 신자들의 무리와, (2) 예루살렘 교회의 많은 사도들과 전도자를 보아서 알 수 있다. 만일 하나의 교회만 존재했다면 사도들이 가끔 설교했을 터인데, 이는 사도행전 6장 2절의 말씀과 부합되지 않는다. (3) 사도행전 2장과 6장에 신자들이 여러 가지 언어를 사용한 것이 언급되어 있는데, 이는 하나 이상의 교회와 회중이 있었음을 논증한다.

둘째로, 모든 교회들이 한 노회의 치리 아래 있었다는 이유는, (1) 교회가 원래 한 회중이었고, (2) 교회의 장로들이 언급되어 있으며, (3) 사도들은 교회의 장로로, 장로가 행하는 일상적인 일을 하였기 때문이다. 이는 사도행전 8장의 분산 이전에 장로교 체제의 교회가 있었음을 증명한다. (4) 예루살렘에 있던 여러 회중이 있었고, 장로들이 치리 문제로 함께 모인 사실이 언급된 것으로 미루어 보아 여러 교회가 한 장로회 행정 아래 있었음이 입증된다. 회중이 고정적이든 아니든, 사실상 모든 회중은 하나의 교회였다. 개교회로 구성될 때 제직들과 교인들이 있어야 한다는 논리로 볼 때 예루살렘에 있던 회중들과 현재 교회들 사이에 물적 상이점이 있는 것처럼 보이지 않는다.

셋째로, 그러므로 성경은 여러 교회들이 한 노회 행정 아래 있을 수 있다고 제시한다(WCF 407).

행정지침서는 예루살렘에 여러 교회가 있었음을 증명한 후 이방인 교회에도 다수의 교회들이 있었음을 주장했다. 「장로교 정부 형태론」은 이렇게 서술했다: "에베소 교회의 예를 들면, (1) 사도행전 20장 31절에 한 개 이상의 회중이 있었음이 나타난다. 즉, 바울이 에베소에 머물러 3년 동안 설교하였으며, 사도행전 19장 18절에서 20절에는 말씀의 특별한 효과를 언급하였고, 같은 장 10절과 17절에는 유대인과 헬라 사람의 구별이 되어 있었고, 고린도전서 16장 8절과 9절에는 바울이 오순절까지 에베소에 머무는 이유를 설명하였다. 그리고 19절에는 아굴라와 브리스길라의 집에 있던 교회를 언급하였고, 에베소에서의 사역이 연이어 사도행전 18장 19, 24, 26절에 나타난다. 모든 것을 종합하여 보면, 수많은 신자들이 하나 이상의 회중을 구성하였으며, 에베소에는 하나 이상의 교회가 있었고, (2) 이 교회들을 한 무리 같이 다스린 다수의 장로들이 있었음이 드러난다. (3) 이 회중들은 하나의 교회였으며, 하나의 장로회 행정 아래 있었다."(WCF 407~408)

「장로교 정부 형태론」은 이와 같이 노회 제도의 성경적인 배경을 제시한 후

노회 구성에 대해 다루었다. 노회는 장로와 목사로 구성되고, 매달 모이며, 회의 진행을 목사가 맡도록 하였다(Dennison 1986, 91). 기도로 노회를 시작하고 끝나도록 명시하였고, 모든 회원이 참석해야 하며, 만일 결석할 경우에는 사전에 사유서를 제출하여 승인을 받도록 하였다. 성경에 근거하여 회의의 안건을 결정하고 다수결을 원칙으로 삼도록 하였다(WCF 88).

노회는 성경 해석과 기독교 교리에 관한 문제를 다룰 수 있는 권위가 있었고 불명예스러운 목사의 권징과 교리나 생활에서 잘못된 이들을 교정할 권세를 가졌다. 성직 매매나 교회 당국의 승인 없이 무질서하게 교회를 분립하여 목회하는 행위, 그릇된 교리의 전파, 설교를 등한시하고 목회를 소홀히 하며, 당회의 승인 없이 교회를 비우는 것, 성례의 불성실한 이행 등 예배지침서에 명시된 목사의 의무를 등한시하여 교회의 질서를 문란케 하는 행위들을 권징하도록 하였다.

노회에서 가장 중요한 업무는 목사직 지원자를 시험하고, 안수하는 일이었다(WCF 91~92). 안수는 "교회의 공적인 직분을 위하여 엄숙하게 사람을 구별하는 행위"로, 반드시 "노회 회원들이 금식하고 기도한 후, 손을 얹음"으로 시행하도록 하였다. 목사의 자격은 만 24세 이상 된 남자로, "합법적으로 부르심을 받고 … 사도의 규칙에 따라 생활과 목회 사역에서 그 능력을 인정받은 이"로 규정하였다. 노회는 안수 위원을 세워 목사후보생을 시험한 후 안수하도록 하였으며, 안수 과정에서 노회 소속 교회 중 한 교회라도 "정당한 사유를 들어 안수를 반대하면" 안수 받을 수 없도록 하였다.

안수 위원회가 후보생을 시험할 때에 주력해야 할 점은 목사후보생의 인격과 신학적인 지식을 평가하는 일이다. 위원회는 후보생에게 "온유한 심령과 진실성과 겸손과 우수성"을 겸비하였는지를 살피고, 성경의 바른 해석을 위하여 원어를 다루는 지식의 여부를 확인해야 하였다. "원어 시험은 히브리어와 헬라어 성경을 읽고 라틴어로 번역하게 하는데, 만일 오류가 드러나면 다른 과목도 철저히 살피고, 특별히 논리학과 철학을 습득했는지 검토"하도록 하였다(WCF 413). 목사가 갖추어야 할 신학적인 지식으로는 기독교 교리와 성경 해석 능력을 요구하였다. 성경의 해석은 교회사적인 입장을 전제하도록 하였고, 시험 과목은 성경 강해, 논문, 설교, 목회학이었다. 후보생이 고시에 합격하면, 청빙 교회에서 노회의 주도로 목사 안수 의식을 거행하였는데, 그 때 "온 교회가 금식하면서 그리스도의 규례에 축복이 임하도록 열심히 기도"하도록 하였다(WCF 414).

안수 의식은 설교, 성직 수행에 대한 서약과 교인 권면이 있은 후 이루어지도록 하였다. 안수는 기도함으로 이루어지는데, 다음과 같은 내용의 기도를 드리도록 하였다: "백성을 구원하시기 위하여 예수 그리스도를 보내 주신 하나님의 크신 긍휼을 감사하고, 또한 승천하사 하나님 우편에 앉아 계시면서, 그곳으로부터 성령을 쏟아 부어 주시고, 사람들에게 은사를 주시며, 사도와 복음 전하는 자와 선지자와 목사와 교사를 주셔서 그의 교회를 모아 세우시고, 이 사람을 그 위대한 일에 접합하게 하시고, 일하고자 하는 소원을 주신 것을 감사하고, 성령으로 도우셔서 그 일에 적합하게 하시고, 하나님께 우리는 이와 같이 거룩한 일에 주의 이름으로 OOO을 구별하오니 모든 일에 그의 성역을 완성하게 하시며, 자기도 구원받고, 그 맡겨진 사람들도 구원받도록 하소서"(WCF 414).

기도와 축복이 끝나면, 설교자는 안수 받은 사람에게 권면하고, 기도하고, 시편 찬송을 부른 후 축도로 마쳤다. 특기할 만한 점은 안수에 간여한 사람들이 "돈이나 선물 등을 아무 구실로도 받을 수 없게"(WCF 415) 막음으로 순전히 하나님께 구별하여 드리는 안수 의식으로 만들고자 한 것이다.

3. 청교도와 예배 모범

웨스트민스터 총회는 개혁주의 교회정치 체제를 회복하였을 뿐만 아니라 성경적인 예배 모범을 제시하였다. 헨리 8세가 로마교황청으로부터 독립하면서 교회를 개혁하였을 당시의 예배는 여전히 미신적이었다. 토머스 크랜머를 비롯한 종교개혁자들이 로마천주교회의 "잘못되고, 미신적이며, 우상숭배적인" 미사를 개혁하여 올바른 예배를 드리기 위하여 「공동기도서」(The Book of Common Prayer)를 작성하였지만, "기도할 때마다 읽을 것을 강요하여" 교인들로 하여금 "부담감을 가중" 시켰고, "다수의 목사와 교인의 양심을 불편하게 함으로 불행을 낳는" 원인을 제공하였다. 또한 "게으르고 덕을 세우지 못하는 교역의 방편" 이 되기도 하였다. 따라서 청교도들은 「공동기도서」의 사용을 반대하였고, 그로 말미암아 영국 정부로부터 탄압을 받았다. "수찬 정지를 당하기도 하였으며, 여러 유능하고 성실한 목사들이 교역 정지 처분을 받았다" (WCF 373).

「공예배 지침서」

청교도들은 예배 개혁이 바로 교회 개혁의 지름길이라고 생각하였다. 예배 개혁을 통하여, 부덕한 목사를 양산하지 않게 되고, 양심을 따라 기도할 수 있으며, 올바른 신앙을 고백하는 공동체를 만들 수 있기 때문이었다. 이러한 이유로 총회는 성경적으로 예배를 개혁하고, 영국과 아일랜드와 스코틀랜드에 사는 하나님의 백성들이 "예배의 통일을 유지하도록" 「공예배 지침서」(Directory for Public Worship)를 만들고자 하였다. 「공예배 지침서」 작성의 원칙으로, 총회는 "모든 규례는 하나님께서 제정하신 것을 따르고, 성경에 기록되지 않은 것은 신자의 지혜를 따르되, 하나님의 말씀의 일반적인 법칙을 준수할 것"을 결의하였다(WCF 374).

예배 순서는 초대교회의 모형을 따라 단순화시켰다. 모든 회중이 모이면, (1) 예배로의 부르심이 있는데, 목사가 엄숙하게 하나님을 예배하자고 선언함으로 시작하도록 하였다. (2) 예배에의 초대가 있는 후 개회 기도가 있는데, 다음과 같은 내용을 포함하도록 하였다: "경건과 겸손으로 주님의 측량할 수 없는 위대함과 위엄을 승인하고 (예배드릴 때 그것들은 하나님의 존전에 특별히 나타난다), 저희의 약함과 주께로 가까이 나아갈 수 없는 무자격, 위대한 일을 해낼 수 없는 전적인 무능력을 인정한 후, 겸손히 용서를 구하고, 이제 드리는 예배 순서마다 도와주시고, 받으시며, 봉독할 하나님의 말씀에 복 주실 것을 겸손히 간구하며, 이 모든 것을 주 예수 그리스도의 이름과 중보로 기도할 것이다"(WCF 375). (3) 기도를 드린 후, 성경 봉독이 있는 데 교사나 목사가 하고 "목사후보생도 노회의 허락을 받아" 할 수 있었으며(WCF 376), 성경의 모든 책을 순서대로 봉독하도록 하였다. (4) 그 다음의 공중 기도는 목사가 회중이 지은 원죄와 스스로 범한 죄를 고백하고, 말씀을 통하여 새로운 은혜를 주셔서 그리스도의 나라가 이루어지도록, 그리고 왕들을 위해 기도하도록 하였다. (5) 그 후에 설교가 이어졌으며, (6) 설교가 끝난 후 기도와 (7) 축도로 예배를 마치고, 때때로 성찬과 세례식을 실시하였다(WCF 376~386).(「교회 행정을 위한 지침서」는 지역 교회에서 드리는 예배 순서를 기도, 감사, 찬송(시편 찬송), 성경 봉독, 설교와 요리 문답, 성례, 축복, 가난한 자를 위한 헌금, 축복기도로 규정하였다(Dennison 1986, 89)).

청교도의 예배가 한국 장로교회의 예배와 다른 점은 설교 전의 기도를 장로들에게 맡기지 않고 목사가 드린 것과 사도신경을 예배 순서에서 제외한 점이다. 하나님이 받으시는 예배는 성경에 기초해야 하는데, 사도신경은 정경화(正經化) 이후 작성되었기 때문이다. 또 다른 이유는 사도신경이 원래 그릇된 신앙으로부터 바른 신앙을 구별하기 위해 만들어졌고, 사람들 앞에서 신앙을 고백하는 것이 주된 목적으로 작성된 것이므로 예배의 요소가 될 수 없다고 생각했기 때문이다.

예배의 지침

청교도들은 「장로교 정부 형태론」과 「공예배 지침서」를 통하여 예배의 내용에 대하여 가르쳤고, 「대요리문답서」를 통해서는 예배의 원리를 제시하였다. 그들은 예배의 원리를 도덕법에서 찾았다. "도덕법은 인류에게 선포된 하나님의 뜻으로, 모든 인류가 개인적으로, 온전하게, 영원토록 지켜 순종하되 마음과 성품과 힘을 다하여, 하나님과 사람에게 마땅히 해야 할 모든 의무를 거룩하고 의롭게 이행할 것을 지시하고, 요구하며, 이 법을 지키면 생명을 약속하지만, 이 법을 범하면 죽음으로 응징할 것을 경고"하는 기능을 가지고 있다(93문). "아무도 타락 후에는 도덕법에 의해 의와 생명에 이를 수 없으나" 도덕법은 모든 자에게 여러 방면에서 크게 유용하다(94문). 왜냐하면 "도덕법은 모든 사람에게 하나님의 거룩한 뜻과 성품, 그리고 인간들이 행하여야 할 의무를 알려주며, 인간들이 이를 지키는데 게으르고, 그들의 본성과 심정과 생활이 죄악으로 오염되어 있음을 확인함으로, 스스로 죄의 비참함을 깨달아 겸손케 함으로써, 그리스도와 그의 완전한 순종의 필요성을 보다 더 명백히 깨닫게 하는데 도움"이 되기 때문이다(95문).

그리스도인들은 행위 언약인 도덕법의 올무에서 벗어난 자들이나, 도덕법은 구원받은 신자들에게 여전히 "순종의 법칙으로" 유익하다. 도덕법은 십계명에 요약되어 있으며, 십계명은 창조주 하나님에 대한 피조물 인간의 의무를 포함한다. 특히 처음 4개의 계명은 "하나님께 대한 의무를 제시"하며, 그 의무는 "우리 마음을 다하며, 목숨을 다하고, 힘을 다하며, 뜻을 다하여 주 하나님을 사랑하라"는 것이다(102문).

청교도들은 제1계명이 예배의 대상을 규정한다고 보았다. "하나님께서는 홀로 참되신 하나님이시며, 우리의 하나님이심을 알고, 인정하며, 그 분만을 생각하고, 명상하며 기억하고, 높이고, 존경하고, 경배하며, 선택하고, 사랑하고, 사모하고, 경외" 할 것을 요구한다. 그리고 "하나님만 예배하고, 영화롭게 하고, 믿고, 의지하며, 바라고, 기뻐하고, 즐거워하며, 열심히 찾고, 모든 찬송과 감사를 드리고, 전인격적으로 완전히 그에게 순종하고 복종하며, 그를 기쁘시게 하기 위하여 범사에 조심하고, 만일 무슨 일에든지 그를 노엽게 하였으면 그것을 슬퍼하며, 그와 겸손히 동행" 할 것을 요구한다(104문).

제1계명은 "하나님을 부인하거나 모시지 않는 무신론, 참 하나님 대신 다른 신을 섬기거나 한 분 하나님 외의 여러 신들을 섬기고 예배하는 우상 숭배, 하나님을 우리의 주인으로 섬기지 않거나 고백하지 않는 것"을 금한다. "하나님께 마땅히 드려야 할 의무 가운데 어떤 것을 제하거나 태만히 하는 것, 하나님에 대한 무지, 망각, 오해, 그릇된 의견을 가지며, 하나님을 경시하거나 악하게 생각하는 것, 하나님의 비밀에 대하여 두려움이 없이 호기심으로 캐내는 것, 신성모독과 하나님을 미워하는 것, 자기 사랑, 자기 추구, 자신의 뜻을 이루기 위해 과도히 무절제하게 전념하는 것, 전적으로 또는 부분적으로 하나님에게서 떠나는 것, 헛된 경신(輕信), 불신앙, 이단, 그릇된 신앙, 의혹, 절망, 완고함, 심판에 대한 무감각, 마음의 완악함, 교만, 오만, 육신에의 방종, 하나님을 시험하는 것, 불법적이고 인간적 수단에 의뢰하는 것, 육에 속한 기쁨과 향락에 빠지는 것, 부패하고 맹목적이며 무분별한 열심을 가지는 것, 신앙적인 미지근함, 하나님의 일에 대한 무감각, 하나님에게서 멀어짐, 배교, 성도들이나 천사들 혹은 다른 피조물에게 기도와 예배하는 것, 마귀와 의논하며 그의 암시에 귀 기울이는 것, 인간을 신앙과 양심의 주로 삼는 것, 하나님의 명령을 경시하고 멸시하는 것, 하나님의 영을 거역하고 근심하게 하는 것, 하나님의 경륜에 대한 불만과 참지 못함, 우리에게 임하는 재난에 대하여 어리석게 하나님을 비난하는 것, 우리의 됨됨이나 소유나 능히 할 수 있는 선에 대한 칭송을 행운, 우상, 인간 자신 또는 다른 피조물에게 돌리는 것"을 금하고 있다(105문).

제2계명은 예배의 방법을 규정한다. 제2계명에서 요구하는 의무는 "하나님의 말씀 가운데 제정하신 종교적 예배와 규례를 준수하고, 순전하게 그리고 전적으로 지키는 것이다. 특히 그리스도의 이름으로 드리는 기도와 감사, 말씀을 읽고 전하며 듣는 것, 성례를 베푸는 것과 받는 것, 교회정치와 권징, 성역의 유지, 종교적 금식, 하나님의 이름으로 하는 맹세와 서약, 모든 거짓된 예배를 부인하고 미워하며 반대하는 것, 각자의 위치와 사명에 따라 거짓된 예배와 모든 우상 숭배의 기념물들을 제거하는 것이다"(108문).

제2계명이 금하는 죄들은 "하나님께서 친히 제정하지 않은 종교적 예배를 고안하거나 의논하며, 명령하거나 사용하고, 승인하는 것과 거짓 종교를 용납하는 것이다. 또한 하나님의 삼위 전부나 어느 한 위의 상징을 내적으로나 외적으로 피조물의 형상으로 만드는 것이며, 그러한 형상을 예배하거나, 형상을 통한 예배, 거짓 신들의 형상을 만들어 예배하며 섬기는 것이며, 구시대의 제도, 풍속, 경건, 선한 의도, 혹은 다른 구실의 명목 아래 예배에 추가하거나 삭감하여 하나님의 예배를 부패하게 하는 모든 미신적 고안과 성직 매매, 신성모독, 하나님이 정하신 예배와 규례들에 대한 소홀과 경멸, 방해와 반항" 등이다(109문). 따라서 하나님을 예배하기 위하여 삼위 하나님 가운데 어떤 위라도 그리거나 조각의 형태로 만들 수 없으며, 심지어는 그분의 존재 양식에 대해 상상하는 것까지도 금한다.

제3계명은 예배하는 자의 자세를 명시하고 있다. 특히 예배하는 자들에게 "하나님의 이름과 칭호, 속성과 규례, 말씀, 성례, 기도, 맹세, 서약, 기업, 하나님이 하신 일과 그 외에 하나님 자신을 나타내는 것은 무엇이든지 거룩하며 존경하는 마음으로 생각하고, 명상하고, 말하며, 기록해야 하며, 하나님의 영광과 우리 자신과 다른 이의 유익을 위하여 거룩한 고백과 책임 있는 대화를 요구한다." (112문).

또한 제3계명은 "하나님의 이름을 명한대로 사용하지 않고, 무지하게, 헛되게, 불경스럽게, 모독적으로, 미신적으로, 사악하게 사용하는 것과, 하나님의 칭호와 명칭과 속성과 규례, 혹은 사역을 모독하며 위증하므로 남용하는 것"을 금한다. "또한 모든 악한 저주, 맹세, 서원과 추첨으로 하나님의 이름을 남용하거나 합법적인 맹세와 서원을 위반하며, 불법적으로 맹세하며, 하나님의 작정과 섭리에 대하여 불평하고 항변하며, 이를 호기심으로 파고들거나 오용하며, 말씀의 어느 부분을 잘못 해석하거나 응용하며 어떤 방식으로 곡해하는 것과 모독하는 농담, 호기심에 넘치는 무익한 질문, 헛된 말다툼 혹은 그릇된 교리를 지지하는데 쓰는 것과 피조물이나 하나님에게 소속된 어떤 것을 마술, 또는 죄악으로 가득 찬 정욕과 행위에 악용하며, 하나님의 진리와 은혜 및 방법을 훼방하고, 경멸하며, 욕하고, 혹은 어떻게든지 반대하는 것, 외식함이나 악한 목적으로 신앙을 고백하는 것이며, 그에게 불응하며, 지혜롭지 못하며, 결실 없이 역행하며 배반함으로 하나님의 이름을 부끄러워하거나, 그 이름에 수치를 돌리는 것"을 금한다(113문).

제4계명은 성도들이 하나님을 예배해야 하는 시간에 대하여 명시하였다. 제4계명은 "모든 사람이 하나님께서 그의 말씀으로 정한 시기, 곧 7일 가운데 하루 온 종일 거룩하게 지킬 것을 요구한다. 이 날은 세상 창조 때로부터 그리스도의 부활까지 제7일로 지켜 왔으나, 그 후부터 매주 첫째 날로 되어 세상 끝날 때까지 계속하게 되어 있으니, 이것이 기독교의 안식일로 신약에서는 주일이라 부른다." (116문).

주일 성수는 "하루 온 종일을 거룩하게 쉼으로 할 것이며, 죄악이 되는 일을 그칠 뿐 아니라, 다른 날에 합당한 세상일이나 오락은 그만 두어야 하되, 부득이한 일과 자선 사업을 제외하고는 시간을 전적으로 공적이나 사적으로 예배하는 일에 드리는 것"으로 이루어져야 한다. 그러므로 성도는 주일을 거룩하게 지키기 위해 "마음을 준비하며, 세상의 일을 미리 부지런하고 절제있게 조절하고, 처리하여 주일의 의무를 보다 더 충실히 지킬 수 있어야 할 것이다"(117문).

제4계명을 통해 한 집안의 가장이나 기타 윗사람들에게 특별히 안식일을 지키라고 명한 데에는 특별한 이유가 있다. 가장이나 윗사람은 "스스로 안식일을 지킬 의무가 있을 뿐만 아니라, 그들 밑에 속한 모든 사람들도 반드시 안식일을 지키게 할 의무가 있으며, 그들의 일로 인해 아랫사람들이 안식일을 지킬 수 없는 경우가 종종 있기 때문이다"(118문).

제4계명에서 "금지된 죄들은 의무 가운데 어느 것이라도 빠뜨리거나 부주의하며 등한시하는 것과 무익하게 이행하는 것과 의무 수행을 싫어하는 것이다. 또한 게으름을 부리거나 죄를 범하므로 안식일을 더럽히거나, 세상일과 오락, 곧 모든 필요 없는 일이나, 말과 생각을 함으로써 그 날을 더럽히는 것"이다(119문).

이와 같이 청교도들은 예배의 원리로 성경에 계시된 대로 하나님 한 분만 신령과 진정으로 예배하며, 인간이 고안한 예배를 금하며, 언제 어디서나 하나님을 예배하되 특별히 주일을 구별하여 예배할 것을 주장하였다. 청교도들의 '성경에 명한 것만을 예배의 내용으로 해야 한다' 는 사상은 개혁주의 신학 전통을 따른 것으로, 현대 개혁주의 교회의 예배 모범이 되고 있다.

4. 근세의 영국 장로교회와 아일랜드 교회

1649년 찰스 1세가 처형되고, 의회군 지도자인 크롬웰이 호민관이 되었다. 그는 독립파로 독립파를 편애하였기 때문에 백성의 종교적 열망을 만족시키지 못했다. 더구나 신앙생활의 세세한 부분까지 규제함으로 불평과 분노를 불러 일으켰다. 영국 국민 대다수가 독립파의 종교적 실험에 싫증을 느꼈고, 익숙한 방식의 신앙생활로 복귀하길 갈구하였다. 이런 가운데 왕정복고가 일어나게 되었다.

왕정복고와 장로교운동

1660년 왕정복고와 함께 왕위에 오른 찰스 2세는 지도적인 장로교 목사들을 궁정 목사로 임명하고, 교회의 고위직에 등용하는 등 잠시나마 장로교도에 호의적인 입장을 취하였다. 그러나 종교적 안정이 이루어지자, 그는 조심스럽게 성공회 입장에 있던 인물들로 주교좌(主敎座)를 채웠다. 주교들이 영향력을 행사하기 시작하면서 과거의 성공회 예배가 재도입되었고, 주교들에게 교회와 성당을 혁신하는 업무가 부여되었다.

찰스 2세는 1660년 「통일령」(Act of Uniformity)을 내려 모든 청교도 목사들에게 3개월 안에 영국 국교회로 개종하든지 아니면 사직할 것을 요구하였다. 이에 대한 청교도들의 반발, 특히 장로교도의 저항이 심하였다. 2,000여명의 장로교 목사들은 「통일령」에 반대하면서 장로교 정치의 수호를 결의하였다. 찰스는 1661년 「자치제령」(Corporation Act)을 공포하여 장로교도를 더욱 압박하였다. 비국교도들이 정부 기관에서 근무하는 것을 막았고, 장로교도의 성공회 개종을 허용하였으나 성공회 교도가 장로교도로 개종하는 것은 금하였다. 1664년에는 일반 백성이 청교도 예배에 참석하는 것을 막기 위해 「제1 집회령」(First Conventicle Act)을 내렸고, 성공회 정책에 반대하다가 교회로부터 추방된 목사가 전임지의 5마일 이내에 접근하는 것을 금하는 「5마일령」(Five Mile Act)을 선포하여 장로교 목사의 활동을 제한하였다. 이러한 때에 목사가 유일하게 전직할 수 있던 직업이 교사였다. 목사들이 교사로 전직하려고 하자, 찰스 2세는 비국교도 목사에게 결코 교사직을 허락하지 않았다. 비국교도들은 벌금을 내고, 감옥에 가거나, 다음 순회 재판을 기다려야 했으며, 법정과 감옥에서 모진 고난을 겪었다.

수많은 장로교도들이 수감생활 중 더위와 추위, 오물과 질병 등으로 고통을 겪다가 죽어갔다. 출옥하는 경우에도 정부의 장로교도에 대한 경제 봉쇄 정책 때문에 재정적 파탄을 맞게 되었고, 벌금을 내지 못해서 가재도구나 귀중품 등이 압류당하기도 하였다.

1688년 장로교도들은 로마 천주교로 영국을 환원시키려던 제임스 2세를 명예혁명으로 몰아냄으로 정치적 승리를 거두었다. 의회의 결의에 따라 통치자는 의회의 지배 아래 있게 되어 함부로 종교 문제에 간여할 수 없게 되었다. 1689년에는 종교 관용령(Act of Toleration)이 선포되면서 장로교도도 행정 관료로 임직되었고, 제한적이나마 장로교 자녀들 역시 국교도와 동일하게 교육 혜택을 받을 수 있게 되었다. 그러나 박해 여파로 겨우 500여개의 교회만 남았으므로, 영국에 장로교회의 회복은 역부족이었다.

18세기에 접어들면서 장로교회는 내적 · 외적인 도전을 받아 더욱 약화되었다. 영국 정부가 노회와 대회와 같은 장로교 치리제도를 강제로 폐지하였기 때문에 장로교회는 존재의 위협을 받았으며, 비국교도들에게는 금지된 대학 진학 제도 때문에 장로교도의 자녀들이 교육 혜택을 누릴 수 없었다. 장로교회의 몰락을 초래한 또 다른 요인은 교회가 분열되면서 충분히 훈련받지 못한 목사들이 목회 사역을 맡음으로 회중들이 목사를 신뢰하지 않게 된 것이다. 결과적으로 교인이 크게 감소하였으며, 다수의 성도들이 아리우스주의(Arianism)와 단일신론(Unitarianism)에 빠져 좌경화되어 전통적인 장로교 신앙에서 멀어져 갔다.

일부 장로교도들이 그들과 같은 신앙과 예배를 고수하던 회중교회와의 연합을 추진하였으나 실패하였다. 결국 대부분의 지역에서 장로교회는 문을 닫게 되었고, 스코틀랜드 교회의 신학적인 도움을 받은 북부의 교회들만이 겨우 살아남았다.

19세기의 영국 장로교회는 스코틀랜드에서 온 이주민들에 의하여 명맥을 유지하고 있었다. 스코틀랜드 장로교회는 영국의 장로교회 회복을 위해 1836년 대회 조직을 후원하였다. 정부의 간섭에 대항하며 스코틀랜드 교회로부터 분열한 스코틀랜드자유교회(Free Church of Scotland) 출신자들이 1843년 영국 안에 여러 개의 장로교회들을 세웠다. 1876년에는 영국 내의 스코틀랜드 계통의 장로교회와 스코틀랜드자유교회가 연합하여 영국장로교회(The Presbyterian Church of England)를 결성하였다. 영국 교회는 스코틀랜드 교회의 도움으로 270여 개의 교회와 5만 명의 교회 회원을 가지는 교단으로 성장하였으며, 장로교회 목사의 높은 교육과 인격 수준 때문에 좋은 평판을 유지하였다.

19세기 말엽 영국 장로교회는 케임브리지 근교에 웨스트민스터신학대학(Westminster Theological College)을 설립하였고, 1921년에는 최초의 총회를 구성하였다. 영국 장로교회는 1940년대에 이르러 7만 5천여 명의 교인을 둔 교단으로 성장하였다. 그들은 교단의 확장을 위해 교회 연합 운동을 활발하게 전개하였으며, 20세기 중반에는 개혁주의 신학을 고백하는 교회와 연합하여 19만 명 이상의 교인을 거느리는 연합개혁교회(the United Reformed Church)를 이루었다.

아일랜드 장로교회

영국과 함께 장로교회사에 기억될 만한 국가는 아일랜드이다. 아일랜드는 성 패트릭(St. Patrick)에 의하여 복음화 되어 켈틱 교회(Celtic Church)를 형성하였으나 1170년 로마천주교회의 영향권 아래 놓이면서 영국교회의 지배를 받게 되었다. 영국 교회와 마찬가지로 중세의 아일랜드 교회는 로마 교황청에 충실하였다. 1534년 헨리 8세가 수장령(Act of Supremacy)을 선포하자, 크게 반발하는 등 종교개혁에 비판적인 입장을 취하였다.

17세기 이후 아일랜드는 장로교 운동이 활발하게 전개되었다. 17세기 초반 북아일랜드에 반란이 일어났을 때, 제임스 1세가 그들을 진압하고 프랜시스 베이컨(Francis Bacon)의 조언대로 영국과 스코틀랜드 남서부의 장로교도를 이주시키게 되었다. 로버트 블레어(Robert Blair), 존 낙스의 손자인 조시아스 웰쉬(J. Welsh), 존 리빙스턴(John Livingston)과 같은 칼빈주의적인 장로교도들이 대부분 이주함으로 북아일랜드는 쉽게 장로교화 되었다(McCollum 1992, 25).

1633년 캔터베리 대주교인 윌리엄 로드가 성공회 정책을 전개하여 많은 장로교 목사를 면직 · 추방함으로 아일랜드에서의 장로교 운동은 한 때 위기에 봉착하였다. 더구나 1641년 열렬한 로마천주교도였던 울스터(Ulster)의 원주민들이 장로교도의 유입을 반대하는 폭동을 일으키고 많은 프로테스탄트 이주민을 살해하였다. 영국과 스코틀랜드는 반란군 진압을 위해 10,000명의 군인들을 파병하는 등 이주민 보호 정책을 폄으로 장로교회 운동이 재개되었다. 1642년 스코틀랜드-아일랜드(Scot-Irish) 계통의 주민들을 중심으로 최초의 장로교 노회가 조직되었고, 1660년대에는 10만 명의 신자를 거느린 80여 개의 장로교회로 성장하였다.

1643년 영국과 스코틀랜드가 찰스 1세에 대항하여 '엄숙 동맹과 계약'(Solemn League and Covenant)을 맺자, 1644년 아일랜드 교회도 이에 참여하였다. 1649년 영국 의회가 찰스 1세를 처형하자, 아일랜드 당국은 영국이 왕권 옹호의 계약을 위반하였다는 이유로 항의단을 파송하였다. 1653년 크롬웰의 공화정이 시작되자, 아일랜드 장로교도들은 독립파 중심의 정책을 펴는 영국을 못마땅하게 여겼다.

결국 아일랜드 장로교도들은 왕정복고에 앞장섰지만 찰스 2세에 의해 토사구팽 당하여 수난을 겪었다. 아일랜드에 있던 70명 이상의 목사들 대부분이 강단에서 축출되었으며, 박해를 당하던 많은 장로교도들이 아일랜드를 떠나 신대륙으로 이민하였다. 아일랜드 장로교회는 1683년 미국에 이민한 스코틀랜드-아일랜드 계통의 이주자를 위해서 '미국 장로교회의 아버지'라고 불리는 프랜시스 매케미(Francis Makemie)를 파송함으로 신대륙에서 장로교회의 새로운 장을 열게 되었다.

7장

미국 장로교회: 교회의 조직

크리스토퍼 콜럼버스(Christopher Columbus)에 의한 신대륙 발견은 서구인들의 의식과 생활양식에 커다란 변화를 가져왔다. 미지의 세계에 대한 정보가 소개되면서 기존의 가치관이 도전을 받았고, 새로운 지식의 확산으로 계급 사슬을 형성하던 중세의 세계관이 붕괴되었고, 세계관의 변화는 마틴 루터(Martin Luther)에 의한 종교개혁을 가능하게 만들었다.

종교개혁으로 많은 사람이 프로테스탄트로 개종하면서 로마천주교회의 지배 영역은 점차로 축소되었다. 천주교도들은 이를 만회하기 위하여 신대륙으로 진출을 꾀하여 가는 곳마다 교회를 세움으로 영역을 확장하였다. 프로테스탄트들은 교회 내부의 개혁에 전념하는 바람에 선교에 눈을 돌릴 수 없었으나, 17세기에 이르러서 본격적으로 신대륙에 이민하여 교회를 세우고 생활의 반경을 넓혀 나아갔다. 로마천주교회는 남아메리카와 캐나다를 중심으로, 프로테스탄트는 미국을 중심으로 교회를 세워 서로의 영역을 구축하였다.

1. 초기 개척자와 장로정치

복음적인 프로테스탄트의 신대륙 이민 운동은 16세기 중반부터 시작되었
다. 주로 프랑스의 위그노, 네덜란드의 바다 거지들, 영국의 청교도, 스코틀랜
드의 장로교도에 의해 이루어졌으며, 그 가운데 위그노들이 선구적인 역할을
감당했다.

위그노들은 종교적 탄압을 피할 곳을 찾아 남아메리카의 브라질에 이민을
시작하였다. 이민 운동의 주역은 위그노 지도자였던 가스빠르 콜리니(Caspar
de Coligny)로, 1555년 그의 수하에 있던 빌레가뇽(Nicholas Durand de
Villegagnon)으로 하여금 브라질의 리우데 자네이로를 탐험하게 한 후, 1556년
위그노들을 그곳으로 이주시켰다. 그는 이주자를 위해 제네바에 목사 파송을
요청하였고, 칼빈은 젊은 목사들을 보내 이민 운동을 후원하였다.

칼빈의 제자였던 피에르 라세르(Pierre Richier)와 기욤 샤르띠에(Guillaume
Chartier) 등은 1557년 5월 10일 신대륙에 도착하자마자 예배를 드림으로, 신대
류에서 최초의 개혁교회 전통에 따른 예배를 드렸다. 그들은 칼빈의 가르침을
따라 교회를 세우고 운영하여 성경이 다스리는 사회를 만들어갔다. 그러나
1572년 프랑스에서 위그노들이 바돌로뮤 축제일에 전멸 당하자, 정착촌의 지
도자였던 빌레가뇽이 배교함으로, 위그노의 신대륙 정착은 막을 내리게 되었
다(맥닐 1990, 377~378).

위그노에 이어 신대륙에 도착한 두 번째 프로테스탄트는 영국인들이었다.
영국의 정치·경제적 상황이 어렵게 되자, 런던의 상인들은 신대륙에 이민한
후 칼빈의 제네바를 모델삼아 새로운 사회를 건설할 계획을 세웠다. 그들은
교파적으로는 성공회에 속하였지만 청교도 신앙을 고백하는 이들로, 1606년
"하나님의 위엄과 영광을 위해" 이민을 결의한 후, 버지니아식민회사(Virginia
Company)를 세웠고, 1607년 북미의 버지니아에 있는 제임스타운(Jamestown)

으로 이주하였다. 그들은 1624년 버지니아식민회사가 해산될 때까지 버지니아 식민지를 청교도 신앙으로 이끌었다. 이는 영국 의회의 청교도 지도자이며 버지니아식민회사의 재무 담당이었던 에드윈 샌디스 경(Sir Edwin Sandys)의 적극적인 후원 때문에 가능하였다(Smith 1960, 41).

버지니아 초기 개척자들은 1607년 5월 24일 신대륙에서 첫 성찬 예배를 드린 후 버지니아 헌장을 채택했다. 그 내용은 신성모독, 간음, 안식일을 범하는 자를 엄벌할 것을 규정하고 있는데 이는 청교도적인 윤리를 나타내고 있음을 보여준다. 또한 그들은 1611년 식민지 관리를 위해 작성한 "법과 조례"(*Lawes and Ordinances*)를 작성하였는데, 그 내용은 철저하다 못해 엄격한 삶을 요구하였다. 조례는 삼위일체 하나님에 대해 불경한 언행이나 기독교 신앙고백을 반대하는 자는 사형에 처한다고 선언하였고(제2항), 삼위일체 하나님을 모독하는 것과 부당한 맹세를 금하고(제3항), 성경을 경멸하거나 설교자를 능멸하는 경우 태형에 처할 것(제5항), 주일 성수를 위해 엿새 동안 열심히 일하며 기도로 준비할 것(제6항), 매주 주일에는 경건하게 하나님을 예배할 것(제7항), 신대륙에 도착하는 자는 목사에 의해 신앙을 점검받을 것, 그리고 성경적 신앙을 고백하며 주일을 성수할 것(제33항)을 규정하였다(Smith 1960, 43).

버지니아 식민지가 이와 같이 청교도적인 신앙을 요구하게 된 것은 초기 목회자들의 영향이다. 제임스타운 교회의 초대 목사였던 로버트 헌트(Robert Hunt)는 케임브리지 대학교에서 청교도 신학자 윌리엄 휘태커(William Whitaker)에게서 신학을 배운 칼빈주의자였다. 그의 지도 아래 버지니아 식민지는 청교도적인 신앙을 실천하며 경건을 유지하였다. 당시 이민 지도자 가운데 한 사람이었던 존 스미스(Captain John Smith)는 다음과 같이 보고하였다: "우리는 매일 아침과 저녁으로 기도회를 가졌으며, 매주일 2번의 설교와 3개월에 한번씩 성찬을 행하였다. 이는 우리 목사님이 소천할 때까지 계속되었다. 그 뒤 후임 목사가 올 때가지 매일 기도회로 모였다." (Smith 1960, 41).

2대 목사로 부임한 글로버(Glover)도 로버트 헌트와 같이 케임브리지 대학에서 공부한 청교도였다. 1611년 청교도 목사인 윌리엄 휘태커의 아들 알렉산더(Alexander Whitaker, 1585~1617)가 토머스 데일(Thomas Dale)경의 인도 아래 버지니아에 도착하였는데, 그는 버지니아에 장로교 신앙을 고백하는 최초의 교회를 설립한 인물로 유명하다.

알렉산더 휘태커와 버지니아 식민지

"자신을 부정하는 버지니아의 사도"(Self-denying Apostle of Virginia)라고 불렸던 알렉산더 휘태커는 칼빈주의적 신앙고백서인 「램버스 신조」(*Lambeth Article*)를 초안한 이로, 1611년에서 1617년 사이 버지니아의 제임스 강가의 정착촌에서 사역하였다. 그는 인디언 선교에 관심을 갖고 복음을 전해 인디언 족장의 딸인 포카혼타스(Pocahontas)에게 세례를 베풀었다. 담대하게 언제 어디서나 청교도적인 신앙을 고백하였던 알렉산더는 1614년 사촌 윌리엄 구지(William Gouge) 목사에게 버지니아 교회의 형편에 대해 이렇게 썼다: "중백의(中白衣) 착용과 기도서에 서명을 반대하던 영국의 목사들이 그러한 제약이 없는 이 곳에 극히 소수의 사람만이 이주했다는 것은 심히 놀라운 일이다. … 우리는 안식일마다 정오에 설교하였고, 오후에는 요리 문답을 강해하였다. 토요일 저녁마다 매우 신앙적인 4명의 교인이 목사와 함께 토머스 데일의 집에 모여서 교회 문제를 상의하곤 하였다"(Hays 1892, 60). 이 글을 보면, 버지니아의 초기 개척자들이 중백의의 착용과 기도서의 사용을 반대하였으며 장로정치가 실현되고 있었다는 것을 확인할 수 있다.

휘태커가 1611년 8월 9일 런던에 있는 한 동료에게 쓴 편지에 보면, 초기의 버지니아 식민지에서 장로정치가 일반적으로 시행되고 있음을 알 수 있다. 그는 이렇게 썼다: "만일 영국 국교회가 방치한 젊고, 경건하며, 학식이 있는 목사들이 있다면 … 이리로 보내시오. 우리는 추수를 기다리고 있으며, 그러한 이들이 많이 필요합니다. 이 땅에 젊은이들이 아주 잘 어울립니다. 우리는 더 이상〔로마천주교적인〕의식을 집행할 필요가 없으며, 악한 삶을 사는 자도 없습니다. 분별력과 학문, 통찰력이 있는 열정은 더 많은 선한 열매를 낼 것입니다"라고 하였다(Hays 1892, 61).

1617년 휘태커가 불의의 사고로 익사하자, 스코틀랜드 출신의 장로교 목사 조지 키이스(George Keith)가 버지니아 교회를 맡았다. 그는 버지니아에서 1년 간 머문 뒤, 버뮤다로 가서 엘리자베스 교회를 세움으로 장로교회는 버지니아에서 버뮤다 지역으로 확산되었다. 키이스에 의해 버뮤다 교회는 장로교 신앙을 철저하게 고백하는 교회로 성장하였고, 장로정치를 시행하였다.

키이스의 후임 목회자였던 루이스 휴즈(Lewis Hughes)의 보고에 의하면 버뮤다에서 이미 청교도적 장로정치가 실현되고 있음을 알 수 있다. 그는 버뮤다 교회가 영국 국교회와 같은 "의식들을 요구하지 않았고, 공동기도서가 필요 없었다. … 나는 결코 그런 것을 사용하지 않았으며, 하나님의 도움으로 목사와 장로에 의하여 다스려지는 교회를 세웠는데, 4명의 장로를 거수 방식에 따라 공개적으로 선택하였다"고 하였다(Hays 1892, 61).

버지니아는 1624년 버지니아 식민회사가 해산되면서 성공회 지역으로 바뀌어 갔다(Smith 1960, 48). 버지니아의 관리들은 1624년과 1630년 두 번에 걸쳐 버지니아 헌장을 수정하였는데, 그들은 1604년 영국교회가 채택한 교회법을 수용하고, 반청교도 운동을 전개하기 시작하였다. 반청교도 정책을 펴면서 청교도와 버지니아 당국은 더욱 소원해졌다. 1642년 낭스몬 카운티(Nansemond County)에 있던 청교도들이 뉴잉글랜드에서 3명의 목사를 청빙하자, 버지니아 당국은 그들의 추방을 명하였다. 그리고 같은 해 영국에서 청교도 혁명이 일어나자, 버지니아 당국은 왕당파를 지원하는 등 반청교도 정책을 폈다(Smith 1960, 49).

필그림 - 분리주의적인 청교도

1620년대에 접어들면서 영국인들의 북아메리카 이민이 급증하였다. 1620 년 마사추세츠의 플리머스, 1621년 뉴욕 허드슨(Hudson) 강 입구, 1623년 뉴햄 프셔(New Hampshire), 1634년 메릴랜드(Maryland), 1664년 뉴저지(New Jersey), 1670년 사우스캐롤라이나(South Carolina)로 수많은 이민자가 몰려왔다. 이들 가운데는 장로교도도 있었지만, 천주교도와 성공회, 심지어는 퀘이커교도 (Quaker)까지 있었다.

이민자 가운데 가장 괄목할 만한 이들은 1620년 늦가을 플리머스에 도착한 분리주의적 청교도들이었다. 그들은 메이플라워호(the Mayflower)를 타고 뉴 잉글랜드로 왔으며, 1630년대 신대륙에 이민한 다수의 비분리주의적인 청교 도와 구별하기 위해 필그림(Pilgrim Fathers) 또는 분리주의적인 청교도 (Separatist Puritan)라고 불린다. 유럽 중심의 교회사는 분리주의적인 청교도의 아메리카 이민과 함께 신대륙으로 옮겨지게 되었다.

먼저 분리주의자들이 미국에 이민하게 된 역사적 배경에 대해 기술해 보 자. 영국 청교도들이 미신적인 로마천주교회의 예배와 계급적인 교회정치를 성경에 근거하여 개혁하려고 하자, 교회 당국과 왕실은 이를 방해하며 개혁자 들을 극심하게 박해하였다. 이 때 청교도들은 교회 개혁을 방해하는 영국 국 교회에 남아서 교회를 개혁할 것인가, 아니면 국교회를 떠나서 성경의 말씀대 로 믿고 예배하며 다스리는 순수한 교회를 세울 것인가 고민하게 되었다. 다 수의 청교도들은 교회 분리를 그리스도에게서 떠나는 것으로 여겨, 비록 교회 가 부패하였어도 교회의 표지가 남아 있는 한 떠나면 안 된다고 주장하였으 나, 윌리엄 브류스터(William Brewster)를 비롯한 소수의 청교도들은 달랐다. 교회 개혁을 추구하는 성도들을 박해하는 교회는 적그리스도적인 교회이기 때문에, 영국 국교회를 떠나 새로운 교회를 조직하는 것이 성도가 마땅히 해 야 할 일이라고 주장하였다.

교회 분열로 당국의 탄압이 가해지자, 분리주의적인 청교도들은 1607년 영국을 떠나 네덜란드로 피신하였다. 네덜란드에서 신앙적으로는 자유를 얻을 수 있었지만 경제적 시련이 엄청났다. 오랫동안 스페인과 전쟁을 벌였으므로 경제적으로 피폐한 가운데 있어, 상류층의 생활이 영국의 가장 비천한 계층보다도 궁핍하였기 때문이다. 피난민이었던 청교도들의 경제적인 상황은 더할 수 없이 어려웠다. 게다가 자녀들은 점차 영어를 잊고 네덜란드어에 익숙해져 네덜란드인 행세를 하였다. 이와 같이 경제적·문화적인 도전에 직면하자, 그들은 새로운 도피처를 찾고자 하였다. 이 때에 영국의 종교적인 상황이 호전되었다는 소문이 들리자, 그들은 귀국하여 신대륙으로 도피할 계획을 세웠다.

분리주의자들의 이민 계획은 1620년 8월경 102명이 메이플라워호를 타고 대서양을 횡단함으로 성사되었다. 그들은 3개월의 항해 후에 11월 11일 매사추세츠 주의 케이프 캇(Cape Cod)에 도착하여 메이플라워 계약(Mayflower Compact)을 맺었다. 케이프 캇이 너무 협소한 탓에 플리머스(Plimoth, 또는 Plymouth)로 이동하였으나, 그들을 기다리고 있던 것은 배고픔, 추위, 질병과 인디언의 공격뿐이었다. 그 해 12월부터 다음 해 2월 사이 추위와 영양실조와 괴혈병으로 50여명이 죽는 바람에, 대부분이 남편이나 아내, 또는 부모나 자녀를 잃었다. 봄이 되어, 산을 개간하고 보리와 밀을 심었지만 싹이 나지 않아 고심하던 중 하나님의 도움이 나타났다. 한 인디언 부족이 옥수수를 가져와 재배법을 알려주어서 가을에는 간신히 양식을 거둘 수 있었다. 그해 11월, 가족을 잃고 굶주리고 헐벗는 등 감사할 수 없는 상황임에도 불구하고, 그들은 도움을 준 인디언들을 초청하여 추수감사절로 지켰다.

분리주의자들은 1630년대에 매사추세츠에 도착한 비분리주의적 청교도와 동일한 신앙을 고백하였으나, 교회 정치면에서는 달랐다. 그들은 지역 교회의 자율을 강조하며 모든 교직자와 교회 사이의 평등을 주장하였지만, 교회 연합에 대해서는 부정적이었다. 1617년 신대륙으로 이민하기 전, 영국 정부에 제출한 문서에 보면 다음과 같이 그들의 입장이 천명되어 있다: "우리는 대회나 노회, 교회회의 또는 총회가 어떤 권위를 가지지 않으며, 그러한 것은 오직 관원들에 의해 그들에게 주어진다고 믿는다." (Smith 1960, 1:91). 이러한 분리주의적인 청교도가 신대륙에 미친 영향은 미미할 뿐이었다. 숫자적으로 소수에 불과하였고, 1691년에는 매사추세츠에 합병됨으로 그들의 영향력이 사라졌기 때문이다. 오히려 신대륙의 기초를 놓은 이들은 매사추세츠에 도착한 비분리주의적인 청교도였다.

비분리주의적 청교도와 교회정치

분리주의자들이 부패한 영국교회를 떠나 새로운 교회를 세우려고 했을 때, 대부분의 청교도들은 영국교회 안에 남아 교회를 개혁하고자 하였다. 이러한 비분리주의적 청교도의 이민 계획은 1625년 장로교 목사 존 화이트(John White)에 의하여 구상되었다. 그는 로저 코난트(Roger Conant)와 함께 "아메리카 원주민을 복음화하고, 하나님의 나라를 신대륙에 확장하기 위하여" 이민을 계획하고, 많은 무리의 청교도와 1628년 매사추세츠의 세일럼(Salem)에 이주하였다(Young 1975, 12). 그 후, 1630년 존 윈스럽(John Winthrop)을 비롯한 다수의 비분리주의적인 청교도가 보스턴에 도착하면서 이민 운동이 본격화되었다. 1620년에서 1640년 사이 21,000명이 넘는 청교도가 신대륙으로 이주하였는데, 그 가운데는 4,000여명의 장로교도가 포함되어 있었다(Loetscher 1978, 58).

분리주의자들은 신앙적인 자유에 기초하여 극단적인 개인주의를 보장하는 국가를 세우고자 하였으나, 비분리주의자들은 성경에 근거하여 거룩함과 정의가 다스리는 개혁된 정부와 교회를 세우고자 하였다. "여호와는 우리의 재판장이시요, 여호와는 우리에게 율법을 세우신 자시요, 여호와는 우리의 왕이시니 구원하실 것이라" (사 33:22)는 말씀에 근거하여, 성경 말씀이 다스리는 사회를 건설하고자 하였던 것이다.

뉴잉글랜드 청교도들이 채택한 교회정부 형태는 일반적으로 회중정치라고 부른다. 회중정치와 장로정치는 다같이 성경에서 그 배경을 찾는다. 회중정치주의자들은 지역 교회의 자율성(autonomy)과 교직자와 교회 사이의 평등성(equality)을 강조하며, 장로교회주의자들은 교회의 자율성과 평등성 외에 교회 간의 연합(unity)을 강조한다. 장로교도들이 교회 연합을 강조하는 것은 모든 지역 교회가 그리스도의 몸을 이루므로 교리나 예배만이 아니라 정치에서도 하나 되어야 한다고 믿기 때문이다. 장로정치를 회중정치보다 더 성경적이라고 보는 것은 바로 이러한 이유이다.

뉴잉글랜드의 청교도들은 교회 정치에서 회중의 권위를 중시하였다. 보스턴 교회의 목사였던 존 코튼(John Cotton, 1584~1652)은 감독정치의 폐해를 지적하면서 지역 교회의 평등과 자율을 강조하였다. 하트포드(Hartford)의 목사 토머스 후커(Thomas Hooker)도 지역 교회의 자율권을 강조하고 계급주의적 교회관을 배척하였다. 특히 후커는 사무엘 러더포드의 「장로교회의 적법한 권리」(Due Right of Presbyterie, 1644)에 반대하는 글을 써서 출교권이 대회에 있지 않고 지역 교회에 있음을 주장하였다.

뉴잉글랜드 청교도들이 회중 중심의 교회관을 가지고 있었음에도 불구하고, 현대의 장로교도들처럼 교회와 교회 사이의 연합을 강조하였다는 점에서 특이하다. 그들은 로마천주교회나 성공회, 또는 오늘날의 감리교회에서 보는 교회의 계급 구조를 부정하였으나, 교회 연합의 필요성을 인정한 것이다. 뉴잉글랜드 회중교회의 창시자인 존 코튼은 노회 제도가 구약시대만이 아니라 신약시대에도 존재하였다고 지적함으로 교회 연합을 인정하였다. 구약시대에 에스라가 하나님을 예배하는 문제를 논의하기 위하여 노회를 소집하였고(에 7:14), 다윗은 하나님의 법궤를 옮기기 위하여(대상 13:2), 히스기야 임금도 유월절을 지키는 문제로 노회를 소집하였으며(대하 30:2), 신약시대에도 안디옥 교회에서 발생한 할례 문제로 사도들과 장로들이 예루살렘에서 총회(행 15)로 모였다고 하였다(Cotton 1958, Preface). 후커 역시 연합체로서의 대회(synod)를 인정하였고, 1637년에는 케임브리지에서 열린 대회에서 대회장 직을 맡아서 교회회의를 이끌었다.

청교도들은 교회 연합이 공권력의 행사가 아닌 상호 협조를 위해 필요하다고 보았다. 코튼은 사법적인 업무를 수행하기 위하여 노회가 소집되는 것이 아니라, 논란이 되는 문제의 해결을 위하여 회집된다고 하였다. 예루살렘 총회는 "매월 모이거나 매년 모이는 정기적인 집회가 아니며, 또한 교직자를 안수하거나 범죄자를 벌하는 문제와 같은 일상적인 교회의 권세를 행사하기 위하여 소집된 것이 아니다. 단지 안디옥 교회의 불요불급한 일을 토의하기 위하여 모였다"(Cotton 1968, 294)고 총회의 성격을 설명하였다. 이처럼 뉴잉글랜드의 회중교도들은 노회 제도를 인정하였고, 노회를 통해 권징과 교회 연합을 실시하였지만, 그들에게 노회는 상설 행정 기관이 아닌 단지 권면하는 기관에 불과하였다(Cotton 1968, 294).

뉴잉글랜드 청교도들은 교회와 교회 사이에 발생하는 문제 해결을 위하여 권징 제도를 도입하였고, 당면한 문제를 놓고 대회를 열곤 하였다. 그 대표적인 예가 앤 허친슨(Anne Hutchinson)의 율법폐지론과 로저 윌리엄스(Roger Williams, 1604~1683)의 분리주의 운동에 대한 조처였다. 윌리엄스는 분리주의자로 1631년 신대륙으로 이민하였는데, 도착과 동시에 뉴잉글랜드 교회와 정치 체제를 비개혁적이라고 비판하였다. 매사추세츠 주의 교회들이 영국 방문 시 국교회 예배에 참석한 자들을 벌하지 않은 것은 영국교회가 범하고 있는 죄에 동참하는 것이라고 공격하고, 이러한 교회로부터 분리는 성경이나 이성에 비추어 정당하다고 역설하였다. 윌리엄스가 뉴잉글랜드의 교회와 정부를 공격하자, 청교도들은 그를 권징하였을 뿐만 아니라 그를 초청한 세일럼(Salem) 교회에 대해서도 권면하였다. 곧 장로교회의 한 제도인 노회를 통해서 권징을 시행한 것이다.

이러한 사실 때문에 학자들은 뉴잉글랜드 청교도의 교회정치가 현대적 의미의 장로정치였다고 본다. 미국 웨스트민스터신학대학원(Westminster Theological Seminary)의 사무엘 로건 교수(Samuel T. Logan Jr.)는 뉴잉글랜드 청교도의 교회 형태가 회중정치였더라고 하더라도 현대적인 의미의 회중정치가 아니라 장로정치였다고 하였다(Dennison 1986, 116). 곧 청교도들은 명목상으로 회중주의자이나 실질적으로는 장로정치를 실현한 사람들이라고 본 것이다.[23] 따라서 학자들은 뉴잉글랜드 청교도들의 정부 형태를 장로교적 회중정치, 또는 회중교회적 장로정치라고도 부른다.

청교도와 언덕 위의 도시

뉴잉글랜드 청교도들은 예수 그리스도가 온 세상의 왕이며, 구주라고 믿었다. 예수 그리스도는 신자들만 아니라 심지어는 사탄의 영역까지 지배하는 왕 중의 왕으로, 그의 말씀은 구속함을 받은 성도와 불신자들에게까지도 적용되어야 한다고 보았다. 이러한 전제에서, 청교도들은 세상의 모든 나라들이 우러러보게 될 모범적인 사회, 곧 '언덕 위의 도시'(City on a Hill)를 건설하고자 하였다.

'언덕 위의 도시'는 하나님의 말씀에 근거하여 믿고, 예배하며, 다스리는 곳에 이루어진다. 교회와 사회의 모든 영역이 하나님의 말씀으로 다스려질 때 세워지는 것이다. 다른 말로 하면, 하나님의 말씀에 근거하여 법률이 제정되

---

23) 뉴잉글랜드 청교도 지도자 코튼 매더(Cotton Mather)는 그의 대표적인 저작 *Magnalia Christi Americana* 제4권에서 뉴잉글랜드에서 안수를 행할 때 손을 얹는 것은 우애단체(fraternity)가 아니라 노회(presbytery)의 권위로 행하였다고 지적하였고, 성경과 자연법은 대회가 공동의 관심사를 상의하고 논의할 수 있는 기관이라고 한다고 하였다(맥닐 1990, 388).

고, 집행될 때에 말씀으로 다스리는 사회가 가능하게 된다. 이는 성경을 문자적으로 사회에 적용하는 것이 아니라 성경에 계시된 공의와 평등의 정신이 법으로 표현될 때 가능하다. 이와 같은 사회를 건설하기 위해 청교도들은 뉴잉글랜드의 헌법을 모세의 시민법에 기초하여 만들고자 하였다.

성경적인 법을 소유한 나라라고 할지라도, 법의 집행자가 악하면 좋은 사회를 만들 수 없다. 그러므로 정의로운 나라를 만들기 위해서는 공의로운 법과 함께 공의를 실현할 통치자가 있어야 한다. 공의를 따라 백성을 다스릴 수 있는 통치자를 얻으려면 우선 참정권을 가져야 할 자들의 기준을 마련해야 한다. 참정권자들에 의해 그 사회의 향방이 결정되기 때문이다. 참정권의 기준이 재력이라면, 재력가를 중심으로 정부가 운영되어 빈한한 사람들이 불이익을 당하게 될 것이다. 학력이 참정권의 기준으로 되면 저학력자가 불이익을 당하게 되며, 성을 기준으로 하여 남성에게만 참정권을 주게 된다면 여권이 무시될 수밖에 없게 된다. 그러므로 참정권의 기준은 학력이나 재력이 아닌 신앙에 두어야 한다.

신앙이 있는 그리스도인에게 선거권과 피선거권을 허용함으로 성도들이 다스리는 정의로운 사회를 구현할 수 있다. 따라서 청교도들은 성도에게 참정권을 제공할 것과, 신자의 기준으로 바른 신앙, 바른 생활과 거듭남의 체험을 요구하였다. 이러한 원리에 근거하여 청교도들은 뉴잉글랜드 광야에 하나님의 말씀이 다스리는 '언덕 위의 도시'를 건설하고자 한 것이다. 이들은 명목상으로는 회중정치주의자였으나 실질적으로는 장로교인이었다. 그들은 장로정치의 틀 안에서 성경을 법으로 삼고, 거듭난 신자들이 참정권을 가지고 다스리는 거룩한 나라(Holy Commonwealth)를 건설하고자 하였던 것이다.

2. 장로교회 설립과 서명 논쟁

영국인과 함께 수많은 프랑스인의 위그노들도 북아메리카로 진출하였다. 루이 14세가 1685년 낭트 칙령을 폐지하고 박해를 가하자, 위그노들은 뉴잉글랜드(New England), 뉴욕(New York), 버지니아(Virginia), 사우스캐롤라이나(South Carolina), 조지아(Georgia) 등지로 이주하였다. 그들은 1687년 사우스캐롤라이나의 찰스타운(Charlestown)에 최초의 위그노 교회를 설립한 후, 칼빈주의적인 교리와 교회정치 체제를 채택함으로 신대륙에 장로교 운동을 적극적으로 전개하였다.

이민 운동의 전개

네덜란드의 바다 거지들도 1624년 뉴욕으로 도착하여 뉴네덜란드(New Netherland)를 건설하였다. 그들은 초창기부터 철저하게 훈련된 전문적인 목회자와 회중을 확보하고 있었다. 초기 정착민 가운데 목사가 없었기 때문에 2명의 평신도가 교인들에게 성경을 읽어주고, 기도한 후 목사들이 써 준 설교 원고를 낭독함으로 예배를 드리곤 하였다. 그 후 1628년 요나스 미카일리우스(Jonas Michaelius, 1584~?)가 부임하면서 조직 교회의 면모를 갖추어갔다.

미카일리우스는 1605년 라이덴 대학을 졸업하고 네덜란드개혁교회에서 안수를 받은 목사로, 1625년 서아프리카의 뉴기니(New Guinea)로 가서 교회를 섬기다가, 1628년 미국의 뉴암스테르담(New Amsterdam)에 와서 미국 중부의 최초 교회, 즉 최초의 네덜란드개혁교회를 세웠다. 이 교회는 네덜란드어로 예배드리고, 칼빈주의 교리를 고백하며, 장로정치를 실시하였다.

이렇게 시작된 뉴네덜란드 개혁교회는 장로정치 원리에 기초하여 교회를 운영하였다. 그들은 정부가 참된 종교를 옹호하고 이단을 억제하며, 지역교회 자율권을 보장해야 한다고 보았다. 네덜란드에서는 상업적 고리대금업을 허용하고 타 종단에 대해 관용적인 입장을 취했지만, 뉴네덜란드에서는 하나의 종파만을 인정하고 종교적 통일성을 이루고자 하였다. 그들은 1624년 뉴암스테르담으로 이주하며 「이주자를 위한 임시 규정」(*Provisional Regulations for the Colonists Adopted by the Assembly of the Nineteen of West India Company, March 28, 1624*)을 작성하면서 공적으로 네덜란드 개혁교회의 예배만을 인정하도록 하였다. 모든 이에게 양심의 자유가 있다고 보았지만 기존 예배를 부정하는 분리주의자들의 공적인 예배까지 인정하지 않았고, 신성모독죄를 불법으로 정죄하였다(Smith 1960, 60). 이러한 네덜란드인들의 철저한 개혁주의적 신학의 입장은 허드슨과 롱아일랜드에서 큰 지지를 얻었다.

1644년경의 맨해튼에는 루터파, 메노파, 영국에서 온 청교도와 로마천주교도 등이 거주하고 있었다. 당시 이 지역을 통치하던 뉴네덜란드의 총독 슈튀베잔트(Peter Stuyvesant)는 장로교 성향의 청교도 예배 외에 다른 형태의 예배를 금하였다. 1656년경에는 4명의 개혁파 목사와 3명의 교사들이 뉴네덜란드에서 장로교 정치를 실시하게 하였으나 다른 종파의 활동을 금하였다. 이에 루터파, 메노파, 천주교도들을 중심으로 총독의 종교 정책에 반대하는 자들이 장로교(개혁교회) 외의 다른 교파의 인정을 요구하였으나, 정부에 의해 허락받은 자 외에는 설교를 금하는 등 타교파와의 교류를 거부했다.

네덜란드 식민지는 네덜란드서인도회사(Dutch West India Company)의 관할하에 있었다. 식민지에서 네덜란드 교회는 장로교 정치 형태를 취하였고, 교회의 유기적 통일성과 노회가 목사와 지역 교회에 권위를 행사하는 등의 교회 사법권을 강조하였다. 뉴네덜란드 교회들이 이처럼 독자적으로 성장하고 있음에도 불구하고 본국의 네덜란드 교회는 3,000마일이나 떨어져 있는 신대륙에까지 영향력을 행사하고자 하였다. 그 일례로, 1624년 북 홀란드(North

Holland) 대회는 서인도회사가 있는 곳에 설립된 모든 노회들이 네덜란드 교회의 지배를 받아야 함을 선언하였다. 그렇지만 신대륙과 유럽의 서로 다른 상황과 거리 문제로 네덜란드 교회가 신대륙에 영향력을 행사하는 것은 불가능하였다.

신대륙의 네덜란드 개혁교회는 네덜란드와 영국 사이의 갈등이 깊어지면서 영향력이 약화되었다. 16세기에는 영국이 스페인을 견제하기 위해 네덜란드의 독립을 지원했지만, 17세기에 이르러 네덜란드가 대서양의 해상권을 장악할 정도로 발전하자 두 나라의 갈등은 심화되었다. 두 나라는 해상권 장악을 위해 제1차(1652~54), 제2차(1664~67) 전쟁을 벌였고, 1667년 브레다 협약(Treaty of Breda)에 의해 뉴암스테르담이 영국령으로 되었다. 1673년에서 1674년 사이 잠시 네덜란드가 지배하였지만, 영국의 영구적인 지배 아래로 들어간 후 뉴암스테르담은 뉴욕(New York)으로 개칭되었다. 네덜란드인의 이민은 중단되고, 목사들은 국고 보조가 끊겨버리자 가난하게 생활할 수밖에 없었다.

영국의 지배 아래 있었지만, 네덜란드인들은 영국 왕의 명으로 보호를 받았다. 대체로 자유가 존중되었고, 예배와 권징에서 양심의 자유를 지킬 수 있었다. 그럼에도 불구하고 네덜란드인들은 영국인의 성공회 정책에 의해 어려움을 겪어야만 하였다. 하지만 명예혁명으로 네덜란드 출신의 빌헬름 공이 통치하게 되면서, 그들은 교회의 자치를 획득할 수 있었다. 1709년 독일 남부 팔라티네이트(Palatinate) 지역의 개혁교인들이 뉴저지에 도착하자, 네덜란드인들은 이들과 힘을 모아 네덜란드개혁교회를 조직하고, 뉴브런스위크(New Brunswick)에 신학교를 세움으로 많은 인재를 배출하였다. 한국 교회에 복음을 전한 최초 선교사인 호레이스 언더우드(Horace Underwood)가 그곳 출신이다.

스코틀랜드인들의 이민은 1650년대부터 시작되었다. 특히 영국의 지배자인 올리버 크롬웰이 1651년 독립교회 운동에 반대하는 장로교도 10,000명을 투옥하고, 그 가운데 일부가 뉴잉글랜드에 유배되면서 대대적인 이민 운동이 시작되었다. 1685년경에는 제임스 2세에 의한 장로교 박해로 많은 사람들이 사우스캐롤라이나, 노스캐롤라이나와 뉴저지로 이민하였다. 1710년에는 아일랜드의 울스터(Ulster) 지역에 거주하던 스코틀랜드인들이 펜실베이니아와 뉴잉글랜드에 도착하였다.

이들 이민자 가운데 대다수는 아일랜드 사람들이었다. 그들은 1705년에서 1775년 사이에 50만 명 이상이 이민하였다. 특히 1710년 앤 여왕의 통치 시대에 극심한 경제적 · 종교적 시련을 겪게 되자, 신대륙으로 대대적으로 이민을 단행하여 스코틀랜드인과 함께 스코틀랜드-아이리쉬(Scots-Irish) 전통을 유지하면서 뉴저지, 펜실베이니아, 메릴랜드, 델라웨어, 버지니아, 노스캐롤라이나, 사우스캐롤라이나에 정착하였다.

독일 계통의 장로교도들은 1684년 펜실베이니아로 이민하였으며, 1700년에서 1770년 사이에도 대거 이민이 이루어졌다. 대부분이 펜실베이니아, 버지니아, 노스캐롤라이나, 사우스캐롤라이나에 정착하여 교회를 세움으로, 장로교회는 중부지역만이 아니라 앨라배마, 웨스트버지니아, 노스캐롤라이나, 사우스캐롤라이나, 켄터키, 테네시 등의 남부지역으로도 전파되었다.

이 같은 다양한 민족이 이민하는 가운데 미국에 장로교회 간판을 최초로 달은 사람은 영국인 리처드 덴튼(Richard Denton)이었다. 그는 영국에서 태어나 1623년 케임브리지 대학을 졸업하였고, 1630년 그의 회중과 함께 매사추세츠 주의 워터타운(Watertown)에 도착하여 장로교회 운동을 벌이다가 추방될 정도로 철저한 장로교도였다.[24] 1644년 교인들과 함께 롱아일랜드의 헴스테드(Hempstead)로 이사하여 장로교회를 세웠고, 영국에서 독립파와 장로파 사이

---

24) 1644년 스코틀랜드 장로교회의 지도자 가운데 한 사람이었던 로버트 베일리(Robert Baillie)는 "뉴잉글랜드 전역에는 장로교도의 거주 자유가 없다"고 불평하였다. 그러나 1678년 뉴욕 지사는 "모든 종교의 자유가 주어졌다"고 말하면서, 그 가운데 "장로교도와 회중교도가 다수이며, 그들은 실속을 차리는 종파"라고 하였다(Henderson 1954, 149). 이러한 진술로 미루어 보아, 뉴잉글랜드에도 다수의 장로교도들이 있었음을 알 수 있다.

에 교회정치 형태에 대한 논쟁이 한창이던 1658년 영국으로 돌아가 장로교 운동을 전개하였다. 그 후 그의 두 아들 나다니엘(Nathaniel Denton)과 다니엘(Daniel Denton)이 인디언으로부터 롱아일랜드의 넓은 땅을 구입하여, 1662년 자메이카 장로교회를 세웠다(Hays 1892, 64).

프랜시스 매케미와 장로교회의 설립

미국의 장로교회 운동은 '미국 장로교회의 아버지'라고 불리는 프랜시스 매케미(Francis Makemie, 1658~1708)에 의하여 활발하게 전개되었다. 그는 북아일랜드의 돈갈 카운티(Donegal County)에서 태어나, 고향 북아일랜드와 스코틀랜드에서 장로교인들이 극심한 박해를 받는 것을 목격하였고, 1675년에서 1676년 사이 스코틀랜드의 아버딘 대학교(University of Aberdeen)를 졸업하고, 1681년 강도사 인허를 받았다. 1682년경에 메릴랜드 주 의회 의원이었던 윌리엄 스티븐스(William Stephens) 대령의 초청으로 아일랜드의 라간(Laggan) 노회에서 목사 안수를 받은 후, 1683년 25살의 나이로 미국에 도착하였다.

매케미는 청년 목사였으나 탁월한 지도력과 조직력으로 교회 개척에 남다른 역량을 발휘하였다. 장사로 생계를 유지하면서 자비량 선교로 뉴잉글랜드, 뉴욕, 메릴랜드, 버지니아, 노스캐롤라이나와 바베이도스까지 순회·전도하였고, 1683년에는 메릴랜드의 르호봇(Rehoboth)과 스노우힐(Snow Hill)에 장로교회를 설립하였다. 장로교 목사의 필요성을 절감한 매케미는 1704년 귀국하여 가는 곳마다 신대륙에서 사역할 목사를 구하는 메시지를 전하였다. 그리고 그의 설교에 감명을 받은 존 햄튼(John Hampton)과 조지 맥니쉬(George MacNish) 목사와 함께 1705년 미국으로 돌아왔다.

매케미는 노회 설립의 필요를 느끼고 목사들을 설득하여 1706년 12월 26일 뉴저지의 후리홀드(Freehold)에서 필라델피아노회(Presbytery of Philadelphia)를

조직하였다. 노회는 스코트-아일랜드계, 스코틀랜드계, 남아일랜드계, 뉴잉글
랜드 청교도 등 메릴랜드, 델라웨어, 필라델피아 지역의 7명의 목사로 조직되었
고, 후에 존 보이드(John Boyd)를 목사로 안수하여 8명의 목사를 두게 되었다.

미국 최초의 노회인 필라델피아노회는 몇 가지 중요한 의미를 가진다. 첫
째는 장로교회의 특성인 복수주의(pluralism)와 양극성(polarity)을 예견하면서,
두 개의 서로 다른 전통, 곧 영국 계통의 청교도적인 장로교회와 스코틀랜드-
아일랜드 계통의 신앙 전통을 가진 장로교도들에 의하여 세워졌다. 둘째로,
모든 권위의 순서가 총회에서 지역 교회로 내려오는 하향적 조직이 아니라 아
래에서 위로 올라가는 상향식이었다. 마지막으로, 「웨스트민스터 신앙고백」
을 성경 교리가 가장 잘 함축된 것으로 인정하고, 그들의 생활과 신앙의 규범
으로 삼았다.

필라델피아노회는 교회 조직만이 아니라 질적인 성장을 위하여 많은 노력
을 기울였다. 노회는 1707년 기독교 확장을 위하여, (1) 목사는 매주일 회중에
게 성경을 한 장씩 읽어 주고 봉독 · 해석하여 줄 것, (2) 개개인의 교인을 방
문 · 격려할 것, (3) 적재적소에 목사를 공급하고, 선행이 요청되는 곳에 선행
을 장려할 것 등을 결의하였다(Hays 1892, 70).

1707년 1월 매케미는 존 햄튼과 함께, 당국의 허락 없이 설교하였다는 죄목
으로 뉴욕 지사 콘베리 경(Lord Cornbury)에 의해 체포되었다. 햄튼은 곧 석방
되었지만, 매케미는 6주간 동안 구금되었다. 그해 6월 매케미는, 영국 정부가
자신에게 바베이도스(Barbados)에서 설교할 자격을 주었으므로 영국 왕의 주
권이 행사되는 곳은 어디나 설교권이 유효하다는 이유로 주지사에게 항의하
였다. 한 걸음 더 나아가, 영국에서 1689년 종교 관용령을 선포했음을 들어 뉴
욕 주의 종교정책이 잘못되었음을 지적하였다.

매케미 사건은 신대륙에서 종교적 자유에 대한 향방을 결정할 수 있는 중요
한 시험대가 되었다. 영국과 스코틀랜드에서 장로교도들은 국교제도를 인정

하였지만, 신대륙이 종교적 자유를 주장한다면 대륙의 영향으로부터 벗어나게 되기 때문이다. 종교적 자유에 대한 매케미의 투쟁은 많은 사람의 관심을 끌었고, 그는 1709년 무죄선고를 받았다. 결국 신대륙이 국교 제도보다는 종교적 자유를 택하게 되자, 뉴잉글랜드의 청교도 지도자 코튼 매더(Cotton Mather)는 매케미 사건을 "비국교도의 승리"라고 찬양하였다(Armstrong 1956, 13).

복음적 설교를 할 수 있는 자유를 얻었지만, 교회 설립은 쉬운 일이 아니었다. 특히 목회자의 수급이 문제였는데, 미국 장로교회가 처음부터 목사의 학문적인 수준을 중시하였기 때문이다. 설교자의 숫자가 다소 부족할 때도, 장로교회의 이상을 따라 학식을 겸비한 자만을 목회자로 세웠다. 1710년 필라델피아노회의 기록에 의하면, 데이비드 에번스(David Evans)라는 사람이 펜실베이니아 주 체스터 카운티(Chester County)의 그레이트 밸리(Great Valley)에서 교회를 섬길 때 노회는 학구적 자질이 부족함을 이유로 그에게 강도권을 허락하지 않았다. 인재 양성의 중요성을 인식한 노회는 그를 방치하지 않고 목사들을 보내어 헬라어, 히브리어와 신학을 가르치고, 고시 위원회에서 목사 고시를 치게 한 후 강도권을 인허하였고, 목사로 안수하였다(Armstrong 1956, 19). 자격이 없다고 무조건 배척하지 않고 다양한 방법을 동원하여 교육한 후 교회 일을 할 수 있게 만든 것이다.

노회의 구성과 함께 장로교회는 크게 발전하였다. 뉴저지(New Jersey)와 롱아일랜드(Long Island)에 거주하던 일부 청교도가 장로교에 가담하였고, 유럽에서 많은 장로교 목사와 신자들이 이민하여 1716년에는 17명의 목사, 40개의 교회, 3,000명의 교인으로 성장하였다. 교회가 늘어나고, 노회의 구역이 넓어지면서 교회들을 돌아 볼 수 없게 되자, 필라델피아노회는 지역적으로 노회를 나눌 것을 결의하고, 펜실베이니아의 필라델피아노회, 델라웨어의 뉴캐슬(New Castle)노회, 메릴랜드의 스노우힐(Snow Hill)노회, 뉴욕과 뉴저지의 롱아일랜드

노회로 나누었다. 노회의 분할과 함께 지역별로 교회 성장이 이루어졌다.

1717년 9월 17일 필라델피아에서 메릴랜드의 스노우힐노회를 제외한 3개 노회가 모여 미국 최초의 대회를 조직하였다. 필라델피아대회는 지역 교회에서 파송한 17명의 목사와 장로들이 참석하였다. 17명의 목사 가운데는 뉴잉글랜드인 2명, 웨일스인 2명, 영국인 1명, 스코틀랜드-아일랜드 계통이 12명이었다. 대회는 수적으로나 영적으로 우세한 스코틀랜드-아일랜드 계통의 목사들이 주도하였다. 1717년부터 40여 년간 20만 명의 스코틀랜드-아일랜드 출신의 이민자가 신대륙에 도착하였으며, 그들 대부분이 장로교인이었다.

스코틀랜드-아일랜드 계통의 이민은 종교적 · 경제적 동기에서 시작하였다. 최초의 이민은 찰스 1세의 성공회 정책에 반대하던 140여명의 장로교도가 1636년 "감독주의의 멍에로부터" 벗어나기 위해 신대륙으로 이민한 것이고 (Henderson 1954, 150), 1660년 왕정복고와 함께 수많은 장로교도가 박해를 피해 버지니아와 메릴랜드로 왔다. 그리고 1702년 제임스 2세의 딸 앤이 1702년 심사령(Test Act)을 공포하여 공직자는 반드시 성공회식의 기도서에 따라 성찬을 받아야 한다고 선언하자, 수많은 장로교도들이 신대륙으로 이민하였다 (Lingle 1977, 61~62). 이들의 이민은 18세기 중엽 절정에 이르렀는데, 「스코틀랜드 매거진」(The Scots Magazine)의 기술은 아주 흥미롭다. 이 잡지의 1747년 5월호는 한 달 사이 1,000명, 1770년 8월호에는 1,200명이 이민하였다고 기술하였다(Henderson 1954, 150). 이러한 이민자의 증가와 교회의 성장으로 장로교회는 18세기 중엽 신대륙에서 가장 큰 교파로 성장하였다.

그렇지만 수많은 이민자가 몰려들면서, 사회는 점차로 혼란스러워졌다. 사회 구석구석까지 음주와 방탕이 파고들어, 심지어 목사들이 알코올 중독에 빠지는 경우도 종종 있었다. 안식일을 범하거나 거짓 맹세와 위증, 또는 간음죄를 범하여 노회의 치리를 받는 일들이 비일비재했다. 심지어는 마술을 행하는 자들도 있었다. 장로교회는 이러한 죄악을 징계함으로 악이 교회를 다스리지 못하도록 하였으나, 죄를 회개하고 돌아오는 자에게는 관용을 베풀었다. 회개는 전 교인 앞에서 공적으로 자신의 죄를 고백하고 뉘우치는 것으로 이루어졌다.

서명 논쟁

대이민 운동과 함께 신학적 혼란도 나타나게 되었다. 인간의 전적 타락을 부정하고, 이성의 권위를 강조하며 절대화하는 아르미니우스주의 (Arminianism), 아리우스주의(Arianism), 소지누스주의(Socinianism) 등 합리주의 신학이 신대륙에 상륙하였기 때문이다. 합리주의의 공격은 교파에 따라 차이는 있었지만, 대체로 모든 교파에 영향을 주었다. 특히 장로교회에 미친 영향이 아주 컸다.

장로교회는 신앙의 주관적인 면을 강조하는 신령주의자와 객관적인 면을 강조하는 자들 사이에서 중간적인 입장을 추구하여 왔다. 특히 미국 장로교회는 이미 이러한 양극단을 내적으로 수용하고 있었다. 영국 또는 뉴잉글랜드 청교도 배경을 갖는 장로교도들은 개인적 신앙을 추구하지만, 교직자의 권위를 배척하는 저교회(low church)적 입장을 추구한 반면, 스코틀랜드 계통의 장로교도들은 신앙의 객관성과 권위, 유산을 강조하여 고교회(high church)적 입장을 취하였다. 전자의 전통은 18세기에 이르러 신파(New Side) 또는 19세기의 진보파(New School)로 이어졌고, 고교회 전통은 18세기에 구파(Old Side) 또는 19세기의 보수파(Old School)로 이어졌다. 이러한 국가적 · 신앙적 입장 차이는 1720년대에 이르러 신조 서명 논쟁을 일으키게 하였다.

신조에 대한 서명 요구는 당시의 시대적 상황과 관계가 있다. 곧 상기한 바와 같이 종교적 다원주의가 도전해 오자, 스코틀랜드 계통의 장로교도들은 그릇된 신앙으로부터 스스로를 지키며 정체성을 확립하기 위해 신앙고백에 대한 서명을 요구하였다. 그러나 영국 계통의 사람들은 반대하였다. 스코틀랜드 사람들이 계약을 좋아하는 전통을 가졌다면 영국인들은 어떤 것에 매이기를 좋아하지 않았기 때문이다.

서명 논쟁은 유럽의 재판(再版)에 불과하였다. 영국에서 1689년 종교적 관용령이 내린 이후 새로운 종교적 분위기가 조성되자, 종교적 열정은 세속적 관심으로 대체되었고 이성의 시대가 전개되었다. 합리주의 사상이 확산되어 전통적 기독교 신앙이 도전을 받게 되자, 장로교도들은 「웨스트민스터 신앙고백서」를 신앙의 표준문서로 수용한다는 서명을 함으로 하나의 신앙을 고백하고 신앙적 전통을 유지하고자 하였다. 1690년 스코틀랜드 장로교도들이 성공회와 차별화를 위해 신조에 서명할 것을 요구하자, 영국 장로교도들이 반대함으로 큰 갈등을 겪게 되었다. 이에 영향을 받은 아일랜드 교회는 1720년 화해령(Pacific Act)을 통해 모든 교직자에게 서명을 요구하면서 신조에 대한 해석에서는 여지를 두게 하였다.

이러한 흐름에 따라, 스코틀랜드·아일랜드 계통의 장로교도들은 「웨스트민스터 신앙고백서」를 중심으로 하나의 신앙을 유지하고자 하였다. 델라웨어 주에 있는 루이스(Lewis) 장로교회의 목사 존 톰슨(John Thomson)은 1727년 고교회 경향의 몇몇의 목사와 함께 필라델피아 대회에 청원서를 제출하였다. 모든 목사와 목사후보생들은 「웨스트민스터 신앙고백서」, 「대요리문답서」, 「소요리문답서」가 "기독교 교리의 가장 기본적이고 중요한 문서요, 건전한 표현일 뿐 아니라 체계임"을 고백하고, 서명할 것을 요청하는 내용이었다. "신앙고백이 없는 교회는 방종한 교회와 같아서" 성벽 없는 도시처럼 외적의 공격을 쉽게 받게 된다는 것이다(Smith 1960, 1:263).

반면, 좀 더 분파적이나 부흥운동을 지지하던 뉴잉글랜드 청교도 계통의 목사들은 신앙고백서에 서명하는 것을 반대하였다. 그 대표적인 인물이 엘리자베스타운(Elizabethtown) 교회의 목사요 나중에 뉴저지 대학(College of New Jersey)의 학장이 된 조나단 디킨슨(Jonathan Dickinson, 1688~1747)이다. 그는 매사추세츠 출신의 청교도로 예일대학교를 졸업하고 「기독교의 합리성」(The Reasonableness of Christianity)과 「칼빈주의 5대 강령」(The Five Points of Calvinism)을 저술한 이로, 1722년 뉴저지노회의 개회예배 설교를 통해 영국에서 벌어지고 있는 서명 논쟁을 비판하였다. 성경만이 신앙과 예배의 유일한 규칙이며, 성경에 대한 인간의 해석은 그리스도인의 양심을 묶어 놓을 수 없으므로, 서명을 강조하는 것은 양심과 개인적인 자유를 제한하는 죄를 범하는 것이라고 지적하였다. 미국에서 서명 청원이 제출되자, 그는 1728년 「제안서에 대한 소견」(Remarks upon a Discourse Instituted An Overture ……. 1728)을 통해, 서명은 "불화를 일으키며, 불필요하며, 무익하며, 하나님의 말씀 대신 인간이 만든 것으로 대체시키며, 그리스도의 왕권을 침범한다."고 비난하였다 (Smith 1960, 1:263). 영국 청교도들이 청교도 혁명을 추구하면서 주장했던 것처럼, 공동체에 의한 신앙적 통제가 아니라 개인적 자율성을 강조한 것이다. 반대 여론이 일어나면서 미국 장로교회는 서명 논쟁에 휩싸이게 되었다 (Armstrong 1956, 22~23).

서명 논쟁을 논하기 전에, 먼저 성경과 교리의 관계에 대하여 살펴보자. 그리스도인에게는 정확하고 오류가 없는 하나님의 말씀 외에 다른 신앙적인 상징(symbol)이 필요하지 않다. 이 세상에서 성경과 같은 권위를 가지는 것은 아무 것도 없으며, 오직 성경만이(Sola Scriptura) 신앙의 기준이므로, 인간이 만든 신앙고백이나 신학은 성경에 비교할 때 무익하다. 성경의 말씀은 무오하며 영원불변하는 진리이지만, 그것을 해석하는 인간은 오류로 가득 찬 존재이다. 인간이 성경의 저자이신 성령의 완전한 영감을 받지 아니하는 한, 하나님이 의도하신 것과 다르게 해석 할 수 있고, 성경의 교훈과 정반대의 교리를 고안해 낼 수 있다. 성경 해석에 필수적인 것은 성경이 제시하는 교리를 밝혀내는 것이다.

그러면 성경이 제시하는 바른 교리는 무엇인가? 바른 교리를 얻기 위해서는 성경 저자의 의도를 파악하는 것이 필요하다. 성경을 문자적으로나 영적으로 해석하는 대신 성경에 대한 역사적, 문법적인 해석이 필수로, 성경이 쓰여진 당시의 역사적인 배경과 문장의 전후 문맥을 통하여 바른 의미를 파악해야 한다. 그러나 죄로 오염된 인간의 이성으로는 말씀을 전적으로 이해할 수 없는 고로 하나님은 인간이 쉽게 알 수 있도록 그의 뜻을 신조의 틀(form of creed)로써 성경에 계시하였다(롬 1:3~4; 고전 8:6; 15:3~5; 빌 2:5~11; 딤전 3:16; 요일 2:22; 4:2, 15; 5:1, 5). 이와 같은 구조를 통하여, 하나님은 예수께서 누구이며, 삼위일체와 교회가 무엇인지를 나타내었으므로, 신앙의 초보적인 단계에 있는 성도들까지도 교리를 통하여 하나님의 뜻을 이해할 수 있게 되었다.

성경은 그리스도인과 비그리스도인을 구별하는 척도로 "예수는 그리스도입니다."라는 신앙고백을 요구하고 있다(롬 10:9~10; 마 10:32). 초대교회의 성도들은 믿는 자와 믿지 않는 자를 구별하는 척도로 바른 신앙에 대한 고백을 요구하였다. 곧 교부들은 개종자를 교육할 때 신조를 가르치도록 하였고, 그리스도인의 회중에 들어오는 예식인 세례에 참여할 때는 그리스도인으로서 합당한 신앙고백을 요구하였다. 초대 교부 이레니우스(Irenaeus)와 테르툴리아누스(Tertullianus)는 당시의 교회들이 가르친 '신앙의 규범'(regulae fidei)을 지적하면서, 이를 중심으로 교회가 하나 될 것을 주장하였다. 교부 시릴(Cyril of Jerusalem)은 「요리 문답 강의」(Catechismal Lectures)를 통하여, 교인들을 양육하고 세례를 베풀 때 그들의 신앙을 점검하도록 강력하게 권하였다. 325년 니케아 교회회의가 열렸을 때, 교회는 아리우스(Arius) 이단과 정통 신앙을 구별하기 위하여 「니케아 신조」(Nicene Creeds)를 채택하고, 교인들의 고백을 요구하였다. 정통적인 삼위일체 교리와 기독론에 반대되는 이단 사상이 일어나 교회가 혼란에 빠졌을 때, 콘스탄티노플 교회회의, 에베소 교회회의, 칼세돈 교회회의는 교인들로 하여금 「아타나시우스 신조」(Athanasian Creed)를 고백하도록 이끌었다.

　　종교개혁 시대에 접어들면서 개혁자들은 바른 신앙과 거짓 신앙을 구별하
고, 개혁교회와 다른 교회들과의 차이를 밝히려고 노력하였다. 칼빈은 1536년
정통적인 초대교회의 신앙고백을 따라 제네바 시민들이 고백해야 할 신조를
작성하여 제네바 의회에 제출하였으며, 존 낙스는 「제일 스코틀랜드 신앙고백
서」(The First Scots Confession)를 스코틀랜드 의회에 제출하여 1560년 의회가
이를 국가적인 신조로 채택하였다. 이와 같이 종교개혁자들은 정통 신앙과 그
릇된 신앙을 구별하기 위하여 신앙고백을 작성하고, 백성이 받아들일 것을 요
구하였다.

　　이러한 신학적인 전통을 따라, 1720년대의 미국 장로교도들, 특히 스코틀
랜드-아일랜드 계통의 장로교도들은 바른 신앙을 수호하고 교회를 보호하기
위한 수단으로 교단에 속한 모든 목사들이 「웨스트민스터 신앙고백」을 가장
성경적인 신앙고백으로 채택하고 서명할 것을 주장한 것이다.

　　서명 논쟁으로 미국 장로교회는 성장하기도 전에 몰락의 위기에 처하였다.
서명파와 비서명파의 입장이 팽팽히 맞서 교회의 분열이 우려되었다. 그러나
장로교도들은 작은 문제로 갈라설 정도의 인물들이 아니었다. 오랜 고민 끝
에, 1729년 대회에 타협안이 상정되었다. 곧 목사나 목사후보생은 임직 시 「웨
스트민스터 신앙고백서」와 「대요리문답서」와 「소요리문답서」를 건전한 신앙
고백이라고 서명하는 대신 입으로 고백하게 하였고, 신조 가운데 승인할 수
없는 부분이 있다면 고시위원회에 밝힐 것을 요구하였다. 또한 고시 위원회는
후보생이 수용하기를 주저하는 신앙고백의 내용이 신앙의 본질과 상치되지
않는 한 목사 회원으로 받아들이도록 하였다. 이와 같은 타협안을 근거로, 필
라델피아 대회는 서명 법규(the Adopting Act)를 채택하였다. 그러나 스코틀랜
드 중심의 서명파와 영국 중심의 비서명파의 대립은 18세기와 19세기에도 여
전히 존재하였다.

　　서명 논쟁이 끝난 후, 미국장로교회는 에벤에셀 어스킨(Ebenezer Erskine)을

지지하는 무리들이 이탈하는 고통을 겪었다. 그들은 스코틀랜드-아일랜드 계통의 장로교로, 1733년 어스킨이 스코틀랜드 교회를 떠나자, 어스킨의 분리운동을 지지하며 조합개혁장로교회(Associate Reformed Presbyterian Church)를 조직하였다. 그들은 「웨스트민스터 신앙고백서」와 「대·소요리문답서」를 신앙의 표준으로 채택하고, 예배 때에 부르는 찬송으로 시편 찬송만 허용하였다.(조합장로교도들은 노스캐롤라이나, 사우스캐롤라이나, 조지아, 테네시 주에 퍼져 있는데, 어스킨 대학과 신학교를 운영하며, 1970년대 말 현재 31,000명의 신자를 두고 있다)(Lingle 1977, 93).

1730년대의 장로교도들은 대체로 평화로운 시기를 맞았다. 이 때 장로교도들은 설교와 성찬과 교리 공부를 주요한 은혜의 수단으로 활용하였다. 1년에 2번 정도 성찬을 실시하였으며, 성찬 시행 전의 한 주간을 '성찬 주간'(Communal Season)으로 지켰다. 목요일, 금요일, 토요일에는 예배당에 모여 사경회를 개최하였고, 회개와 그리스도 안에서의 사죄에 대해 강조하는 설교가 이어졌다. 성도들은 설교를 통하여 은혜를 체험하고 철저히 회개함으로 성찬에 참여할 수 있는 준비를 갖추었다. 성찬 예배는 교회당에 성찬을 위한 긴 탁자를 강단에서 출입구까지 길게 놓은 후 장엄하게 거행되었다. 성찬 참여자는 양심에 가책이 없는 자야 했다.

종교생활 역시 아주 진지하였다. 예배를 마치고 집으로 돌아오면서 가족들이 모여 그 날의 설교에 대하여 토론하고, 설교자가 전한 교리들을 조목조목 성경과 대조하므로 하나님의 은혜를 가슴속에 새기곤 하였다. 이러한 준비를 통하여, 장로교인들은 대각성운동의 기초를 닦게 되었다.

3. 대각성운동

미국에서 1730년대 중반에서 1740년대 초반 사이에 일어난 대표적인 사건은 칼빈주의자들, 특히 장로교도에 의해 일어난 대각성운동(the Great Awakening)이다. 네덜란드개혁교회 목사인 시어도어 후레링하이즌, 테넌트가(家)의 사람들(the Tennents), 영국의 부흥사 조지 횟필드(George Whitefield)와 뉴잉글랜드의 청교도 목사 조나단 에드워즈(Jonathan Edwards) 등이 대각성운동을 주도하였다.

미국 최초의 부흥운동은 네덜란드 출신의 시어도어 후레링하이즌(Theodore Frelinghuysen, 1691~1748)에 의하여 일어났다. 그는 1691년 네덜란드와 독일 국경 지대에서 네덜란드개혁교회 계통의 목사 아들로 태어났고, 대학 시절 독일 경건주의의 영향을 받았으며, 엠덴과 프리슬란트에서 목회할 때 성도들에게 큰 영향력을 행사하였다. 1720년 1월 암스테르담노회의 임명으로 미국에 이민한 후 뉴저지의 래리탄 계곡(Raritan Valley)에 정착하여 뉴브런스위크(New Brunswick)와 그 주변에 있던 4개의 네덜란드 이민자 교회를 섬겼다.

후레링하이즌은 회심과 경건 생활, 신앙적 열정을 강조하였다. 성도들의 형식적인 신앙생활을 비판하고, 죽은 정통 신앙의 무익함을 지적하면서 회개와 생활 개혁의 필요성을 역설하였다. 특히 철저한 권징의 실시, 가정에서의 신앙 교육, 신앙고백에 따르는 생활의 실천과 평신도의 사역을 강조하였으며, 말씀으로 훈련을 받지 못한 이들의 성찬 참여 금지 등 엄격한 신앙생활을 촉구하였다. 후레링하이즌의 설교에 힘입어 래리탄 계곡에서 각성 운동이 일어났고, 이는 후에 대각성운동으로 이어졌다.

테넌트가와 통나무대학

길버트 테넌트

후레링하이즌의 부흥운동은 스코틀랜드에서 이민 온 테넌트가의 사람들에 의하여 계승되었다. 테넌트가의 부흥운동은 윌리엄 테넌트(William Tennent, 1676~1746)가 신대륙으로 이민하면서 시작되었다. 그는 스코틀랜드의 에든버러 대학에서 공부한 후 장로교회에 목사 안수를 받은 후 1717년 미국 뉴욕으로 이민하였고, 1718년에 필라델피아 대회에 가입하였다. 1720년에서 1726년 사이 자신의 4명의 자녀에게 신학을 가르쳤으며, 1726년 필라델피아 근교의 네샤미니(Neshaminy)로 이사하여 목회하였다. 2년 후에는 통나무집을 짓고 길버트 테넌트를 제외한 그의 세 아들과 12명의 젊은이들에게 신학 훈련을 실시하였다. 성경을 바로 읽고 해석할 수 있도록 히브리어와 헬라어를 가르쳤고, 좋은 설교자가 되도록 신학과 논리학을 교육하였으며, 신앙적 열정과 경건의 철저한 실천을 강조하였다. 복음에 대한 열정이 없으면 신학적인 지식이 쓸모없는 도구가 될 수밖에 없기 때문이다.

테넌트에 의하여 양육된 통나무 대학 출신의 목사들은, 서명과 목사들이 신앙 교육에서 교리의 중요성을 강조한 것과는 달리, 개인적인 체험과 전도열, 경건한 생활을 강조하여 가는 곳마다 큰 부흥운동을 일으켰다. 그의 아들 길버트 테넌트(Gilbert Tennent, 1703~1764)는 존 로우랜드(John Rowland)와 함께 1726년 뉴저지의 뉴브런스위크로 가서 후레링하이즌와 교제하며 부흥운동을 주도하였다. 사무엘 블레어(Samuel Blair, 1712~1751)는 스루스베리(Shresbury)에서, 아론 버(Aaron Burr, 1716~1757)는 뉴욕의 뉴어크(Newark), 사무엘 피니(Samuel Finney)는 펜실베이니아의 노팅햄(Nottingham), 로버트 스미스(Robert Smith)는 펜실베이니아의 페쿠아(Pequa)와 랭커스터(Langcaster)에서 각각 부흥운동을 일으켰다.(특히 피니와 스미스는 그들이 거주하는 곳에 통나무 대학을 세워 테넌트에게 배운 신학을 후진들에게 전수하므로 '통나무 대학' 운동을 전개하였다). 통나무대학 출신들은 1738년 뉴브런스위크 노회(Presbytery of New Brunswick) 를 설립하였고, 이 노회는 그들의 막강한 요새가 되었다.

대각성운동

진정한 의미의 대각성운동(the Great Awakening)은 조나단 에드워즈 (Jonathan Edwards, 1703~1758)와 영국의 부흥 설교자 조지 횟필드(George Whitefield, 1714~1770)에 의하여 일어났다. 조나단 에드워즈는 코네티컷 주의 윈저 팜스(Windsor Farms)에서 가난한 목사 디모데 에드워즈(Timothy Edwards) 의 11자녀 가운데 외아들로 태어났다. 13세에 예일대학교에 진학하여 수학한 후, 1723년 뉴욕의 한 장로교회에서 목회하였다. 1727년 목사 안수를 받고, 뉴 헤이븐(New Haven) 교회의 목사였던 제임스 피어폰트(James Peirpont)의 딸 사 라(Sarah Pierpont)와 결혼한 후, 외조부 솔로몬 스타다드(Solomon Stoddard, 1643~1729)가 목회하던 노샘프턴(Northampton)의 회중교회의 부목사로 부임 하였다. 1729년 할아버지가 사망하자, 에드워즈는 그를 이어 교회의 담임 목 사가 되었다.

1730년대 초반, 구원 사역에서 인간의 역할을 강조하는 아르미니우스의 사상이 뉴잉글랜드에 널리 퍼져 나가자, 에드워즈는 그 위험성을 경고하기 위해 「이신 칭의」(Justification by Faith Alone)라는 일련의 설교를 하였다. 그는, 인간은 전적으로 부패한 존재이며, 죄인의 선행은 하나님 앞에서 가증한 것이라고 설교하였

조나단 에드워즈

다. 행위를 통한 구원을 주장하는 것은 그리스도의 의를 부정하는 것이기 때문에 진정한 칭의는 그리스도를 믿는 믿음에서 온다고 가르쳤다. 에드워즈의 설교로 많은 사람이 회심하였고, 노샘프턴의 주민들은 그곳에 하나님의 임재를 느낄 정도였다. 이러한 부흥운동은 미국 대각성운동의 기초를 마련하였다.

에드워즈는 한편의 설교를 위해 13시간 이상을 할애하였다. 그는 청교도의 설교 전통을 따라 본문 해석, 교리 유출, 예화를 통한 논증, 그리고 적용 순서를 따라 설교하였다. 한 편의 설교에 보통 25개의 성구를 인용하였고, 적용을 중시하였으며 논리적인 설교를 행하였다. 그의 설교가 당시의 청교도와 다른 점은 연상법(imagination)을 사용한 것으로, 그의 대표적인 설교 「진노하시는 하나님의 손안에 있는 죄인들」(Sinners in the Hands of the Angry God)에 잘 나타난다. 그는 이 설교에서 인간의 행위나 의지를 신뢰하는 것을 지옥 불 위에 걸려 있는 거미줄을 잡고 있는 것으로 묘사함으로 지옥을 생생하게 그려냈다. 이러한 연상적인 설교를 들은 회중은 지옥에 대한 두려움으로 덜덜 떨다가 회개하는 역사를 창출해 냈다.

에드워즈의 부흥운동은 1735년 이후 잠시 소강기를 지나, 1741년부터 대각성운동으로 이어졌다. 에드워즈는 1747년까지 비교적 노샘프턴에서 성공적인 목회 활동을 하였지만, 철저한 권징의 실시와 교인 자격의 엄격한 요구로 교인의 반발을 사게 되어 1750년 노샘프턴 교회를 사임하였다. 그 후 1751년에서 1757년 사이 스탁브리지(Stockbridge)에서 인디안 사역에 전념하면서 틈틈이 「의지의 자유」(Freedom of the Will), 「원죄」(Original Sin), 「창조의 목적」(End of Creation), 「참된 덕성」(True Virtue) 등의 다수의 저서를 출판하였다. 1757년 12월 장로교도들이 뉴저지에 세운 프린스턴대학(Princeton University)의 전신인 뉴저지 대학(College of New Jersey) 학장에 취임하였으나, 1758년 자신의 몸을 천연두 백신 접종의 임상 실험 대상으로 제공한 부작용으로 인하여 그 해 2월 하나님의 품에 안겼다.

에드워즈와 함께 대각성운동을 주도했던 인물은 부흥사 조지 횟필드 (George Whitefield)였다. 그는 1738년 조지아 주에 도착하여 설교운동을 시작하였고, 신대륙을 여행하면서 잠자던 영혼들에게 영적인 대각성운동을 일으켰다. 그의 설교는 대화체로 묘사가 뛰어났다. 연극적인 제스처를 곁들인 설교와 영감이 뛰어난 찬송, 뛰어난 상상력을 동원하여 많은 사람들을 회개하게 이끌었다. 그는 설교를 통하여 성도들의 형식적인 신앙을 비판하고, 불신자에 대한 하나님의 심판과 신자에 대한 하나님의 한없는 자비를 증거하였다. 그의 설교로 뉴잉글랜드 인구 30만 명 중 25만 명이 그리스도인이 되었으며, 윤리적 도덕적인 개혁이 일어났다. 합리주의와 아르미니우스주의 등의 자유주의적인 사상이 영향력을 상실하였고, 칼빈주의적인 사상이 뿌리를 내리게 되었으며, 장로교회는 크게 발전하였다.

반면 대각성운동은 많은 논란을 야기하였다. 첫째는 지지파와 반대파의 문제로 네덜란드개혁교회와 장로교회, 회중교회 안에서 각각 분열이 일어났다. 그러나 역설적으로 교단간의 간격을 깸으로 말미암아 미국이 이전에 체험하지 못했던 교단간의 연합을 이루게 하는 계기가 되었다. 대각성운동은 신학과 교회 정부의 형태를 강조하던 옛 질서를 무시하고, 개인적 회심을 최종적인 가치관으로 인식시켜줌으로 새로운 질서를 형성하였다. 직접적인 체험과 실제적인 결과를 강조함으로 신학의 방향을 원리 원칙보다는 결과를 중시하는 실용주의로 나아가게 만들었다.

신파와 구파의 분열

대각성운동이 일어났을 때 웨스트민스터 신앙고백서에 서명할 것을 요구하던 스코틀랜드와 아일랜드 계통의 서명파 목사들은 환영하지 않았지만, 뉴잉글랜드의 청교도 배경을 가진 목회자들은 긍정적인 입장을 취하였다. 펜실베이니아 근교의 중부 식민지 목사들 가운데 예일대학(Yale College)과 통나무 대학(Log College) 출신들은 체험과 감격을 신앙의 본질로 보고 부흥운동을 지지하였지만, 이성과 상식을 강조하던 하버드 대학(Harvard College) 출신들은 반대하였다. 부흥운동을 지지하던 무리를 신파(New Side)라고 칭하며, 반대파를 구파(Old Side)라고 부른다.

장로교회의 분열 조짐은 1738년경부터 나타났다. 에드워즈와 통나무 대학 출신들에 의해 부흥운동이 일어나자, 루이스(Lewis)노회는 부흥운동의 중심을 이루던 뉴브런스위크 노회와 통나무 대학 출신들을 비판하는 문서를 필라델피아 대회에 제출하였다. 문서는 대학 졸업장이 없는 목사후보생을 대회에서 철저하게 심사하여 강도권을 줄 것을 요구하였는데, 이는 통나무 대학 출신의 목회 사역을 제한하려는 의도가 숨겨져 있었다. 그 후 부흥 설교가 점차로 인기를 끌어 많은 교인들이 담임 목사보다 순회 부흥사의 설교를 더 높이 평가하는 분위기가 조성되자, 이에 고무된 순회 부흥 설교자들이 담당 목사의 승낙 없이 교구를 침범하여 설교하면서 질서가 깨어지는 일이 도처에서 발생하였다. 부흥운동이 은사 중심이 되고, 교구 질서가 깨어져 무질서하게 되자, 구파는 부흥운동이 마귀에게서 온 것이라고 비판하기 시작하였다. 하나님은 질서의 하나님이지 무질서의 하나님이 아니기 때문이라는 이유이다. 그러나 부흥운동을 지지하는 신파의 입장은 달랐다. 부흥을 사탄의 역사로 보는 것이야말로 구파가 영적으로 죽어 있는 것을 입증하는 것이며, 참된 신앙은 머리가 아니라 가슴으로 인식하는 것이라고 주장하였다.

그러면 신파와 구파의 차이점을 살펴보자. 첫째는, 목회자의 자격에 대한 것이었다. 부흥운동 당시, 늘어나는 이민자들에 비해 목회자가 적어 목회자 수급이 중요한 과제였다. 구파는 목회자의 자격을 유럽이나 뉴잉글랜드의 대학 졸업자로 제한하여 목사의 수준 저하를 막고자 하였다. 신파는 구파가 목사의 학구적인 자질만을 강조하는 것은 통나무 대학 출신들을 배제하려는 그릇된 의도를 드러내는 것으로 현실을 무시한 처사라고 주장하였다. 둘째로, 신학적인 문제로 인한 것이다. 구파는 대체로 관용적이어서 합리주의에 빠져 원죄설을 부정하고 예정론을 배척하는 이들을 수용하고 있었지만, 신파는 전통적인 칼빈주의 신학을 견지하면서 부흥운동을 지지하였다. 구파가 신앙적 보수와 학문을 강조한 데 반해 신파는 경건과 교회의 부흥을 중시하였다고 하겠다.

이러한 가운데 신파가 구파에 속한 목사들을 형식적이고 죽은 신학을 신봉하는 자들이라고 공격하면서 교회 분열이 가속화되었다. 에드워즈는 구파의 알미니우스주의적인 신학을 공격하면서, 자유주의 신학은 조상들이 건설한 '언덕 위의 도시'를 공략하려는 사탄의 간계라고 비판하였다. 부흥운동에 대한 입장 차이로 긴장이 고조되어 있던 1740년 3월 8일 펜실베이니아 주의 노팅엄(Nottingham)에서 행한 길버트 테넌트의 설교는 화약고에 불을 붙이는 결과를 초래하였다. 그는 「회심치 못한 목사의 위험성」(The Danger of Unconverted Ministry)이라는 제목으로 부흥을 반대하는 구파 목사들을 회심하지 못한 사람들로 비유하고, '회심을 체험하지 못한 목사는 바리새인의 교사이며, 맹인을 인도하는 맹인과 같다'고 설교하였다. 회심 체험이 없는 목사들은 다른 사람을 회심시킬 수 없고, 그들의 기도는 냉랭하며 상담은 효과가 없다고 지적하고, 정통 신앙을 옹호할 수도 없는 자들이라고 비난하면서 청중들에게 이러한 교회를 떠나 말씀이 살아있는 교회로 가라고 설득하였다.

신파의 도전에 대해 구파 목사들이 응전함으로 교회는 혼란 가운데 빠지게 되었다. 뉴잉글랜드의 존 핸콕(John Hancock)목사가 「자질을 갖추지 못한 목사의 위험성」(The Danger of Unqualified Ministry)이라는 설교로 테넌트의 설교를 반박하였고, 같은 해 10월 펜실베이니아 주 뉴런던더리(New Londonderry)의 목사 존 칼드웰(John Caldwell)도 신파는 "소위 거듭났다고 하는 자들에게서 볼 수 있는 음성을 높이는 것, 비판적인 성향, 사랑이 없는 행동이 나타나는데, 이는 성령의 열매가 아니라" 교회를 괴롭히는 "사탄의 역사"라고 비판하

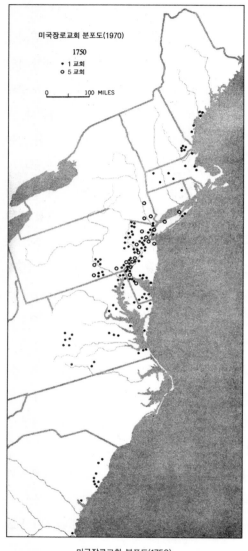

미국장로교회 분포도(1750)

였다(Armstrong 1956, 45). 칼드웰의 설교는 구파에 새 힘을 불어넣어 응집력을 만들어나갔다.

통나무 대학 출신들과 부흥운동을 반대하는 구파의 싸움은 1741년 대회에서 절정을 이루었다. 부흥운동에 대한 의견 차이로 설전이 계속되고 교회 분열의 조짐이 있자, 대회는 규칙에 따라 투표를 통해 문제를 해결하고자 하였다. 그러나 수적으로 밀릴 것을 예상한 통나무 대학 출신들이 대회에 참석하지 않자, 구파 중심의 대회는 신파 총대를 제명하였다. 장로교회의 첫 번째 분열이 시작된 것이다.

교회 분열 후 신파와 구파는 세력 확장을 위해 전력을 기울였다. 당시 구파는 27명, 신파는 22명의 목사들이 있어 각기 자신들의 영역을 넓혀 나갔다. 1745년 구파에 의하여 제명된 신파 중심의 뉴브런스위크 노회가 뉴욕노회와 뉴캐슬노회와 연합하여 뉴욕대회(Synod of New York)를 조직하면서 장로교회의 진로는 새로운 양상으로 발전하였다. 미국에 두 개의 장로교회가 존재하게 되었고, 교단 분열의 아픔을 체험하게 된 것이다.

교단 분열 이후 세력 확장을 위한 신학교 설립 운동이 시작되었다. 중부 식민지에서 고등 교육 기관의 필요성을 인식한 구파 중심의 필라델피아 대회는 1743년 뉴런던(New London)에 대학을 신설하였다. 이 학교는 나중에 펜실베이니아 대학교(University of Pennsylvania)와 델라웨어 대학교(University of Delaware)의 전신이 되었다. 신파의 뉴욕 대회는 조나단 디킨슨(Jonathan Dickinson) 목사를 중심으로 1746년 뉴저지의 엘리자베스타운(Elizabethtown)에 '통나무 대학'의 전통을 따라 뉴저지대학(College of New Jersey)을 세웠다. 개교한지 얼마 안 되어 초대학장 디킨슨이 죽자(1747년), 뉴어크(Newark)로 학교를 이전하고, 조나단 에드워즈의 사위인 아론 버(Aaron Burr)가 학장직을 계승하였다. 뉴저지대학은 1755년에 프린스턴으로 옮긴 후, 1757년 조나단 에드워즈가 학장으로 취임하였다. 이 대학은 나중에 프린스턴 대학교(Princeton University)가 되었다.

명분 없는 교회 분열이 아무에게도 도움이 되지 않자 교회 합동의 요구가 곳곳에서 일어났고, 수차례에 걸친 모임 후에 1758년 다시 합동하였다. 합동 운동은 당시 다수를 차지하고 있던 신파를 중심으로 전개되었다. 구파는 지도력의 빈곤과 교회들의 지지를 잃어 무력한 상태였다. 신파 중심의 뉴욕대회는 22명의 목사가 72명으로 들어났고, 구파 중심의 필라델피아 대회는 27명의 목사가 22명으로 감소하였다.

신파와 구파는 합동 원칙을 따라, 「웨스트민스터 표준 문서」를 기본적인 신앙고백으로 채택하고, 교회의 명칭을 뉴욕-필라델피아 대회(The Synod of New York and Philadelphia)로 칭하였다. 합동 원칙으로

(1) 목사후보생의 훈련과 그들의 학문과 경건을 시험하는 일을 노회의 관할에 맡기고,

(2) 목사가 속한 교구를 떠나 설교할 때 반드시 그 교회 구역에 속한 목사의 승낙을 받을 것과

(3) 1741년 뉴브런스위크 노회를 제명했던 대회의 결정을 불법으로 간주한 다고 밝혔다(Armstrong 1956, 65~68).

교단의 합동으로 뉴욕-필라델피아 대회는 200여 개의 교회, 100명의 목사, 10,000여 명의 교인을 거느리는 교단으로 성장하였다. 100명의 목사 가운데 신파가 73명, 구파가 27명이었다.

4. 독립전쟁과 장로교도

대각성운동 이후, 뉴잉글랜드 청교도 신학은 붕괴의 위기를 맞게 되었다. 공동체의 의를 실현하고자 하였던 초대 청교도들의 꿈은 사라지고 개인적인 경건을 강조하는 경향이 나타났기 때문이다. 더구나 1758년 에드워즈가 사망한 후, 다수의 뉴잉글랜드 교회 지도자들은 사회 정의보다는 개인 구원에 중점을 두어 사회 문제와 정치에 대하여 무관심하였다. 1760년대 이후 영국 정부의 신대륙에 대한 지나친 간섭과 함께 무거운 세금 부과로 주민들의 원성이 높아지자, 대부분의 미국인들은 영국의 정책을 폭정으로 간주하고 항거하였다. 일부 진보적인 목사들도 사회 문제에 지대한 관심을 나타내면서 독립 운동을 후원하였다. 특히 구파의 찰스 초운시(Charles Chauncy)와 조나단 메이휴(Jonathan Mayhew)와 같은 목회자들이 영국의 학정에 항의하면서 영국으로부터의 독립은 그들에게 주어진 시대적인 사명이라고 생각하기 시작하였다.

한편 복음적인 교회의 사회적인 무관심은 독립전쟁 후, 뉴잉글랜드에서 복음적인 교회의 몰락을 초래하였다. 독립전쟁이 끝나자, 많은 젊은이들이 사회적인 사명을 다하지 못하는 복음적인 교회에 실망하고 떠나 자유주의적인 교

회로 옮겨간 것이다. 정통 신학을 고수하던 뉴잉글랜드 청교도들의 교회는 거의 다 그리스도의 신성을 부인하는 단일신론파 교회(Unitarian Church)가 되어버렸다. 결국, 1780년대 이후 뉴잉글랜드에는 복음주의적인 교회들이 사라지게 되었다.

중부 식민지의 장로교도

중부 식민지의 장로교도들은 사정이 달랐다. 대각성운동 이후 신대륙의 여러 주들이 연합 활동을 전개하자, 영국은 반역의 징조로 간주하여 식민지인들의 힘을 약화시킬 대책을 강구하였다. 먼저 식민지의 영국 왕에 대한 충성과 납세 의무를 강요하고 영국 성공회로의 개종을 명령하였다.

이에 영국의 식민지 정책에 대하여 두려움을 가진 스코틀랜드 계통의 장로교인들은 불만을 토로하기 시작하였다. 만일 영국 국교회가 신대륙의 국교가 되고 주교들이 미국 땅에 상주하게 된다면 영국에서 받았던 박해가 다시 신대륙에 재현될 것이요, 장로교 목사들은 결혼 주례와 같은 종교적인 일을 수행할 수 없게 될 것이며, 세속권이 교회를 간섭하게 되면, 교회의 자율이 침해를 받고 대의 기관을 통해 다스리던 공화정치는 1인 군주에 의해 다스려지는 군주정치로 바뀌게 될 것임을 예견했기 때문이다. 따라서 미국인들은 영국의 지배를 받기보다는 독립을 추구하기 시작하였다. 영국과의 일전을 각오하던 그들은 영국군들이 침입했을 때, "감독들이 몰려온다." 거나 "붉은 옷을 입은 사람들이 몰려온다." 고 외치면서 적극적으로 대항하였다.

장로교도들이 독립 운동을 전개한 다른 이유는 문화적 배경에서 찾을 수 있다. 신대륙으로 이민하여 식민지를 세운 뉴잉글랜드의 개척자들은 계약 사상에 철저하였고, 국민계약에 근거하여 나라를 세우고자 하였다. 특히 스코틀랜드-아일랜드 계통의 장로교도들은 계약파의 후손들로, 왕정복고 이후의 폭정에 대하여 항거하던 전통을 가지고 있었으므로 계약을 어기는 자에 대하여는 싸워야 한다는 공감대가 형성되어 있었다.

장로교인들은 법을 경시하고 무시하는 영국 왕의 폭정에 대항하여 일어났다. 그들의 독립에 대한 지지는 '정치적 칼빈주의'(political Calvinism)에 기초한 것으로, 교회의 자유 수호를 위하여 침례교도, 퀘이커, 합리주의자들과 연계하여 독립전쟁을 수행하였다.(독립전쟁이 일어나기 전 미국인의 75%가 칼빈주의적인 신앙을 고백하는 그리스도인으로, "장로교회와 회중교회가 미국 식민지 교회를 지배하였고, 그들의 행동에 미국의 운명이 걸려 있었다."(Briggs 1885, 343).)

사무엘 데이비스와 남부 교회

남부에서 미국의 독립 운동을 이끈 대표적인 장로교 목사 가운데 알렉산더 크레이그헤드(Alexander Craighead)와 사무엘 데이비스(Samuel Davies)가 있다. 그들은 신파 목사들로 프런티어 지역에서 성공회 정책에 대항하며, 지역 교회의 자유를 주장하였다. 크레이그헤드는 1734년에 설교 자격을 얻어 노스캐롤라이나에서 교회를 설립하였다. 1742년 그는 신파 측에 스코틀랜드인들이 마련한 국민계약(1638)과 영국, 스코틀랜드와 아일랜드가 함께 조인한 '엄숙 동맹과 계약'(1643년)을 회복한 후 영국 정부에 대항할 것을 요구하였으나, 대회가 그를 "반역, 선동, 소란"을 일으켰다는 이유로 정죄하자 신파를 떠났다. 1749년에 버지니아에 있는 밸리(Valley)에 교회를 개척하였으며, 1757년에는 노스캐롤라이나의 샤롯(Charlotte)에서 15마일 떨어진 로키 리버(Rocky River) 교회의 목사로 부임하여 사무엘 데이비스와 함께 남장로교회의 기초를 마련하였다.

남장로교회 운동은 대각성운동의 결과였다. 대각성운동이 한창 이던 1740년대에 목사가 없던 하노버 지역에서 벽돌공이던 사무엘 모리스(Samuel

Morris)가 이웃들에게 루터와 조지 휫필드의 설교를 읽어주자 수많은 이들이 은혜 받고 회심하는 일이 있었다. 1743년 7월 테넌트의 통나무 대학 출신으로 열렬한 신파 목사였던 윌리엄 로빈슨(William Robinson)이 하노버를 방문한 후 그들의 형편을 뉴캐슬 노회에 소개하였다. 이 일을 계기로 통나무대학 출신들을 중심으로 한 신파가 정착하게 되었으며, 그 대표적인 인물이 사무엘 데이비스이다.

데이비스(Samuel Davis, 1723~1761)는 델라웨어에서 웨일즈 계통의 정착민의 아들로 태어나, 버지니아의 팩스 매너(Faggs Manor)의 사무엘 블레어(Samuel Blair)가 세운 '통나무대학'에서 신학을 공부하였고, 1748년 25세의 젊은 나이에 뉴캐슬(New Castle) 노회의 파송으로 하노버 카운티(Hanover County)에 있는 리치몬드(Richmond)에 교회를 세웠다. 웅변적이고, 열정적인 그의 설교는 수많은 이의 호응을 얻었는데 성공회 목회자들에게는 큰 부담감이 되었다. 그의 사역을 막기 위해 식민지 정부가 학력 문제로 설교권을 박탈하자, 데이비스는 매케미가 그랬던 것처럼, 1689년의 종교 관용령이 유효함을 지적하며 설교 운동을 지속했고, 남부 지역 5개 군(county)에 속해 있던 장로교회 예배당에서 모이는 집회 인허를 요구하였다.

데이비스는 1753년부터 1755년 사이 길버트 테넌트와 함께 그레이트 브리튼(Great Britain) 소재의 뉴저지 대학(New Jersey College)을 위한 모금 운동을 추진하였다. 1755년에는 뉴욕 대회의 후원으로 서부 펜실베이니아로부터 조지아에 이르는 지역에 일곱 교회를 세운 후, 하노버노회(Hanover Presbytery)를 조직하였는데, 이는 남부 지역 최초의 노회가 되었다. 특히 그는 흑인의 복음화에 남다른 열정을 기울였는데, 1757년에 쓴 글에 보면, 150명의 흑인 성인이 세례를 받았고, 60여명이 성찬에 참여하였다고 기록되어 있다(Noll 1992, 107).

데이비스는 독립운동에도 적극적으로 가담하였다. 1755년 7월 10일 브래독(Braddock) 장군이 피츠버그에서 프랑스와 인디언 연합군에 의해 대패함으로 펜실베이니아와 버지니아가 위기에 처하였다. 이 때 데이비스는 프랑스와 전쟁을 치르기 위해 군인을 모집했고, 1758년에는 「겁쟁이가 받게 될 저주」(The Curse of Cowardice)라는 설교를 통하여 전쟁의 당위성을 설명하였다.

데이비스의 설교에 힘입어 하노버 카운티의 수많은 이들이 군대에 지원하였다. 그 후 영국이 성공회 정책을 펴면서 신대륙의 자율권을 침해하려고 하자, 데이비스는 독립 운동의 필요성을 역설하는 내용의 설교를 하였다. 그의 영향으로 독립 운동가 패트릭 헨리(Patrick Henry)는 물론, 심지어 조지 워싱턴(George Washington)과 같은 이도 감동을 받아 독립 운동에 동참하였다.

데이비스는 행정가요, 학자로서의 자질을 갖추고 있었다. 1759년 에드워즈의 후임으로 프린스턴 대학의 학장이 되었다. 그러나 무리하게 일하다가 2년 후인 1761년 38세의 젊은 나이로 사망하였다. 그의 영향을 받은 남부 장로교도들, 특히 사우스캐롤라이나와 버지니아 지역의 장로교도들은 담임 목사의 인솔 아래 독립전쟁에 참여하였다.

영국이 네덜란드와 7년 전쟁으로 고갈된 재정의 확충을 위해서 식민지에 대한 관세의 강화와 묵인해 오던 밀매 무역의 단속 정책을 강행함으로 식민지와 사이에 금이 가기 시작하였다. 1764년의 설탕세법과 1766년의 인지세법 등 세입을 확대하기 위한 악법들이 신설되자, 식민지인들이 "대표 없이는 과세도 없다"며 반발했으나 영국은 고삐를 조여 나갔다. 이런 상황에서 차(茶) 조례가 제정되었다. 파산지경에 이른 동인도회사에게 낮은 관세의 차(茶) 수입 독점권을 주어 회생시킬 목적이었지만, 식민지인들은 설상가상의 입장에 놓이게 되었다. 차 사건이 일어나자, 영국은 보스턴 항을 봉쇄하고 매사추세츠 주의 자치 선거를 금하는 등 강경책을 강구하였지만 오히려 반발만 키웠다.

1773년 12월 16일 인디언으로 가장한 150여 명의 무리들이 보스턴 항구에 정박 중이던 영국 동인도회사 소속 무역선 3척을 급습, 배에 실려 있는 324상자의 인도 산 차를 바다 속에 던져버린 사건을 계기로 독립전쟁이 시작되었다. '보스턴 차 사건'으로 불리는 이 일은, 영국의 차(茶) 조례에 반발한 아메리카 식민지인들의 소행에 불과하지만, 미국 독립전쟁을 향한 예정된 수순이었다.

1774년 9월, 50여명의 아메리카 식민지 대표들은 필라델피아에 모여 제1차 대륙회의(1st Continental Congress)를 열고 독립에 대해 논의하였다. 군주정치에 반대하며 공화정을 지지해왔던 스코틀랜드 아일랜드 계통의 장로교들은 대륙회의가 "국민에 의해 … 선택된 대표들로 이루어져" 있기 때문에 적극적인 지지를 표하였다. 목사들은 독립위원회에 가담했고, 수천 명의 장로교도들이 독립군에 입대했다. 1774년 남부의 하노버노회는 침례교도들과 제휴하여 "식민지에 사는 신앙적 이견을 가진 모든 자들에게 종교적 자유"를 달라고 버지니아 주정부에 탄원하였다. 그 결과 1776년 "모든 사람은 자유롭게 신앙생활을 할 수 있는 동일한 권리를 가진다."는 버지니아 권리장전이 나오게 되었다.

미국 전역에서 독립운동이 전개되자, 충격을 받은 영국 정부는 1775년 4월 식민지를 직할 통치하기 위해 군대를 파견하였다. 군대가 보스턴에 도착했을 때, 영국의 철권 정치를 두려워한 식민지인들이 매사추세츠 주의 렉싱턴(Lexington)에서 무장 궐기를 벌이자, 분개한 영국군이 다수의 시민들을 살해함으로 독립전쟁이 일어나게 되었다.

장로교도들은 독립전쟁에 적극적으로 참여하였다. 렉싱턴에서의 무력 충돌 후 1개월 만에 모인 뉴욕-필라델피아 대회는 렉싱턴 학살 사건에 대한 장로교 교단의 공식적인 입장을 표명하였다. 그들은 성명서에서 독립전쟁의 필요성과 최악의 상태에서 그리스도인이 행할 수 있는 최소한의 규범에 대하여 설명하고, 영국 왕 조지 3세(George III)에 대한 항거는 반역이 아닌 자유인의 권리를 보존하기 위한 것으로, 의로운 전쟁을 위해 그리스도인들이 헌신할 것을 선언하였다(Armstrong 1956, 80~85). 대회는 독립전쟁을 지지한다는 목회서신을 기안하고, 미국의 독립을 위하여 하루를 정하여 "거룩한 금식과 기도의 날"

로 구별하여 지킬 것을 결의하였다.

독립의 열기가 고조되는 가운데 신대륙의 정치 지도자들은 1775년 5월 초순 제2차 대륙회의를 필라델피아에서 개최하였다. 회의가 열리자, 모든 도시와 마을이 독립에 대한 기대로 긴장과 흥분, 혹은 전쟁의 두려움 가운데 빠졌다. 대륙 회의에는 다수의 장로교도들이 참여하였다. 목사로는 유일하게 독립선언서에 서명한 바 있는 존 위더스푼(John Witherspoon, 1723~1794) 박사, 대륙회의 서기로 일한 찰스 톰슨(Charles Thompson), 후에 장로교 총회장이 된 제임스 암스트롱(James F. Armstrong)과 제임스 클락(James Clark), 필라델피아의 올드 파인 스트리트(Old Pine Street) 교회 목사인 조지 더필드(George Duffield), 필라델피아 제3 교회 목사 존 로저스(John Rogers) 등이 있다.

존 위더스푼

존 위더스푼은 스코틀랜드의 에든버러대학교에서 문학과 신학을 공부하여 1745년 목사 안수를 받았고, 1754년에는 「교회의 인물들」(Ecclesiastical Characteristics)이라는 책을 출간하였다. 복음적인 설교자로 칼빈주의 신학을 옹호하고, 교회 문제에서 국가에 굴종하던 중도파를 공격하여 큰 영향력을 행

존 위더스푼

사하였다. 웨스트민스터 표준 문서의 가르침을 따르고, 신앙고백서에 나오는 개혁주의 신학의 주제를 가지고 매주 설교할 정도로 철두철미한 장로교도였던 위더스푼은, 신대륙으로 이민하여 1768년 뉴저지 대학(College of New Jersey, 나중에 프린스턴대학이 됨)의 학장에 취임함으로 인재 양성에 앞장섰다. 그는 영국 철학자 버클리(George Berkeley, 1685~1753)의 이상주의적

철학을 배척하고, 스코틀랜드 지식인층 사이에 번져 있던 상식철학(Common Sense Philosophy)을 미국에 도입하였다.

상식철학은 스코틀랜드의 도덕주의자 프랜시스 허치슨(Francis Hutcheson, 1694~1746)과 장로교도 토머스 리이드(Thomas Reid, 1710~1796)에 의하여 발전한 사상으로, 1769년 존 위더스푼이 프린스턴에 소개함으로 미국 땅에 정착하게 되었다. 위더스푼은 데이비드 흄(David Hume)의 회의주의에 맞서 일반적인 경험 곧 상식에 호소하고, 볼테르(Voltaire)처럼 기존의 전통을 거부하는 계몽주의자들에 대항하여 인과관계를 강조하였으며, 버클리(George Berkeley)의 주관적 관념론에 반대하여 모든 사람이 현재 보편적 또는 일반적으로(common) 체험하는(sense) 신앙을 주장하였다. 기타의 세속적 이성주의에 맞서기 위해 상식철학을 활용하였는데, 베이컨(Francis Bacon)의 귀납법적 방법을 통해 실체에 접근함으로 비이성적인 궤변이나 불합리성을 뛰어넘는 학문 활동을 전개하였다.

위더스푼의 상식철학은 19세기의 영향력 있는 학문으로 간주되었다. 신설된 프린스턴신학교의 교수들이 신학의 기초로 수용하였으며, 회중교도였던 예일대학교의 디모데 드와이트(Timothy Dwight)와 예일대학교 신학부(Yale Divinity School)의 나다니엘 테일러(Nathaniel Taylor) 등이 채택하여 발전시켰다. 위더스푼은 상식철학에 근거하여 독립전쟁을 정당화하였으며, 상식철학을 사회 질서의 새로운 원리로 제시하고, 기존 교회의 영향력이 없는 상황에서 기독교 진리의 재정립을 위해 활용하였다. 교육이 공적인 봉사로 나타나고, 이를 위해서 개인적인 모범이 제시되어야 한다는 위더스푼의 교육 사상에 힘입어 많은 제자들이 배출되었다. 프린스턴에서 가르친 제자 가운데 1명의 대통령(James Madison 대통령), 1명의 부통령, 10명의 정부 각료, 21명의 상원 의원, 39명의 하원 의원, 12명의 주지사, 3명의 대법관이 나왔다(Kelly 1992, 132).

위더스푼은 독립운동에도 적극 참여하였다. 1776년 5월 프린스턴에서 스코틀랜드 이민자들 앞에서 선택의 때가 다가오고 있고, 불의한 폭군에 대한 저항은 정당하며, 악한 날에 하나님께서 도와주실 것이라는 확신을 가져야 한다고 설교하였다. 또한 "잘못된 군주의 야심, 부패하고 억압적인 목사들의 교활함과 잔인함, 야만적인 군인들의 잔인함이 극도에 달할지라도 하나님의 영광이 나타날 것이고, 폭풍이 계속되어 격분과 격정이 몰아쳐도 하나님의 자비와 돌봄이 반드시 나타날 것이다"라고 역설하였다(Noll 1992, 120). 이 설교를 한 후 2개월이 못되어 그는 독립운동을 위해 조직된 대륙회의의 뉴저지 대표로 뽑혀 재정분과위원으로 일했으며, 목사로는 유일하게 독립선언서에 서명하였다. 영국군이 조지 워싱턴(George Washington), 풋남(Putnam)과 리(Lee) 장군과 함께 그의 허수아비를 불태웠다는 기록을 보면, 당시 위더스푼의 위세를 짐작할 수 있다.

프런티어 운동과 신조의 개정

독립전쟁이 끝난 후 서부 개척이 시작되자, 장로교도들은 앞장서서 교회를 세워나갔다. 늘어나는 교회수 만큼 목회자가 필요하였으므로 18세기 말의 장로교회는 목회자 수급 문제로 어려움을 겪었다. 선교지의 요구대로 많은 다수의 목회자를 보내려면 목회자의 수준을 낮추어야 하였는데, 이는 교회의 발전에 악영향을 미칠 수 있기 때문이었다.

프런티어 운동이 활발해지자, 장로교회는 서부 개척과 그에 적합한 목회자 파송을 결의하였다. 1779년 뉴욕-필라델피아 대회는 많은 목사를 선교지로 보낼 것을 결정하였고, 1783년에는 선교지의 요구에 따른 더 많은 목사를 파송하기 위해 교양 과목 정도만 이수한 자면 강도권을 허락하였다. 1785년 열린 대회는 1783년의 결의를 재확인하고, "오늘날 미국 교회의 상황을 볼 때, 우리의 수많은 회중을 섬길 목사의 수가 부족하니, 대회나 노회들은 목사의 학문적인 자격을 완화하여야 할 것" 이라고 결의하면서 목회자 훈련을 위해 2년제 신학 교육 과정을 신설하였다. 그러나 1786년에 열린 대회는 1785년의 결의를 무효화하였다. 학사 이상의 학위를 가진 자만이 목사가 될 수 있다고 번복한 것이다(RPC 499, 511). 목사의 학문적 자격을 낮출 수 없다고 판단한 것이다.

독립전쟁 이후 미국 장로교회는 신앙고백을 수정함으로 장로교 신학의 미국화를 이루었다. 영국으로부터의 독립과 함께 새로운 정치 구조를 추구하던 장로교도들은 1787년 뉴욕-필라델피아 대회를 통해 「웨스트민스터 신앙고백서」제 23장의 통치자에 관한 부분을 개정하여 채택하여 신생국에서 통치자의 업무가 무엇인지를 밝혔다. 신조 개정을 통해 미국 장로교도들은, 17세기의 영국인들과는 달리, 국교주의와 종교적인 이유로 박해당하는 것을 거부하고 모든 이에게 종교적인 자유의 보장과 모든 기독교 종파에게 법적인 평등의 제공을 주장하였다(RPC 539).

수정된 신앙고백은 통치자의 권세에 대해 제한적인 자세를 취하였다. 원래의 신앙고백은, 통치자에게 교회의 평화를 유지할 권세와 의무가 있으므로 통치자는 모든 신성모독과 이단을 억제하여야 하며 예배와 교회 권징에서 부패와 남용을 막고 개혁할 권세가 있다고 하였지만, 개정안은 통치자에게 기독교의 특정 종파를 편애하지 말 것과 모든 교회를 보호할 사명이 있다고 선포함으로 다양한 종파의 존재를 인정하였다. 그러나 수정한 신조가 기독교 외의 다른 종교의 존재를 인정한 것은 아니었다.

장로교 총회의 조직

미국 장로교회는 이민자 가운데 가장 활동적이었던 스코틀랜드-아일랜드 계통을 중심으로 발전하였다. 그들은 스코틀랜드 계약파의 후손으로 장로교

회의 예배와 정치만을 수용하고 개혁주의적인 신앙 수호에 앞장섰다. 북부에
는 청교도적인 배경의 장로교도들, 남부에는 위그노 계통의 장로교도, 서부에
는 스코틀랜드-아일랜드 계통의 장로교도들이 교회를 세움으로, 1776년 미국
장로교회는 500여 개가 넘게 되었다.

국가적으로는 독립전쟁이 끝나 새로운 정부가 조직되고, 교회적으로는 장
로교회의 수가 점점 늘어나자, 뉴욕-필라델피아 대회는 모든 장로교회를 관리
하며 운영할 수 있는 총회의 조직을 구상하였다. 1788년 5월 미국 최초의 장로
교 총회가 소집되었고, 이 때 서포크(Suffolk), 더치스 카운티(Dutches County),
뉴욕(New York), 필라델피아(Philadelphia), 뉴브런스위크(New Brunswick), 뉴
캐슬(New Castle), 루이스(Lewis), 볼티모어(Baltimore), 레드스톤(Redstone), 렉
싱톤(Lexington), 트란실바니아(Transylvania), 사우스캐롤라이나(South
Carolina), 칼리슬(Calistle) 노회 등 16개 노회가 참석하였다. 총대들은 총회를
뉴욕과 뉴저지 대회, 필라델피아 대회, 버지니아 대회, 캐롤라이나 대회 등 넷
으로 나누고, 총회를 구성하였다.

장로교총회는 1789년 조지 워싱턴이 미국의 초대 대통령으로 취임한지 3주
일이 지난 후 조직되었다. 곧 장로교도들은 뉴욕에서 새로운 헌법에 따라 연
방 의회가 한창 열리던 1789년 5월 21일 필라델피아 제2교회에서 미국 최초의
장로교 총회를 조직하였다. 그들은 교단 명칭을 미국장로교회(Presbyterian
Church in the United States of America)라고 칭하고, 「웨스트민스터 신앙고백서」
를 교회의 신앙고백으로 채택하였다. 또한 존 위더스푼을 총회장으로 뽑고,
총회장 명의로 조지 워싱턴 장군에게 서한을 보내 미국 정부가 장로교회의 중
요성을 인식하도록 유도하였다.

총회의 조직으로 장로교회는 세속적인 영역에 영향을 미칠 수 있는 유일한
단체가 되었다. 워싱턴을 비롯한 행정 관료들은 장로교 정치체제인 공화정치
제도를 미국 행정부의 정치 원리로 채택하였다. 장로교도들은 이와 같이 세속

정치 영역에 영향을 미칠 뿐만 아니라 헌법 작성에도 적극적인 영향력을 행사하였다. 당시 헌법 초안자의 3분의 2가 장로교 신앙을 고백하는 칼빈주의자들이었다는 이를 증명해 주는 것이다. 이처럼 장로교도들의 세속 영역에 영향을 미치면서 장로교회는 미국 사회에서 중심적인 집단으로 커갔다.

총회의 핵심 대회인 뉴욕과 필라델피아 대회에는 11개의 노회에 132명의 목사가 있었고, 뉴잉글랜드 대회는 3개의 노회와 32명의 목사, 사우스캐롤라이나노회는 6명의 목사, 2개의 조합장로교회(Associate Presbyteries)에는 13명의 목사, 개혁파장로교회에는 3명이 있었다(Sweet 1936, 5). 이 가운데 뉴저지 대학 출신들의 영향이 괄목할만 했다. 1758년 교단 합동 이후 1789년까지 250명이 목사 안수를 받았는데, 그 가운데 120명이 뉴저지 대학 출신이었고, 20명이 예일대학교 출신이었기 때문이다(Sweet 1936, 6, 8). 이와 같이 장로교회는 총회의 조직으로 미국의 중심적인 교단이 되었고, 이로 말미암아 장로교회는 미국 정신계의 지도적인 위치에 서게 되었다.

8장

미국 장로교운동: 진보와 보수

독립전쟁으로 인하여 미국인들은 정치적 시련 외에 영적·도덕적인 위기를 맞게 되었다. 사람들의 심령이 피폐해졌고, 술집이 늘어나면서 가정 파탄이 늘어났다. 교회당이 병사들의 숙소로 사용되면서 예배당으로서의 신성함이 사라져 교회에 대한 경시 현상이 일어나기도 하였다.

전쟁의 후유증은 계속되었다. 식민지 지도자들이 영국과 적대적이던 프랑스와 제휴하면서 볼테르(Voltaire)와 루소(Jean-Jacques Rousseau) 같은 프랑스 계몽주의자들의 사상이 유입되어 미국의 대학과 젊은이들의 의식을 지배함으로 기독교회는 위태로운 지경에 놓이게 되었다. 이러한 영적인 혼란을 직시하던 미국 장로교 총회는, 1798년에 발표한 성명서를 통해, "우리는 고통과 두려움으로 인하여 시민들이 종교적 원리와 실천하려는 의지를 포기하는 현상과… 불신으로 인해 아예 무신론으로 치닫는 허다한 경우를 직시하고 있다"(Sweet 1936, 2:324)고 개탄하였다.

1. 프런티어 선교와 통합 계획

이러한 영적인 혼란은 서부 개척(Frontier Movement)과 부흥운동을 통해서 진정 국면으로 들어섰다. 독립전쟁 이후 미국인들은 더 넓은 땅을 소유하기 위해 서부로 이동하면서 개척에 전력을 쏟았다. 장로교도도 예외가 아니었다. 1758년 뉴욕 필라델피아 대회는 인디언과 프랑스인과 전쟁 중이던 서부 개척자들을 위하여 금식 기도 일을 정하였고, 1760년에는 2명의 목사를 개척지에 파송하였으며, 1763년에 모인 대회에서는 모든 노회가 1~2명의 목사후보생을 개척지로 보내도록 결의하였다. 이와 함께 모든 미국인의 관심이 서부 개척에 쏠려 뉴욕에서 조지아에 이르는 지역은 서부로 이동하는 개척자들의 발걸음으로 늘 소란하였다. 프런티어로 이동하면서 장로교회는 대부흥운동을 체험하여 계몽주의 사상의 침투를 다소 억제하였지만, 회중교회와의 통합이나, 목회자의 수급 등의 당면한 과제를 해결하여야 하였다.

맥그리디의 부흥운동

19세기에 접어들면서 장로교회는 교회 부흥과 교육에 대해 관심을 기울였다. 교회의 부흥은 서부 개척지에서, 주로 장로교도인 제임스 맥그리디(James McGready)의 열정적인 설교에 의해 시작되었다. 그가 1797년 켄터키의 로건 카운티(Logan County)에서 부흥운동을 시작한 이후, 버지니아, 노스캐롤라이나로 운동이 확산되었다. 맥그리디는 로건에서 일주일에 한 시간, 한 달에 하루를 "로건 카운티와 전 세계의 사람들이 회심하도록" 기도할 것을 호소하였고(Noll 1992, 167), 스코틀랜드의 성찬 기간(communal season)을 모방하여 1800년 케인 리지(Cane Ridge)에서 최초의 야영 집회(Camp meeting)를 시작하였다.

그는 "분지 형태를 취하고 있는 지역에 캠프를 설치하였다. 캠프 내부는 예배를 드릴 수 있도록 꾸몄고, 자른 나무들을 앉을 수 있도록 배열한 후, 중심부에는 강단을 만들었다. 부흥운동이 일어났을 때 지붕을 두른 마차에서 잠을 자는 일부를 제외한 다른 이들은 텐트를 가득 메웠다"(Sweet 1936, 85). 야영 집회는 1800년 7월의 개스퍼 리버 교회(Gasper River Church)에서 절정에 이르렀다. 그 당시 가까이는 4~50마일, 멀리는 100마일 이상 떨어진 마을에서 20,000명이 넘는 사람들이 몰려와 대성황을 이루었다.

야영 집회는 서부개척민들의 엄청난 호응을 얻었다. 백인과 흑인, 장로교와 침례교와 감리교 설교자들이 릴레이식으로 돌아가며 설교하여 성공적으로 집회를 이끌었다. 수많은 사람들이 설교자들의 말씀을 듣기 위해 몰려, 남녀노소를 막론하고 하던 일을 버려둔 채 집회에 참석함으로 예배 참석 외의 다른 행사들은 자연스럽게 연기되었다. 데이비슨(Davidson)이 기술한 것처럼, "모든 집은 텅 비었다. 용감한 사냥꾼들, 깨어있는 여장부들, 젊은 여인들과 처녀들, 심지어 어린아이들도 말씀을 듣기 위해 모여 들었다. 그들은 집회 참석으로 인한 모든 어려움을 극복하고, 감수하였다"(Davidson 1847, 136~137).

서부 지역의 부흥운동이 야영 집회를 중심으로 일어났다면 동부에서는 대학을 중심으로 전개되었다. 1790년부터 조나단 에드워즈의 아들 에드워즈 2세(Jonathan Edwards Jr.)와 에드워즈의 손자요 예일대학교 총장이었던 디모데 드와이트(Timothy Dwight)를 통해 코네티컷에서 시작되어 1802년에는 예일대학교를 휩쓸었다. 225명의 재학생 가운데 3분의 1이 회심 체험을 하였다(Noll 1992, 167). 부흥사들은 뉴잉글랜드, 뉴욕 주 상부 지역과 서부 지역으로 부흥운동을 전개하였는데, 이를 제2차 대각성운동이라고 부른다.

제2차 대각성운동은 18세기의 대각성운동과는 여러 면에서 구별되었다. 18세기의 제1차 대각성운동이 회중교도(조나단 에드워즈)와 성공회교도(조지 휫필드)와 장로교도(길버트 테넌트) 중심이었다면, 19세기의 제2차 대각성운동은 장로교도와 침례교도와 감리교도 중심이었다. 전자가 구원 사역에 있어서 하나님의 주권을 강조한 칼빈주의 운동임에 비해, 후자는 하나님께서 모든 사람에게 그리스도께로 나아올 수 있는 능력을 주셨음을 강조한 복음주의적 운동이었다. 이러한 신학적 변화는 독립전쟁 이후 다양한 신학사상이 미국인의 심령 안에 정착했기 때문이요, 19세기의 미국 교회의 방향을 결정하는 요인이 되었다.

독립전쟁이 끝나면서 프랑스의 계몽주의 사상과 영국의 경험주의 사상이 확산되었다. 이에 영향을 받은 야영 집회 설교자들이 구원 사역보다는 신앙적 체험을 강조하면서 부흥운동은 점차 종교적 체험을 중시하는 쪽으로 변질되어 갔다. 말씀으로 시작한 부흥회가 은사 중심으로 바뀌면서 종교적인 흥분이 고조되었다. 경련, 기절, 비명, 갑작스런 웃음, 춤추기, 황홀경 등 히스테리 현상들과 방자한 행동을 일삼는 자들이 생겨났다. 이와 함께 다양한 신앙적 체험을 중시하는 복음주의 신학이 나타났고, 성경 중심적 신학을 강조하던 장로교 신앙이 도전을 받았다.

그럼에도 불구하고, 19세기의 부흥운동이 장로교 확산에 공헌하였음을 부인할 수 없다. 마른 장작에 불이 붙듯 야영 집회는 서부 개척지로 번져나갔고, 서부와 남부 지역에 많은 장로교회가 세워졌다. 그렇지만 순회 설교자만 보낸 감리교회나 농부 설교자들이 교회를 세운 침례교회에 비하면 장로교회의 성장은 미미하였다.

부흥운동과 함께 1782년부터 1850년 사이 서부 개척지에 28개의 대학들이 들어섰다. 대학의 설립과 함께 교육 운동이 활발해졌다. 서부 개척지에서의 부흥운동으로 미국 교회를 공략하던 계몽주의와 합리주의 사상은 영향력을 상실하고, 선교 운동이 활발해졌으며, 교인 수의 증가와 함께 더 많은 목사가 필요하게 되었다.[25]

---

25) 야영 집회의 부정적인 영향으로 이상한 신비주의가 만연하였다. 그 대표적인 것이 오늘날 빈야드 집회에서 볼 수 있는 "넘어지는 연습"이다. 제임스 크로포드(James Crawford)에 의

통합 계획

오하이오, 인디애나, 켄터키, 테네시, 뉴욕 서부 등의 프런티어 지역으로의 이민 운동이 일어났고, 이민자들이 가는 곳마다 교회가 세워짐으로 목회자가 절실히 요구되었다. 그러나 장로교회는 개척지가 필요한 만큼의 목사들을 배출하지 못하였다. 목사의 자격으로 높은 학문성을 요구하였기 때문에 한 명의 목사 배출에 수많은 시간과 재정이 투자되었던 것이다. 이러한 상황에서 장로교회는 선교지에서 같은 신학을 고백하는 코네티컷 회중교회와 연대의 필요성을 인식하게 되었다. 당시의 코네티컷 회중교회는 1708년 '세이부룩 강령'(Saybrook Platform)을 선언한 이후로 절반은 장로교도라고 불려지고 있었다. 칼빈주의 신학에 기초하여 믿고 예배하던 그들과 신앙적인 연대감을 느낀 장로교도들은 선교지에서 회중교회와의 협력을 도모하기 시작하였다.

선교지에서의 연합을 외친 최초의 사람은 존 스미스(John Blair Smith)였다. 그는 장로교와 네덜란드개혁교회가 연합하여 뉴욕에 세운 유니온 대학(Union College)의 초대 학장으로, 서부 개척지 순회 중 회중교회 소속의 목사 놋(Eliphalet Nott)을 만났다. 놋의 신앙이 자신과 같다는 것을 알게 된 스미스는 선교지에서 동일한 신앙을 가진 자들끼리 경쟁적으로 교회를 세우는 것이 옳은지 고민하게 되었다. 스미스는 선교 전략상 회중교회와의 동역의 필요성을 확신하게 되었고, 확신에 근거하여 교단 통합을 적극적으로 추진하였다.

1791년 장로교 총회는 선교적인 차원에서 장로교회와 회중교회 간 연대 관계의 필요성을 선언하고 위원회를 결성하였다. 1793년에는 회중교회에서 지도적인 위치에 있던 매튜 버넷(Matthew Burnet), 조나단 에드워즈 2세(Jonathan

하면, 야영 집회에 참석하였던 이들 가운데 성령 체험을 한다는 명분으로 3,000명 가량이 넘어졌다(Sweet 1936, 87). 하나님의 말씀보다 개인의 영적인 체험을 강조하는 이러한 신비주의로 인해서 "동물적인 흥분, 공예배의 무질서한 진행, 자유로운 성생활, 교리적인 오류의 범람, 영적인 교만과 잔소리의 발생"과 같은 무질서가 왔다(Davidson 1847, 169).

Edwards Jr.)와 조나단 에드워즈의 외손자인 디모데 드와이트(Timothy Dwight)를 총회 석상에 초청하였으며, 1794년 회중교회 대표도 총회에 참석하도록 제안하였다. 1795년 장로교 총회의 제안을 따라 양측 총회는 상호 교류를 가결하였다(MGA, 29, 80). 1800년 조나단 에드워즈 2세는 코네티컷에서 열린 회중교회 모임에서 회중교회와 장로교회의 합동을 제안하고, 1801년 장로교 총회에 참석하여 서부 선교에 상호 협력할 것을 다짐하였다.

마침내 1801년 두 총회에 의하여 통합 계획안(Plan of Union)이 채택되어 개척지 선교를 위한 연합이 이루어졌다. 두 교단의 지도자들은 연합의 원리로 다음의 네 가지 원칙에 합의하였다.

(1) 새 개척지에서 모든 선교사는 상호 협력한다.

(2) 회중교회에서 장로교회 목사가 일하다가 문제가 발생할 경우, 그가 속한 장로교 노회에 보고하여 해결하도록 한다.

(3) 장로교회가 회중교회 목사를 초청할 경우 장로교회 헌법을 따를 것이나 목사와 교회 사이에 문제가 발생할 경우 목사가 속한 연합회에 보고하도록 한다.

(4) 상임위원회를 둔다. 회중교회는 모든 남자 회중에 보고하여 문제를 해결하고, 장로교회는 장로교회 법에 따라 치리하도록 한다(Armstrong 1956, 30~32).

두 교단의 선교지에서의 연합활동은 1808년 장로교 총회가 알바니(Albany) 대회의 제안을 수락하면서 더 밀접한 관계로 발전하였다. 회중 교회 목사가 대회의 회원이 됨으로 장로교회의 치리권 아래 있게 되었고, 많은 회중교회가 장로교회로 변신하였다.

서부 개척과 선교지에서의 연합 계획이 성사되면서 선교 운동은 효과적으로 운영되었고, 장로교회는 크게 성장하였다. 특히 통합 계획은 뉴욕과 오하이오에서 성공적으로 이루어졌다. 켄터키와 테네시를 비롯한 중서부 지역에서 많은 사람이 장로교 신자가 되었고, 교회들이 세워졌다. 1789년에 16개에 불과하였던 노회의 수가 동일한 신앙을 가진 집단과의 열린 관계를 유지하면서 1800년에는 26개로 늘어났고, 교인 수도 2만 명에 가까웠다.

1808년에 이르러 장로교회와 회중교회의 통합은 구체적으로 실현되었다. 알바니 대회의 제안에 따라 총회는 회중교회의 노회들이 장로교 대회에 회원 자격으로 참석할 수 있게 허락하였으며, 그들은 교회 정치와 행정에 회중교회 명칭을 사용할 수 있었다.

컴버랜드 장로교회

통합 계획으로 회중교회와 합한 후에도 여전히 목회자의 수가 부족하였다. 앞에서 언급한 바와 같이, 목회자의 높은 교육 수준을 고집하던 장로교회는 프런티어 지역에서 요청하는 목회자들을 적시에 수급할 수 없었으나, 감리교회와 침례교회는 교회 조직에서 까다로운 절차를 배제하고 목사의 수준을 낮추어 안수함으로 자유롭게 목사들을 파송하였다. 심지어 침례교회는 학력을 고려하지 않고 소명이 있다고 생각되는 자는 모두 목사로 안수하여 개척지에 파송함으로 교단 확장에 앞장섰다. 그 결과 가는 곳마다 침례교회가 서게 되었고, 반면 장로교회의 증가는 둔화되었다.

장로교회 성장의 둔화 현상은 19세기에 두드러지게 나타났다. 장로교회는 1776년만 해도 인구의 20.4%를 가진 회중교도에 이어 19%로 두 번째 큰 교단을 이루었다. 그러나 1850년에 이르면서 감리교(34.2%), 침례교(20.5%), 천주교(13.9%)를 이어 11.6%로 4번째 교단이 되었다(Noll 1992, 153). 감리교회의 약진은 프랜시스 애스베리(Francis Asbury)의 적극적인 선교와 부흥운동의 결과라고 볼 수 있다.

남북 전쟁 이후 로마천주교도들이 다수 이주해 옴으로 1870년경에 이르러서는 천주교회가 가장 큰 교단으로 성장하였다. 미국 전체 인구 4천만 명 가운데 천주교도는 350만 명, 루터파가 44만 명, 감리교도가 천주교도와 같은 350

만 명, 침례교도가 200만 명, 장로교도는 115만 명이었다(Noll 1992, 220). 이 때부터 장로교회는 감리교회와 침례교회에 비해 수적인 열세를 면치 못해 왔다.

1801년 트란실바니아(Transylvania)노회는 목사 수급에 대한 총회의 정책에 회의를 표하고, 획기적인 방안을 마련하였다. 아주 헌신적이며 종교적이지만, 학력이 부족한 4명에게 목회자가 없는 교회를 맡아 임시적으로 설교하며 요리문답을 가르칠 수 있도록 허락한 것이다. 그들 중 하나가 열정이 남달랐던 휘니스 이윙(Finis Ewing)이었다. 트란실바니아노회보다 목회자 수급에 대하여 더 급진적인 행동을 취한 것은 컴버랜드(Cumberland)노회였다.

컴버랜드노회는 1802년에서 1804년 사이 목사 안수 자격의 완화 조치를 취하였다. 그들은 맥그리디에 의한 부흥운동이 학문과 교리의 강조로 일어난 것이 아니라, 단순히 성경을 풀어 설교했기 때문에 가능하였다고 주장하였다. 교리적인 강조는 교회 성장을 방해하므로 신조 중심의 교리 교육을 폐지할 것과, 설교할 수 있는 자는 누구나 목사로 안수할 것을 내세우며 휘니스 이윙과 같은 여러 명의 무자격자를 목사로 안수하였다.

그러나 대부분의 장로교도들은 목사의 교육 수준을 낮추려는 시도를 반대하였다. 컴버랜드노회가 속해 있던 켄터키(Kentucky)대회는 컴버랜드노회의 주장과 처사를 비난하고 징계 조처를 취하였다. 이에 반발한 노회 회원의 다수가 대회를 이탈함으로 장로교회는 또 다른 도전을 받게 되었다. 켄터키대회는 문제 해결을 위해 여러 차례 컴버랜드노회 측에 화해 시도를 촉구하였다. 그러나 컴버랜드노회 측은 1810년 교단을 이탈하여 독립노회를 구성하였고, 몇 해 뒤에는 컴버랜드 장로교회(Cumberland Presbyterian Church)를 조직하였다.

교회사가 입증하듯이 교리를 무시하는 교회가 바른 신학을 유지하는 것은 불가능하다. 독일의 경건주의자들이 교리를 무시하다가 체험주의적 신령주의에 빠지게 된 것처럼, 신조를 무시하고 성경만 강조하던 컴버랜드 교단은 결국 아르미니우스 신학에 빠져 「웨스트민스터 신앙고백서」의 신학적인 입장을

부정하고, 인간의 구원이 운명론적이라고 주장하였다. 이들은 벧엘 대학
(Bethel college)과 컴버랜드 신학교(Cumberland Theological Seminary)를 세웠는
데, 교단 운영이 어려워지자 1906년 자유주의적인 신학적 입장을 취하는 미합
중국 장로교회(Presbyterian Church U. S. A.)와 합동하였다.

2. 신학 교육과 선교 운동

컴버랜드노회가 이탈하자, 미국장로교총회는 교육 수준 미달의 목사를 배
출하려는 모든 시도를 배제하고 수준 높은 목사의 양성을 위해 고심하였다.
1809년에 열린 총회는 자격 있는 목회자의 수급을 위하여 중부 지역에 영향력
있는 신학교를 설립하는 방안, 또는 북부와 남부에 각각 신학교를 세우거나,
대회마다 신학교를 세우는 방안을 놓고 논의하였다. 오랜 토론 끝에, 총회는
노회들의 의견을 수렴하여 중부 식민지에 신학교를 세우기로 결정하고, 1811
년 뉴저지의 프린스턴에 신학교를 설립하였다.

프린스턴신학교의 설립

미국 장로교총회는 무자격한 목사의 양산보다는 영력과 지력을 갖춘 실력
있는 목회자를 배출할 때 교회의 장래가 밝다고 믿었다. 그래서 총회는 프린
스턴신학교(Princeton Theological Seminary)의 설립 목표를 높은 학문성과 도덕
성을 겸비한 목회자의 양성에 두었다. 1812년 발행된 「총회 회의록」에 수록된
신학교 설립 계획서 제4조 1항에는 신학생이 갖추어야 할 요건으로 높은 학문
적 자질을 들었다. 신학생은 성경 원어를 통달해서 성경학자가 될 것과, 유대
역사와 기독교 고전을 이해하며, 조직 신학, 교회사, 실천 신학을 배워서 목회

자로서 충분한 지식을 가질 것을 요구하였다. 제2항에서 신학교 교육 기간을 3년으로 정하였고, 제3항에서는 시험을 통하여 성적을 평가할 것을 제안하였다. 제5항에서는 신학생의 경건 생활과 주일 성수, 금식에 대하여 서술하고, 경건 훈련을 제대로 감당하지 못하는 자는 퇴교시키도록 규정하였다 (Armstrong 1956, 118, 119).

프린스턴신학교에서 요구한 신학생의 경건은 엄격하다 못해 금욕적이었다. "매일 아침과 저녁으로 일정 시간을 경건하게 명상 시간을 갖고, 자기 성찰과 하루 일과를 돌보며, 성경을 읽고, 읽은 말씀에 비추어 개인적인 경건을 유지하며, 자신의 생각과 견해를 말씀에 적용시키고, 말씀을 자신의 마음 · 성격 · 환경에 적용해야 할 것"이라고 하였다. 주일 성수에 대하여 「회의록」은, "모든 주일은 전적으로, 공개적이든지 은밀하든지 경건 실천을 위해 바쳐져야 한다. 경건 생활이나 종교와 직접적인 관계가 없는 공부는 주일에 금하고, 주일날 읽는 도서는 실천적인 것이어야 한다. 상호 대화의 주된 내용은 신앙에 관한 것이며, 기도와 찬양 집회, 종교적인 사경회, 은혜 안에서 성장하기 위해 모이는 모임들은 이 날에 합당한 것들"(Armstrong 1956, 119)이라고 기록하고 있다. 청교도적 신앙을 실천하고자 하는 취지 아래 개교한 프린스턴신학교는 (1) 프런티어 지역 등에서 절실히 요구되는 목회자를 공급하고, (2) 세속화의 조류를 잠재우며, (3) 학구적으로 신앙을 옹호하고, (4) 기독교의 영향력을 문화 영역까지 확대함으로 시대적인 사명을 감당하고자 하였다(Dennison 1986, 237).

프린스턴신학교는 웨스트민스터 신앙고백을 "신학의 기준이요, 헌법이요, 정책"(김기홍 1988, 61)으로 삼았고, 이러한 신앙을 가진 자를 교수로 임용하였다. 취임 시 교수들은 이사회 앞에서 다음과 같이 의무적으로 선언하였다: "나는, 하나님과 이 신학교 이사들 앞에서, 미국 장로교회의 신앙고백과 요리 문답을 나의 신앙고백으로, 하나님이 인간의 구원을 위해서 계시하신 교리와 신앙의 체계의 요약 또는 성경을 바르게 해석한 것으로 엄숙히, 그리고 성심껏 채택하고 받아들여 준수할 것이다. 나는 교단의 정치 형태를 영감된 성경에 일치하는 것으로 받아들일 것을 엄숙히 그리고 성심껏 선언한다. 나는 이 신학교에 교수로 재직하는 동안 장로교회 정치의 근본적 원리들을 반대하지 아니하며, 위에 언급한 신앙고백이나 요리 문답에 직접 또는 간접으로 모순되고 위반되는 것을 가르치거나 설득, 암시하지 않을 것을 엄숙히 선언한다."(Rian 1940, 61~62).

프린스턴신학교는 개교 당시 개혁주의 신학에 철저한 교수진을 확보하고 있었다. 신학교의 설립자로 불리는 아키발드 알렉산더(Archibald Alexander, 1772~1851)와 장로교 신학의 대변인이라 칭하는 사무엘 밀러(Samuel Miller, 1769~1850)를 초대 교수로 하여 3명의 학생으로 개교한 이래, 조직 신학자 찰스 하지(Charles Hodge, 1797~1878)가 교수진에 참여하면서 미국장로교회의 대표적인 신학교로 발전하였다.

초기의 교수들은 다양한 신학 사상으로부터 교회를 보호하기 위해 성경적 신학에 기초하여 개혁주의 신학을 전수하려고 하였다. 개교 초기에 회의주의적 이성주의와 감정에 치우친 부흥주의로 인하여 주관적인 신학 운동이 일어나자, 아키발드 알렉산더는 주관적인 이성이나 감정은 성경에 기초할 때만이 객관적이고 학문적이 될 수 있다는 이론을 내세워 성경에 기초한 신학을 확립하려고 하였다. 유럽에서 일어나던 낭만주의와 자유주의로부터 장로교 신학을 구별하기 위해 웨스트민스터 신앙고백을 신앙의 표준으로 삼을 것을 주장한 것이다.

알렉산더는 뛰어난 학자요 목회자였다. 버지니아 블루리지(Blue Ridge)에서 큰 부흥을 일

아키발드 알렉산더

으켰으며, 햄든-시드니 대학교(Hampden-Sydney College)의 총장을 역임했으며, 필라델피아 제3장로교회를 담임하였으며, 1808년부터 신학교 설립을 주장하던 중 1812년 프린스턴 최초의 교수가 되었다. 그는 존 위더스푼의 제자 윌리엄 그래엄(William Graham)으로부터 신학 훈련을 받고, 프랑수아 튜렛틴(Francis Turretin)과 스코틀랜드의 상식철학을 프린스턴 신학의 중심축으로 만든 학자였다.

상식철학의 옹호자였던 알렉산더는 부흥 신학과 회의주의로 인한 신학의 주관화 경향에 대해 우려를 표하고 이성의 역할을 강조하였다. 그는 거듭난 신자들이 "어느 정도까지 참된 지식을 알 수 있다"(Marsden 1980, 115)는 전제 아래, 진리는 객관적이고 이성으로 이해할 수 있다고 언급하고, "이성 없이는 진리 개념이 형성될 수 없으므로, 어떤 것을 진리로 수용할 때 … 우리는 이성적이어야 한다."고 주장하였다(Alexander 1886, 10). 이성의 올바른 사용은 무엇보다도 "하나님이 선언하신 것을 믿는 것"으로(Alexander 1886, 14), 다른 말로 하면 하나님의 말씀이 제시하는 방향을 따라 자신의 견해를 형성하는 것이 이성을 바로 활용하는 것이라는 것이다.

알렉산더는 「기독교의 증거들」(Evidences of the Christian Religion)과 「종교 체험에 관한 사색」(Thoughts on Religious Experience, 1841)을 통하여 종교적 체험과 성령의 증거가 기독교의 근본적인 교리이며, 성경적 신앙의 회복만이 역경 중에 있는 교회에 생명을 불어넣을 수 있는 유일한 길이라고 서술하였다. 교회가 성경의 영감과 성경의 최종적인 권위를 고백해야 할 것을 주장하면서 그는 다음과 같은 말을 남겼다: "영감은 성경 기자들의 마음속에 그들이 지식이나 글로 실수를 범하는 것을 막도록 보호해주는 하나님의 영향력이다. 이것을 완전 영감(plenary inspiration)이라고 부른다. 더 나은 단어가 없다. 정확성, 틀림없는 정확성은 어떤 기록에서나 가장 바람직한 것이고, 만약 성경에 이러한 정확성이 있다면 더 이상 바랄 것이 없다."(Alexander 1886, 230). 성경의 영감과 권위에 대한 신앙을 기초로 알렉산더는 성경보다 교회회의와 전통의 권위를 중시하는 로마천주교회 신학의 부적절성을 비판하고, 주관적 경건주의 신학 사상의 비객관성을 지적하면서 프린스턴을 정통신학의 보루로 만들었다.

사무엘 밀러

알렉산더와 함께 프린스턴 신학을 세운 사무엘 밀러는 청교도적인 신앙 위에 장로교 신학 운동을 전개하였다. 1842년에 출간한 「장로교회: 참으로 초대적이며 사도적인 그리스도의 교회 구조」(Presbyterianism: The Truly Primitive and Apostolic Constitution of the Church of Christ)에서 밀러는 장로정치의 성경적인 기초를 논한 후, 장로교회의 예배 원리를 제시하였다. 성경이 보여주는 예배는 단순하고 내적인 것임을 강조하고 인위적인 예배를 경계하였다. 그는 장로교회 예배의 특징을 다음과 같이 설명하였다.

(1) 장로교회는 기도문을 가지고 기도하지 않는다. 사도들은 기도문을 사용한 적이 없고, 주어진 상황에 따라 즉흥적이며 생동감이 넘치는 기도를 하였다(행 20:37). 주기도문은, 아우구스티누스가 지적한 것처럼, 기도문이 아니라 기도의 모범이다(Miller 1842, 67~68).

(2) 장로교회는 성일(聖日)을 지키지 않는다. "복음 시대에는 기독교의 안식일, 곧 주일 외에는 거룩하게 지키도록 규정된 날이 없으므로" 성일을 따로 지키는 것은 비성경적이며, 불합리하다(Ibid., 73).

(3) 장로교회는 대부모(god-father) 제도를 인정하지 않는다. 성경에 대부모 제도가 없으며, 세례는 부모와의 계약 아래 받는 것이기 때문이다. 대부모 제도는 5세기경에 시작된 것으로 보이는데, 아우구스티누스가 당시 확산되던 대부모 제도를 반대한 기록에서 알 수 있다. 아우구스티누스는 부모가 그리스도인이 아니거나 자녀를 유기한 경우, 그리고 기독교인 주인이 그들의 종을 맡

앉을 때만 대부를 세울 수 있다고 주장하였다. 9세기 멘츠에서 열린 교회회의(Council of Mentz)는 부모가 살아 있는 자녀의 세례 시 대부모를 두는 것은 잘못이라고 결의하였다(Ibid., 79).

(4) 장로교도는 세례를 베풀면서 성경에 명시되지 않은 십자가 표시를 긋는 것을 금한다. 테르툴리아누스(Tertullianus), 크리소스토무스(John Chrysostomus)와 같은 교부들의 글에 보면, 십자가 표시를 긋는 것을 미신적으로 간주하였다. 크리소스토무스는 "우리 조상 때만이 아니라 지금도 이 표시가 닫힌 문을 열며, 독이든 약의 효과를 떨어뜨리며, 무력하게 하고, 독이 든 짐승에게 물린 것을 해독하는 능력이 있다고 믿는 어리석은 사람들이 있다"고 언급하였다. 사실상 성호를 긋는 행위는 초대교회 때부터 나타난 미신적인 행위로, 2~3세기에는 세례 전에 축귀 행위를 하거나, 유아세례 시 우유와 꿀을 섞어 유아의 입에 집어넣고, 십자가를 그으면서 침과 기름을 섞어 머리에 뿌리는 일들이 있었다. 4세기에 이르러 이 같은 행위들이 다 폐지되었는데, 유독 십자가 표시를 하는 것만 남아 있게 되었다. 성호를 긋는 것은 성경적 배경이 없고, 인위적 전통이라고 볼 수 있다(Ibid., 81~82).

(5) 장로교회는 성경적 근거가 없는 견신례를 부인하고, 성찬상 앞에 무릎 꿇는 것을 반대한다. 이러한 제도는 화체설이 나오면서 생겨난 우상숭배에 속하기 때문이다.

(6) 장로교회는 성찬의 사적인 시행을 반대한다. 성찬을 개인적으로 베푸는 것은 성찬 제도에 대한 오해에서 비롯된 것이다. 3세기 말경에 "인자의 살을 먹지 아니하고 인자의 피를 마시지 아니하면 너희 속에 생명이 없느니라."고 한 요한복음 6장 53절에 대한 그릇된 해석으로 성찬의 효용과 성찬이 구원에 필요하다는 사상을 교회가 수용하였다. 성찬 시 성인은 물론 유아도 참여하게 하였고, 성찬에 참여하지 못하고 죽은 사람의 구원을 위해서 죽은 자의 입에 떡을 집어넣어 성찬의 효과를 보게 하려는 미신적 행위가 성행하였다. 병든

자와 노약자 등 예배에 참석하지 못하는 이들에게 사적으로 성찬을 베풀기도 했고, 성찬이 상처와 위궤양에 좋다는 소문이 돌면서 치료제로 쓰이기도 하였다. 그리스도의 구속적인 죽음을 상징하는 성찬이 마술의 효과용으로 변한 것이다. 성례는 그 본질적 성격에서 계약적, 교회적 의식이므로 사적인 집례는 성경에 근거하지 않은 것이며, 사적인 성찬의 시행은 옳지 않다(Ibid., 88, 89).

프린스턴신학교는 이처럼 알렉산더와 밀러 같은 복음적이며 청교도적인 신학자들의 사상에 근거하여 설립되어, 개혁주의적인 전통 위에서 발전함으로 장로교 신학의 요람이 되었다.

프린스턴신학교만으로 프런티어 지역에서 요구하는 목회자를 충당할 수 없게 되자, 여러 곳에 장로교 계통의 신학교들이 생겨났다. 1812년 버지니아의 리치몬드에 유니온(Union)신학교, 1818년 어번(Auburn)신학교, 1827년 피츠버그 근방에 있는 웨스턴(Western)신학교, 1828년 사우스캐롤라이나에는 콜롬비아(Columbia)신학교, 1829년 신시내티의 레인(Lane)신학교, 1830년 시카고의 맥코믹(McCormick)신학교, 1836년에는 뉴욕에 유니온(Union)신학교가 세워졌다. 따라서 장로교회는 급속히 성장해 나가는 교회들에게 자격을 갖춘 목회자들을 공급할 수 있게 되었다.

장로교회의 예배와 생활

장로교회는 영적인 예배와 권징의 신실한 실시로 크게 발전하였다. 1802년에는 시어도어 드와이트(Theodore Dwight)의 복음적인 찬송가를 장로교 예배에 활용하였다. 원래 영국계 미국인들은 청교도 혁명 당시 장기 의회 의원이었던 루스(Francis Rouse)가 영국 가락에 맞춰 작곡한 「다윗의 시편 찬송」(The Whole Psalms of David)을 찬송가로 사용하였다. 「다윗의 시편 찬송」은 웨스트민스터 총회에 의하여 승인되었고, 1649년에는 스코틀랜드 장로교 총회가 채택한 것이다. 1719년 아이작 왓츠(Isaac Watts)가 「다윗의 시편 찬송」을 모방하여 시편 외의 성경 구절로 찬송가를 만들었을 때, 유보적인 입장을 취하던 미국 장로교회는 드와이트의 찬송가가 나오자, 총회가 공적인 찬송가로 승인하여 장로교 예배의 중요한 도구로 사용하였다.

장로교도들은 새로운 찬송을 통해 예배를 활성화하고, 철두철미한 권징을 실시하여 수준 높은 도덕성을 유지하였다. 1818년 총회가 작성한 「목회 서신」을 살펴보면, 장로교도들의 엄격한 도덕적 기준을 엿볼 수 있다. 일례로 사행심을 조장하는 복권 뽑기의 반대를 들 수 있다. 복권 뽑기가 자선 사업 단체를 돕기 위해 생겨났더라도 사행심을 조장하므로 옳지 않다고 본 것이다.

장로교도들은 극장 출입과 춤추는 것을 음란죄를 범할 수 있는 분위기를 제공한다는 이유로 정죄하였고,[26] 일주일 가운데 하루를 거룩하게 지켜야 한다는 전제 아래 철두철미하게 주일을 성수하였다. 1819년 발행된 「총회 회의록」에 보면, "주일에 세상적인 용건, 곧 불가피한 일이나 자선을 요구하는 일이 아닌 데에 관심을 가지는 것은 제4계명의 내용과 정신에 위배된다. 주일에 세속적인 일이나 세상적인 유익을 구하는 모든 행위는 그리스도인의 본분에 맞지 않으며, 이를 어긴 자는 성찬식에 참여시켜서는 안 된다"고 명시하였다 (Armstrong 1956, 136). 그렇지만 장로교회의 높은 도덕성은 20세기에 이르러 자유주의 신학의 영향으로 무너지게 되었다.

19세기 중엽 장로교인들은 성례를 예배당 외에 야외에서도 거행하였다. 야외 성례는 교회 연합 행사로, 언덕이 있는 곳에 2~3개의 교회가 모여 실시하였다. 강단과 지붕이 설교자를 위하여 준비되었고(주로 천막), 참석한 목사 가

---

26) 레드스톤노회(Redstone Presbytery)는 1784년 채티어스(Chartiers)교회 소속의 헨리 테일러 (Henry Taylor)라는 사람과 그 교회 당회가 고소한 것을 다루었다. 테일러가 자기 집에 사람들을 불러 댄스파티를 한 것에 대하여 회개하는 대신 정당화하자, 교회 당국은 그를 징계하였다. 이 문제에 대하여, 노회는 테일러를 정죄하고, 교회 회원권을 박탈하도록 조처하였다 (Armstrong 1956, 100~101).

운데 한 사람의 주례로 성례가 집행되었다. 공예배 때 기도자는 서서 기도하였고, 사적인 기도 시 무릎을 꿇고 하였다.(1849년 보수파 총회가 작성한 회의록에는, 공예배 때는 서서 기도하며, 개인적으로는 무릎을 꿇는 것이 성경적이라고 하였다. 공예배 때에 앉아서 기도하는 것은 성경 어디에도 찾을 수 없고, 초대교회 당시 이교도나 불경건한 자들이 그렇게 기도하였다고 기록되어 있다, Armstrong 1956, 188).

회중은 통나무에 걸터앉아 설교 말씀을 듣고 성례를 받았다. 성찬상은 긴 탁자를 사용하여 탁자 위에 성례를 상징하는 포도주와 떡을 놓고, 흰 보자기로 덮었다. 조셉 스미스(Joseph Smith)는 당시의 장면을 다음과 같이 기록하였다: "사람들이 여기저기서 몰려들었다. 사람들은 말을 타거나 걸어서 왔다. … 어떤 이들은 양말이나 신발을 신은 채 땅 위에 주저앉거나 통나무 위에 앉았다. 수십 킬로미터를 맨발로 걸어오면서 양말이나 신발을 손수건에 싸 들고 왔기 때문이다. … 가까이 혹은 멀리에서 말 우는 소리를 들을 수 있었다" (Smith 1854, 152~165).

사람들이 다 모이면 성례가 거행되었다. 회중이 기립하고 목사의 간단한 기도와 시편 찬송, 그리고 긴 기도가 있은 후에 다른 시편 찬송이 이어졌다. 성찬은 설교가 끝난 뒤 실시되었다. 성찬 주간으로 지키는 기간 중에 여러 가지 집회가 있었으며, 목요일은 금식 기도의 날이었고, 토요일에 성찬식을 거행하였다.

성찬식은 회중이 좌석에 앉으면 시작되어 장로가 떡과 포도주를 분배하고, 설교는 상주하는 목사가 하였다. 성찬에는 자기 성찰을 거친 신실한 성도들만이 참여하였으며 계명을 범한 자는 참여할 수 없었다(Sweet 1936, 64). 집회 장소 근처에 사는 사람들은 먼 곳에서 온 나그네들을 집으로 초청하여 숙식을 나눔으로 자연스럽게 사회적인 교류가 이루어졌다. 특히 젊은이들이 많은 사람을 접촉하게 하여 결혼 대상자를 찾을 수 있게 하였다.

장로교회와 선교 운동

예일대학교 교회사 교수로 「기독교 확장사」(Expansion of Christianity)를 쓴 케네스 스캇 라토렛(Kenneth S. Lattorette) 박사는 19세기를 기독교 역사상 "가장 위대한 세기"(the greatest century)였다고 말하였다. '가서 세상 모든 족속으로 제자를 삼으라.' 는 그리스도의 지상 명령이 19세기에 와서 구체적으로 실현되었기 때문이다. 장로교인들이 앞장서서 "가장 위대한 세기"로 만드는데 공헌하였다.

1788년 필라델피아와 뉴욕대회는 프런티어 지역 복음화의 필요성을 깨닫고 "프런티어 지역의 목사들을 후원하기 위한 모금"을 결의하였으며, 1789년 조직된 총회는 모든 교회들에게 국내 선교를 위한 헌금을 매년 총회로 보낼 것을 요구하였다(Gillet 1864, 281). 총회는 1802년 선교 사업을 활성화하기 위해 총회 선교부를 상비 부서로 개편하고, 1803년에는 흑인과 인디언 선교 대책을 논의하였다.(이 선교부에는 대륙회의 의장이었고, 나중에 미국성서공회 설립자가 된 바우디놋(Elias Boudinot)과 체신부장관을 지낸 하자드(Ebenezer Hazard)가 있었다. Armstrong 1956, 104). 1803년 오하이오 주의 워싱턴노회는 선교지 순회 목사 제도를 도입하였다. 총회는 1803년 의료선교부의 조직을 승인하고, 벤저민 러쉬(Benjamin Rush)박사를 그 책임자로 임명하였다.

피츠버그 대회는 1802년 서부 지역의 복음화를 위하여 서부 선교회(Western Missionary Society)를 조직하였다. 선교 사역은 소수 자원자의 일이 아닌 교회의 사업으로 인식되었고, 교단 중심의 선교 시대가 시작되었다(Armstrong 1956, 110). 그 후, 1812년에서 1828년 사이 성경 배포와 문서 전도를 위한 단체들이 조직되고, 주일학교 운동, 흑인 보호 운동과 선교사 파송 운동이 전개되었다.

19세기에 선교 운동을 주도했던 인물은 사무엘 밀즈 2세(Samuel J. Mills Jr, 1783~1818)로, 로드아일랜드의 뉴포트(Newport)에서 자라나 윌리엄스 대학

(Williams College) 재학 중 선교에 대한 관심을 가지게 되었다. 1806년 폭풍우를 피해 건초가리에 모이게 된 밀즈와 동료들은 기도회를 열어 그리스도 안에서의 비전을 나누고, 복음을 듣지 못하고 죽어가는 자들의 구원을 결의하였다. 그들은 엄숙하게 세계 선교 서약을 맺은 후 형제단(Society of Brethren)을 조직하였다. 그들은 하버드대학이 좌경화하여 단일신교의 중심지가 되자, 1807년 뉴잉글랜드 회중교도들이 세운 앤도버 신학교(Andover Theological Seminary)에 진학하여 신학 훈련을 받았다.

밀즈는 장로교회에서 목사 안수를 받은 후 선교 운동에 박차를 가하였다. 해외 선교 지원을 위한 단체 조직의 필요성을 호소하여 1810년 '미국해외선교부'(American Board of Commissioners for Foreign Missions)를 조직하였고, 1812년 인도와 극동아시아에 아도니람 저드슨(Adoniram Judson, 1788~1850)과 루터 라이스(Luther Rice) 등 5명의 선교사 부부를 파송하였다.

건강상의 문제로 국외 선교를 직접 할 수 없었던 밀즈는 회중교회 내지선교부의 지원으로 1812년에서 1814년 사이 미국 남서부 개척지를 돌아보며 선교 지원 여행을 하였다. 그는 오하이오 주 33만 명의 인구 중 목사가 단지 49명이고, 25,000명의 인구를 가진 인디애나 주에는 한 명의 목사도 없음을 확인하고 돌아와 목사 파송 운동을 전개하였다. 또한 선교지에 성경이 매우 부족한 실상을 보고 성경 보급의 필요성을 호소하였다. 그의 설득으로 1816년 미국성서공회(American Bible Society)가 조직되었다. 또한 그의 선교 운동에 힘입어 1824년 선교지에서 어린이의 신앙 교육을 위한 주일학교(Sunday School)가 세워졌고, 1825년에는 기독교 신앙을 소개하는 팸플릿을 인쇄하기 위한 미국소책자협의회(American Tract Society)가 구성되었다.

장로교회는 국내 선교와 해외 선교에 적극적으로 참여하였다. 1816년에는 서부의 영적인 필요성을 채우기 위해 선교부가 조직되었고, 1822년에는 순회 목사 제도에 대한 불만을 해소하기 위해 '국내선교부'가 조직되었다. 국내선교부는 창립 4년 후인 1826년 '미국내지선교회'(American Home Missionary Society)로 구조와 명칭을 개편하였다. 미국내지선교회는 뉴욕 대회가 주도적으로 이끌었다.

장로교회는 원래 회중교회적이지만 초교파적인 미국해외선교부를 통해 선교하였다. 1830년대에 접어들어 교파주의가 등장하면서 선교 운동은 교단 중심으로 변하게 되었다. 교파주의의 확산과 함께 피츠버그대회는 1831년 '서부선교부'를 정비하여 '서부해외선교회'(Western Foreign Missionary Society)를 만들었다. 총회는 이를 발전시켜 '장로교해외선교부'(Presbyterian Board of Foreign Missions)를 조직하여 교단 중심적 선교 운동을 시작하였으며, 1879년경에는 장로교 안에 5개의 선교부가 만들어졌다.

3. 진보와 보수의 대결

교파주의가 번지면서 장로교회 안에는 프런티어 선교를 위한 회중교회와 장로교회의 연합에 대하여 비판적인 여론이 형성되었고, 이로 인해 진보파 (New School, 또는 신학파)와 보수파(Old School, 또는 구학파) 사이의 갈등이 시작되었다.(원래 명칭대로는 신학파와 구학파로 부를 수 있지만 의미상 진보파와 보수파로 명명했다.)

진보파는 18세기 신파(New Side)의 후계자들로 신학적 관용주의를 표방하던 뉴잉글랜드 신학에 포용적이었고, 부흥운동에 대한 지지, 엄격한 신조주의의 거부, 폭넓은 교리와 자유로운 성경 해석을 주장하였다. 학력이 다소 부족해도 목사로 안수하여 프런티어 지역에서 목회시킬 것과 1801년의 회중교회와의 통합 계획과 초교파적인 선교 활동을 지지하였다. 당시의 사회적인 관심사였던 노예 문제에 대해서는 적극적으로 폐지를 주장하였다.

반면에 보수파는 스코틀랜드-아일랜드 계통의 사람들로, 신비적 체험을 강조하는 부흥운동의 주관주의적 경향을 거부하고, 웨스트민스터 표준 문서에 철저할 것을 주장하였으나 노예 문제에 대해서는 소극적인 입장을 취하였다. 보수파들은 예일대학교 출신 회중파 목사인 나다니엘 테일러(Nathaniel Taylor)가 펠라기우스주의(Pelagianism)를 받아들이고 웨스트민스터 표준 문서를 부인하자, 진보파 목사들이 칼빈주의 신앙을 버리고 자유주의 신학을 취하고 있다고 비판하면서 신학적 포용주의를 거부했다. 또한 교회의 조직과 관리만이 아니라 선교 활동에도 교리적 적용을 강조하고, 장로교회 총회가 직접적으로 관여할 것을 주장하였다.

통합 계획의 폐지

보수파와 진보파의 갈등은 1829년 진보파 계열의 목사인 앨버트 반즈(Albert Barnes)가 「구원의 길」(The Way of Salvation)이라는 설교를 통해서 아르미니우스주의를 찬양하고, 보수파의 엄격한 신조주의와 철저한 장로정치 체제의 수호를 비판하면서 시작되었다. 이 일로 반즈는 여러 번에 걸쳐 총회의 심리를 받았다. 이처럼 야기된 갈등은 초교파로 구성된 미국내지선교부(American Home Missionary Society)와 미국교육협회(American Education Society)의 운영에 대한 입장 차이로 더욱 커지게 되었다. 진보파가 선교 사역에 초교파적인 협력을 제안하자, 보수파들이 장로교 독단의 선교부 운영을 주장하였기 때문이다.

보수파와 진보파의 갈등은 19세기 중반에 접어들면서 구체화되었다. 1831년 진보파인 피츠버그대회가 서부해외선교부(Western Foreign Missionary Society)를 조직하자, 보수파는 1834년 장로교해외선교부(Presbyterian Board of Foreign Mission)를 조직하여 서부해외선교부의 자금과 사업을 자신들의 관할 아래 두고, 미국 내지와 해외 선교를 회중교회와 관계없이 총회가 직접 관장하게 하려고 하였다. 이 일로 인하여 두 세력간의 갈등이 노골화 되었다. 당시 장로교해외선교부는 4개의 선교지에 23명의 선교사를 파송하고 있었다.(1937년에는 16개국 154지역에 1,262명의 선교사를 파송하였다.)

보수파는 1835년 총회 개최 전에 모임을 갖고, 「행위와 증거」(Act and Testimony)라는 소책자를 만들었고, 교회들을 순회하면서 진보파가 전파하는 불건전한 교리와 신앙적인 방종을 경고하였다. 그들은, "만일 노회가 교리적인 의견과 정서에서 다양한 의견을 인정하고, 신조를 고백하는 자들에게 강도권을 주고, 나아가 목사로 안수한다면, 선교 기관은 그와 같은 설교면허 소지자와 목사를 선교지로 보내게 될 것이다. 그런데도, 우리 교회 안에는 자체의 법으로 선교사를 관리하고, 우리 교단의 교리적인 기준에 대하여 무관심 내지는 배척하는 기관들이 존재하고 있다"고 지적하면서 교단의 앞날에 대한 우려를 표명하였다(Armstrong 1956, 151).

2년 후, 보수파는 「행위와 각서」(Act and Memorial)를 작성하였다. 이 책에는, 진보파의 오류가 교회법과 교리와 권징의 무시에서 비롯되며, 현재 장로교회가 당하고 있는 어려움이 장로교회와 회중교회의 부자연스러운 통합에서 기인한다고 비판하였다. 한 예로, 통합 계획 이후 설립된 교회들이 장로를 세우지 않는 현상이 만연해져서 장로교회의 정체성을 상실하게 되었다고 지적하였다. 당시 뉴잉글랜드는 단일신론주의자들의 지배 아래 있었고, 북부 장로교회의 목사들 가운데 다수가 그들의 영향으로 웨스트민스터 신앙고백서를 거부하고 있었다. 이러한 상황에서 스코틀랜드 아일랜드 장로교도로 구성된 보수파들은 1837년 총회 석상에서 (1) 1801년의 통합 계획의 폐지, (2) 초교파적인 단체들과의 관계 단절을 주장하고, (3) 통합 계획에 의하여 조직된 웨스턴 리저브(Western Reserve)노회, 위티커(Uitica)노회, 제네바(Geneva)노회, 제니시(Genesee)노회 등으로 구성된 웨스턴 리저브 대회가 불법이라는 이유로 진보파를 총회에서 제거하였다.

뉴잉글랜드 중심의 진보파는 보수파의 처사가 총회를 수중에 넣기 위한 수순이며, 장로교 원리와 민주주의 기본 정신을 부정하는 폭거라고 비판하였다. 1837년 여름, 진보파는 뉴욕의 어번(Auburn)에 모여 그들의 신학을 해명하는 「어번 성명서」(Auburn Declaration)를 발표하였다. 이 문서에서 그들은 칼빈주의 교리를 적극적으로 수용함을 진술하며 그들에 대한 교리적인 오해를 불식시키고자 하였다(이 같은 「어번 성명서」를 기초로 하여 1869년 진보파와 보수파의 재결합이 가능하였다.).

1838년 진보파는 총회에 회원권을 요청하였으나 보수파가 묵살하자, 그들을 떠나 새로운 총회를 구성하였다. 결국 미국 장로교 총회는 둘로 나누어지게 되었고, 미국의 남부와 북동부 지역은 보수파가, 북부 지역은 진보파가 득세하였다. 당시의 신자 수는 진보파가 106,000명, 보수파가 126,000명이었고, 진보파 가운데 10,000명이 남부 출신이었다. 교회의 분열은 미국 사회를 지리적으로 양분하는 결과를 가져왔고, 서로간의 적대감은 노예 제도에 대한 입장 차이로 점차 커져서 결국은 남북 전쟁의 원인을 제공하였다.

노예 폐지 논쟁

교회정치와 교리 문제, 부흥주의, 자발적인 선교 단체와의 관계로 시작된 진보파와 보수파의 대립은 1830년 이후에 노예 문제로 절정에 달하였다. 흑인 노예 해방 운동은 미국 독립 정신의 기초가 된 "자유와 행복 추구권"에서 기인한 것이다. 독립전쟁 이후, 미국의 지성인들은 노예 제도의 비윤리성을 지적하면서, 모든 인간은 평등하며, 자유와 행복을 추구할 수 있는 권리가 있다고 주장하였다.

노예제도에 대한 장로교도의 일반적인 입장은 폐지론에 가까웠다. 1787년 뉴욕-필라델피아 대회는 노예 소유주들에게 "회원들의 유익과 사회적 상황에 비추어 노예를 조심스럽게 사용하라"고 권고하였다. 그러나 스코틀랜드의 계약파 계통의 장로교도들은 1800년 모인 모임에서 "노예 주인들을 성도의 교제로부터 추방하도록 입법할 것"을 주장하였고, 1811년 에벤에셀 어스킨 (Ebenezer Erskine) 계통의 조합장로교회(Associate Presbyterian Church) 측은 "노예의 소유나 노예의 자녀를 노예로 삼는 것은 도덕적인 죄악을 범하는 것"이라고 선언하면서 노예제도 폐지를 촉구하였다(Armstrong 1956, 199). 몇 해의 침묵 기간이 지난 후, 1818년 5월 필라델피아에서 열린 장로교 총회는 "어느 한 종족이 다른 종족을 노예화하는 것은 인간 본성상의 신성한 권리를 범하는 엄청난 범죄이며, 이웃을 내 몸처럼 사랑하라고 요구하는 하나님의 말씀에 어긋난 것으로, 그리스도의 복음 원리와 정신에도 전적으로 배치된다."고 선언하였다(MGA 1818, 28). 장로교도들은 이 선언을 만장일치로 채택하였는데, 총대 가운데는 남부 대표들도 포함되어 있었다.

장로교회는 노예제도에 대해 비판적인 입장을 취했지만, 1820년대와 1830년대의 초반까지 노예제도에 대해 침묵하였다. 1792년 방직 기계의 발명으로 목화의 수요가 급증하여 1830년대까지 남부에서 목화 재배를 위한 일손이 절대적으로 필요하였고, 급진적인 노예 폐지 운동에 대한 반발 등 사회적인 요인이 있었기 때문이었다.

노예 폐지운동은 윌리엄 로이드 개리슨(William Lloyd Garrison)과 웬델 필립스(Wendell Philips)와 같은 뉴잉글랜드 지역 출신을 중심으로 시작되었다. 조건 없는 노예 해방을 외치던 그들의 급진적인 노예 폐지 운동은 노예 주인들의 강한 반발로 사회적 갈등은 더욱 첨예화되었다.

1833년 루이스 태펀(Lewis Tappen)과 아더 태펀(Arthur Tappen) 형제에 의하여 노예폐지 운동은 구체화되었다. 그들은 급진적인 노예 폐지론자인 로이드 개리슨과 함께 미국노예폐지협의회(American Anti-Slavery Society)를 조직하였으며, 레인신학교(Lane Theological Seminary) 학생들이 가담하면서 노예 폐지 운동이 새로운 형태로 전개되었다. 레인 신학교는 1832년 찰스 피니(Charles Finney, 1792~1875)의 부흥운동을 통하여 은혜를 체험한 뉴욕 중부와 서부의 학생들을 모아 개교된 학교로, 학생 대표였던 드와이트 웰드(Theodore Dwight Weld, 1803~1895)는 피니의 부흥운동을 통해 회심하였다. 웰드를 비롯한 학생들은 노예 폐지론자인 루이스 태펀의 강의를 듣고, 노예 제도를 "부조리, 광신주의와 피의 절정"이라고 비판하면서, 노예 폐지 운동을 주도하였다.

반면 급진적인 노예 폐지 운동을 반대하던 레인신학교 이사회는 새로운 조치를 취하였다. 1834년 여름, 학생 운동을 두둔하던 교장 라이맨 비처(Lyman Beecher, 1775~1863)가 박애협회(Benevolent Society) 방문차 학교를 비운 사이, 이사회는 학생들이 노예 문제에 대해 논의하는 것을 금하고 학생 단체를 해산시켰다. 이에 82명의 학생들이 이사회의 결정에 항의하고, 토론과 회집의 자유를 이유로 학교를 자퇴하였다. 1835년 봄이 되어 학생 편에 서 있던 신학교 이사인 아사 마한(Asa Mahan)이 오벌린 대학(Oberlin College)의 초대 학장에 취임하자, 다수의 학생이 오벌린 대학으로 옮기면서 오벌린은 노예 폐지의 요람이 되었다.

오벌린 대학에서의 노예 폐지 운동은 찰스 피니에 의하여 더욱 확산되었다. 변호사 출신의 피니는 성경을 읽던 중 1821년 개종하였고, 1830년과 1831년에 걸쳐 뉴욕 주의 로체스터에서 큰 부흥운동을 일으켰다. 그는 은혜를 사모하는 자들을 위해 은혜를 '갈망하는 자리'(Anxious seat)를 마련하였고, 웨슬리와 감리교도들처럼 그리스도인의 완전을 강조하고, 완전주의를 개종 심리로 규정하였다. 그는 죄성이 지성이나 감성이 아닌, 의지에 의해 억제된다고 주장하였는데, 이러한 의지의 심리학은 조나단 에드워즈의 제자들에게서 유래한 것이다.

피니는 형식적인 신앙을 공격하면서, 회심 체험의 필요성을 설교하였고,

회심 없는 부흥회는 마귀의 집회에 불과하다고 보았다.(이러한 피니의 입장을 잘 나타내는 것이 왈도 에머슨(Waldo Emerson)의 부흥운동을 빗대어 지적한 "어떻게 하면 한 사람도 구원시키지 못하는 설교를 할 수 있는가?"라고 하는 팸플릿으로, 피니는 설교를 통해 설교자를 나타내거나 흥미 위주로 설교할 때 회심은 불가능하다고 하였다.) 피니는 오벌린 대학의 조직 신학교수로 부임하여 1861년부터 1866년까지 학장을 역임하였다. 그는 한 민족이 다른 민족을 노예로 삼는 것은 악한 죄악으로, 노예 해방은 세대를 향한 하나님의 뜻이라고 역설하였다.

피니의 노예 해방 사상은 조지 번(George Burn)에게 계승되었다. 번은 영국 태생이나 버지니아로 이민하여 렉싱턴노회(Lexington Presbytery)에서 목사 안수를 받았다. 노예제도의 비인간성과 비성경성을 주장하던 번의 설교로 노예제도가 사회 문제화 되자, 1835년 12월 24일 오하이오 주의 칠리코드(Chillicothe) 노회는 신시내티(Cincinnati)노회에 보낸 편지에서 "이익의 수단으로 노예를 사고팔며, 노예를 두는 것은 악한 죄악"이라고 정죄하였다(Sweet 1936, 118). 1835년 열린 장로교 총회에는 노예 폐지를 주장하는 총대가 4분의 1이 넘었다. 1836년 4월 「비브리칼 리포지토리」(Biblical Repository)지는 "오늘날 우리나라의 상황이 얼마나 많이 달라졌는가! 애곡과 자인하는 소리 대신, 우리는 남부로부터 자신의 행동을 정당화하는 소리를 듣는다. … 무엇이 애곡을 변명으로 바꾸었는가? 의심할 여지없이 이러한 것을 만들어 낸 상황이다. 그러나 공정한 관찰자라면 이 일에 가장 중요한 원인을 제공한 것이 바로 노예폐지론자들의 행동이라는 것을 알게 될 것이다."(Sweet 1936, 118)라고 노예 문제로 분열된 남북의 모습을 염려하였다. 노예 문제로 사회가 혼란해지자, 1836년 장로교 총회는 노예 문제의 논의를 무기한 연기하도록 결의하였다.

남북 장로교회의 분열

노예 문제는 장로교회의 분열을 조장하였다. 1837년 진보파와 보수파의 분열은 노예제도보다는 신학적이고 교회적인 이유 때문이었다. 보수파(Old School)는 노예제도가 세속적인 주제로 교회가 직접 관여할 사안이 아니라고 생각했으나, 부흥을 지지하던 진보파(New School)는 교회가 적극적으로 나설 것을 주장하였다. 진보파는 북부에서, 보수파는 남부에서 강세였고, 이러한 차이는 남과 북의 분열로 초래하였다.

노예 문제로 1844년에는 침례교회가 남북으로 분열하고, 1845년에는 감리교회가 남북으로 나누어지면서 장로교회의 분열 분위기가 조성되었다. 1850년 진보파 총회가 노예 제도를 정죄하자, 렉싱턴노회를 중심으로 한 남부의 교회들이 반발하였다. 총회가 이를 징계하자, 1857년 남부에 있던 21개 노회는 북부로부터 분리하여 연합남부대회(United Synod of the South)를 조직하였다.

1860년 11월 6일 노예폐지론자인 아브라함 링컨(Abraham Lincoln)이 대통령에 선출되자, 남부 교회의 지도자인 뉴올리언스(New Orleans)제일교회의 목사 벤저민 팔머(Benjamin M. Palmer)와 그의 친구 헨리 손웰(James Henley Thornwell, 1812~1862)은 북부 교회로부터의 분리를 주장하였다. 이러한 상황에서 1861년 4월 12일 남부 연합군이 북부군의 요새인 썸터(Sumter)에 포격을 가해 오자, 링컨이 반군을 진압하기 위해 75,000명의 군대를 보냄으로 남북전쟁이 시작되었다.

전쟁이 일어나자, 보수파 총회는 5월 16일 필라델피아에서 총회를 열어 노예 문제에 대한 답을 얻고자 하였다. 그렇지만 남부 장로교회는 이 총회에 거의 참석하지 않았다. 46개 노회 중 13개 노회만 참석한 것이다. 총회 석상에서 다양한 제안과 타협안이 나왔지만 거부되곤 하였다. 이때 뉴욕의 브릭 장로교회(Brick Presbyterian Church) 목사인 가드너 스프링스(Gardner Springs)가 내란을 막기 위한 수습책으로 노예제도의 폐지를 주장하였다. 총회는 스프링스의 제안을 5일 동안 토의한 뒤 표결에 붙여 156대 66으로 노예 폐지를 결정하였다. 남부의 보수파 교회들은 이에 반대하며, 총회로부터의 탈퇴를 선언하였다.

남부 장로교도들은 사회적으로 보수적인 입장이었고, 북부 교회들의 자유주의적인 사상의 수용에 반감을 가지고 있었다. 더구나 북부의 지도자들이 정부의 지원에 의존하여 교회법을 어기고 있던 차에 노예 폐지를 결정하자, 남부 장로교도들은 이를 교회 분열의 이유로 삼았다. 그들은 1861년 12월 4일 총회로부터의 이탈을 결의하고, 조지아의 어거스타(Augusta)에서 미연방장로교회(The Presbyterian Church in the Confederate States of America)를 조직함으로 새로운 교단을 만들었다. 미연방장로교회는 노예제도 지지자인 벤저민 팔머를 만장일치로 초대 총회장에 추대했다(Armstrong 1956, 204).

손웰과 하지

노예 문제로 진보파와 보수파가 남북으로 분열하면서, 미국 교회는 남장로교회와 북장로교회로 나뉘어졌다. 이 때 남장로교회를 지도한 대표적인 신학자는 손웰이었다. 그는 경건한 목회자로 사우스캐롤라이나 대학(College of South Carolina)의 학장을 역임하였고, 콜롬비아 신학교(Columbia Theological Seminary)의 교수로 재직하였다. 1847년에는 진보파 총회의 총회장이 되어 활약한 바 있었고, 1861년 진보파 총회가 분리한 이후 남장로교회의 신학적 기초를 마련한 인물이었다.

손웰은 교리의 중요성을 내세워 「웨스트민스터 신앙고백서」가 가장 성경에 가까운 신조라고 주장하였다. 상식철학을 신봉하고, 성경 안에 지리적·정치적인 오류가 있으며, 관습에서도 오

제임스 손웰

류가 있을 수 있지만, 성경은 "신앙의 가장 적절하고 완전한 표준" 이라고 역설하였다, 자연이 물리학자에게 사실(facts)을 제공하듯, 성경은 신학자에게 진실을 제공하므로, 신학자의 임무는 이런 사실을 하나님의 진리를 나타내는 하나의 체계적이며 조직적인 것으로 만드는 것이라고 하였다(Longfield 1991, 59~61).

손웰은 사회 문제에서 보수적인 입장을 취하면서 노예제도를 옹호하였다. 그는 주장하기를, "성경은 노예 제도를 정죄하지 않을 뿐만 아니라 다른 사회적인 조건들과 같이 분명하게 그것을 인정한다. … 이 문제에 대한 우리의 입장은 다음과 같다. 교회가 오직 성경의 권위만 따르려고 한다면 성경이 가르치는 것을 말해야 한다. 그리고 성경 자체의 특별한 승인에 따라 시행할 때, 교회는 노예 문제와 관련해서 교회에 주어진 책임을 전적으로 수행해야 한다. 성경이 침묵하는 곳에서 교회는 역시 침묵해야 한다. … 교회는 그 성격상 이 문제에 대해 거론할 수 없다."고 하였다(Thornwell 4:386~387, Longfield 1991, 61~63 재인용). 여기서 우리는 손웰이 성경을 편협하게 해석하고 있음을 발견하게 된다. 성경이 노예 제도의 폐지에 대하여 언급하지 않지만, 모든 인간이 평등하다고 가르치기 때문이다.

또한 손웰은 교회의 정치 참여에 대하여 부정적인 입장을 나타냈다. 교회가 노예제도에 대하여 간섭할 권한이 없는 것처럼, "가난한 사람이나 정신병자를 위한 수용소를 짓고, 형법 개선을 위한 단체를 조직하거나, 금주, 도박, 혹은 향락이 번지는 것을 억제하는 것은 교회의 고유 영역이 아니다" (Thornwell, 4:383)라고 하였다. 이는 손웰이 칼빈보다는 재세례파의 소극적인 문화관을 따르고 있음을 보여주는 것이다.

손웰이 남부의 신학을 대변하였다면, 북부의 신학은 찰스 하지(Charles Hodge, 1797~1878)에 의하여 발전되었다. 하지는 알렉산더의 제자로, 프린스턴에서 56년간 교수로 봉직하면서 칼빈주의 신학의 확산과 보급에 혼신을 기울였다. 그는 인생의 목적이 인간의 행복이 아니라 하나님의 영광임을 역설하였고, 구원에 있어 성령의 주권을 주장하였으며, 인간의 종교적 체험을 강조하는 주관주의와 이성의 중요성을 강조하는 합리주의에 반대하고, 성경만이 최종적인 권위임을 가르쳤다. 자연과학의 내용이 자연의 실재인 것처럼, 성경은 신학 내용의 모든 것을 내포한다고 주장하였다(Hodge 1871, 1:17). 왜냐하면 성경을 기록하신 하나님이 스스로 모순될 수 없기 때문이다. 하나님이 "우리에게 주신 자연법을 통해 하나의 사실을 믿게 하면서 말씀으로는 그 반대 것을 믿으라고 명할 수 없으며," 또한 "우리 본성의 법이나 신앙 체험에 의해 배운 진리들은 성경에서도 인식되고 확실시된다. 자명하게 증명되는 것은 항상 성경에서도 사실로 인정된다."고 하였다(Hodge 1871, 1:15).

하지는 진보파와 컴버랜드 장로교단, 칼빈주의 신학 체계를 약화시키는 뉴잉글랜드의 홉킨스주의에 대항하여 웨스트민스터 신앙고백을 옹호하였다. 그는 "웨스트민스터 신앙고백이 새로운 교리 체계가 아니며, 단순히 개혁교회의 공통적인 교리를 비교할 수 없을 만큼 명료하게 재생하여 제출"된 문서로(Hodge 1878, 326), "신조의 진술이 너무 정확하여서 단순한 조항의 변경도 동의할 수 없을 정도"라고 주장하였다(Hodge 1880, 599). 진보파가 웨스트민스터 신조의 표준성에 대하여 비판하자, 그는 진보파를 "부정직"하고 "부도덕한" 자들로 "교회 질서에서 기준을 떠났다"고 질타하였다(Hodge 1880, 292).

손웰과 하지는 19세기 미국 장로교 신학자 가운데 가장 영향력 있는 인물들이지만, 교회정치에 대하여 미묘한 입장의 차이를 드러냈다. 손웰은 성경에 기초하여 교회정치를 운영할 것을 주장하였으나, 하지는 성경에 없는 세부적인 사항들을 허용하는 입장을 취하였다. 예를 들면, 손웰은 교회의 통일성의 원리를 그리스도의 몸에 비유된 교훈에서 찾고 통일성이 대표 회의에서 이루어진다고 보았으나, 하지는 성직의 동등성과 교회 통치의 실질적인 부분인 교인의 권리 행사에서 소수가 다수에게 다수가 전체에게 복종하는 데서 통일성

의 원리를 찾아야 한다고 보았다(Leith 1992, 186~
187). 손웰은 치리장로와 강도장로를 동일하게 보
고 교회 직분의 평등을 주장하였으나, 하지는 장
로를 교인의 대표인 단순한 평신도로 보면서 목사
아래 있는 자로 간주하여 교회 구조의 계급을 인
정하는 듯한 애매한 입장을 취하였다.

찰스 하지

　하지의 사상을 극명하게 나타내는 것이 1855년
미국 장로교도 앞에서 행한 「장로주의란 무엇인가?」(What is Presbyterianism?)
라는 연설이다. 여기서 그는 장로정치를 "자유의 원리"(principle of liberty)와
함께 "질서의 원리"(principle of order)에 근거한다고 보았다. 장로교회가 자유
의 원리에 근거한다는 것은 회중이 무오한 말씀 아래서 자율성을 갖기 때문이
요, 질서의 원리에 근거한다는 것은 성경의 원리대로 구성된 교직자에 의하여
권세가 행해지고 있기 때문이다. 그러나 장로주의는 질서와 권위를 상징하는
당회를 부정하면서 회중의 권세만을 주장하지 않는데, 그럴 경우 무정부 상태
에 빠질 수도 있기 때문이다(Hodge 1855, 12). 장로교회는 교회 행정에 있어서
회중의 최종적인 권세를 인정하나, 말씀과 교리를 담당한 장로들을 교회의 최
고 행정 관료로 인정하며, 외형적인 교회 또는 유형의 교회는 하나로, 작은 부
분은 큰 부분에 예속되어야 하고, 큰 부분은 전체에 예속되어야 한다(Hodge
1855, 6, 7)는 것이다.

　하지는 교회 행정에 있어서의 성직자의 권위를 주장하면서 회중의 중요성
을 강조하였다. 교회 행정에서 회중에게 최종적인 권위가 있다는 것은 "(1) 성
경과 프로테스탄트의 모든 신앙고백들을 살피면 회중이 교회를 구성한다는
사실로부터 추론되고, … (2) 모든 교회의 권세가 회중 안에 내재하시는 성령
으로부터 나온다는 것을 통하여 입증된다." 곧 성령이 거하는 그곳에 교회의
권세가 자리 잡음으로 교회 권세는 모든 성도들에게서 나온다는 것이다

(Hodge 1855, 24). 그러므로 회중은 장로를 세워 교회 행정을 집행할 수 있으며, 장로들은 회중의 대의기관으로 회중이 준 권세를 대행하여 집행한다 (Hodge 1855, 16). 장로들은 교리의 문제와 가르치는 일에도 목사와 동등한 권위를 가지며, "교역자들과 함께 모든 신앙의 상징을 만들거나 채택하는데 있어서 동등한 소리를 낼 수 있다"고 하였다(Hodge 1855, 17).

하지는 교회 운영에서 회중의 권위를 인정하였다. 그는 "목사는 스스로 의식이나 예배, 또는 공적인 예배를 위한 지침서를 만들 수 없고, 설교하는 회중에게 강요할 수 없다. 규정을 세울 수 있는 권세는 회중에게 있으므로, 회중은 목사와 함께 모여 합당 여부를 살핀 후 승인하고 채택할 수 있다"고 주장하였다. 회중은 "교회 정관이나 규칙, 또는 법규를 만들 때, 교역자와 동등한 권위를 가지므로, 수동적으로 동의만 할 것이 아니라 능동적으로 함께 사역할 것"과 "교회의 교제하는 문을 열고 닫는 치리권의 행사에 회중은 결정적인 소리를 낼 수 있다. 모든 치리의 경우, 그들은 재판과 의결권이 있다"고 하였다 (Hodge 1855, 18~21). 이와 같은 하지의 회중 중심적인 사상은 제네바의 프랑수아 튜레틴(Francis Turretin)이 「소명의 법에 대하여」(De Jure Vocationis)와 17세기 루터파 신학자 게하르트(Gerhard)의 사상과 일맥상통하는 것이다 (Gerhard, Tumus xii: 85 참고). 튜레틴은 회중에게 성직자와 함께 투표할 수 있는 권세와 목사의 청빙과 임명에 관여할 권세가 있다고 주장한 바 있다(Hodge 1855, 24).

하지는 장로정치를 논하면서, 교회의 일을 효율적으로 감당하기 위해서 직분자는 그에 맞는 은사를 갖추어야 한다고 주장하였다. 그는 은사와 직분의 관계를 다음과 같이 말하였다: "지혜의 말씀이 없는 사도는 거짓 사도요, 지식의 말씀이 없는 선생은 선생이 아니며, 이적을 행하는 은사 없이 이적을 행하는 자는 마술사요, 방언의 은사 없이 방언으로 말하는 것처럼 흉내 내는 자는 속이는 자이다. … 만일 교황이 은사도 없이 그리스도의 대리자라고 주장한다면, 그는 적그리스도이다"(Hodge 1855, 50~51).

하지는 장로교회의 원리인 자율과 질서로 다스려지는 교회들이 모이는 곳에 참다운 민주주의가 실현되는 사회가 이루어진다고 보았다. 그는 교회를 사회의 모델로 생각하여 "만일 교회 안에 전제적인 권세가 없다면, 정부 영역에도 전제적인 권세가 있을 수 없다. 교회에 자유가 있다면, 정부 영역에도 자유가 있게 될 것이다"라고 주장하였다(Hodge 1855, 11). 교회의 개혁을 통하여 사회가 하나님의 다스림을 받는 영역으로 변화될 것을 추구한 것이다.

비록 하지가 교회 정치에 대해 손웰과 다른 입장을 취하였지만, 성경의 최종적 권위와 영감에 대한 신앙에서는 일치하였다. 하지는 성경에 충실함으로 고등 비평 사상과 찰스 피니(Charles Finney)와 같은 부흥운동주의자들의 주관적 신학으로부터 벗어날 수 있다고 역설하였다. 성경은 신앙과 생활의 규범이며, 객관적인 자원의 보고(寶庫)이기 때문이다. 그는 성경 내용이 역사적 사실이며, 하나님의 작품이라는 것은 성경의 무오와 영감을 입증하는 것이므로, 성경의 권위는 성경에서 찾아야 한다고 주장하였다. 더구나 예수께서 성경은 폐할 수 없다고 하신 말씀은 성경의 완전 영감을 지지하는 증거라고 강조했다(Hodge 1871, 1:170). 영감이란 특정한 자들의 심령 속에 성령의 감동을 주어서 하나님의 뜻을 틀림없이 전달하는 기관(organ)으로 쓰이는 것이므로, 성경의 영감 범위는 성경의 모든 부분, 도덕이나 종교적 진리만이 아니라 "과학, 역사, 또는 지리에 관한 모든 것"이 포함된다고 주장하였다(Hodge 1871, 1:163). 왜냐하면 "이론은 사람들이 만든 것이지만, 사실은 하나님이 행하신 것이므로, 성경은 때때로 전자와 모순되지만 후자와는 절대로 그렇지 않기" 때문이다(Hodge 1871, 1:171).

남북 전쟁 이후의 장로교회

남북 전쟁 이후 미국은 하나의 국가가 되었지만, 교회는 여전히 둘로 나뉘어져 있어 남과 북 사이의 갈등이 계속되었다. 1865년 6월 피츠버그에서 모인 북부의 보수파 총회는 남부의 장로교도들을 향하여 1861년에 있었던 총회 탈퇴와 노예제도 지지에 대한 죄를 회개하라고 촉구하였다. 켄터키, 미주리, 메릴랜드노회가 피츠버그 총회의 결정에 반발하면서 '선언과 증거'(Declaration and Testimony)라는 글을 통해 총회를 비판하자, 1866년 북부 총회측은 '선언과 증거'를 정죄하고, 이에 서명한 사람들이 당회 이상의 교회 행정 조직에 참여하는 것을 금하였다. 남부 장로교도와 북부 장로교도 상호간 불신의 골이 깊어져 교회 연합은 불가능해 보였다.

그러나 각각의 지역을 중심으로 교회 합동 운동이 일어났다. 남부에서는 1864년 12월 보수파와 진보파가 합동하여 조지아 주 애틀랜타 근교의 아우구스타(Augusta)에서 합동 총회를 열었고, 그 다음 해 교단 명칭을 '미국장로교회'(Presbyterian Church in the United States)라고 명명하였다. 이렇게 시작한 남장로교회는 손웰의 후배 제임스 대브니(James Dabney, 1820~1898)의 지도 아래 북부의 정치적 개혁과 개인적 물질주의의 확산을 반대하고, 남부의 전통을 옹호하였다.

북부에서도 1864년부터 교회 합동을 위한 시도들이 있었고, 5년간의 협상 끝에 합동하였다. 1869년 북부에 속한 진보파와 보수파 장로교도들은 피츠버그에 모여 1837년의 통합 계획에 대한 차이로 빚은 갈등을 전면 해소하고, 상호간 입장을 인정한 후 통합을 선언하였다. 그들은 성경이 "신앙과 생활의 오직 유일한 규칙"이며, 「웨스트민스터 신앙고백서」가 성경의 가르침을 가장 잘 표현한 것으로 승인하여 서명 논쟁 당시의 장로교 신앙을 그대로 계승하였고, 1837년 교단 분리 이전 명칭인 '미합중국장로교회'(Presbyterian Church in the United States of America)를 교단 명으로 채택하였다. 이로써 북장로교회가 시작되었다.

남북 전쟁과 장로교회의 남북으로의 분열이 있게 되면서 사회적인 혼란이 극심하였다. 혼란으로 미국인의 도덕적, 영적 생활이 위기를 맞게 되었을 때 하나님은 무디를 통해 부흥운동을 일으키셨다. 무디(D. L. Moody)는 원래 가난한 구두 수선공이었으나 은혜를 체험한 후, 밴쿠버의 브리티시 아일랜드에서 부흥운동을 시작하여 1873년에서 1875년 사이에 시카고를 복음화 하였다. 1886년 시카고전도협회(Chicago Evangelization Society)를 조직하고, 대중 전도 집회를 전개하여 찬송과 기도와 회개 운동을 일으켰다. 무디의 전도 운동은 토리(Reuben Torry), 스미스(Gypsy Smith), 선데이(Billy Sunday)에게, 그리고 20세기에는 1949년부터 시작된 빌리 그레이엄(Billy Graham) 전도 집회에 의하여 계승되었다.

무디의 부흥운동으로 기독교계는 금주 · 금연 등 절제 운동을 시작하였다. 1826년 라이맨 비처(Lyman Beecher)가 저술한 「여섯 개의 설교」(Six Sermons on the Nature, Occasion, Signs, Evils, and Remedy of Intemperance)에서 음주는 "건강과 나라의 재정"을 해칠 뿐만 아니라 "국가적 양심과 도덕적 원리"와 "국가 산업"에 해가 된다고 지적한 이후 금주 운동은 미국인들 사이에 화두가 되었다. 1840년대와 1850년대 비처의 영향을 받은 매사추세츠와 메인 주 등 뉴잉글랜드 지역 주민들이 금주를 법제화하였고, 이는 미국 전역에서 본격적으로 시행되었다(Noll 1992, 296).

기독교인들은 절제 운동을 통해 남북전쟁으로 황폐해진 나라를 재건하려고 하였다. 기독교인에 의해 시작된 금주와 금연은 사회적 캠페인이 되었고, 1869년 한 정파가 시카고에서 열린 모임에서 정강정책으로 채택함으로 정점에 이르렀다. 1872년 감리교도들은 금주주의자를 대통령으로 세우고자 하였고, 1895년에는 살롱폐지협회(Anti-Saloon League)가 조직되었다. 금주와 금연이 세속정치 지도자들의 정강정책으로 채택하자, 무디를 비롯한 복음주의자들은 세속 정치와는 별개로 금주 정책을 폈다.

장로교회의 생활도 변화되었다. 1850년대에 원고 설교가 등장하여 19세기 말에는 1시간에서 2시간 걸리던 설교가 40~45분으로 짧아졌고,[27] 일주일에 3번 드리던 예배가 한번으로 줄어들면서 주일 저녁 예배와 수요 예배가 사라졌다. 교회력에서의 변화도 나타나 19세기까지의 장로교인들은 성탄절과 부활절 정도의 교회 절기만 지켰지만, 그 후로는 여러 가지 형태의 절기를 지키기 시작하였다. 찬송은 회중 찬송에서 4계음을 따라 부르는 합창 중심으로 나아가고, 설교 중심에서 의식 중심적인 예배로 변화되었다.

교회생활의 변화와 함께, 자유주의 신학의 도전으로 미국 장로교회는 걷잡을 수 없는 소용돌이 가운데 빠지게 되었다.

---

27) 1849년의 보수파 총회가 작성한 촬요는 목사들 사이에 원고 설교가 급속히 확장됨을 염려하는 글을 싣고 있다. 촬요는 원고 설교가 효과적인 설교 전달 수단이 되지 못하며 복음적인 설교에 합당하지 않다고 지적한 후, 1841년 총회가 제안한 것처럼 원고 설교를 중지하고 젊은 목사들과 목사후보생에게 "더 성경적이고, 효과적이며, 보다 더 하나님의 백성이 수용할 수 있는 방법"을 채택토록 지도할 것을 권하였다(Armstrong 1956, 188).

9장

자유주의 신학의 도전

20세기에 접어들면서, 미국 사회는 엄청난 변화를 체험하였다. 증기 엔진·증기 터빈과 같은 외연(外燃) 엔진의 발달로 산업의 기계화가 시작되었고, 수송 수단의 발달과 타자기와 전화의 발명으로 통신 수단의 혁신이 이루어졌으며, 철도와 해양 수송 수단의 발전으로 대규모 국제 무역 시대가 열렸다. 이러한 산업의 발달로 도시화가 이루어져, 남북 전쟁 당시 2,500만 명의 인구 가운데 20%에 불과하던 도시 인구가 1900년에는 40%로 늘어났고, 1920년에는 50%로 증가하였다. 시카고는 109,000명의 인구에서 170만 명으로, 피츠버그는 67,000명에서 45만 명으로, 뉴욕은 100만 명에서 340만 명으로 늘어났다 (Longfield 1991, 31).

산업화와 도시화로 인한 문제도 야기되었다. 카네기(Andrew Carnegie), 록펠러(John Rockefeller), 듀크(James Duke)와 같은 신흥 재벌이 등장하게 된 반면, 빈곤층도 두꺼워졌다. 신흥 재벌들이 생산과 판매를 독점하여 부를 축적할 때, 미국인의 8분의 1이상은 열악한 주거 환경에서 가난한 삶을 영위함으로 빈부의 양극화 현상이 심하게 나타났다. 곳곳에서 사회적 갈등이 노출되

어, 1877년에는 철도 노조가 파업을 주도하였고 무법이 만연하였다.[28]

1. 도전 받는 교회

산업화와 도시화와 함께 미국 교회의 양상을 바꾸어 놓은 것은 이민자의 증가였다. 1860년 이후 대이민 운동이 일어나 1900년까지 북유럽과 서유럽에서 1400만 명이 이주하였고, 1900년에서 1914년 사이에는 동유럽과 남유럽 인들이 몰려 와 미국 인구의 세 명 가운데 한 명이 이민자였다(Longfield 1991, 32). 로마천주교도들은 유럽 남부에서 남북전쟁과 제1차 세계 대전 사이에 주로 왔다. 1870년에 350만 명이던 천주교인의 수는 1910년에는 1500만 명으로 늘어났다(Noll 1992, 348). 1890년대와 1900년 사이에 이탈리아에서 200만 명, 1850년부터 1924년 사이 폴란드에서 200만 명이 이민해 온 결과이다(Noll 1992, 350). 1890년에서 1906년 사이 로마 천주교도는 6,241,000명에서 12,079,000명으로 늘어났다. 유럽 서부에서는 유대인들이 몰려와 1906년 70만 명에서 1926년에는 410만 명으로 늘어났다(Noll 1992, 381). 유럽 동부에서는 동방 정교회 신자들이 이민하여 1980년대에 350만 명의 무리를 이루었다(Noll 1992, 345). 미국에서 가장 큰 동방정교회 지파는 그리스 정교회로 1980년대에 200만 명의 신자가 있었다(Noll 1992, 347).

이민자들은 신대륙 도착과 동시에 성당이나 회당을 건축하여 그들의 종교

---

28) 사회적 변화로 노동자들이 파업하는 등 혼란이 일어나자, 인류의 장래를 어둡게 보는 전 천년설이 지성인 사이에 번져 갔다. 1877년 7월 철도 노동자의 파업이 있자, 사무엘 켈록(Samuel H. Kellog)박사는 웨스턴 신학교(Western Theological Seminary) 교수 취임 강의 시 무법(lawlessness)은 요한계시록에 계시된 종말적인 현상으로, 무법의 원인을 "가정과 사회, 국가와 교회의 모든 영역에서 하나님의 말씀을 버린 데 있다"고 강조하면서 잘못된 법을 개정하고 사회와 교회를 개혁할 것을 촉구하였다(Armstrong 1956, 241).

를 전파하였다. 유태교,
로마천주교, 동방정교회,
심지어 불교와 힌두교,
모슬렘 등의 다양한 종교
가 유입되면서 하나님의
말씀에 근거하여 믿고 예
배하며 이상적인 사회를
건설하려고 꿈꾸던 청교
도의 '언덕 위의 도시'는
사라지고, 종교 다원화
시대가 전개되었다.
1889년 장로교 총회가
지적한 것처럼, 미국은
다원화 시대로 말미암아
국가적 · 도덕적 · 종교

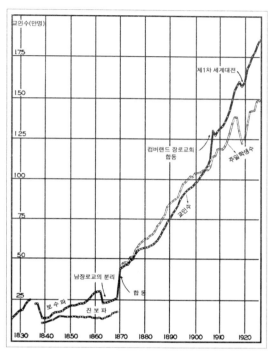

장로교인의 증가(1826-1926)

적 위기를 맞게 되었다(Armstrong 1956, 257).

산업화와 도시화로 빈익빈 부익부 현상이 심화되어 갈등이 절정에 이르렀던 1860년에서 1900년 사이 기독교인의 숫자는 500만 명에서 1,600만 명으로 3배나 증가하였다. 가난한 자, 노동자, 이민자에 대한 교회의 관심 때문이 아니라, 남북 전쟁과 사회적인 혼란으로 방황하던 사람들이 일시적으로 교회로 몰려왔기 때문이었다. 그러나 사회적인 안정이 실현되자, 많은 사람들이 교회를 떠났고, 교회와 무관하게 살아가는 불신자들이 늘어났다. 프로이드의 심리학이 소개되고, 성 개방과 함께 이혼율의 급증으로 세속주의가 확산되었고, 물질만능주의, 과학만능주의 사상이 팽배해지면서 신자의 수는 감소하였다.

진화론의 도전

미국 교회의 몰락은 진화론의 도전과 자유주의 신학의 등장에서 비롯되었
다고 할 수 있다. 영국의 찰스 다윈(Charles Darwin)이 1859년 「종의 기원」
(Origin of Species)을 발표하자, 진화론은 기독교의 근본 신앙인 창조론을 거부
하게 함으로 미국 장로교회의 기초까지 흔들어 놓았다. 다윈은 「종의 기원」에
서 하나님에 의한 창조를 부인하고, 진화 과정을 통하여 인류를 비롯한 모든
생물이 존재하게 되었다고 주장하였다.

진화론은 허버트 스펜서(Herbert Spencer)와 토머스 헉슬리(Thomas Huxley)
와 같은 학자들에 의해 영국에 정착하였고, 미국에는 1870년대와 1880년대의
자유주의 신학자들에 의하여 받아들여졌다. 그들은 진화론에 근거하여 천지
창조와 하나님의 섭리 관계, 전통적인 인간의 타락 교리와 구속의 관계성에
대해 탐구하였다. 그 결과, 전통적인 기독교 가치관이 도전 받고 깨어졌으며,
절대 불변의 진리가 없다는 상대주의적 가치관이 번지게 되었다.

진화론이 미국인의 지성을 공략하자, 신학계는 진화론을 부정하는 무리와
수용하는 무리로 나뉘어졌다. 전자에 속하는 학자로는 드윗 탈메이지(DeWitt
Talmage)와 찰스 하지(Charles Hodge, 1797~1878) 등이 있었다. 탈메이지는 진
화론을 기독교를 파괴하려는 적그리스도의 공작으로 간주하였고, 찰스 하지
는 "하나님의 섭리 계획에 대한 성경적 이해와 적자생존의 이념을 조화시키는
것은 아주 불가능하다"고 비판하면서, 진화론을 무신론과 동일시하였다
(Hodge 1874, 177).

반면 프린스턴대학교의 제임스 맥코쉬(James McCosh) 총장을 비롯한 다수
의 진보적 학자들은 진화론이 "상당한 정도의 진리를 포함하고 있다"고 주장
하였다. 당대의 지도적인 신학자였던 헨리 워드 비처(Henry Ward Beecher)와
라이맨 애봇(Lyman Abbott)도 진화론이 "하나님이 사물을 다루는 방편"이라고
선언함으로 진화론의 열정적인 해석자로 나섰다(Armstrong 1956, 235). 콜롬비

아 신학교의 과학과 종교학 교수로, 우드로우 윌슨(Woodrow Wilson) 대통령의
삼촌이었던 제임스 우드로우(James Woodrow)는 진화론에 기초하여 성경을 해
석하였고, 이때부터 교회도 진화론의 직접적인 영향권 안에 들어갔다.

1925년 스콥스 재판 사건은 진화론의 확산에 큰 도화선이 되었다. 테네시
주를 비롯하여 오클라호마, 플로리다, 미시시피, 아칸소 주 등의 남부에 속한
지역들은 공립학교에서 진화론을 가르치는 것을 금했는데, 테네시 주 데이턴
고등학교 교사인 존 스콥스(John T. Scopes)가 학생들에게 진화론을 가르친 일
로 기소되었다. 스콥스가 재판을 받게 되자, 매스미디어들이 스콥스 사건을
중계하는 가운데 검사 브라이언(William Jennings Bryan)과 변호사 대로우
(Clarence Darrow)가 논쟁을 벌였다. 보수적인 신앙인이었던 브라이언은 창조
론을 옹호했으나 논증에 대한 준비가 없어 설득력이 약했고, 대로우는 명석한
이론과 과학적인 지식으로 브라이언을 궁지에 몰아넣었다. 테네시 대법원은
스콥스의 유죄를 선언하였으나 사회 여론은 대로우 편으로 기울어져 있었다.
이 사건을 계기로 미국 장로교회는 진화론의 도전을 더욱 받게 되었다.

자유주의 신학의 도전

다윈의 진화론과 함께 미국 교회의 쇠퇴를 가속화한 것은 자유주의 신학이
다. 독일 자유주의 신학자들에 의해 시작된 고등 비평 사상이 미국에 퍼져나
가자, 일부 신학자들은 성경의 저작 년대와 역사성에 대하여 의문을 제기하였
다. 한 걸음 더 나아가, 프로테스탄트 종교개혁 이후 기독교회가 전통적으로
고백해 온 성경의 영감과 무오 교리를 부정하기 시작함으로 미국 장로교회는
엄청난 시련을 겪게 되었다.

장로교 내부에서 자유주의 신학이 나타나기 시작한 것은 뉴욕 유니온 신학
교(Union Theological Seminary)의 찰스 브릭스(Charles A. Briggs, 1841~1913) 교

수에 의해서였다. 그는 1841년 뉴욕에서 태어나 버지니아대학교에서 공부하고, 뉴욕의 유니온 신학교를 졸업하였다. 독일로 건너가 베를린대학에서 신학을 연구한 후, 1876년 유니온 신학교의 히브리어 교수로 취임하였으며, 1880년에는 알렉산더 하지(Archibald Alexander Hodge)와 함께 「프레스비테리안 리뷰」(Presbyterian Review) 지의 공동 편집자가 되었다.

브릭스는 1880년대부터 성경의 고등 비평을 옹호하고 전통적인 프린스턴 신학을 부인하는 글을 발표하였다. 특히 성경 무오설을 문제 삼고, 「웨스트민스터 신앙고백서」의 창조 교리를 다윈의 진화론과 근대 자연 과학 사상에 맞추어 개정할 것을 촉구하였다.(그러나 그는 마태복음서나 누가 복음서에 나오는 예수의 어린 시절에 대한 이야기나 동정녀 탄생에 대해서는 인정하는 입장을 취하였다.)

브릭스의 사상은 1891년 1월 행한 유니온신학교의 성경 교수 취임 강의로 인해 미국 전역에 소개되었다. 「성경의 권위」라는 제목의 취임 강의에서 기독교가 성경의 권위에 기초하고 있다고 하지만, 교회사를 통해 볼 때 아니라고 부인하였다. 미신, 축자영감설, 성경 스스로 권위를 증거한다는 자증 교리, 성경 무오설과 같은 사상이 성경의 이해에 장애가 됨으로, 여기서 벗어나야 성경의 바른 의미를 깨달을 수 있다고 하였다(Armstrong 1956, 251~252). 성경에는 많은 오류들이 있고, 성경 원본의 무오를 주장하는 것은 순진한 가정에 불과하며, 모세의 모세 5경 저작설과 이사야서의 단일 저자 저작설을 믿을 수 없다고 주장하였다(Longfield 1991, 44~45).

브릭스의 도전에 대하여 프린스턴신학교(Princeton Theological Seminary)의 알렉산더 하지(Archibald Alexander Hodge, 1823~1886) 교수와 벤저민 워필드(Benjamin B. Warfield, 1851~1921) 교수 등은 성경의 영감과 무오를 옹호함으로 전통적인 신앙을 지키고자 맞섰다. 하지는 "성경이 하나님의 말씀을 담고 있을 뿐만 아니라 하나님의 말씀이므로, 모든 성경의 요소들과 그것들이 증거하는 모든 것은 오류가 없을 뿐만 아니라 사람의 순종과 믿음을 요구한다"고

하였다(Noll 1992, 371). 워필드는, 사진에 빛이 필요하듯이 신앙에 이성은 필수적이므로, 진정한 믿음은 바른 이성에 기초해야한다고 주장하고, "기독교는 바른 이성에 호소하고, 이 점이 모든 종교와 구별되는 '변증적인 종교'로 만든다"고 하였다(Marsden 1980, 115). 또한 그는 1881년 "성경의 영감"(Inspiration) 이라는 논문을 통해, "성경의 축자적 무오에 대한 교회의 역사적인 신앙은 성경의 신성함을 입증하는 외적 증거"라고 진술하였다(Dennison 1986, 238).

워필드는 하나님이 성경 기자들에게 한 자씩 불러주어 받아썼다는 기계적 영감설을 부인하고, 성경의 축자 영감을 내세웠다. "모든 성경은 사람들을 통해 기록되었지만, 인간으로서의 본성에 위배되지 않는 방법을 통해서 하나님의 뜻을 나타내며, 인간 저자의 마음을 표현하면서도 하나님의 책으로, 또한 사람의 책으로 주어졌다"(Warfield 1979, 153)고 하였다. 즉 "성령에 의해 특별하고 초자연적인 은혜(수동적으로 표현해서 그 영향의 결과로)가 성경 기자들에게 부여되어 그들의 말이 하나님의 말씀이 되도록 만들었다"는 것이다. 더구나 하나님이 진리를 계시하실 때 오류 있는 것을 통하여 진리를 계시할 리 없으므로 성경은 무오하고 오류가 없다고 하였다. 결론적으로, "성경은 하나님의 말씀을 포함할 뿐만 아니라 하나님의 말씀 자체로, 성경의 모든 구절과 내용들은 절대적으로 무오하며, 인간의 신앙과 순종을 요구한다"고 하였다(Armstrong, 239~240). 그렇지만 영감은 성경 사본이나 번역판이 아닌 원본에만 해당된다고 주장하였다(Warfield 1979, 420).

워필드는 웨스트민스터 신앙고백을 수호함으로 고백적 신조주의를 지키고자 하였다. 1897년 12월 8일 뉴욕노회 앞에서 행한 "신조로서 웨스트민스터 표준 문서의 중요성"(The Significance of the Westminster Standards as a Creed)이라는 연설에서, 그는 교회사를 복음 진리를 사수하는 투쟁의 역사라고 설명하고, 웨스트민스터 신앙고백이 갖는 비중에 대해 이렇게 썼다: "여러 개혁 교회의 신조들 중 웨스트민스터 신앙고백은 청교도의 영적 투쟁의 열매로서 다른 것들에 비해 완전에 가깝다.… 니케아 신조와 칼세톤 신조와 같이 웨스트민스터 신앙고백은 복음 진리에 관한 인간 사고의 역사적 새 시대 즉, 교리적 진리의 획득과 등록의 신기원을 열었고, 그 영역 속에 나열된 진리에 관한 진술들은 과학적이고 최종적인 것이다." 곧 개정이 더 이상 필요하지 않다고 하였다. 그 이유는 개정은 또 다른 개정의 시도를 제공하게 함으로 궁극적으로는 "교리 없는 교회, 다시 말하면 편리나 일시적인 유익 외에는 존재할 이유가 없는 교회로 되게 할 것"이고(Warfield 1900, 647), 이는 장로교회의 정체성을 잃게 하여 "오랜 역사를 가진 칼빈주의가 성급히 사라지게" 될 수 있기 때문이었다 (Schaff, 1890, 1). 워필드는, "장로교회가 이미 소유한 신조는 장로교회의 공식적인 규약을 이룬다. 이 규약에 장로교회는 존재 근거와 구별되는 가치들이 의지하고 있고, 그것의 파괴나 변경은 장로교단의 파괴와 변질을 초래할 것이다"라고 경고하였다(Warfield 1900, 647).

하지와 워필드의 가르침에 따라 북장로교 총회는 브릭스의 자유주의 사상에 대해 즉각적인 반격을 가하였다. 총회가 1892년 오리건 주의 포틀랜드 (Portland)에서 열리자, 63개의 노회는 브릭스의 자유주의를 정죄할 것을 청원하였다. 총회는 브릭스 사상의 부당함을 지적하고, 그의 교수 지명을 철회하는 포틀랜드 성명서(Portland Deliverance)를 발표하며, 다음과 같이 성경 무오 교리를 확인하였다: "우리는 총회의 치리 산하에 있는 모든 교회에 구약과 신약이 영적으로 감동된 오류 없는 하나님의 말씀이라는 근본적인 교훈을 상기하고자 한다. 우리 교회는 하나님의 말씀이 영감되었으며, 하나님에게서 왔으며, 무오하다고 믿는다. 반대 의견은 성경에 대한 백성의 신뢰를 동요시킬 뿐이며 불가하다. 우리 교회의 직분자는 성경만을 오류 없는 유일한 신앙과 생활의 규범으로 수용할 것을 엄숙히 고백해야 하고, 만일 이에 대한 신앙이 변하면 기독교인의 명예 상 사직해야 할 것이다. 권징 조치가 내려질 때까지, 그릇된 교리의 전파를 위해 강단이나 교단을 사용해서는 안 된다. 만일 어길 경우, 소속 노회가 신속하게 개입하여 안수 서약 위반으로 치리해야 할 것이다"
(MGA 1892, 179~180). 이와 같이 1892년 총회는 성경의 축자적(逐字的) 영감
과 무오를 지지하면서 브릭스의 교수직을 정직시켰으며, 1893년 총회 때도
1892년 총회의 성경관을 재확인하였고, 1895년에는 브릭스를 목사직에서 제
명하고, 브릭스의 신학에 동조하던 헨리 스미스(Henry P. Smith)의 신학교수직
도 박탈하였다.(북장로교회가 신학적인 다양성을 가지게 된 것은 회중교회와의 통
합 계획이 있는 후 단일신론을 주장하는 회중교회 목사들이 장로교회 안으로 들어왔
고, 컴버랜드 장로교회와 합동한 이래 아르미니우스 신학의 지지자들이 생겨났기 때
문이다.)

자유주의 신학이 장로교를 우측에서 공격해 왔다면, 주관적인 신앙을 강조
하는 신비주의가 좌측에서 공격해 왔다. 자유주의 신학에 의해 성경의 권위가
부정되고 교회가 무력해지자, 이를 틈타서 주관적인 신앙 체험을 강조하는 신
비주의가 일어난 것이다. 성령의 은사와 방언을 강조하는 신비주의는 20세기
초에 오순절 운동이라는 모습으로 얼굴을 드러냈다.

오순절 운동은 1901년 1월 1일 캔자스의 토페카(Topeka)에 있는 벧엘성경
대학(Bethel Bible College)에서 실시한 은사 집회에서 비롯되었다. 학교 당국이
사도행전의 역사를 오늘날에도 재현하자는 의도로 은사 집회를 열었을 때 성
령의 은사받기를 소원하던 아그네스 오즈만(Agnes Ozman)이라는 여학생이 다
른 동료에게 안수를 요청하면서 안수와 방언 운동이 시작되었다.(이러한 오순
절 운동은 1941년 조직된 하나님의 성회(Assembly of God)의 기초가 되었다.) 오순
절 운동은 형식화되고 죽어가던 정통 신학에 큰 파문을 일으켰다. 하지만 성
경의 권위보다 영적 체험을 중시하므로 신앙을 주관화하여 성경 중심적인 신
앙을 무시하는 경향으로 몰아갔다. 이로 인하여 객관성과 성경 중심적인 사상
을 강조하는 장로교회의 입지가 좁아지게 되었다.

한편 미국 장로교회는 세대주의의 도전을 받아 성경 해석의 혼란을 빚게 되

었다. 세대주의는 1840년경 영국의 넬슨 다비(John Nelson Darby, 1800~1882)
에 의해 시작되었다. 그는 세상 역사를 7세대로 나누고 전천년설적 세대주의
사상을 주장하였다. 7세대 가운데 마지막 세대인 현시대는 교회의 은밀한 휴
거와 그리스도의 귀환과 함께 마감될 것이며, 그 때까지 세상의 점진적 타락
이 있을 것이라고 예언하였다. 다비는 1862년부터 1877년까지 미국과 캐나다
를 7번이나 여행하면서 그의 사상을 전하였는데, 1875년 시작한 '예언적이며
성경적 집회'(Prophetic and Bible Conference)와 1909년 출판한 「스코필드 성
경」(Scofield Reference Bible)을 통해 영향력을 넓혀 갔다. 특히 1886년에는 무
디성경학교(Moody Bible Institute), 1907년 로스앤젤레스성경학교(Los Angeles
Bible Institute)를 세워서 장로교회의 전통적인 계약 신학을 부정하고 비관적 종
말론과 배타주의적 문화관을 보급하였다.

장로교회는 자유주의 신학과 신비주의의 도전에 직면하여 생존을 위한 투
쟁을 전개하였다. 1910년과 1916년의 장로교 총회는 자유주의 신학으로부터
교회를 보호하기 위해서 목사후보생들이 안수받기 전에 "본질적이고 필수적
인" 기독교의 5개 교리를 고백해야 한다고 결의하였다. 곧 (1) 성경의 무오,
(2) 그리스도의 동정녀 탄생, (3) 그리스도의 대속적인 죽음, (4) 그리스도의
육체적 부활, (5) 그리고 그리스도께서 이적을 행하실 수 있다는 교리를 타협
할 수 없는 기독교의 근본적인 교리로 선언하도록 하였다(Armstrong 1956,
281).

체험 위주의 오순절 운동으로 인하여 성경 중심의 객관적인 신학이 도전을
받음으로 신앙의 주관화 현상이 두드러지게 되자, 장로교도들은 오직 성경의
권위만을 강조하므로 신앙의 정통성을 고수하고자 하였다. 그러나 교회가 영
적인 능력을 회복하지 않고 도전해 오는 자유주의의 세력을 감당할 수 없었
다. 영적인 매너리즘에 빠지면서, 결국 교회는 끈질긴 인본주의 신학의 도전,
인간의 가치 판단 기준을 이성이나 체험에 두는 자유주의와 신비주의 같은 현

대 사조의 도전에 무릎을 꿇고 말았다. 수많은 교회들이 2,000년간 고백해 온 성경적인 신앙을 버리고 현대주의적인 신앙을 수용함으로 기독교의 비기독교 화 현상이 일어나게 된 것이다.

신조의 개정

16세기와 17세기의 종교개혁자들이 성경과 하나님에 대하여 연구하였다 면, 18세기와 19세기의 신학자들은 인간에 대하여 연구하였다. 18세기의 찰스 초운시(Charles Chauncy)와 같은 단일신론자는 천지 창조의 목적이 하나님의 영광보다는 인간의 행복에 있다는 주장으로 인간 중심적인 사상을 전개하였 다. 이러한 인본주의 사상이 퍼지면서, 19세기의 일부 학자들은 시대적인 흐 름에 따라 전통적인 신앙고백을 수정해야 한다고 역설하였고, 「웨스트민스터 신앙고백서」에 나타나는 하나님의 주권 사상과 선택 교리를 문제시하였다. 그 대표적인 인물이 반 다이크와 찰스 브릭스이다.

반 다이크(H. J. Van Dyke)는 1889년 "은혜를 베푸는데 있어서의 하나님의 주권과 만인을 위한 하나님의 무한한 사랑은 기독교 신학의 핵심 교리"로, "칼 빈주의에 적대적인 사람은 하나님의 주권을, 철두철미한 칼빈주의자는 하나 님의 무한한 사랑을 배척하지만, 진정한 칼빈주의자는 두 가지 교리를 다 포 용한다."고 진술함으로 「웨스트민스터 신앙고백서」가 개정되어야 한다고 주 장하였다. 그는 「웨스트민스터 신앙고백」이 엄격한 의미에서 볼 때 하나님의 무한한 사랑과, 그리스도의 속죄가 만인에게 충분하게 적용될 수 있다는 것을 가르치지 않는다고 지적하며 신앙고백의 개정을 주장하였다(Armstrong 1956, 247).[29)]

---

29) 반 다이크의 신조 개정 사상은 "Revision of the Confession of Faith," *Presbyterian*, August 17, 1889와 "God's Infinite Love to Men," *Presbyterian*, October 5, 1889에 잘 나타난다.

찰스 브릭스도 교회가 시대적 사조에 따르기 위해서 현대인의 의식과 조화되는 신앙고백이 개정되어야 한다고 주장하였다. 새로운 신앙고백은 (1) 웨스트민스터 신조의 본질적이고 필수적인 조항은 남겨두고, 비본질적이고 불필요한 조항은 삭제할 것, (2) 「웨스트민스터 신앙고백」이 작성된 이후 예정과 같이 특별하게 문제가 된 교리들에 대해 적절한 설명을 붙일 것을 요구하였다 (Briggs 1890, 65).

일부 학자들의 신앙고백의 수정에 대한 요구는 교회적인 청원으로 나타났다. 1889년 반 다이크와 브릭스의 현대주의를 지지하는 북장로교회의 15개 노회는 「웨스트민스터 신앙고백」이 구시대적이라고 주장하면서 총회에 개정을 청원하였다. 그러나 북장로교 총회는 성경이 제시하는 교리보다도 인간의 죄성이 요구하는 대로 교리를 개정할 수 없다는 이유로 청원을 기각하였다 (Armstrong 1956, 248). 1893년 교리 수정안이 북장로교 총회에 다시 상정되었으나, 가결에 필요한 3분의 2의 동의를 얻는데 실패하였다.

20세기에 접어들면서 신앙고백의 개정에 대한 요구가 더욱 거세어졌다. 계속되는 신조 수정 요구에 북장로교회는 서서히 개정에 관심을 나타내기 시작하였다. 1903년 수정안이 다시 제출되자, 총회는 오랜 논의 끝에 결국 신앙고백의 수정안을 받아들이기로 하였다. 곧 전통적으로 고백해 온 「웨스트민스터 신앙고백서」를 수정하고, "선언문"과 "성령에 관하여"(Of the Holy Spirit), "하나님의 사랑과 선교에 관하여"(Of the Love of God and Missions)라는 2개의 장을 신조에 첨가하였다.

수정된 신조를 보면, 북장로교회는 신학적 포용주의를 택하였다. "하나님의 사랑과 선교에 관하여"라는 장에서 모든 인류에 대한 하나님의 사랑을 언급하였으며, 사망한 유아는 불신자의 자녀도 구원을 얻게 된다고 선언하여 보편 속죄론을 지지하였고, 「웨스트민스터 신앙고백서」의 '하나님의 작정' 부분에서 칼빈주의적인 예정 교리를 삭제하였다. 전통적인 개혁주의 신앙고백에서 떠나면서 북장로교회는 범교단적 연합에 관심을 보이기 시작하였고, 1906년에는 모든 장로교회에 합동을 제안하였다. 이에 아르미니우스주의를 수용하고 웨스트민스터 신조보다는 단순한 신앙만을 고백할 것을 고집하여 1810년 장로교 총회에서 이탈한 컴버랜드 장로교회가 합동 제안을 받아들임으로 두 교단이 연합하였다.

남장로교는, 북장로교회와는 달리, 1880년에서 1890년 사이에 불어 닥친 신학적 변화에 완강히 저항하였다. 그들은 전통적인 성경의 저작 년대, 성경의 권위와 성경의 일부분에 대한 역사성을 의문시하는 고등 비평주의를 배척하고, 북장로교회가 「웨스트민스터 신앙고백서」를 수정함으로 신앙의 기초를 흔들고 있다고 비난하였다. 그러나 1886년 죽은 배우자의 형제나 자매와의 결혼을 금한 조항을 삭제하는 등 지엽적인 몇몇 문제에 대하여는 조심스럽게 개정하였다.

1930년대에 들어서 성경 무오에 대한 도전이 일어나고 신조의 전적인 개정을 주장하는 이들이 나타나자, 남장로교회는 신조의 개정에 대해 부정적 입장을 취하였다. 신조의 개종은 필연적으로 자유주의로 나아갈 것으로 보았기 때문이다. 그렇지만 1939년 총회는 「웨스트민스터 신앙고백서」 25장 6절을 수정하여 로마천주교회를 사탄의 회중으로, 교황을 적그리스도로 표현한 것을 삭제하는 등 경미한 부분에서 개정 작업을 벌였다. 그리고 3년 후 시대적 필요성에 맞추어 「웨스트민스터 신앙고백서」에 제9장 "성령"(Of the Holy Spirit)과 제10장 "복음"(Of the Gospel)에 대한 교리를 첨가하였다. 남장로교회의 개정은 미미한 부분에서의 수정이었다.

2. 근본주의 논쟁과 웨스트민스터신학교의 설립

북장로교회가 좌경화 되는 등 전통적인 기독교 신앙이 도전 받자, 복음적인 그리스도인들은 신앙의 수호를 위해 전심전력을 다하였다. 그들은 성도들에게 기독교의 기본적인 교리를 부정하는 자유주의 신학의 해독을 경고하고, 기독교 신앙을 옹호하기 위해 문서 운동을 전개하였다. 1910년에서 1915년 사이 「근본적인 것들: 진리의 증언」(The Fundamentals: A Testimony of the Truth)이라는 제목으로 기독교 신앙을 변증하는 12권의 책을 출판하고, 250만 부를 미국 전역에 배포하였다. 이로써 근본주의 논쟁이 시작되었다.

근본주의 논쟁과 프린스턴의 좌경화

「근본적인 것들 : 진리의 증언」은 로스앤젤레스의 부유한 실업가 라이맨 스튜워드(Lyman Steward)와 헨리 스튜워드(Henry Steward) 형제가 기증한 25만 달러의 자금으로 만든 책들로, 당시 저명한 복음주의 신학자들이 제출한 100여 편의 논문이 포함되어 있다. 기고자들은 성경에 대한 고등 비평과 현대 과학 사상의 문제성을 지적하고, 기독교 신앙의 근본적 또는 기본적인 교리들을 옹호하였다. 그 내용은 (1) 성경은 영감된 하나님의 말씀으로 오류가 없으며, (2) 예수 그리스도는 동정녀에게서 탄생하여 죄 없는 삶을 살았고, 죄인을 대신하여 죽으시고, 부활 · 승천하였으며, 마지막 때에 영광 가운데 육체적으로 재림하실 것이며, (3) 죄가 세상에 만연하고, (4) 인간의 노력이 아닌 하나님의 은혜로만 구원을 얻을 수 있으며, (5) 교회는 그리스도인을 양육하고 복음을 증거하기 위해 세우신 기관이라는 것 등이다.

기고자들은 모두가 서구 신학을 이끌던 저명한 신학자들이었다. 스코틀랜드 신학자 제임스 오르(James Orr), 프린스턴신학교의 버렐(D. J. Burrell), 찰스

어드만(Charles R. Eerdman), 벤저민 워필드(B. B. Warfield)와 같은 장로교도, 성
공회 주교인 물(H. C. G. Moule), 세대주의자인 스코필드(C. I. Scofield), 부흥사
토레이(R. A Torrey), 남침례교 신학자 멀린(Mullins) 등 영국, 미국, 캐나다출신
의 64명의 보수적인 신학자가 참여하였다.

사회적인 변화와 함께 근본주의 운동은 더욱 힘을 얻어갔다. 제1차 세계 대
전과 함께 사회적인 불안이 심화되고, 공산주의의 위협이 증가하며, 경제적 불
황으로 수많은 사람이 어려움을 당하였다. 이러한 사회적 변화와 자유주의 신
학의 확산은 근본주의자들을 굳게 결속시켰다. 그들은 1919년에 '세계기독교
근본주의협의회'(World's Christian Fundamentals Association)를 조직하고 현대
주의와 싸웠다. 성경에 대한 고등 비평이나 진화론과 같은 현대 과학에 대항
하고, 사회 복음주의를 비판하며 성경의 영감과 무오성을 옹호하였다. 현대
과학과 사회사상 및 세속적 문화에 대하여 부정적인 자세를 나타낸 것이다.
특히 세대주의적 근본주의자들은 현세를 하나님의 왕국의 유예 기간으로 보
며 세속적인 일에 대해 부정적이었다. 구제나 사회 참여에 대하여 의심스러운
눈으로 보았지만, 기도와 목회, 선교에 대해서는 열심을 내는 등 이원론적인
삶을 추구하였다. 영적인 것보다 세속적인 것에 관심을 보이던 현대주의와 진
화론을 공격했고, 미국교회협의회의 교회 연합 운동을 비판하였다.

근본주의자들의 응전에 대해 현대주의자들의 반격도 만만치 않았다. 침례
교에서 안수를 받고 편목으로 뉴욕장로교회에서 목회하던 포스딕(Harry
Emerson Fosdick, 1878~1969)은 1922년 5월 21일 "근본주의자가 승리할 것인
가?"(Shall the Fundamentalist Win?)라는 제목의 설교를 하였다. 그는 보수적인
기독교인들이 자유주의 신학에 관용을 보이지 않는다고 비난하고, 성경의 권
위, 진화론, 외국 선교에 대한 보수주의자들의 견해를 비판하였다. "자유주의
자는 역사, 과학, 종교의 새로운 지식을 옛 신앙과 조화시키려고 노력하는 성
실한 복음적인 기독교인"이지만, "근본주의자는 전통적인 교리를 수정하려는

모든 사람에 대항하여" 싸우며, "관용을 전혀 보이지 않는 편협한 자들"이라고 비난하였다. 교회가 분열을 방지하고 통일을 유지하며 세계 평화에 이바지하려면 예정론이나 성경의 영감과 같은 특정 교리에 연연해서는 안 되고, 다양한 신학 사상을 수용해야 한다고 주장하였다. 포스딕의 설교는 팸플릿으로 출판되어 미국 전역의 목회자들에게 13만부가 배포되었다(Longfield 1991, 22). 포스딕은, "모든 신학은 현재의 사상과 언어 속에서 종교 사상가들이 현재까지 성취한 최선의 것을 시험적으로 표현하는 것이다. 신학 체계에 대한 가장 희망적인 견해는 한 사상이 지속되지 않는다는 것"이라고 언급함으로, 신학적 진리의 상대성을 주장하였다.

포스딕에 대한 보수주의의 도전이 이어졌다. 필라델피아 아치 스트리트 장로교회(Arch Street Presbyterian Church)의 목사인 클래런스 매카트니(Clarence Edward Noble Macartney, 1879~1957)는 1922년 "불신앙이 승리할 것인가?"(Shall Unbelief Win?)라는 설교로 응전하였다. 자연주의(Naturalism)에 기초한 자유주의 신학은 장로교회의 교리와 조화할 수 없으며, "동정녀 탄생은 신화나 전설적인 이야기가 아니라 역사적인 사실이며, 성경은 하나님에 의해 영감되고 권위가 있는 말씀이다."라고 진술한 후, 자유주의를 제재하지 않으면 "하나님과 그리스도가 없는 기독교가 될 것"이라고 경고하였다. 그는 이 설교를 1922년 「더 프레스비테리안」(The Presbyterian)지에 기고하였다(Longfield 1991, 24).

매카트니는 1924년 총회장에 당선되자, 정통적인 기독교를 보존하면서 미국 문화에 기독교적 영향력을 지속적으로 행사하려고 하였다. 제1차 세계대전 이후 문화적·사회적 변화로 가정 제단이 붕괴되고, 이혼이 증가하고, 주일 성수 신앙이 도전 받자, 매카트니는 순수한 초대교회의 신앙으로 돌아갈 것을 촉구하였다. 성경적인 신앙을 회복함으로 자유주의 신학과 진화론의 도전을 극복할 수 있다고 본 것이다(ERF 229).

1920년대와 30년대에도 보수주의자와 현대주의자의 논쟁은 계속되었다. 그들의 논쟁의 초점은 전통적인 신학에서 떠난 자들에 대한 포용 정도에 관한 것이었다. 근본주의자들은 1910년 출판한 「근본적인 것들 : 진리의 증언」에서 밝힌 본질적이고 필수적인 5개의 근본 교리를 목사후보생이 승인한다면 목사 안수가 가능하다고 보았지만, 현대주의자들은 학문과 신앙의 영역은 별개이므로 성직 봉사를 원하는 사람은 누구나 받아들일 것을 주장하였다.

보수주의자가 다수를 차지했던 1923년 총회가 근본주의 입장을 재확인하자, 현대주의자들은 1924년 1,274명이 서약한 "어번 확인서"(Auburn Affirmation)를 발표하여 정통 교리를 고백하는 자에게만 목사 안수의 자격을 주는 것은 잘못이라고 지적하였다. 총회가 노회들의 수의(收議)를 거치지 않고 성경의 무오성, 그리스도의 처녀 탄생, 기적, 구속(救贖), 부활 등을 교단의 공식적인 입장으로 천명한 것은 헌법 위반이며, 복음주의 기독교 안에서 자유의 보존과 교회 연합이 이루어야 하며, 교회가 교리 문제로 싸우는 것은 명분 없는 행위라고 주장하였다. 현대주의자들은 어번신학교(Auburn Theological Seminary), 뉴욕의 유니온신학교(Union Theological Seminary), 시카고의 맥코믹신학교(McCormick Theological Seminary) 출신들이 대부분이었다.

신학적 변화와 함께, 앞에서 언급한 바 있는 1925년의 진화론 논쟁은 근본주의자들로 하여금 좌절감을 맛보게 하였다. 1930년 「크리스천 센추리」(Christian Century)는 "사라지는 근본주의"라는 논설문을 게재하면서 근본주의가 미국에서 잊혀져 가게 될 것이라고 예견하였다. 그렇지만 신학적 보수주의 운동은 여전히 건재하였다. 프린스턴신학교의 교수들이 자유주의 신학의 도전으로부터 교회를 지키기 위해 힘겨운 싸움을 벌였고, 이들에 의해 거룩한 그루터기가 유지되었기 때문이다. 이제 프린스턴신학교가 1920년대에 당면했던 문제에 대하여 논해보도록 하자.

1920년대 초반 프린스턴신학교는 새로운 시대에 맞춰 변모를 꾀하고자 하였다. 당시의 교과 과정은 지나치게 구시대적이었고, 실천 신학이나 성경에 대한 연구도 전혀 없었다. 교수 가운데는 사변적인 독일 신학에 빠진 이가 많았고, 목회 경험이 없고 심지어는 목사가 아닌 자들이 있었으며, 다수의 교수는 목사직과는 거리가 먼 사람들이었다. 교장을 교체함으로 신학교를 개혁할 수 있다고 생각한 이사회는 실천신학 교수인 스티븐슨(Ross Stevenson)을 교장으로 임명하였다.

스티븐슨은 개혁신앙보다는 복음주의에 가까웠던 인물로 독선적인 성격 때문에 학교 운영상 여러 문제를 일으켰다. 프린스턴신학교는 전통적으로 교수들에 의하여 운영되어 왔으나 스티븐슨이 독단적으로 학사 운영을 함으로 교수와 교장 사이에 긴장이 생기게 되었고, 이 일로 교수들이 나누이게 되었다. 스티븐슨을 지지하던 인물은 소수파로, 자유주의 신학에 열린 태도를 보이던 찰스 어드만(Charles Eerdman), 프리데릭 로에쳐(Frederick Loetscher), 존 데이비스(John Davies), 존 스미스(John Ritchie Smith) 등이었다. 반대파는 보수적인 신학을 견지하던 그레샴 메이첸(Gresham Machen), 로버트 윌슨(Robert Wilson), 게할더스 보스(G. Vos), 카스파르 하지(Caspar Hodge), 오스월드 앨리스(Oswald Allis) 등으로 다수파를 이루었다. 다수파는 보수파 신학(Old School)의 전통을 따라 칼빈주의적인 신학을 변호하고 계승할 것을 주장하였으나, 소수파는 복음주의적 신학을 취하면서 자유주의에 대해 포용적인 자세를 보였다.

다수파와 소수파의 대결은 1925년 변증학 교수인 그린(Green)이 정년퇴임하면서 본격화되었다. 신학교 내의 보수와 진보의 두 세력이 엇비슷하였으므로 임용 교수에 따라 학교의 장래가 결정될 수 있었다. 1925년 11월 10일 근본주의자인 매카트니가 그린의 뒤를 잇는 교수로 추천되자, 보수파는 크게 환영하였다. 그러나 소수파인 로에쳐의 조언대로 매카트니가 교수 지명을 거부하자, 사태는 새로운 국면으로 전개되었다. 미묘한 학교 분위기를 감지한 신학교 이사회는 신약 교수인 메이첸을 변증학과 기독교 윤리학 교수로 임명함으로 다수파에 어려움을 안겨주었다. 이사회가 메이첸의 전공을 무시하고 변증학 교수로 임명하였기 때문이다. 메이첸이 고민 끝에 이사회의 결정을 받아들였음에도 불구하고, 소수파는 1926년 메이첸의 변증학 교수 지명을 일년간 유보하도록 총회를 설득하였다. 이에 총회는 진보파의 주장을 받아들이고 보수파 메이첸의 발을 묶어 놓았다. 그 후 총회가 메이첸 대신 해외 선교국 총무였던 로버트 스피어(Robert Spear)를 경선 없이 교수에 선출하고, 메이첸과 앨리스의 승진을 불허하자, 스티븐슨은 눈물을 흘리며 총회의 결정에 대해 감사를 표하였다(Longfield 1991, 253).

존 그레샴 메이첸

그러면 다수파의 중심적인 인물이었던 메이첸에 대해 살펴보자. 메이첸(John Gresham Machen, 1881~1937)은 1881년 7월 28일 볼티모어의 보수파 장로교 신자였던 아서 웹스터 메이첸(Arthur Webster Machen)과 메리 그레샴 메이첸(Mary Gresham Machen)의 세 아들 가운데 둘째로 태어났다. 그는 1898년 존스 홉킨스 대학교(Johns Hopkins University)의 고전어학과에 장학생으로 입학하여 1901년 성적 우수자로 졸업하였으며, 졸업식에서 졸업생을 대표하여 고전어로 답사를 하였다.

대학 졸업 후 메이첸은 프린스턴신학교(Princeton Theological Seminary)에 입학하였다. 당시 프린스턴신학교는 종교적 관념의 우위성을 강조하고, 성경 무오 교리를 굳게 지키면서 정치, 경제, 문화의 제반 영역에서 하나님의 주권을 강조하는 개혁주의 신학을 고수하고 있었다. 졸업 학년 때 메이첸은 신

존 그레샴 메이첸

약 분야 우등생에게 수여하는 장학금을 받아 독일로 유학하여 마르부르크와
괴팅겐 대학에서 1년간 공부하였다. 마르부르크에서 머물 때 자유주의자 빌
헬름 헤르만(Wilhelm Herrmann)의 신학적 영향을 받고 자유주의 신학을 받아
들였다.

그 후 귀국하여 프린스턴신학교에서 강사로 일하던 1906년과 1907년 사이
메이첸은 윌리엄 암스트롱(William Armstrong), 프랜시스 패톤(Francis Patton),
벤저민 워필드(Benjamin B. Warfield) 등과 교제하면서 자유주의의 약점을 깨닫
게 되었다. 신앙적인 위기에서 벗어난 메이첸은 1912년 「기독교와 문화」라는
제목으로 연설하면서 보수적인 신학자로서의 면모를 드러냈다. 연설에서 그
는 교회가 현대 문명의 세속화로 인해 위기를 맞고 있음을 지적하고, 교회를
세속 문화로부터 지키자고 호소하였다. 1913년 그는 조교수 승진을 위한 목사
안수를 약속하고, 1914년 6월 뉴브런스위크노회에서 안수 받았으며, 1915년 3
월 조교수로 승진하였다.

메이첸은 자유주의 신학이 확산되자, 자유주의 신학의 위험성을 지적하고
자유주의 신학이 기독교와 무관함을 역설하였다. 뉴욕에 소재한 유니언신학
교(Union Theological Seminary)의 총장 아서 맥기페르트(Arthur Cushman
Mcgiffert)와 시카고대학교의 쉐일러 매튜(Shailer Mathews) 같은 신학자들에 의
해 자유주의 신학이 확산되자, 메이첸은 1923년 「기독교와 자유주의」
(Christianity and Liberalism)를 출판하여 자유주의 신학과 기독교 신앙은 무관하
니 자유주의자는 이단성을 인정하고 교회로부터 떠나라고 외쳤다.

메이첸은 자유주의와 정통 기독교 신앙을 비교함으로 자유주의 신학을 비
판하였다. 자유주의는 하나님의 역사 속에서의 내재를 강조하나 기독교는 창
조주 하나님의 내재성은 물론 초월성도 강조하고, 자유주의는 기독교적인 의
식이나 경험에 기초하여 신학을 전개하지만 기독교는 하나님의 말씀의 권위
만을 신봉한다고 하였다. 자유주의자들은 성경에 나타난 기적이나 그리스도

의 동정녀 탄생, 대속적인 죽음, 그리스도의 신성을 부인하고, 예수는 도덕적
인 완전의 모범이라고 주장하지만, 기독교는 이 모든 것 외에 성경의 영감과
무오를 믿는다고 하였다. 왜냐하면 "성령께서 성경 저자들의 마음에 정보를
주어서 그들이 오류에 빠지지 않도록 보호하였기" 때문이라는 것이다. 마지막
으로 그는 그리스도의 죽음이 도덕적인 모범을 보여주는 것이 아니라 죄인을
위한 대속적인 죽음이었음을 상기하면서, 전통적인 프린스턴 신학을 견지할
것을 주장하였다(Longfield 1991, 53~54).

　메이첸은 이와 같이 성경의 가르침에 기초하여 신학을 세우려고 했을 뿐만
아니라 시민 자유 운동을 전개하였다. 그 대표적인 것이 권력 분산과 개인의
자유 보장을 위한 노력으로, 이 점이 메이첸과 그의 동료와의 차이점이었다.
그의 동료들은 당시의 사회적인 문제에 대해 관심을 가지고 이혼의 남용, 피
임의 보급, 범죄의 증가를 막았고, 주일 성수와 가족 예배의 보존을 위해 싸웠
다. 그러나 메이첸은 그리스도인의 자유와 개인의 자유를 보장할 것을 주장하
는 등 시민의 자유를 역설하여 시민자유옹호론자의 대부라는 칭함을 받았다
(Longfield 1991, 85).

　메이첸이 개인의 자유를 주장하게 된 것은 그의 부모로부터 물려받은 남장
로교의 신학 전통 때문이었다. 남장로교회는 노예 문제의 처리 과정에서 볼
수 있듯이 교회의 정치 참여를 반대하고, 교권의 중앙 집중화를 비판하였다.
메이첸 역시 행정 체계의 중앙 집권화를 비난하였고, 중앙 정부의 연합 교육
국 설립을 반대하였고, 정부의 강제 징집, 외국인 등록법, 어린이 노동법의 제
정 등을 비판하였다. 중앙 정부가 이러한 법들을 제정하여 주 정부와 개인의
권리를 제한하려는 것은 중앙 정부의 권력 남용이라고 본 것이다. 그 실제적
인 예로, 금주에 대한 메이첸의 자세를 살펴보자.

　당시 미국의 복음주의자들은 경제를 바로 세우고, 바른 신앙을 유지하기 위
해서 기독교들이 앞장 설 것을 외치며 금주(禁酒)와 금연(禁煙) 등 절제 운동을

벌였다. 그러나 메이첸을 비롯한 장로교도들은 이 문제에서 복음주의자와 다른 입장을 취하였다. 금주운동은 남북 전쟁 이전부터 있어 왔는데, 1919년에 14개의 주(州)가 알코올 소비 금지를 결정하면서 절정에 달하였다. 곧 미국 의회는 헌법의 수정 조항 제18조인 금주 금지법(Volsted Act)을 통과시켰으며, 사람에게 악영향을 주는 술의 가공, 판매, 운송을 금지시켰다. 이 때 대부분의 교회들은 금주를 지지하였으나, 메이첸과 그의 동료들은 금주를 선언할 수 있는 권한이 총회에 있는지 고민하였다. 성경에서 음주를 엄히 금했지만, 허용하기도 했기 때문이다.

메이첸은, 성경이 분명한 입장을 보이지 않는 음주에 대해 교회회의가 결정하는 것은 개혁주의 신학 전통에 어긋나는 것이라고 보았다. 성경에서 침묵하고 있는 것에 대하여 교회가 결정을 내린다는 것은 교회회의의 권세가 성경보다 우위에 있음을 의미하는 것이므로, 총회의 금주 결정은 개혁신학의 원리에서 떠난 것이라는 것이다. 아무리 동기가 좋다고 하더라도 성경이 보여주는 기준을 떠나서는 안 되므로, 금주를 강요함으로 그리스도께서 신자에게 주신 자유를 제한해서는 안 되기 때문이다. 이러한 메이첸의 가르침에 따라 1939년과 1940년의 정통장로교회는 7개 노회가 제출한 금주 청원에 대해 가부 결정을 내리는 것을 거부하였다.

웨스트민스터신학교의 설립

메이첸이 행정체제의 중앙집권화를 비판하고, 개인의 자유를 옹호하며, 금주 운동에 반기를 들고, 자유주의 신학을 전통적인 기독교 신앙을 파괴하려는 사탄의 공략으로 간주하자, 북장로교 총회는 메이첸은 물론 보수주의 신학을 제재하려고 하였다. 그리고 스티븐슨과 자유주의적인 총회는 그에게 프린스턴을 떠나도록 압력을 가하였고, 신학적 포용주의를 지지하면서 프린스턴신학교의 개편안을 통과시켜 신학 활동의 자유를 보장하였다. 이로 인해 학교 내의 반기독교적인 모든 활동이 학문의 자유라는 명분으로 보장받을 수 있게 되었다.

총회가 자유주의 신학에 개방적이 되고 신학교가 좌경화되자, 보수주의자들의 반발이 시작되었다. 1927년 총회의 신학적 포용주의에 반발한 프린스턴 신학교 이사 몇 명이 전통적인 신학을 파수할 새로운 학교의 설립을 계획하였고, 1929년 총회 이후 이 계획은 급속도로 진전되었다. 특히 프린스턴신학교가 다양한 신학을 수용할 수 있도록 재구성되자, 1929년 6월 17일 목사와 평신도, 프린스턴의 교수진, 이전의 신학교 이사들이 뉴욕에 모여 좌경화 이전 프린스턴신학교의 유산을 계승할 학교 설립을 논의하였다. 7월 8일에는 여러 명의 장로교 실업가와 그레샴 메이첸, 로버트 윌슨, 오스월드 앨리스 교수가 동참하였고. 7월 18일에는 이전의 프린스턴신학교 이사들과 교수진, 학생을 포함한 70여명이 모여 "프린스턴신학교가 오랫동안 지켜왔던 하나님의 말씀과 웨스트민스터 신조에 대하여 동요없이 계속하여 충성할" 새로운 학교를 설립하기로 결정하였다. 그들은 필라델피아의 위더스푼 홀(Witherspoon Hall)에 모여 프린스턴신학교의 교수였던 메이첸, 윌슨, 앨리스, 코넬니우스 밴 틸(Cornelius Van Til)을 교수로 임명하고, 웨스트민스터신학교(Westminster Theological Seminary)를 개교하였다.

메이첸이 프린스턴에서 떠나 웨스트민스터신학교를 설립함으로 총회 안에서 보수주의자의 영향력은 급속히 감소하였다. 보수주의자들의 대거 이탈로 자유주의자들이 득세하게 되면서 프린스턴은 완전히 좌경화되었고, 북장로교회의 자유주의화는 쉽게 이루어졌다. 그 영향을 제일 먼저 받은 것이 선교부였다. 해외 선교부가 자유주의 영향권으로 들어가게 되자, 메이첸은 이를 막기 위해 많은 노력을 기울였지만 역부족이었다. 결국 메이첸은 뜻이 통하는 동역자들과 독립선교부(Independent Foreign Missions Board)를 조직하고, 몇 개

남은 해외 선교지를 보수주의 신학으로 지키고자하였다. 그러나 북장로교회
총회는 1936년 이를 문제 삼아 메이첸을 정죄하고 목사 정직을 선언하였다.
결국 메이첸은 100여명의 목사들과 함께 북장로교회를 떠나 '미국장로교회'
(Presbyterian Church in America)를 조직하였다.[30]

보수파의 분열과 진보파의 연합 운동

미국장로교회가 세워지기 전까지만 해도 미국의 교회들은 메이첸과 근본
주의 운동을 지지하였으나, 총회 분열 후 보수주의 신학은 점차 입지를 잃게
되었다. 그와 함께 미국 장로교회 안에서 일어난 천년왕국 논쟁으로 인한 교
회의 분열은 보수적인 교회를 약화시켰다.

근본주의 신학 운동의 중심지였던 웨스트민스터신학교의 교수들은 무천년
설을 고백하였으나 시대적 상황의 변화로 천국왕국 사상에도 변화가 나타났
다. 1930년 대공황이 시작되면서 교회는 경제적 파탄에 이르게 되었고, 선교
사역이나 교육 사업은 물론이고, 교회 발전도 바닥에 머물렀다. 대공황으로
미국인의 전통적인 낙관주의가 사라지고 비관적 역사관이 팽배해지면서 종말
사상에도 변화가 나타났다. 무천년설이나 후천년설이 영향력을 상실하고, 역
사의 종말을 비관적으로 보는 전천년설이 득세하게 된 것이다.

이러한 상황에서, 1938년 칼 매킨타이어(Carl McIntire) 중심의 필라델피아근
본주의협회(Philadelphia Fundamentals Association)는 전천년설을 교회가 채택할

---

30) 메이첸이 갈등의 해소 방안으로 분리라는 방법을 취한 것은 그의 사상 저면에 남장로교회
신학의 전통이 자리 잡고 있기 때문이라고 본다. 남장로교 신학의 중심인물이었던 제임스
손웰은 1851년 북부가 주 정부의 권리를 침해하면서 헌법을 폐기한다면 남부도 국가 연합에
서 탈퇴할 것이며, 이는 남부의 권리요 의무라고 주장하였다. 1861년 보수파가 국가 연합을
지지하는 가디너 스프링스의 제안을 통과시켰을 때, 손웰은 헌법을 위반하였다고 비난하며
분리에 앞장섰다. 메이첸은 이러한 남장로교 신학의 영향으로 잘못된 교회로부터의 분리를
정당화시켰다(Longfield 1991, 88).

공식적인 교리로 선언하고, 무천년설을 고백한 웨스트민스터 신학교의 입장을 비판하였다. 메이첸을 비롯한 웨스트민스터신학교 교수들이 세대주의를 비판하자, 매킨타이어는 이는 전천년설을 거부하는 것이라고 단정 짓고 그들로부터 떠나 훼이스신학교(Faith Theological Seminary)를 세우고, '성경장로교회'(Bible Presbyterian Church)를 만들었다. 근본주의 운동이 칼빈주의적 근본주의와 세대주의적 근본주의로 양분됨과 자유주의에 대항하여 싸우던 신학 투쟁이 근본주의 대(via) 근본주의의 싸움으로 전락하게 된 것이다. 그 후 훼이스신학교는 행정 문제로 다시 분리되어 세인트루이스에 카버넌트 신학교(Covenant Theological Seminary)가 세워졌다. 얼마 후 매킨타이어의 주도 아래 미국기독교협의회(American Council Christian Churches, 1941)와 국제기독교협의회(International Council of Christian Churches, 1947)가 조직되었고, 이들은 분리주의적 근본주의 운동을 미국 및 세계 각처에 펼쳐 나갔다.

보수 진영에서 신앙의 근본적인 문제가 아닌 지엽적인 문제로 싸움이 일어나 서로 공방전을 일삼자, 많은 사람들은 보수주의자들이 싸우기 좋아하는 편협한 자요, 분리주의자라고 생각하기 시작하였다. 보수주의자들이 다투고 있을 때, 자유주의자들은 교회 연합 운동을 통해 그들의 영역을 넓혀감으로 미국에서 보수주의 신학의 영역은 더욱 좁아져갔다.

교회연합운동

이제 현대주의자들을 중심으로 일어난 교회 연합 운동의 배경에 대해 살펴보자. 교회 연합 운동은 먼저 19세기말부터 시작된 정치와 경제의 중앙 집권화 현상과 밀접한 관계를 가진다. 정치 활동이 연방 정부의 관할 아래 있게 되고 자본이 자본가를 중심으로 모여서 경제의 집중화 현상이 일어나자, 교회도 효율적으로 운영하려면 그 기능을 국가적인 조직으로 만들어야 했다. 이를 위해 교회 지도자들은 교회 연합을 주장해 왔고, 그 결과 연합 운동이 활발하게 이루어졌다. 둘째로, 교회관의 변화에서 찾을 수 있다. 유럽과 미국의 신학자들은 교회를 분리된 개체가 아니라 "신비스러운 그리스도의 몸"으로 이해하였고, 교회가 그 기능을 다하기 위해서는 하나로 연합되어야 한다고 주장하였고, 이로 인해 연합 운동이 일어났다.

교회 연합 운동은 1869년 북부의 보수파와 진보파가 합동하고 북장로교회를 구성하면서 시작되었다. 4년 후 북장로교회는 미국 장로교회를 하나로 만들기 위해 남장로교회와 연합을 시도하였다(1873년). 그러나 북장로교 총회가 1861년 남장로교 총회가 노예제도를 지지한 것에 대해 회개할 것을 촉구함으로 합동이 불가능하게 되었다. 5년 후인 1878년 북장로교 총회가 1873년의 무례를 시인하며 다시 연합을 제의하자, 남장로교회가 화답함으로 교류의 물꼬가 트이게 되었다. 그러나 1906년 북장로교가 자유주의적인 신학을 따르던 컴버랜드 장로교와 합동하자, 남장로교회와 북장로교회의 관계는 도로 냉담해졌다.

남장로교회는 교회 연합보다는 보수적인 신학의 유지에 더 큰 관심을 기울였다. 그들은 1914년 경솔한 합동으로 인한 내부의 분열을 방지하기 위한 방편으로 전 노회의 4분의 3 이상의 찬성을 얻어야 교단 통합이 가능하도록 헌법을 수정하였다. 그럼에도 불구하고, 연합에 대한 논의가 계속되자, 1917년 남장로교회는 교단 연합보다는 연맹제를 건의하였다.

남장로교회와의 연합이 불가능하게 되자, 북장로교회(Presbyterian Church in the U. S. A.)는 1954년 북미연합장로교회(The United Presbyterian Church of North America)와의 연합 계획을 세웠고, 꾸준한 노력의 결과 1958년 미국연합장로교회(The United Presbyterian Church in the U. S. A.)가 태어났다. 두 교단은 교단 연합의 근거로 「웨스트민스터 신앙고백」, 「대소요리문답」, 18개의 선언문으로 된 「공정한 증거」를 채택하였다. 선언문에는 (1) 노예 제도의 반대, (2)

맹세에 의한 비밀 집단 회원과 교류 반대, (3) 교회가 고백하는 신앙고백을 지지하는 자만 성례에 초대할 것, (4) 계약 신학의 고수, (5) 찬송은 시편을 사용할 것 등을 포함시켰다(Loetscher 1978, 151).

3. 종교다원화 시대의 미국 장로교회

미국 장로교회는 다윈의 진화론과 성경의 영감과 무오를 부정하는 자유주의 신학의 도전에 넘어가 전통적으로 고백해 온 개혁주의 신학을 사실상 포기하였다. 성경의 가르침과는 먼 인위적인 예배를 포용하고, 보편 속죄론을 받아들여 아르미니우스주의 신학을 받아들였다. 근본주의 논쟁 이후에 많은 신학자들이 현대주의에 가담하면서 보수파의 입지는 좁아졌으며, 그 와중에 보수파 내의 갈등으로 말미암아 신자들이 속속 교회를 떠났다.

보수주의가 힘을 잃고 자유주의가 득세하자, 혼합주의 신학이 교회 안에 들어왔고, 예배가 변질되면서 교회는 영향력을 잃고 질적 · 양적으로 쇠퇴하게 되었다. 그러면, 미국 교회의 쇠락에 중요한 역할을 했던 원인들을 살펴보자.

혼합주의 운동

첫째로는 혼합주의 운동을 지적할 수 있다. 나누어진 그리스도의 몸을 하나로 만드는 것은 주님의 뜻이나(요 17:11), 불신앙적인 집단과의 연합은 세상만을 기쁘게 만든다. 분리주의 운동에 대한 반발로 교회 연합 운동이 많은 그리스도인의 지지를 얻게 되자, 찰스 브릭스와 같은 인물은 조건 없는 교회의 연합을 주장하였다. 그는, "교회 연합은 그리스도의 교회들이 추구해야 할 궁극적인 이상"이라고 선언하고, 교회 연합을 가로막는 장애물을 제거하여 세상의 모든 교회를 하나로 만들어야 한다고 하였다.

브릭스는 교회 연합을 가로막는 요소로 (1) 교회정치의 신적 기원설, (2) 신조주의, (3) 예배의 획일성, (4) 전통주의가 있다고 열거하면서 그 가운데 가장 큰 장애물은 교회정치의 신적 기원설이라고 하였다. 교파마다 자기 교회가 채택하고 있는 정치 체제가 옳다고 내세우므로 교회 연합이 불가능하다고 본 것이다. 로마천주교회가 대표적인 예로, 그들이 주장하는 교권의 계급 구조화가 가장 큰 장애물이라고 지적하였다. 그리고 신조주의는 루터파와 개혁교회가 범하는 대표적인 오류로, 자신의 신앙만이 성경적이라는 편협함을 나타내는 것이라고 언급하고, "프로테스탄트 신앙의 근본적인 교리에 비추어 보면, 루터파와 칼빈주의와 아르미니우스주의 사이의 차이점은 아무 것도 아니다."라고 지적하였다. 마지막으로 예배의 획일주의를 지양할 것을 주장하였다. 곧 다른 교파의 예배도 인정하고 받아들임으로 모든 교파가 고스란히 간직해 온 전통적인 신앙 유산을 포기하고 서로 포용하는 너그러움을 가질 때 교회 연합이 가능하다고 하였다(Briggs 1887, 445).

20세기 후반에 들어서면서 초교파적 교회 연합 운동이 일어나면서 교회 일치가 이루어졌다. 장로교회가 성공회 예배를 용인하고, 감리교회의 교리를 수용하여 교파의 구분이 사라지게 되었다. 이러한 교회 일치 운동은 1948년 세계교회협의회(World Church Council)가 생겨나면서 시작되어 1960년대에는 본격적으로 이루어졌다. 1961년 장로교 총회는 진정한 가톨릭과 개혁주의, 복음주의 연합 교회 설립을 연구하기 위해 성공회와 감리교, 연합그리스도의교회(United Christ Church)를 초청하였고, 그 다음 해에 4 교단 대표가 모여 교회 연합회를 조직하였다. 교단 일치 운동은 점차 활발해져서 1968년에는 9개 교단이 참여하였다. 1970년에는 교회 연합회의 주도 아래 교단 통합 계획을 세우고 각 지역마다 회중을 한 명의 감독 아래 하나의 단일 교구 내에 두어 교회를 운영할 것을 결의하였으나 교단 연합으로 진전되지는 못하였다.

교단 일치 운동은 로마천주교까지도 포함시키는 운동으로 확산되었다. 프로테스탄트와 로마천주교회 연합을 위한 시도는 1948년 세계교회협의회가 로마천주교회를 초청함으로 시작되었고, 1958년 요한 23세가 즉위하면서 활기를 띠게 되었다. 1963년 장로교 총회는 신학적 대화와 시민 차원에서의 사회활동, 로마천주교회와의 교류를 제안하였다. 1967년에는 로마천주교회와 북미지역세계개혁교회연맹(North America Area of the World Alliance of Reformed Churches) 사이에 교류가 이루어져 신학과 예배, 선교에 대한 광범위한 대화를 시작하였다. 그 결과, 로마천주교회 측에 프로테스탄트의 존재를 인식시켰지만, 오히려 장로교회는 로마천주교회의 영향을 받아 예배 의식이나 신학 사상이 변질되었다.

신조 개정

미국 교회의 쇠퇴는 전통적으로 고백해 온 기독교 교리를 포기한 데서 비롯되었다. 교회 연합으로 교리가 평가 절하되자, 미국연합장로교회(United Presbyterian Church in U. S. A.)는 1967년 신앙고백을 수정하여 타 교단과의 막힌 담을 헐어 버렸다. 총회에 참석하였던 188개의 노회 가운데 19개 노회의 반대와 3개 노회의 기권 외에 166개 노회의 절대적인 동의로 신조가 수정되었다. 교리 수정안이 통과되어 삼위일체라는 단어와 성경 무오 교리가 삭제되었고, 하나님과 인간, 인간과 인간 사이의 화해가 강조되었다. 그리스도가 한 인격 안에 두 개의 품격을 가진다는 양성론을 부인하고, 단지 "우리 주 예수 그리스도는 하나님의 영원한 아들로 인간이 되셨다"고 선언하였다. 수정된 신앙고백은 인종, 전쟁, 가난, 성 문제를 시대적인 과제라고 지적하고, 이를 바로잡기 위해 교회의 화해 능력이 요구된다고 진술하였다.

개정된 신조는 교리적 기초로 「사도 신경」, 「니케아 신조」, 1560년의 「스코틀랜드 신앙고백서」, 「하이델베르크 요리문답서」, 「제2 스위스 신조」, 「웨스트민스터 신앙고백서」, 「소요리문답서」를 인정하였으며, 「대요리문답서」를 삭제하고 독재자 히틀러의 정권에 대항하여 싸운 독일 교회의 신앙고백인 「바멘 신학 선언」(Theological Declaration of Barmen)을 교회가 고백할 신조에 포함시켰다.

1967년 수정된 신앙고백서의 또 다른 문제점은 성경 무오 교리를 포기하고, 전통적인 신조와 교리를 평가 절하한 것이다. 전통적으로 장로교인들은 목사와 장로의 직분 취임 시 "그대는 신구약성경이 신앙과 행위의 유일하며 무오한 하나님의 말씀임을 믿는가?"라고 묻는 물음에 "예"라고 대답하도록 훈련되었으나 개정된 신앙고백은 "그대는 신구약성경이 보편적인 교회 안에서 예수 그리스도에 대해 유일하고 권위 있게 증거하며, 성령을 통해서 하나님이 그대에게 주시는 말씀이라고 승인하는가?"로 하여 성경의 무오와 권위를 삭제하였다. 그리고 개정 신조는 웨스트민스터 신조를 다른 신조보다 나은 것이 없는 평범한 신조로 취급하였다. 예전의 신조에는, "그대는 신앙고백과 대·소요리문답서를 성경이 가르치는 교의를 포함한 것으로 진심으로 받아들이는가?"라고 물었지만, 새 신앙고백은 "그대는 신앙고백과 대·소요리문답서를 성경이 가르치는 것과 같은 교리를 가르치느냐?"로 수정하여 「웨스트민스터 신앙고백」이 성경의 해석에 탁월한 신조라는 것을 부인하였다(Loetscher 1978, 165).

미국 연합 장로교회의 신앙고백 수정은 남부의 장로교도에게도 영향을 끼쳤다. 남부 장로교회는 1969년 교회가 고백할 수 있는 신앙고백을 작성하기 위해 신조 위원회를 구성하고, 위원회로 하여금 교회가 채택할 수 있는 역사적 신앙고백들을 연구하여 보고하도록 지시하였다. 신조 위원회는 7년여의 연구 과정을 거친 후 1976년에 「웨스트민스터 신앙고백서」, 「니케아 신조」(Nicene Creed), 「사도 신경」, 「제네바 요리문답서」(Geneva Catechism), 「스코틀랜드 신앙고백서」(Scots Confession), 「하이델베르크 요리문답서」, 「바멘 신학 선언」과 신조 위원회가 작성한 「신앙 선언」(Declaration of Faith)을 총회에 제출하였다. 그러나 위원회가 보고한 내용은 교리 개정에 필요한 4분의 3 이상의 동의를 얻지 못하여 백지화되었고, 「웨스트민스터 신앙고백서」, 「대요리문답서」와 「소요리문답서」만이 유일한 신앙고백으로 재확인되었다(Lingle 1977, 85).

여성 목회자의 등장

미국 장로교회의 쇠퇴는 여성 목사의 등장과 긴밀한 관계가 있음을 부인할 수 없다. 여성의 권리 신장은 남녀평등 사상에 기초를 두고 있다. 여성의 평등 사상은 1869년 북부 지역의 장로교 통합과 함께 시작되었으며, 1870년 북장로교회 소속의 여성들이 여성의 해외 선교 필요성을 인식하고 여성해외선교부(Woman's Foreign Missionary Society)를 조직하였다. 1879년에는 국내 선교의 전적인 필요를 확인하고 여성국내선교부(Woman's Board of Home Missions)를 조직하였다. 여성의 교회 활동 폭이 넓어지면서 1915년부터는 여집사 제도가 인정되었고, 1923년에는 여성도 모든 초교파적인 기관과 교회회의의 임원이 될 수 있도록 규정이 개정되었다. 교회 사역에서 여성의 위치가 확보되면서 북장로교 총회는 1930년부터 여성에게 장로직을 허용하였고, 1956년 여성 목사 제도를 승인하였으며, 1971년에는 최초의 여성 총회장이 나오게 되었다(Loetscher 1978, 145).

한편, 여성의 목사직 수행으로 남성 목회자의 감소와 교회들의 여성화, 더구나 교인수의 급격한 감소 현상 등 많은 문제들이 야기되었다. 교회가 여성화되면서 신학교 학생 분포가 남성보다 여성 중심이 되었고, 여성 목사의 목회 부적응으로 다수의 여성 목사들이 목회보다는 신학교에서 가르치는 것을 선호함으로 목사후보생이 줄어드는 현상이 일어났다(ERF 297). 여성 목회자의 등장은 여권을 신장하였지만, 교회를 무력하게 만드는 결과를 가져왔다.

예배의 의식주의화

미국 장로교회의 쇠퇴에 일조를 가한 또 다른 요인으로는 예배의 의식주의화 현상이라고 할 수 있다. 청교도와 부흥운동의 영향으로 미국 장로교회는 예배의 순수성을 유지하여 왔으나, 19세기에 이르러 로마천주교회와 루터파, 성공회와 개혁교회에서 번지기 시작한 의식 강조의 영향으로 장로교 예배는 인간의 고안물을 포용하는 방향으로 나아갔다. 특히 찰스 피어스(Charles Pierce)와 윌리엄 제임스(William James)의 실용주의(Pragmatism)의 개념을 교회도 포용하여 예배가 다양화되었다. 1840년대 영국의 옥스퍼드 대학에서 존 키블(John Keble)을 중심으로 일어난 성찬 중심의 예배 운동이 미국에도 파급되어 설교보다는 성찬 중심의 예배가 시작되었다.

그 후 1855년 베어드(C. W. Baird)가 「유탁시아」(Eutaxia)라는 책을 통해, 예배는 설교보다 성찬 중심적으로 드려져야 한다는 견해를 피력하면서 성례 중심적인 예배 운동이 퍼져나갔다. 베어드의 예전 중심의 예배 사상은 찰스 브릭스와 헨리 반 다이크에게 계승되었다. 찰스 브릭스는 다음과 같이 말하였다: "장로교 예배는 웨스트민스터 총회 이후로 더 나빠졌다. 여러 차례 수정을 거친 예배 지침서와 오늘날 장로교 회중 사이에도 드려지는 예배를 비교하면, 이러한 하강세를 누구나 발견할 수 있을 것이다. 미국 장로교회는 불확실한 미래로 표류하고 있다. 총회가 예배 지침서를 손질할 때가 바로 지금이다. 많은 장로교회 가운데서 드려지는 공예배가 예배지침서와 큰 차이가 있으며, 우리의 장로교 선배들이 지금의 교회를 본다면, 장로교 예배로 인정하지 않을 것이다. 여러 면에서 살펴볼 때, 미국 감리교회들이 그들 이웃의 장로교회보다도 더 웨스트민스터 이상(理想)에 충실하다." 16세기와 17세기의 장로교회의 예배를 성례 중심적인 예배로 오해하여, 루터와 칼빈에 의해 회복된 강단 중심의 예배를 제단 중심의 예배로 바꾸려고 한 것이다(Armstrong 1956, 255).

다수의 교파들이 성찬 중심의 예배를 채택하자, 그 영향을 받아 강단 중심의 예배를 고수하던 장로교회도 점차로 제단중심으로 바뀌어갔다. 이러한 현상은 북장로교에서 시작되었으나,[31] 심지어 남장로교에도 영향을 미쳤다.

예배의 변화 바람이 거세게 불어오자, 남장로교 총회는 1955년 예배의 변경을 염두에 두고 공중 예배서 작성을 위한 특별 위원회를 구성하였다. 2년 뒤 남장로교회는 북부의 장로교회와 함께 「공중 기도서」(Book of Common Prayer)를 작성하고, 1960년에는 「예배 지침서」(Directory of Worship)를 만들어 보급하였다. 「예배 지침서」는 "예수 그리스도께서 공예배 시 성경 봉독과 설교와 성례 가운데 인간과 대면하시며, 성찬 시 하나님이 계속되는 영적인 양식을 공급하신다"고 하였고, "그리스도는 자신을 의지하는 모든 이를 이 식탁에 초대한다"는 주장으로 성찬 참여 자격을 폐지함으로 불신자도 참석할 수 있게 만들었다.

「예배 지침서」가 성례 중심의 예배를 강조하였음에도 불구하고, 남장로교도들은 많은 부분에서는 개혁주의 교회가 추구해 온 신앙적 유산을 유지하였다. 그 대표적인 것이 찬양에 관한 것으로, "찬양은 예배자 중심이 아닌 경배 받는 하나님 중심이 되어야 한다"고 선언하여 오랫동안 미국 교회의 전통이 되어 온 부흥운동 시 부르던 찬송들과 신앙적 체험만을 중시하는 주관주의에 반대하는 입장을 나타냈다(Loetscher 1978, 171). 결혼에 관한 장을 보면, 결혼 대상자의 사전 교육의 필요성을 강조하고, 과도한 비용과 허식은 피하도록 진술함으로 장로교회가 추구해 온 근검절약의 관습을 추구하였다. 환자의 심방

---

31) 북장로교회는 1966년 「예배 규칙서」와 함께 「일반 예배서」(The Book of Common Worship - Provincial Service)를 출판하였고, 1972년에 「예배서 - 예배와 찬양」(The Worship Book - Service and Hymns)이라는 개정판을 출판하였다.

에 관하여는 "목사와 성도들은 … 병자와 함께, 또한 그들을 위하여 기도해야 한다." "만약 환자가 필요하다면 안정과 희망을 지니고 죽음을 맞도록 도와야 한다."고 선언하여 교회의 상부상조 정신을 나타냈다. 「예배 지침서」는 죽음과 사별에 관한 장으로 끝맺으면서, "그리스도인은 … 죽음의 필요성을 인정하지만, … 하나님께서 그리스도 안에서 죽음을 해결하신 사실을 신앙으로 받아들여야 한다."고 명시하고, 장례식에 "허식과 과도한 지출을 피해야 한다."고 규정하였다(Ibid., 172).

이와 같은 변화의 시기에 남장로교회는 보수적 신학을 견지함으로 교회를 지켜나갔지만, 북장로교회는 신학적 혼합주의와 현대주의적인 가치관의 수용으로 쇠퇴기를 맞이하였다. 고등 비평과 자유주의 신학의 영향으로 성경의 권위가 무시되고 설교의 비중이 낮아지면서, 북장로교회의 예배는 강단보다는 성찬을 중시하는 제단 중심으로 바뀌어져 장로교회의 정체성이 상실되었다. 그 결과 1966년에서 1989년 사이 120만 명의 신자가 감소하는 현상이 일어났다. 장로교회보다 세속주의 운동에 앞장섰던 연합감리교회는 더욱 타격을 받아 1970년 1060만 명이던 신자가 1986년 920만 명으로 줄었다(Longfield 1991, 13).

오늘날의 미국장로교회

1990년대에 들어서 미국장로교회는 여러 개의 교단을 형성하고 있지만, 미국 장로교회를 대표하는 두 개의 교단을 생각할 수 있다. 대형 교단이지만 성경의 영감과 권위를 부정하는 자유주의 신학을 포용하는 연합장로교회(The United Presbyterian Church)와 보수적인 신앙을 유지하면서 장로교회의 정체성을 유지하기 위해 애쓰는 미국장로교회(Presbyterian Church in America)가 바로 그것이다.

연합장로교회는 1983년 북부의 미국연합장로교회(The United Presbyterian

Church in U. S. A.)와 남부의 미국장로교회(The Presbyterian Church in United States)가 합동하여 생겨났다. 북부의 미국연합장로교회는 1958년 북미장로교회(The United Presbyterian Church of North America)와 미국장로교회(The Presbyterian Church in U. S. A.)가 통합하여 형성되었다. 북미장로교회는 에벤에셀 어스킨에 의해 1753년에 설립된 조합대회(The Associate Synod)와 조합개혁대회(The Associate Reformed Synod)라는 두 교단이 1848년에 합동하여 생겨난 교단이다. 1958년 당시 380만 명의 신자를 거느리고 있었던 연합장로교회는 1966년에서 1987년 사이에 120여만 명의 교인이 떠났고, 1983년의 교단 합동에도 불구하고 1989년에는 신자가 297만 명으로 줄어들었다. 교인 감소의 원인은 성경의 영감을 부정하고 교회 활동의 중심을 영혼 구원보다는 사회적 행동에 치중한 결과라고 할 수 있다(ERF 299).

한편 성경의 영감과 권위, 칼빈주의 신학의 정체성의 고수 등 보수 신학을 지키는 미국장로교회(The Presbyterian Church in America)가 있는데, 이 교단은 사회적, 교리적인 문제로 1973년 미합중국장로교회(The Presbyterian Church in the United States)에서 나온 교회들로 조직되었다. 1967년 총회가 신조를 개정하면서 자유주의 신학을 적극적으로 수용하자, 성경의 영감과 절대적인 권위를 주장하던 교회들이 이탈하여 1972년 첫 독립 노회인 밴가드(Vanguard) 노회를 조직하였고, 1973년 초반에 워리어(Warrior) 노회가 그 뒤를 이었으며, 여러 지역에 노회가 조직됨으로 교단이 생겨나게 되었다.

1973년 5월 조지아의 애틀랜타(Atlanta)에서 새로운 총회를 구성하기 위한 수백 명의 총대가 모여 성경과 개혁주의 신학에 충성할 것을 서약함으로 교단 설립의 기초를 놓았다. 그해 8월 노스캐롤라이나의 애쉬빌(Asheville)에서 총회 소집을 위한 준비 모임을 갖고, 12월 앨라배마(Alabama) 주의 브라이어우드(Briarwood) 장로교회에서 총회를 구성한 후 교단명을 전국장로교회(The National Presbyterian Church)로 불렀다. 일년 후 북미개혁장로교회와 정통장로교회, 성경장로교회에서 나온 자들로 조직된 개혁장로교회복음대회(The Reformed Presbyterian Church, Evangelical Synod)와 합치면서 미국장로교회(Presbyterian Church in America)로 칭하게 되었다.

미국장로교회는 보수적인 신학을 고백하며, 성경의 무오 교리를 파수하고, 전통적인 장로교회의 헌장인 「웨스트민스터 신앙고백」과 「교회 정부 형태」, 「치리서」(Book of Discipline), 「공예배 지침서」를 채택하고 있으며, 목사나 장로 또는 집사의 직분 임직 시 반드시 「웨스트민스터 신조」를 시인할 것을 요구하고 있다. 교회의 직분을 장로와 집사로 나누고, 장로는 치리장로와 강도장로로 구분하며, 강도장로인 목사는 다른 직분과 구별되어 성례를 집행한다. 치리장로와 집사는 3년의 임기제로 1년은 안식년으로 쉰 후, 교인들에 의해 재선출되지 못하면 당회원의 자격을 상실한다. 장로는 목사와 함께 교회와 노회와 총회 운영에 관여한다. 당회는 장로와 목사로 구성되고 목사가 의장이 되며, 목사 유고시 노회에서 파송한 자가 의장이 된다. 노회는 모든 목사와 지역교회에서 파송한 한 명의 장로들로 구성되고, 3개 노회 이상의 노회가 모여 대회를 이루며, 총회는 노회에 의해 선출된 목사와 장로가 같은 수로 구성된다.

1973년 당시 9만 명으로 시작하여 1989년 19만 명의 교인(ERF 298)과 1,500여개의 교회를 이루어 미국연합장로교회 다음의 큰 교단이 되었으며, 오늘날에는 2,000여 교회로 성장하였다. 이 교단은 사우스캐롤라이나의 컬럼비아국제대학교(Columbia International University), 앨라배마의 버밍햄 신학교(Birmingham Theological Seminary), 테네시 주 룩아웃 마운틴(Lookout Mt.)의 커버넌트 대학(Covenant College)과 미주리 주 세인트루이스의 카버넌트신학교(Covenant Theological Seminary)를 운영하고 있다.

이러한 양대 교단을 제외하고는 대부분 군소 교단을 이루고 있다. 개괄적으로 주요한 교단의 형편을 살펴보자. 뉴욕의 네덜란드개혁교회를 중심으로 시작된 미국개혁교회(The Reformed Church in America)는 「벨직신앙고백서」와

「하이델베르크 요리문답서」, 「도르트 신경」을 신앙의 표준으로 채택하고 있으며, 1970년대 말 교인 21만 명의 교세였다. 미시간 주를 중심으로 퍼져 있는 기독교개혁교회(The Christian Reformed Church)는 1970년대 말에 28만 명의 교인이 있었다. 이는 네덜란드개혁교회(The Dutch Reformed Church) 계통의 교단이다.

정통장로교회(The Orthodox Presbyterian Church)는 1936년 메이첸에 의해 북장로교회에서 나온 교단으로 1970년대 말경 15,000명의 교인이 1989년에는 19,000명으로 늘어났다(ERF 298).

성경장로교회(The Bible Presbyterian Church)는 분파주의자인 칼 매킨타이어(Carl McIntire)가 1938년 금주 운동과 전천년설을 주장하면서 정통장로교회에서 나와 세운 교단으로, 1970년대 말 8,000명의 교인을 가지고 있었으나 교단 산하의 훼이스신학교(Faith Theological Seminary)는 거의 폐교 지경이다.

북미개혁장로교회(The Reformed Presbyterian Church of North America)는 스코틀랜드 계약파 계열로, 하나님의 주권과 성경의 권위를 신봉하고 성경을 신앙과 생활의 유일한 지침서로 고백하고 있다. 1964년까지 기독교인의 정치 참여와 투표를 금하는 등 폐쇄 정책을 취하여 왔으며, 펜실베이니아 중심으로 활동하면서 1989년 5,000명의 교인을 확보하였고(ERF 298), 제네바 대학(Geneva College)을 운영하고 있다.

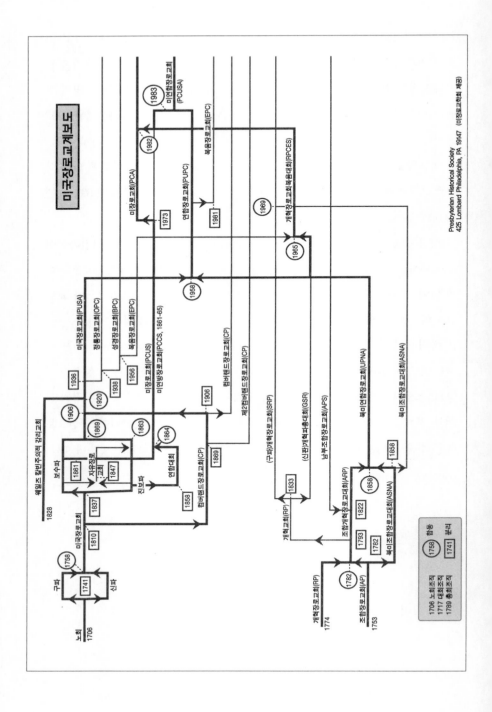

미국장로교계보도

Presbyterian Historical Society
425 Lombard Philadelphia, PA 19147   (미정장로교회 제공)

10장
한국 장로교회

"너희는 가서 모든 족속으로 제자를 삼아 아버지와 아들과 성령의 이름으로 세례를 주고, 내가 너희에게 분부한 모든 것을 가르쳐 지키게 하라"(마 28:19~20)고 하신 예수 그리스도의 지상 명령은 19세기에 이르러서야 실천에 옮겨지기 시작하였다. 윌리엄 캐리(William Carey)의 선교 운동과 함께 영국과 스코틀랜드, 네덜란드와 독일, 미국과 캐나다 등지의 기독교권 젊은이들이 세계 선교를 위하여 헌신함으로 기독교 2,000년의 역사에서 19세기는 "가장 위대한 세기"가 되었다.

세계 선교의 바람은, 서구인의 관점에서 세상의 땅 끝이라고 보았던 은둔의 나라 조선에도 불어왔다. 100여년의 선교 역사를 통하여 인구의 4분의 1이 기독교인이 되었고, 그 가운데 70%가 장로교 신앙을 고백하고 있다. 이와 같이 성장하게 된 한국 장로교회 역사에 대하여 간단히 살펴보자.

1. 근대 한국의 정치적인 상황과 복음의 준비

한국인이 장로교와 관련된 인물을 만나게 된 최초의 역사적인 사건은 1653 년 네덜란드개혁교회 교인이었던 하멜(Hamel)이 제주도 지역에 표류하면서이 다. 풍랑으로 표류하던 하멜은 한국인에 의하여 구조되어 13년간 한국에서 생 활한 후 네덜란드로 돌아갔다. 하멜이 기독교 신앙을 한국인들에게 전하였는 지는 알 수 없지만, 그가 쓴 「하멜 표류기」는 서양인들에게 한국을 소개하는 역할을 하였다.(하멜은 「표류기」에서 한국인 사이에 널리 퍼져 있는 전래 설화를 소 개하면서 바벨탑에 대한 설화와 같은 기독교적인 이야기가 있음을 보고하였다.)

그 후, 150년이 지나 영국인 바실 홀(Basil Hall)이 1816년 백령도에 상륙하여 중국어로 된 성경을 전하였고, 1832년에는 독일계 네덜란드 선교사 칼 귀츨라 프(Carl Gutzlaff)가 동인도회사의 통역관으로 군산 하류와 충청남도 보령시의 고대도에 와서 복음을 전하였다. 1866년에는 스코틀랜드의 선교사 토머스 (Thomas)가 미국 상선 제너럴 셔만 호(The General Sherman)를 타고 대동강을 거슬러 올라오면서 한문 성경을 건네주고, 복음을 전하다가 순교하였다.

한글 성경 번역

한국의 선교는 두 가지 면에서 특이한 점이 있다. 첫째는 선교사보다 성경 이 먼저 들어 온 것과, 다음으로는 한국인에 의해 최초로 교회가 세워진 점이 다. 한국인을 위한 성경 번역은 만주와 일본에서 동시에 이루어졌는데, 만주 에서는 존 로스(John Ross)와 존 매킨타이어(John McIntyre)가 조선 사람들의 도 움을 받아 성경을 번역하였다. 이들은 1871년 가을 만주 지역을 탐색하다가 만주로 이주해 오는 한국인들을 만났다. 존 로스는 1872년 요령성의 중심 도 시인 심양에서 이응찬, 백홍준, 이성하, 김진기 등을 만나 복음을 전하였으며,

1876년 이응찬이 복음을 받아들이자 세례를 베풀어 그를 한국 기독교 최초의
세례 교인으로 만들었다. 존 로스는 이응찬, 백홍준, 서경조의 도움으로 1880
년에 요한복음과 누가복음을 번역 완료하였고, 1887년에는 신약을 완역하여
출판하였다.

　일본에서는 1882년 신사유람단의 일원으로 일본에 와 있던 이수정(李樹廷)
에 의해 성경이 번역되었다. 그는 일본인 농학자 쯔다센(律田仙)박사의 전도로
기독교 신자가 된 후, 1883년 4월 세례를 받았고, 미국성경공회 총무 루미스
(Henry Loomis)의 권고로 한국어 성경 번역 작업을 시작하여 1884년 마가복음
을 발행하였다. 이들의 수고로 한국 교회는 선교사가 들어오기 전에 이미 자
국의 언어로 된 성경을 가지게 된 것이다.

　최초의 한국 교회는 외국 선교사가 아닌 한국인에 의해 세워졌다. 만주에
서 성경 번역에 참여했고, 성경을 파는 매서인으로 일하던 서상륜이 성경을
가지고 비밀리에 국경을 넘어 황해도 소래로 가서 복음을 전하고 1883년 교회
를 세움으로 소래 교회는 한국 최초의 교회가 되었다. 서상륜은 1884년 봄, 배
편으로 인천에 도착한 복음서 6,000부를 가지고 소래와 서울을 왕래하며 전도
하여 많은 신자를 얻었다(김영재 1992, 65). 그러면 선교 운동이 시작될 무렵 조
선시대 후기의 정치적인 상황에 대하여 살펴보자.

한국의 정치적 상황과 선교사의 도착

　19세기 중엽부터 조선은 세계 열방의 개방 압력을 받고 있었다. 1866년에
는 프랑스가 1839년 조선에 와 있던 프랑스 신부를 처형한 일에 대한 책임을
물어 강화도를 침입하였고, 1871년에는 미국이 제너럴 셔만 호의 침몰 사건을
이유로 통상 조약의 체결을 강요하며 신미양요를 일으켰다. 이러한 외세의 침
입에 대해 권력을 쥐고 있던 대원군은 쇄국정치를 펴면서 개방을 주장하는 세

력을 탄압하였다. 1873년 대원군이 실정하고, 명성황후를 지지하는 세력이 득세하면서 문호 개방이 시작되었다. 1876년 운요호 사건을 계기로 일본과 불평등 조약인 강화도 조약을 맺게 되었고, 1882년에 한영수호조약, 한독수호조약과 한미통상조약이 체결되었다. 한미통상조약으로 1883년 미국의 푸트 장군(Lucius H. Foote)이 초대 공사로 부임한 이래로 미국 교회의 한국 선교 운동이 시작되었다.

북장로교회는 1883년 9월 20일 중국의 상해에 있던 앨런 선교사(Horace Newton Allen)[32]를 미국 공사관 관의(官醫)로 내한하도록 승인하였다. 앨런은 영국과 중국, 일본의 공의로 일하면서 의술을 통한 복음 전도를 시작한 인물로, 갑신정변 전까지는 그의 사역이 드러나지 않았다. 1884년 12월 8일 김옥균을 중심으로 한 개화파 일행이 수구파를 처치하기 위해 갑신정변을 일으켰을 때 명성황후의 척족 세력의 거두 민영익이 개혁파의 칼에 맞아 중상을 입었다. 어의(御醫)를 포함한 한의사 14명이 고치지 못하자, 앨런이 잘 개발된 서양의 의술로 완치시켜 주었다. 공로를 인정받은 그는 상금 10만 냥 외에 고종 임금의 신임을 얻어 시의(侍醫)가 되었고, 정치 고문으로 활약하게 되었다. 앨런은 갑신정변의 주역 가운데 한 사람인 홍영식의 집을 하사받아 서양식 병원인 광혜원(廣慧院)을 열어서 병원을 통한 선교에 앞장섰다.(광혜원은 나중에 제중원이라고 불리기도 했으며, 후일 세브란스 병원으로 이어졌다.) 그는 청일전쟁, 노일전쟁으로 많은 사람이 부상하였을 때 외국인보다도 조선인을 우선적으로 치료하여 조선 사람의 친구가 되었다. 한편 앨런은 선교사란 신분에 걸맞지 않게 경제적 이해득실에 밝았다. 고종의 신임을 얻은 데 이어 1896년에는 '황금 알을 낳는 거위'인 경인철도 부설권을 획득하였고, 그 후에 운산 금광 채굴권

---

32) 앨런이 한국 선교에 참여하도록 주선한 인물은 미국 북장로교회의 선교 책임자였던 프랭크 엘린우드(Frank Ellinwood)이다. 엘린우드는 한국에 대한 남다른 관심을 가지고 많은 선교사 지망자 가운데 우수한 인재만을 한국에 파송하였다. 그가 주선한 호레이스 언더우드와 사무엘 마펫은 누구보다도 훌륭한 자질을 갖춘 선교사로 한국 선교의 터를 놓았다.

을 얻어, 자신의 친구이자 무역 브로커인 모오
스에게 팔아 거액의 커미션을 챙겼다.

감리교의 한국 선교는 미국의 볼티모어에서
목회하던 가우쳐 목사(Goucher)가 1883년 한국
의 통상 대표들과 만남을 계기로 시작되었다.
가우쳐는 통상사절단을 통하여 한국의 문호가
개방된 사실을 알고, 교단 측에 선교사 파송을
주선하였다. 미국 감리교회는 뉴저지에 있는

호레이스 언더우드

드류 대학교(Drew University)에서 신학을 공부한 아펜젤라(Henry G.
Appenzeller)를 한국 선교사로 파송하였다. 아펜젤라는 1885년 부활절에 호레
이스 언더우드(Horace G. Underwood)와 함께 제물포를 통하여 한국에 들어왔
다. 그러나 그는 전도여행 중 익사하여 많은 열매를 남기지는 못하였다.

앨런이 의료 선교 활동을 전개하고 있을 때, 장로교 선교사 호레이스 언더
우드가 도착하였다. 언더우드는 네덜란드 개혁교회 계통의 사람들이 미국 뉴
저지 주의 브런스위크(Brunswick)에 세운 뉴브런스위크 신학교에서 공부하였
다. 그는 원래 인도 선교를 희망하였으나, 기도하는 가운데 "왜 네가 한국에
가지 않으려느냐?"는 하나님의 책망을 듣고 한국 선교사로 헌신하였다. 마침
뉴욕의 맥윌리엄슨(MacWilliamson)이라는 사람이 세계 선교를 위하여 미국 북
장로교회 선교부에 5,000불을 헌금하였는데 언더우드는 이 준비된 헌금으로
북장로교회의 파송을 받았다.

언더우드는 한국으로 오는 도중 피선교지 한국에 대한 정보를 얻기 위해 일
본에 잠시 머물렀다. 그는 이수정에 의하여 번역된 마가복음을 구하였고, 그
것을 한국에 가지고 들어와 서울을 중심으로 선교하였다. 먼저 고아들을 돌보
는 사역을 시작하였고, 나중에 그들을 위하여 세운 학교가 경신학교의 전신이
되었다. 언더우드는 1890년 존 번연(John Bunyan)의 「천로역정」(The Pilgrim's

Progress)을 우리말로 번역하여 소개하였다. 그는 간호사로 한국에 온 여선교사와 결혼하고, 평양 선교 여행으로 신혼여행을 대신하였다. 하나님은 한국교회의 선교를 위하여 세밀히 준비하셨고, 준비된 이들을 통하여 일하신 것이다.

언더우드의 뒤를 이어 여러 명의 선교사들이 한국에 도착하였다. 1889년 10월 오스트레일리아의 빅토리아 장로교회의 선교사 헨리 데이비스(Henry Davis) 남매가 내한하여 부산을 중심으로 선교하였고, 1892년에는 미국 남장로교회의 레이놀드(W. D. Raynold, 한국명 이눌서), 전킨(W. M. Junkin, 한국명 전위렴) 등이 내한하여 전라도 지방에서 선교하였다. 1893년에는 캐나다 장로교회의 존 매켄지(John Mackenzie) 목사가 들어와 원산을 중심으로 함경도 일대에서 선교하다가 1895년 사망하자, 캐나다 선교부는 1898년 그리어슨(Robert G. Grierson, 한국명 구례선) 목사 부부를 파송하여 매켄지를 계승하도록 하였다. 이들은 대부분 청교도적 신앙을 가진 자들로 한국 교회의 신앙적 기틀을 마련하였다. 미국 북장로교 총회의 선교 책임자였던 아서 브라운(Arthur Judson Brown)은 1919년 다음과 같이 초기 선교사들의 신앙 유형에 대하여 언급하였다: "한국의 문호 개방 이후 찾아 온 전형적인 선교사는 청교도형의 사람이었다. 성수 주일하기를 우리 조상들(미국인)이 뉴잉글랜드에서 1세기 전에 하듯 하고, 댄스나 흡연이나 카드놀이를 그리스도인들이 할 수 없는 죄로 인정하였다. 신학과 성경 비판에서는 아주 보수적이며, 그리스도의 전천년설을 핵심적인 진리로 믿고, 고등 비평이나 자유 신학을 위험한 이단으로 단죄하였다." (민경배 1979, 111).

서양의 지식과 사상에 대한 관심을 가진 젊은 지성인들이 기독교에 귀의하였고, 이에 고무된 선교사들은 한국을 선교에 적절한 지역으로 간주하였다. 그러나 대부분의 한국인들이 서양인과 그들의 종교에 대하여 적대적인 감정을 가지고 있었으므로 직접적인 선교 활동은 어려웠고, 병원이나 학교와 같은 기관을 세움으로 복음을 증거하였다. 이와 같은 선교사들의 선교 전략은 성공적인 결과를 가져왔다. 1910년경에 800여 개의 미션 스쿨이 생겨났고, 등록 학생 수가 41,000명으로, 이는 정부가 운영하는 학교의 학생 수보다 2배나 많은 숫자였다.

효과적인 선교 사역으로 신자들이 늘면서, 신자들을 관리하기 위한 선교부 사이의 마찰이 불가피하게 되었고, 방지책으로 1893년 장로교 선교사 공의회 (The Council of Missions Holding the Presbyterian Form of Government)가 조직되었다. 선교사 공의회는 미국북장로교회와 미국남장로교회, 캐나다장로교회와 오스트레일리아장로교회로 구성되었으며, 이들은 일차적으로 문제 시 되던 선교 구역을 조정하였다. 미국남장로교회는 충청도와 전라도 지역, 미국북장로교회는 평안도, 황해도, 경상북도 지역, 캐나다 장로교회는 함경도 지역, 오스트레일리아 장로교회는 경남지역을 담당하였다. 이러한 선교 구역의 조정은 아이러니컬하게도 후대에 와서 교단 분열의 기초를 제공한 빌미가 되었다.

선교 정책의 필요성을 인식한 선교사 공의회는 1890년 중국의 지푸에 와서 선교하던 존 네비우스(John Nevius) 선교사를 초청하여 선교 정책 세미나를 개최하였다. 한국 교회는 네비우스의 충고를 따라 자립 보급, 자립 선교, 자립 정치를 선교 정책으로 채택하고, 노방 전도, 안방 전도, 사랑방 전도 운동을 전개하였다. 이와 같은 선교 정책에 의하여 세워진 한국 초대교회는 사랑방을 중심으로 모여 말씀을 배우며 성장하였고, 1년에 한 번 이상 4일에서 10일 정도 사경회를 가짐으로 질적인 성장을 도모하였다. 한국 교회의 초기 예배는 철두철미한 개혁주의 신학을 고수하던 선교사들의 영향으로 단순하였고, 의식보다는 신령과 진정으로 예배하는 일에 초점을 두었다.

2. 신학교의 설립과 지도자의 양성

선교사들은 네비우스의 원칙에 따라 한국교회를 이끌어갈 지도자들을 양성하기 위한 방안을 강구하였다. 초기에는 도제제도(徒弟制度)를 채택하여 선교사들이 조사(helper)를 두고, 심부름을 시키며 사역자로 키웠다. 조사(助事)의 업무는 선교사를 돕는 것으로, 조력의 범위는 사적인 일로부터 교회적인 일까지 두루 포함되었다. 조사는 나중에 교직 제도의 발전과 함께 전도사라는 칭호로 바뀌게 되었고, 장로교회의 교회 직분의 하나로 간주되었다.

평양신학교의 설립

1901년 조직된 대한예수교공의회는 교역자를 조직적으로 배양할 필요성을 인식하고, 신학교 설립을 결의한 후, 평양에서 선교하던 마포삼열(Samuel Moffet) 선교사의 자택에서 신학교를 개교하였다. 최초의 신학생은 김종섭과 방기창 두 사람으로 마포삼열과 이길함(Graham Lee) 선교사 두 사람이 교수로 가르쳤다. 그 후, 언더우드의 조사로 일하던 한석진, 만주에서 성경을 번역하고 소래에 교회를 세운 서상륜, 그리고 길선주, 이기풍 등이 등록하여 7~8명의 학생이 공부하게 되었다.

평양신학교는 선교사공의회의 공식 승인을 받은 후 점차 발전하였다. 선교사 공의회는 1905년 평양신학교를 승인하고 평양연합신학교라고 칭하였다. 1908년 시카고의 맥코믹(McCormick) 여사가 한화 1만 1천 원을 기증함으로, 평양신학교는 크게 발전하였다. 신학교 당국은 이 돈으로 평양 하수구리 5,000평의 대지를 구입하고 본관을 건축하였고, 1913년에는 6동의 기숙사를 준공하여 학교의 모습을 갖추었다. 1922년 맥코믹 여사가 다시 7만원을 보내와 서양식 교사를 신축하였고, 기증자의 이름을 따라 건물의 이름을 명명하였다.

부흥운동과 교회의 조직

1905년 일제에 의해 강제로 을사보호조약이 체결되자, 민족 지도자들은 민족의 장래에 대해 크게 염려하였다. 국권을 상실함으로 절망감 속에 빠졌을 때 장로교회는 영적인 대각성운동을 일으켜서 민족에게 소망을 주었다. 원산에서 모인 선교사들의 기도회에서 시작된 각성 운동은 1907년 1월초부터 평양 장대현 교회당에서 모인 도사경회에서 행한 길선주 목사의 성령 강해를 통하여 본격적으로 전개되었다. 도사경회에서 길선주 목사가 회개와 기도의 필요성을 강조한 설교를 하였을 때 많은 무리가 성령 충만을 받기 위해 기도하면서 회개와 기도 운동이 일어났다. 평양신학교 학생들은 물론이고, 숭실대학교의 학생들도 죄를 회개하고 생활의 변화를 나타냈다. 평양을 방문한 루트(Rut)박사는 당시 평양 인구 약 4~5만 명 가운데 매주일에 14,000명이 모여 기도와 성경 연구에 전력하였다고 보고하였다. 부흥운동의 영향은 서울까지 파급되어 서울에 있던 교회들도 큰 부흥을 체험하였다. 대부흥운동을 통하여 한국 교회는 영적으로 새로 태어났고, 교회 확장의 전기를 맞게 되었다. 부흥운동은 한국 교회의 새로운 전통이 되었고, 오늘날까지도 영적인 변혁의 중요한 수단으로 활용되고 있다.

1907년은 대부흥운동 때문만이 아니라 교회 조직 면에서도 한국교회사에 기억될 만한 해였다. 첫째는 한국 장로교 역사상 최초로 노회가 조직되었다. 한국에 와서 선교 운동을 펴던 4개의 장로교회는 "대한국 예수교 장로회"를 조직하기로 결의하고, 9월 17일 평양 장대현 교회당에서 독노회를 만들었다. 독노회는 「웨스트민스터 신앙고백」의 내용을 축소한 12 신조와 「소요리문답서」를 채택하여 장로교의 근본적인 신앙을 수용하였다. 둘째는 최초로 한인 목사가 배출되었다. 독노회는 평양신학교를 졸업한 서경조, 한석진, 양전백, 길선주, 이기풍, 송린서, 방기창 등 7인의 조사를 목사로 안수하였다. 마지막으로, 최초의 선교사를 파송한 해였다. 독노회는 노회 조직 기념으로 제주도에 이 기풍 목사를 선교사로 파송함으로 교회 조직과 함께 선교 운동을 시작한 것이다.

1910년 일제에 의하여 강제 합병을 당함으로 온 국민이 절망감에 빠져 있을 때, 장로교회는 복음 운동을 통하여 국권을 회복하고자 하였다. 1907년의 부흥운동에 힘입은 장로교회는 1910년에 모인 제4회 독노회에서 100만 명(당시 한국 인구는 1000만 명) 구령 운동을 구상하고, 이를 전국적으로 실천하고자 하였다. 전 민족의 10분의 1을 구원하기 위해 모든 교회는 매일 새벽 기도회로 모일 것을 결의하였는데, 평양에서는 1,000여명 이상이 개인 전도에 참여하여 전도 운동이 일어났다.

한편 교회가 성장해 가면서 장로교 총회 조직이 구상되었다. 전국 각지에 교회들이 세워지면서 1912년 소집된 독노회는 1907년 당시 조직한 7개의 대리회(代理會)를 개편하여 7개의 노회를 만든 후, 총회를 조직하였다. 총회는 1907년 독노회가 채택한 12 신조를 재승인하였고, 총회 헌법을 채택하면서 교회의 자유 등 기본적인 장로교 정치 원리를 승인하였다. 총회는 설립 기념으로 중국 산동성에 선교사를 파송하였다. 선교 운동에 앞장선 한국장로교회는 1909년에는 러시아의 연해주에 최관흘, 일본에 한석진을 선교사로 파송하였다.

3. 일제 치하의 장로교회

일제 치하에서 기독교는 독립 운동의 중심적인 역할을 감당하였다. 한일합방으로 나라를 잃은 민족 지도자들이 교회를 중심으로 국권 회복 운동을 도모하자, 일제는 1910년 105인 사건을 날조하여 교계 지도자와 애국지사들을 박해하는 정책을 폈다. 그들은 1910년 11월 압록강 철교 낙성식에 참석한 데라우찌 총독과 신성 중학교 교장 윤산온(G. S. McCune) 선교사가 악수할 때 기독교 지도자들이 총독을 살해하려하였다는 음모를 꾸며내, 전국에서 기독교의 지도급 인사 157명을 체포하였고, 그 가운데 105명을 투옥한 후, 1913년 6명을 처형하고, 99명은 석방하였다. 일제가 기독교 박해 정책을 시행한 것은 한국에서 기독교회가 민족지도자들의 구심점일 뿐만 아니라 사회를 이끄는 중심적인 세력이었기 때문이다. 특히 교회가 유럽과 미국에서 파송한 선교사들에 의하여 보호받았으므로 일본의 지배자들은 교회를 서양 세력의 정치적 대리인으로 간주하였다.

제1차 세계 대전 후 윌슨의 자주 독립 원칙이 선언되자, 1919년 재일 유학생 중심으로 2.8 독립 선언서가 발표되었고, 그 여파로 3.1운동이 일어났다. 3.1운동 당시 독립지사들은 서울 승동교회당에 모여 만세 시위에 사용할 태극기를 인쇄하고, 33인의 국민 대표는 선언문에 서명한 후 독립 선언을 선포하였다. 33인 중 16명이 기독교회의 지도자들이었다. 독립 운동의 확산을 두려워한 일제는 평화롭게 시위에 참석한 한국인들을 잔인하게 진압하였다. 7,509명이 살해되었고, 15,961명의 부상과 47,000명이 체포되었다. 그해 작성된 일제의 통계에 의하면, 투옥자 19,525명 중 3,426명이 기독교인으로, 전체 투옥자의 17.6 퍼센트에 해당하는 비율이다. 당시의 기독교인이 전 인구의 1.5 퍼센트에 불과하였다는 점에 비추어 볼 때, 기독교인들이 독립 운동의 중심에 서 있었음을 알 수 있다. 이 때부터 기독교회는 일제의 무자비한 박해를 받게 되었다.

1920년대 초반에 들어서면서 일제의 기독교에 대한 자세는 조금 누그러지는 것처럼 보였다. 3.1 독립 선언 때 그들이 한국인들에 대하여 잔인하게 행사한 것을 비판하는 국제적인 여론이 형성되었기 때문이다. 더구나 아시아를 통일하려는 야욕을 충족시키기 위해 일본이 믿을만한 나라라는 것을 국제 사회에 보여주어야 하였기 때문에 관용적인 입장을 취한 것이다.

한국교회는 이와 같은 상황에서 반상제도의 타파, 남녀평등의 실현, 교육

운동의 전개를 통해 사회 개혁운동에 앞장섰으며,[33] 금주 금연 운동을 전개하고, 낭비와 사치를 추방함으로 국가의 힘을 키우고자 하였다. 이와 같은 사회 참여로 인하여 기독교는 민족 운동의 구심점이 되었고, 자연스럽게 교회의 부흥이 이루어졌다.

황국신민화 운동과 신사참배

1920년대 중반에 접어들면서 일본의 군국주의는 날로 세력을 더해 갔다. 그들은 농지 수탈과 탄압 정책으로 조선인들을 괴롭혔다. 농민들은 50%에서 80%에 이르는 고율의 소작료를 견디다 못해 소작 쟁의를 벌였다. 1927년에서 1931년 사이 일제의 엄중한 경계 하에서도 3,681건의 쟁의가 일어났다(권평 2003, 5). 일제의 극심한 탄압으로 쟁의가 실패로 끝나자, 600만 명이 넘는 농민들이 삶의 터전을 버리고 도시로 전출하거나 만주나 연해주, 그리고 일본 등 해외로 이주하였다. 1931년 만주에 150만 명이 넘는 조선인이 있었다는 기록을 보면 허다한 수가 중국으로 이주하였음을 알 수 있다.

일제는 신사참배의 강요, 창씨개명, 조선어 사용 금지 등의 방법으로 민족 문화 말살 정책을 폈다. 1925년 남산에 신사를 세워 일본의 민속 종교인 신도(神道)를 보급하기 위해 신사참배를 온 국민에게 강요하였다. 신도는 일본인이 섬기는 8백만 신(神), 역대 천황, 무인(武人)과 조상을 섬기는 종교로, 일제는 기독교 예배도 이에 준하도록 종용하였다. 이와 같은 일본의 황국신민화(皇國臣民化) 정책에 대해 가장 먼저 반기를 든 것은 장로교회였다. 1931년 경남노회는 신사참배를 죄악으로 결의하였고, 1935년 평양에서 열린 장로교 계통의 기독교 학교장 회의에서 신사참배를 정죄한 후, 신사참배 반대 운동은 전국으

---

33) 1919년 3·1 운동으로 체포되어 재판에 회부되었던 사람들의 교육 정도를 보면 당시 조선인의 심각한 교육 수준을 알 수 있다. 체포되었던 6,552명 중 고등교육을 받은 자가 127명(2%), 중등교육 604명(9%), 보통교육 1,089명(16%), 서당한문교육 1,370명(21%), 무학 1,472명(23%), 불분명 1,880명(29%)이었다(박성수 1969, 377).

로 확산되었다.

이로 인한 일제의 기독교 박해는 절정에 이르러, 1936년 평양 숭실전문학교와 숭의여학교 교장을 파면하였다. 1938년 9월 제27차 장로교 총회가 평양 서문밖교회에서 모이자, 일제는 장로교 총회로 하여금 신사참배를 결의하도록 압력을 가하였다. 결국 총회는 일제의 강압에 굴복하여, 신사참배는 국민 의례이니 국민이 행할 수 있는 당연한 의무라고 결의하였다. 당시의 총회장 홍택기 목사는 신사참배에 대해 가(可)만 묻고 부(否)를 묻지 않은 채 신사참배가 통과되었다고 선언함으로 총회의 이름으로 신사참배를 합법화하였다. 그러나 많은 신실한 성도들은 총회의 불법적인 신사참배 결의에 대해 저항하였다. 전국 방방곡곡에서 신사참배 반대 운동이 일어나 수많은 성도들이 투옥되었고, 주기철 목사, 최봉석 목사, 박관준 장로, 박의흠 전도사, 서정명 전도사 등 50여 명이 순교의 제물이 되었다.

신비주의와 자유주의 신학의 일어남

신사참배와 함께 한국 장로교회의 발전에 장애가 된 것은 공산주의 운동, 신비주의와 자유주의 신학이었다. 공산주의 운동은 1920년대부터 민중 해방을 선동하면서 일어나 기독교에 도전하였고, 이와 같은 시기에 나타난 것이 신비주의 운동이다. 신유 집회에 기초를 두고 있는 신비주의 운동은 1919년 김익두 목사를 통해 시작되었다. 김익두 목사는 황해도 안악에서 태어났고, 청년시절 유명한 깡패였지만 복음을 듣고 개종하여 1901년 소안론(W. L. Swallen) 선교사에게 세례를 받았으며, 평양신학교에 입학하여 1910년 졸업하고 목사 안수를 받았다. 그는 1919년 12월 경북 달성군에 있는 현풍교회에서 집회를 인도할 때 10년 전에 턱이 떨어져 구걸로 살아가던 박수진을 안수하여 고쳤다. 이 사건을 계기로, 교회 안에 치유, 안수 등을 강조하는 신유 운동이 일어났고, 신유만을 하나님의 사역으로 보려는 신비주의가 등장하게 되었다.

신비주의가 본격적으로 확산되기 시작한 것은 1930년대이다. 당시 교회는 세속적인 인물들이 교권을 장악하고 있어 영적으로 무기력한 상태에 있었다. 교인의 수가 25만 명 정도 되었지만 그 영향력은 미미한 상태에 있었다.[34] 이 때 나타난 인물이 감리교 목사였던 이용도이다. 그는 신비주의에 빠져 "사도신경과 삼위일체 교리와 예수에 의한 사죄의 교리를 폐기하고, 신비적이고 신지적(神智的)인 경험을 통하여 하나님과 하나 되어야한다,"고 주장하면서(김영재 1992, 188), 기성교회 목사들의 영적 무기력을 비판하였다. 이용도의 신비주의는 황국주에게 전수되어, 황국주는 예수의 목이 자신에게 접붙임 되었다고 주장하고, 스스로 육신을 입은 예수라고 칭하면서 성적인 교접을 통하여 "피 갈음"을 해야 한다고 외쳤다. 황국주의 신비주의는 후에 박태선의 피 갈음 교리의 기초가 되었고, 김백문이 이를 체계화하여 「기독교 근본 원리」를 저술하였으며, 이는 문선명 집단의 통일교 기초 교리가 되었다.

신비주의 운동과 함께 교회를 괴롭힌 것은 자유주의 신학 운동이다. 선교사들의 도움으로 해외에서 신학 수업을 하고 돌아온 한국인 목사들이 세계의 신학적인 동향을 소개하면서 자유주의 신학을 서서히 주장하기 시작하였다. 특히 1934년경 김재준 목사가 모세 오경의 모세 저작설을 부인하고 성경무오교리를 부정함으로, 장로교 총회는 홍역을 치르게 되었다. 1934년과 1935년 장로교 총회는 김재준 목사가 제기한 성경의 역사적 비평 문제를 두고 신학 논쟁을 벌였으며, 감리교가 한국 선교 50주년을 맞아 출판한 「아빙돈 단권 성경

---

34) 김인서의 글에 의하면, 당시 기독교인의 수는 25만 명 정도였던 것으로 추산된다. 김인서는 말하기를, "우리는 人民으로써 납세율이 매인 당 오원에 달하고, 이 위에 교회 부담은 얼마나 되는가? 작년 통계에 의하면 교인 총수가 25만이라 하나 여기에는 除名 교인 三萬여가 오산되었고, 其餘 二十二만인 중에는 원입인이 九만 사천이라는 거의 반수를 점령하였고, 학습인 3만 6천, 유아 이만 삼천은 의무를 부담할 실수가 못된다. 성찬 참여 교인 칠만 팔천 인이 의무 있는 교인이다"(김인서 1933, 107).

주석」의 번역에 참가한 채필근, 한경직, 송창근, 김재준 등 장로교 목사의 신학 사상에 대한 비판이 일어났다. 길선주 목사는 「아빙돈 주석」이 자유주의 신학을 포용하며 장로교 교리에도 위배된다고 지적하고, 참여한 자들의 사과를 요구하였다. 여론이 불리하게 돌아가자 대부분이 자신의 경솔한 행동에 대하여 사과함으로 이 사건은 일단락되었지만, 이는 신학 논쟁의 전초전이 되었다. 신학 논쟁에 이어, 장로교회는 1936년 남북 교회의 관계, 선교사 사이의 알력, 경중(京中)노회 사건 등으로 분열 위기에 놓였다.

1938년 총회가 신사참배를 결의하면서, 교회는 일제의 조종을 받는 자들에 의하여 운영되었다. 평양신학교는 문을 닫고, 보수적인 선교사들이 한국을 떠났으며, 한국의 대표적인 신학자 박형룡 박사가 만주로 망명하였다. 1939년 3월 자유주의적인 신학을 따르던 사람들을 중심으로 조선신학교 기성회가 조직되었다. 그들은 그해 가을 일본 정부로부터 학교 설립을 허락받은 후, "충량 유의(忠良有爲)한 황국(皇國)의 기독교 교역자(基督教 教役者)를 양성(養成)한다."(총회록 1940, 43)는 교육 목표 아래 평양 동덕학교에서 조선신학교를 개교하였다. 일본제국에 충성스러운 교역자를 양성한다는 것이다. 교수진은 채필근, 김영주, 함태영, 김재준, 윤인구, 이정로 목사 등 자유주의적인 신학자나 친일적인 인사들이 중심을 이루었다.

일제의 만행은 친일파를 앞세워 교회를 부패시키는 등 계속되었다. 채필근은 순교자 주기철 목사가 투옥되었을 때 주 목사의 가정이 머물던 사택을 빼앗기 위해 일제에 고소하였고, 부산 지역에서는 삼위일체의 이름이 아니라 일본의 귀신인 천조대신의 이름으로 세례를 베푸는 '미소기바라이'를 행하기도 하였다. 일제는 자유주의자들과 손을 잡고 1942년 조선혁신교단을 조직하고, 성경 가운데서 구약을 없애고 요한계시록과 찬송가를 개편하였으며, 1945년 7월에는 모든 교파를 합하여 일본기독교단을 조직하는 등 만행을 하였다.

4. 교회의 분열과 에큐메니칼 운동

1945년 해방을 맞은 한국교회는 친일적 유산을 청산하려는 영적 쇄신 운동과 교회 재건 운동이 필요했다. 그러나 그 방법론에 현격한 차이가 있어서 불행하게도 장로교회의 대립과 긴장의 요인이 되었다. 신사참배를 거부하던 20여명의 옥중 성도들이 8월 17일 평양형무소에서 출옥하여, 9월 20일 신사참배에 대한 공적인 회개와 자숙, 신학 교육 기관의 재건을 골자로 하는 5개 항의 교회 재건 원칙을 발표하였다. 1945년 11월 평양에서 북위 38도 이북 지방의 노회 대표들이 모여 이북 5도 연합회를 조직하였고, 그 달 14일에는 선천의 월곡동 교회에서 모인 평북노회 교역자 퇴수회에서 박형룡 박사가 교회재건 원칙을 발표하자, 그 교회 목사였던 홍택기는 "옥중에서 고생한 사람이나 교회를 지키기 위해서 고생한 사람이나 그 고생은 마찬가지였고, 교회를 버리고 해외로 도피생활을 했거나 은퇴생활을 한 사람의 수고보다는 교회를 등에 지고 일제의 강제에 할 수 없이 굴한 사람의 수고가 더 높이 평가되어야 한다." (김양선 1956, 46)고 주장함으로 신사참배를 합리화하고 공적인 권징을 거부하였다. 남한에서도 신사참배에 대한 회개를 전제로 교회 재건 운동을 전개하였으나 김관식, 송창근, 김영주 등 교단을 장악하고 있던 친일파의 완강한 저항으로 실패하여 교회 분열의 조짐까지 나타나게 되었다.

교회 재건과 분열

한국 장로교회는 신사 참배자에 대한 치리 문제로 인해 교회 분열을 체험하였다. 대표적인 예는 김린희 전도사와 최덕지 전도사를 중심으로 일어난 재건파와 한상동 목사와 주남선 목사를 중심으로 생긴 고신 교단의 분열이다. 신사참배 반대로 일제에게 박해를 받던 성도들이 출옥하여 세운 재건파는 기성

교회를 마귀당으로 정죄하고, 기성교회 교인과 교제하는 것을 신사참배 동참
죄에 빠지는 것으로 간주하였다. 그들은 가족이 신앙적으로 하나 되지 못하면
이혼하라고 가르칠 정도로 배타적인 자세를 고수하면서 극단적인 분리주의적
입장을 보였다.

　고신 교단은 경남지역을 중심으로 생겨났다. 경남노회에서 한상동 목사를
중심으로 신사참배자들에게 회개와 근신을 요구하자, 친일파였던 김길창과
일본 기독교교단 총리를 지낸 김관식은 회개대신 신사 참배 합리화에 급급하
였다. 더구나 그들은 회개를 촉구하던 출옥 성도들을 교활하게 소외시키기 위
해 수단과 방법을 가리지 않았다. 교권주의자의 횡포에 실망한 한상동 목사와
주남선 목사는 1946년 고려신학교를 설립하고 청교도적인 개혁주의 신학을
전파함으로써 교회를 재건하려고 하였다. 그러나 교권주의자들이 장악하고
있던 1951년 모인 제36차 총회는 조선신학교와 박형룡 박사를 중심으로 세워
진 총회신학교는 승인하였으나 고려신학교를 직영 신학교로 인정하지 않았
다. 1952년 4월 대구에서 열린 제37회 총회가 경남법통노회 총대를 승인하지
않고 "고려신학교와 그 관계 단체와 총회와는 하등의 관계가 없다"고 선언함
으로, 고려신학교 측의 인사들과 노회는 총회로부터 완전히 단절되었다. 교권
주의자들에 의해 순교적 신앙을 고수하였던 교회들이 총회로부터 추방당한
것이다. 이로써 경남 지역(호주 장로교 선교구역)을 중심으로 최초의 교회 분열
이 일어났다.

　1953년에는 김재준 목사의 신학 문제로 기장측의 분열이 있었다. 김재준은 신
사참배로 평양신학교가 폐교 당하자, 1939년 송창근과 함께 조선신학교(한신대학
교의 전신)를 개교하였던 인물이다. 김재준은 성경의 완전 영감을 부인하고 사상
적인 영감을 주장하면서 한국 교회의 전통적인 보수주의 신학에 도전하였다. 그
의 입장은 1946년 「새사람」 11호에 발표한 글에 잘 나타나는데, 그는, "정통신학은
신신학보다 더 공교하게 위장한 실제적 인본주의요, 정통적 이단"이라고 단언하

였다.

김재준 목사의 신학에 대한 공개적인 비판은 1947년 4월 조선신학교 재학생 51명의 진정서 사건으로 시작되었다. "정통을 사랑하는 학생 일동"은 제33회 대구 총회에 진정서를 제출하고, 김재준, 송창근, 정대위 교수의 신학을 문제 삼았다. 이들은 김재준 교수 등이 문서설을 주장하고, 성경에 오류가 있다고 가르침으로 성경의 권위를 파괴하고, 고등 비평을 수용한다고 지적하였다. 이 진정서는 전 교회의 문제가 되었다.

장로교 총회는 김재준 목사의 자유주의 신학의 확산을 막기 위해 1951년 김재준이 속해 있던 조선신학교의 직영을 취소하고, 1952년에는 전국 각 노회에 조선신학교 입학 추천을 금할 것과 조선신학교 졸업생의 강도사나 목사 장립을 불허할 것을 명하였으며, 캐나다연합교회에 김재준 목사를 지지하던 서고도(William Scott) 선교사의 소환을 요청하였다. 총회는 1953년 김재준 목사를 정죄한 후 목사 면직에 처하였다. 총회의 치리에 반발한 김재준과 그를 따르는 무리들이 총회를 이탈하여 한국기독교장로회를 조직함으로 또 다른 교회 분열이 이루어졌다. 한국기독교장로회는 함경도 지역(캐나다 선교부 지역) 중심으로 형성되었다. 당시의 저명한 교회사가인 김양선 목사가 지적했던 것처럼, "김재준 교수가 계속적으로 보수주의신학을 맹렬히 비난하지 않았다면 오늘과 같은 장로교회의 분열은 일어나지 않았을 것이다"(김양선 1956, 197).

고려파와 기독교장로회의 분열 이후, 한국장로교회는 1959년 세계교회협의회(World Council of Churches) 가입 문제로 제3차 분열을 체험하였다. 1959년 9월 24일 대전에서 모인 대한 예수교 장로회 제44회 총회는 경기노회 총대권 문제와 세계교회협의회 가입 문제로 논쟁 중 증경 총회장단의 제의로 11월 24일까지 정회하였다. 이에 불만을 품은 이들이 임원 불신임안을 제출한 후, 서울에 올라와 연동교회당에서 회의를 속개하고 총회를 구성함으로 제3차 교단 분열이 일어났다. 그렇지만, 대부분의 총대들은 규정대로 11월 24일 서울 승동교회당에서 회의를 속개하였다.

연동측과 승동측의 분열은 세계교회협의회에 대한 견해 차이에서 비롯되었다. 승동측은 자유주의 신학과 공산주의자를 인정하는 세계교회협의회에 가입하는 것은 배교 행위와 같다고 주장하였으나, 연동측은 세계교회협의회에 참석하여 시대적인 조류를 파악하는 것이 필요하다고 주장하였다. 연동측은 한경직 목사를 중심으로 진보적인 입장을 취하는 목사들로 구성되었고, 승동측은 박형룡 목사를 중심으로 보수적인 입장을 지지하는 목사들로 이루어졌다.

연동파는 1960년 2월 새문안 교회당에서 기독교장로회 세력의 일부를 받아들이면서 통합 총회를 열었다. 승동측은 그 해 9월 같은 신앙을 고백하던 부산의 고려파와 합동을 결의하고, 9명의 합동위원을 선정한 후 12월 서울 승동교회당에서 합동 총회를 구성하고, 합동 기념으로 새찬송가 출판을 결의하였다.

비록 고려파와 승동측의 합동이 이루어졌지만, 얼마 후 이들은 신앙적 생리와 교권 문제로 다시 분열을 맛보았다. 고려신학교측 인사들은 다수 그룹인 승동측이 모든 일을 일방적으로 주도한다고 보았고, 특히 신학교 일원화 안건에 불만을 표하였다. 고려신학교측은 승동측의 총회신학교와 고려신학교를 합하여 하나의 신학교로 설립을 기대했으나, 승동측은 고려신학교의 폐쇄를 전제로 하고 있었기 때문이다. 합동한지 약 1년이 지난 1961년 11월 고려신학교측은 승동측이 합동 원칙을 파기하였다는 내용의 성명서를 발표하였다. 1962년 10월 고신측의 지도자 한상동 목사는 독단적으로 고려신학교의 복교를 선언하고, 고신 교단의 환원을 추진하였다. 곧 이어 각 노회별 환원이 시작되었고, 1963년 9월에는 고신측의 환원 총회가 소집되었다. 이러한 분리주의적인 파벌 운동으로 보수주의자들은 분파주의자라는 악명을 얻게 되었다.

대중 집회 운동과 교단 확장 운동

1970년대에 들어서면서 한국장로교회는 크게 부흥하였다. 1973년의 빌리 그레이엄(Billy Graham) 전도 집회와 1974년 엑스플로ʼ74, 1977년의 민족복음화 성회를 통하여 세계 교회 역사상 볼 수 없었던 초유의 부흥 운동이 일어났다. 학생과 청년, 실업가가 각각 서로에게 전도할 것을 목표로 삼고 시작된 빌리 그레이엄 전도 집회는 1973년 5월 16일부터 27일까지 부산, 광주, 대구, 춘천, 전주, 대전 등의 6개 지방 도시에서 개최되었다. 지방 대회는 미국인 강사를 설교자로 한국인이 통역자로 회집되었고, 서울 집회는 5월 30일부터 6월3일까지 여의도 광장에서 빌리 그레이엄을 주강사로 하여 열렸다. 지방대회에 연인원 136만 명이 참석하여 결신자가 37,000명이 나왔고, 서울 집회에는 5일간 연 인원 300만 명이 참석하였고, 마지막 날에는 110만 명이 참석하였다. 서울 여의도에는 하나님의 나라가 이 땅에 내려온 것과 같은 분위기였다. 이때부터 한국교회는 대중 집회 시대로 나아가게 되었다. 빌리 그레이엄의 영향으로 침례교에 대한 인식이 새로워지면서 침례교의 성장이 두드러지게 나타났다.

1974년에는 "예수 혁명, 성령 폭발"이라는 주제로 엑스플로 74(Explo ʼ74)가 대학생선교회를 중심으로 열렸다. 8월 13일에서 18일 사이에 "모이게 하소서! 배우게 하소서! 전하게 하소서!"라는 캐치프레이즈 아래 여의도광장에서 개최된 엑스플로 ʼ74는 한국대학생선교회 총재 김준곤 목사와 미국 대학생선교회의 총재인 빌 브라이트(Bill Bright)가 주강사였으며, 전도 훈련과 세계 석학 초청 강연회, 전도 실습을 실시하였다. 이 훈련 프로그램에 323,419명이 회비를 내고 등록하여 서울 전역의 초등·중등학교에 기숙하면서 합숙 훈련을 받았는데, 30만 명 이상이 등록을 하여 한 장소에서 훈련을 받은 것은 세계 인류 역사상 유일한 사건이었다. 엑스플로 ʼ74에는 전도요원 훈련을 위한 낮 집회, 저녁 집회와 철야 집회가 있었다. 연인원 650만 명이 참석하였고, 철야기도회 시 수십만 명이 민족 복음화를 위해 기도하였으며, 420만 명에게 전도하여 274만 명이 복음을 받아들이는 역사를 이루었다.

엑스플로 '74는 한국 교회에 조직적인 전도 운동을 일으켰다. 한국교회는 노방전도나 축호전도 등 구두에 의한 전도 방법을 취해 왔으나 엑스플로 '74 이후에는 매스미디어와 책자를 통한 전도 운동을 본격화하였다. 특히 한국 교회는 대학생선교회가 출판한 4영리와 10단계 양육 훈련 프로그램을 가지고 제자훈련을 시작하였다. 이와 함께 교회마다 전도와 양육 프로그램이 개발되었고, 제자 훈련이 보편화되었다.

1977년 8월에 열린 민족복음화대성회는 한국교회의 부흥사를 중심으로 열렸다. 매일 80만 명 이상이 참석하였고 30만 명이 철야 기도하였으며, 결신자의 수가 3만4천명에 이르렀다. 그렇지만 부흥사들이 회개와 각성을 촉구하기보다는 은사와 신유를 강조하는 등 말씀 중심의 설교보다는 회중의 관심을 끄는데 초점을 두면서 대형 집회에 대한 회의가 시작되게 하였다. 그럼에도 불구하고 한국교회는 대형 집회를 통하여 크게 성장하였다. 1970년에 13,007개의 교회와 3,235,475명이던 교인 수가 1976년에는 16,351 개의 교회와 4,319,315 명의 신자로, 1980년에는 21,243 개의 교회, 7,180,627 명으로 성장하였다. 10 년 만에 8200 교회가 더 늘어났으며 교인이 230퍼센트 증가한 것이다.

수백만의 신자들이 모이는 대중 집회가 성공을 거두자, 교회는 수적인 확장에 관심을 기울이기 시작하였다. 교회들은 대교회 운동을 전개하였고, 교단들은 교세 확장에 앞장섰다. 오순절 계통의 조용기 목사와 감리교회의 김선도 목사를 중심으로 대교회운동이 시작되었고, 이 때부터 교회성장주의가 나타나 수만 명이 넘는 대형교회들이 등장하게 되었다. 교단은 구령 운동보다는 3,000 교회, 5,000교회, 또한 10,000교회 운동을 전개하여, 교단과 교세의 확장을 도모하게 되었다.

교세 확장의 선두 주자는 대한 예수교 장로회 합동측 교회였다. 합동측 교회는 10,000교회 운동을 전개하여 교회 수 늘리기에 전력을 쏟았다. 교단의 확

장에 대한 관심은 막강한 권력을 가진 교권주의자들이 등장하는 계기를 마련
하였다. 교권주의자들은 세력 확장을 위해 지연에 호소함으로, 결국 합동측
교회는 영남과 평안도 중심의 주류파와 호남과 황해 중심의 비주류파로 나뉘
어지게 되었다. 1971년 총신대학교 이사회가 신학교를 매각하고 지방으로 이
전하려고 하자, 대학생을 중심으로 반대하는 운동이 일어난 후 교권을 장악하
고 있던 호남과 황해도 출신의 목사들이 물러나고 영남과 평안도 계통의 인사
들이 등장하였다. 이 때 나타난 인물이 교권주의자의 대명사로 불리는 이영수
목사였다. 그는 철저한 파벌주의자로 경상도 지방색에 호소하면서 대구와 경
북의 인사를 묶어 교단을 장악한 후, 전국에 지지 세력을 심어 놓고, 반대파들
의 제거를 위해 수단과 방법을 가리지 않았다.

주류와 비주류의 분열

1975년경부터 시작된 이영수 목사 중심의 교권을 장악한 주류파와 호남과
황해 출신의 목사들 중심으로 한 비주류 측의 대결은 1970년대 말에 이르러
절정에 달하였다. 시간이 갈수록 주류 측의 세력이 굳건해지자, 비주류측은
교단 분열이라는 방법을 택하였다. 1979년 비주류 측은 주류측 중심의 총신대
학교의 신학이 신정통주의로 변질되었다고 지적하면서 평양신학교의 전통을
잇는 새로운 학교의 설립이 필요하다는 이유를 내세워 교회 분립의 명분으로
삼았다. 특히 총신대학의 학장이었던 김희보 목사가 자유주의자들처럼 문서
설을 주장한다고 매도하여 교단 분리를 정당화하였다. 그러나 김희보의 문서
설은 근거 없는 것이었다. 비주류 측은 자유주의화된 총신대학은 존재할 근거
가 없다고 주장하고, 보수적인 신학의 대명사로 불려지던 박형룡 박사의 신학
을 전승할 것을 선언하면서 서울 방배동에 총회신학교를 설립하였다. 초대 교
장으로 총신대학교 교수였던 박아론 목사를 임명하였다. 박아론 목사가 박형

룡의 아들이라는 점을 부각시켜 그들이 정통 신학을 계승하였음을 내세운 조치였다. 당시의 총신대학교의 교수들 가운데 비주류측에 가담한 사람은 박아론 목사뿐이었다. 만일 박아론 목사가 비주류에 가담하지 않았다고 한다면, 비주류의 신학적 정통성이 문제가 될 수 있었으므로 분열은 없었을 것이다.

교단이 나누어지고 두 개의 신학교가 생기면서 신학교의 정통성 논쟁이 시작되었다. 정통성을 확인 받는 척도로 학생의 숫자가 중요한 역할을 하였다. 박아론 교수 중심의 방배동 총회신학교는 주류측의 총신대학교보다 다수의 신학생을 모집함으로 정통성을 내세우고자 하였다. 이에 도전을 받은 총신대학교측도 많은 학생을 모집하여 수적인 우위를 과시하고자 함으로 교수와 이사회의 갈등이 시작되었다. 총신대학교 교수들이 무자격자들을 입학 시킬 수 없다고 주장하자, 이사회는 교수들의 의견을 무시하고 유례없는 신학교 자체의 검정 시험 제도를 도입하여 입학시험에 응시한 학생 전체를 받을 것을 결정하였다. 이때부터 한국장로교회는 신학생 홍수시대가 시작되었으며, 결국 목회자의 질을 낮추는 결과를 가져왔다.

신학생의 자격에 대한 입장 차이로 시작된 총신대학교 교수들과 이사회의 갈등은 1980년 초반에 있었던 총신대학교 사태의 중요한 원인이 되었다. 교수와 이사회가 학교 운영을 놓고 갈등할 때, 학생들이 학교 운영의 책임을 물어 교권주의자 이영수 목사와 학장 김희보 목사의 퇴진을 주장하였다. 이 때 이 목사 중심의 총신대학교 이사회는 학생 대표를 제적하도록 교수회에 압력을 가하였다. 학생 처리문제로 인한 전권위원회의 횡포는 신복윤, 김명혁, 윤영탁, 박형용 등 교수의 교수직 사퇴로 이어졌고, 사태의 추이를 지켜보던 박윤선 박사가 교수들의 입장을 지지하고 개혁을 요구함으로 이사회와의 관계가 불편해졌다.

이사회의 강압에 밀려 학장 직을 맡고 있던 박윤선 박사가 사임하자, 교수들은 박윤선 박사를 중심으로 모여 총회의 부정과 부패를 개혁할 것을 주장하

면서 '바른 신학,' '바른 교회,' '바른 생활'을 개혁의 목표로 삼고, 서울 반포
동에서 합동신학원(합동신학대학원대학교의 구 명칭)을 설립하였다. 당시에 많
은 사람들이 '총회신학교'라는 명칭을 사용할 것을 권하였지만 교수들은 교
단을 나누기보다는 합동측 안에서 개혁하기를 원하여 신설 학교의 이름을 '합
동신학원'이라 칭하였다. 그러나 이영수 목사를 중심으로 하는 교권주의자들
은 합동신학원 교수들을 제명하거나 교단으로부터 축출하였고, 합동신학원에
등록한 학생들을 교회에서 추방하였다. 이로 인하여 교단이 나누어지게 되었
고, 합동측과는 무관한 합동신학대학원대학교가 서게 되었다.

사회 참여와 한국 기독교

1980년대는 혼란의 시기였다. 1979년 10월 26일 박정희 대통령이 시해되
고, 12월 12일 전두환 보안사령관이 군사 쿠데타를 일으켜 정권을 장악하였으
며, 1980년 5월에는 광주에서 무고한 시민들이 계엄군에 의해 살해되는 비극
적인 사건이 일어났다. 이 때 보수적인 장로교인들은 정치군인들의 폭정에 대
해 침묵함으로 교회에 주어진 시대적인 사명을 감당하지 못하였다. 종교와 정
치의 분리라는 그릇된 신학 원리에 근거하여 교회의 사회 참여를 반대하면서
폭정을 일삼던 군부에 침묵하거나 두둔하는 애매한 태도를 보인 것이다.[35]

교회가 현실 문제에 대해 소극적인 입장을 취하기 시작한 것은 해방 이후에
나타난 현상이다. 일제의 한일합방과 강압 정책에 대해 한국교회의 지도자들

---

35) 장로교 정치 원리는 세속권과 교권이 전혀 다른 것이라는 정교 분리를 취하지 않고, 정치 영
역과 교회 영역은 하나님의 주권을 실천하는 곳이므로 교회와 국가는 상부상조하여 하나님
의 뜻을 실천하여야 하며, 서로의 기능을 존중하여야 한다는 정교 구분의 입장을 취한다. 장
로교인들은 교회가 정치 문제를 침해하지는 않았지만, 세속권이 법을 어기고 법 위에 군림할
때 저항할 것을 가르쳤다. 이는 칼빈과 낙스, 위그노와 네덜란드의 장로교 사상가들의 일관
된 입장이었다.

은 항의하였고, 민족의 독립을 위해 3·1운동을 일으켰으며, 신사참배를 강요할 때 목숨을 걸고 교회를 지켰다. 그러나 신사 참배로 인해 교회가 극심한 환란에 처하자 일부 목회자들은 사회 문제에 대해 회피하기 시작했다. 더구나 해방과 더불어 좌우익으로 나뉘어 대립과 반목이 심화되자 보수적인 교회의 지도자들은 사회 문제에 대해 가급적 기피하려고 하였고, 이러한 현상은 1960년대 이후 아주 일반화되었다. 대표적인 예로 1960년 3월 15일의 이승만 정권에 대한 부정 선거, 1969년 박정희 대통령의 3선 개헌 파동, 1970년대 1인 독재를 위해 제정한 유신 헌법에 대하여 침묵하였다. 전두환 소장이 쿠데타로 권력을 장악하였을 때는 그를 위해 조찬기도회를 열어 불법적인 군사 정변을 정당화해줌으로 군사정권에 타협하기도 하였다.

그러나 로마천주교회와 진보적인 기독교 지도자들은 군사 정권에 대항하여 인권의 보호와 민주화를 위해 싸웠다. 광주 민주화 투쟁을 지지하고, 유신 철폐와 군사 정권의 퇴진을 주장하는 등 군사 독재에 저항하였다. 이들의 투쟁은 1987년에 그 절정을 이루었다. 1987년 4월 전두환 대통령이 유신헌법 고수의 입장을 취하자, 그들은 전국 방방곡곡에서 호헌 반대 운동을 펼치면서 민주화를 외쳤다.

한국교회가 이처럼 사회 문제에 대해 통일된 입장을 취하지 못한 것은 사회 참여에 대한 인식 차이에 있었다. 보수주의자들은 사회 참여를 정교 분리의 원칙에 어긋난 것으로 보았고, 진보주의자들은 그리스도인의 시대적 사명이라고 생각했다. 다른 말로 하면, 보수주의자들은 인권 문제가 신앙과 무관하며 하나님에 관한 계명(제1계명에서 제4계명)의 준수만이 신앙적이라고 주장하면서 주일 성수 문제와 정부가 화폐에 불상을 넣으려는 정책 등을 반대하였지만, 진보주의자들은 하나님에 대한 계명보다는 인간에 대한 계명(제5계명에서 제10계명)의 준수를 중요시하면서 노동 문제와 민주화 투쟁을 주도했다. 그러나 그들의 태도는 한쪽으로 치우쳐 있었다. 성경은 하나님에 대한 계명 또는 인간에 대한 계명 하나만을 지킬 것을 요구하고 있지 않고 두 가지를 다 지킬 것을 명하고 있기 때문이다. 그리고 한국 교회의 사회 참여 방식은 개혁주의 적이라기보다는 혁명적이었다. 진보주의자들의 분신(焚身)을 부추긴 행위와 보수주의자들의 파출소 습격 또는 화염병 투척 사건 등은 설교를 통해 개혁을 추구한 종교개혁자의 방법이라기보다는 혁명을 통해 기존의 질서를 파괴하고 새 질서를 열려고 하였던 과격파의 입장이었기 때문이다.

1987년 6월 시민 항쟁으로 전두환 정권이 막을 내리고, 민주 헌법이 개정되면서 새로운 정부가 들어서는 등 큰 변화가 일어났는데, 이러한 정치적·사회적인 변화는 정치 문제에 무관심하던 보수적인 교회들에게 엄청난 시련을 가져왔다. 많은 성도들이 보수적인 교회를 떠나 민주화에 앞장섰던 진보적인 교회로 갔고, 로마천주교회로 개종하였기 때문이다. 이러한 와중에 보수적인 장로교회의 몰락은 괄목할 만 했다. 100개가 넘는 대한예수교장로회 총회 간판을 가진 교단들이 생겨나 보수적인 장로교단은 분리주의적이라는 인식이 사회에 팽배하게 되었고, 300여개의 무인가 신학교에서 수많은 무자격 목회자들이 배출되면서 장로교 목사들은 무지한 자들이라는 평가를 받게 되었다. 이는 결국 교회의 침체기로 이어지게 하였다.

개교회주의와 교회 연합운동

1990년대에 들어서면서 한국 장로교회는 성장이 지체된 침체시기를 맞았다. 이는 앞에서 지적한 것과 같이 교회가 시대적인 사명을 감당하지 못한 데 대한 하나님의 징계요, 장로교회의 정체성을 상실한 결과이기도 하다. 1970년대부터 일어나기 시작한 대교회주의 운동으로 장로교회는 회중교회와 같이 되었다. 교회 성장을 위해 세속적인 수단과 방법을 동원하는 등 성경이 가르치는 원리보다는 소견에 좋은 대로 교회를 운영하였다. 교회 성장이라는 명제를 위해 성경의 가르침보다는 실용주의적 방법을 채택하고, 미국의 릭 워렌이나 하이벨스와 같은 회중주의자들의 사상을 널리 소개하였다. 교회 연합을 강조하는 장로교회의 개교회주의의 시대가 열린 것이다.

1960년대까지만 해도 한국 장로교회는 지역 노회를 중심으로 지 교회를 개척하고, 구제와 교육을 펼쳐 지역 사회를 선도함으로 빛과 소금의 역할을 감당하였다. 노회가 병원이나 학교를 설립하였고, 심지어는 대학을 운영하기도 하였다. 그러나 1970년대 개교회주의의 확산과 함께 교회 연합 사업은 경시되었고, 개별적 교회의 성장만을 추구하는 풍조가 일어났다. 개교회주의의 확산과 함께 교인들이 모이기 힘들 정도가 되면 자(子)교회를 세움으로 교회의 분립 개척을 시도하던 전통은 사라지고, 오로지 하나의 대형교회를 만들기에 힘을 기울이는 시대가 되었다. 주일 예배가 2부나 3부로 드리게 되었고, 일부 교회에서는 8부 예배를 드리는 것을 자랑할 정도가 되었다. 더 큰 교회를 만들기 위해 교육관의 건축, 기도원 건립, 교회 묘지의 마련에 교회들이 경쟁하는 시기가 된 것이다. 결과적으로 이러한 개교회주의는, 세상 사람들에게 교회는 자신의 배만 살찌우는 이기주의적인 집단이라는 인식을 심어주기에 충분했다.

대형교회들은 전국 각 지역에 분점을 세움으로 영향력을 확대해 갔고, 교회가 가장 타락했던 중세 말기에 나타났던 현상, 곧 한 명의 목사가 여러 교회를 담임하며 월급만 챙기는 공석 목회(Absenteeism)를 공공연하게 시행할 정도가 되었다. 세속주의의 영향으로 교회가 지탄의 대상이 되고 신자들이 줄어들자, 교회마다 교인 쟁탈전을 벌이는 기현상이 일어났으며, 대형 교회들이 서는 곳의 주변에는 소형교회들이 문을 닫는 서글픈 일들이 속출하였다. 그 결과 교인 수의 감소와 교회 성장의 둔화로 이어졌던 것이다.

1990년대의 한국 교회의 또 다른 특징은 초교파적인 교회 연합 운동의 확산이다. 교회 연합 운동은 전체 기독교단의 모임과 복음주의적인 교회들 간의 모임을 통해 이루어지고 있다. 전자의 경우는 한국기독교총연합회를 통해 이루어지고 있고, 후자는 한국복음주의협의회를 통해 이루어지고 있다. 한국기독교총연합회는 한국의 모든 교회들의 모임이나 한국복음주의협의회는 장로교, 성결교와 감리교 등 복음주의적 신앙을 고백하는 개개인들이 매월 한번씩 모여서 사회 문제에 대한 복음주의적인 입장을 천명하고 한국 교회가 나아갈 길을 제시하는 일을 하고 있다.

교회연합운동은 교회가 하나 된다는 긍정적인 측면이 있지만, 장로교회의 정체성을 약화시키는 계기를 마련하기도 하였다. 복음주의자들이 교회에 유익하다고 생각하는 것은 무엇이든 수용하면서 장로교적이거나 비장로교적인 것의 구별이 힘든 상황이 되어버렸기 때문이다. 그 대표적인 예가 목사제복 입기 운동이다. 장로교회는 성직자의 복장 착용이 교인과 교인 사이의 평등을 주장하는 성경의 가르침에 위반되고, 루터와 칼빈이 주장한 만인제사장 원리와도 반대된다고 보았기 때문에 전통적으로 감리교회나 성공회에서 입어 온 목사의 제복 착용을 반대하여 왔다. 그러나 1998년부터 한국기독교총연합회가 목사 제복의 착용을 권장하자, 일부 장로교 목사들은 제복 착용에 앞장섰다. 이로써 장로교 목사인지 성공회의 사제인지, 아니면 천주교 신부인지를 구별할 수 없게 되었다.

이제 대단원의 결론에 이르게 되었다. 한국 교회가 다시 한번 부흥을 체험하고 영적인 능력을 회복하기 위해서는 장로교회의 정체성(identity)을 확립하여야 할 것이다. 성경 무오와 성경의 권위에 대한 확고한 신앙 위에서 교회를 재건하고, 성경이 가르치는 대로 믿고, 명하는 대로 예배하며, 지시하는 대로 교회를 다스리는 신학운동이 일어나야 할 것이며, 교회에 주신 시대적 사명을 성실하게 감당하여야 할 것이다. 한국 사회를 밝히는 빛과 부패된 부분을 개혁하는 소금이 되어 한국 사회를 이끌어 가는 영적 지도력을 회복해야 할 것이다. 이것이 바로 하늘과 땅의 모든 것을 주관하시며 역사를 다스리시는 그리스도 예수께서 21세기를 맞는 오늘날의 그리스도인들에게 요구하시는 명령이라고 확신한다.

인용 및 참고 도서

권평
2003   “1930년대의 김인서 선교 연구”, 「한국복음주의 역사신학회 제 8회 논문
발표회 자료집」

김기홍
1988   「프린스턴 신학과 근본주의」. 서울: 도서출판 창조성

김양선
1956   「한국 기독교 해방 10년사」. 서울: 대한 예수교 장로회총회 교육부.

김영재
1992   「한국교회사」. 서울: 개혁주의신행협회.

김인서
1933   “뭇 二十二總會”, 「신앙생활」 전집 2권. 9월호.

민경배
1979   「한국기독교회사」. 서울: 대한기독교서회.

박성수
1969   “3·1運動에 있어서의 暴力과 非暴力”, 「3·1運動 50周年 紀念文」.

서요한
1994   「언약사상사」. 서울: 기독교문서선교회.

손병호
1979   「장로교회사」. 서울: 대한 예수교 장로회총회 교육부.

신복윤
1992   "한국개혁주의신학의 어제와 오늘과 내일," 「신학정론」 10권 1호.

오덕교
1994   「청교도와 교회개혁」. 수원: 합동신학대학원출판부.

이만열
1985   「한국 기독교사 특강」. 서울: 성경읽기사.

채기은
1977   「한국교회사」. 서울: 예수문서선교회.

총회록
1940   조선예수교장로회 제29회 총회록.

Sydney E. Ahlstrom
1972   *A Religious History of the American People.* New Haven and London: Yale University Press.

Archibald Alexander
1886   *Evidences of the Authenticity, Inspiration, and Canonical Authority of the Holy Scripture.* Philadelphia: Whetham and Son.
1978   *Thoughts on Religious Experience.* Edinburgh: The Banner of Truth Trust.

William Ames
1968   *The Marrow of Theology.* translated by John Dykstra Eusden. Durham, North Carolina: The Labyrinth Press.

Thomas Armitage
1897   *A History of the Baptists.* New York: Bryan Taylor and co.

Maurice W. Armstrong, L. A. Loetscher, and C. A. Anderson ed.

1956   *The Presbyterian Enterprise: Sources of American Pres- byterian History.*
            Philadelphia: The Westminster Press.

Willem Balke

1981   *Calvin and the Anabaptist Radicals.* translated by William J. Heyden.
            Grand Rapids, Michigan: William B. Eerdmans Publishing Company

Richard Bancroft

1593   *Dangerous Positions and Proceedings, Published and Practised Within
            This Island of Brytaine, Under Pretence of Reformation, and for the
            Presbyterian Discipline.* London: Imprinted by Iohn Wolfe.

Richard Bauckham

1978   "Hooker, Travers and the Church of Rome in the 1580s," *Journal of
            Ecclesiastical History*, Vol. 29, No. 1, January.

Henry Bettenson, ed.

1974   *Documents of the Christian Church.* London, Oxford, and New York:
            Oxford University Press.

Theodore Beza

1983   *The Life of John Calvin, In Selected Works of John Calvin: Tracts and
            Letters.* Edited by Henry Beveridge and Jules Bonnet. Grand Rapids,
            Michigan: Baker Book House.

James E. Bradley & Richard A. Muller, ed.

1987   *Church, Word, & Spirit: Historical and Theological Essays in Honor of
            Geoffrey W. Bromiley.* Grand Rapids, Michigan: William B. Eerdmans
            Publishing Company.

William P. Breed

1872   *Presbyterianism: Three Hundred Years Ago.* Philadelphia: Presbyterian
            Board of Publication and Sabbath School Work.

Charles A. Briggs

1885   *American Presbyterianism, Its Origin and Early History.* New York: Charles Scribner's Sons.

1887   "The Barriers to Christian Union," in *Presbyterian Review* volume 8.

1890   "Revision of the Westminster Confession," in *Andover Review*, XIII, January~June.

E. H. Broadbent

1985   *The Pilgrim Church.* England: Camelot Press.

Christopher J. Burchill

1986   "On the Consolation of a Christian Scholar: Zacharius Ursinus(1534~83) and the Reformation in Heidelberg," Journal of Ecclesiastical History, Vol. 37, No. 4. October.

John H. S. Burleigh

1951   "What is Presbyterianism?" *The Evangelical Quarterly*, vol 23.

John Calvin

1949   *Commentary: Acts of the Apostles.* Edited by Henry Beveridge. Grand Rapids, Michigan: William B. Eerdmans Publishing Company.

1960   *Institute of the Christian Religion*, Philadelphia: Westminster Press.

1983   *Selected Works of John Calvin: Tracts and Letters.* Henry Beveridge ed. 7 vols. Grand Rapid, Michigan: Baker Book House.

F. Forrester Church and Timothy George, ed.

1979   *Continuity and Discontinuity in Church History: Essays Presented to George Hunston Williams.* Leiden: E. J. Brill.

E. T. Corwin

1879   *Manual of the Reformed Church in America.* 3rd edition. New York.

John Cotton

1958   "Preface Epistle." In John Norton, *Reasonsio ad totam questionum syllo-gen a Guillemo Appollonio Propositam*. London, 1648. *Republished in English as The Answer to the Whole set of Questions of the Celebrated Mr. William Appolonius*. Cambridge, Mass.: Harvard University Press.

1968   "The Way of Congregational Churches Cleared." Reprinted in John Cotton on the Churches of New England. Cambridge, Mass.: The Belknap Press of Harvard University Press, 1968.

Oscar Cullman

1953   Peter: Disciple-Apostle-Martyr. Philadelphia: The West- minster Press.

William Cunningham

1979   *Historical Theology*. 2 vols. Edinburgh: Banner of Truth Trust.

A. Mervyn Davies

1965   *Presbyterian Heritage: Switzerland, Great Britain, America*. Richmond : John Knox Press.

Robert Davidson

1847   *History of the Presbyterian Church in the State of Kentucky; With a Preliminary Sketch of the Churches in the Valley of Virginia*, New York: Robert Carter.

Margaret Deansley

1985   *A History of the Medieval Church 590~1500*. London and New York: Methuen.

Charles G. Dennison & Richard Gamble

1986   *Pressing Toward the Mark: Essays Commemorating Fifty Years of the Orthodox Presbyterian Church*. Philadelphia: The Committee for the Historian of the Orthodox Presbyterian Church.

John Dillenberger, ed.

1961   *Martin Luther: Selections from His Writings.* New York: Anchor Books.

J. D. Douglas

1964   *Light in the North: The Story of the Scottish Covenanters.* Grand Rapids,
            Michigan: William B. Eerdmans Publishing Company.

Free Presbyterian Church

1970   *History of the Free Presbyterian Church of Scotland(1983~1970),*
            Compiled by a Committee Appointed by the Synod of the Free
            Presbyterian Church. Published by the Publication Committee, Free
            Presbyterian Church of Scotland.

Ezra H. Gillet

1864   *History of the Presbyterian Church in the United States.* 2 volumes.
            Revised Edition. Philadelphia.

Janet Glenn Gray

1981   *The French Huguenots: The Anatomy of Courage.* Grand Rapids,
            Michigan: The Baker Book House.

Edwin S. Gaustad, ed.

1982   *A Documentary History of Religion in America.* 2 volumes. Grand
            Rapids, Michigan: William B. Eerdmans Publishing Company.

Richard L. Greaves.

1980   *Theology & Revolution in the Scottish Reformation.* Grand Rapids,
            Michigan: Christian University Press.

William Thompson Hanzsche

1934   *The Presbyterians: The Story of a Stanch and Sturdy People.* Philadelphia:
            Westminster Press.

George P. Hays

1892　　　*Presbyterians: A Popular Narrative of Their Origin, Progress*, Doctrines and Achievements. New York: J. A. Hill & Co. Publishers.

Alexander Henderson

1644　　　*Reformation of Church Government in Scotland, Cleared from Some Mistakes and Prejudices.* London.

G. D. Henderson

1951　　　*The Claims of the Church of Scotland.* Hodder and Stoughton.

1954　　　*Presbyterianism.* Aberdeen: The University Press.

Alan Heimert and Andrew Delbanco, ed.

1985　　　*The Puritans in America: A Narrative Anthology.* Cambridge, Massachusetts: Harvard University Press.

Archibald Alexander Hodge

1880　　　*The Life of Charles Hodge.* New York: Charles Scribner's Sons.

Charles Hodge

1874　　　*What is Darwinism?* New York: Scribner, Armstrong.

1983　　　*The Constitutional History of the Presbyterian Church in the United States of America.* Philadelphia: Presbyterian Board of Publication.

1855　　　*What is Presbyterianism?* Addressed May 1, 1855. Philadelphia: Presbyterian Board of Publication.

1871　　　*Systematic Theology.* 3 volumes. (New York: Charles Scribner's Sons

1878　　　*Discussions in Church Polity.* Edited by. William Durant. New York: Charles Scribner's Sons.

W. Andrew Hoffecker

1981　　　*Piety and the Princeton Theologians: Archibald Alexander, Charles Hodge, and Benjamin Warfield.* Philisburg, New Jersey: Presbyterian and

Reformed Publishing Co.

Ignatius
1985   *Epistle to the Magnesians.* In Alexander Roberts & James Donaldson. ed.
            The Ante-Nicene Fathers. vol. 1. Grand Rapids, Michigan: Eerdmans
            Publishing Company.

Simon Kistemaker
1966   *Calvinism: History-Principles-Perspectives.* Grand Rapids: Baker Book
            House.

John Knox
1982   *The Reforfmation in Scotland.* Edinburgh: The Banner of Truth Trust.

H. G. Koenigburger and George L. Mosse
1968   *A General History of Europe: Europe in the Sixteenth Century.* London:
            Longman Group. Ltd.

David C. Lachman
1988   *The Marrow Controversy 1718~1723: An Historical and Theological
            Analysis.* Edinburgh: Rutherford House.

John Leith
1980   *Introduction to the Reformed Tradition.* Richmond: John Knox Press.
1992   「개혁주의란 무엇인가?」 오창윤 역. 서울: 반석출판사.

T. M. Lindsay
1963   *History of Reformation.* Edinburgh.

Walter L. Lingle & John W. Kuykendall
1977   *Presbyterians: Their History and Beliefs.* Atlanta: John Knox Press.

Lefferts A. Loetscher

1978   A Brief History of the Presbyterians. Philadelphia: The Westminster Press.

Bradley J. Longfield
1991   The Presbyterian Controversy: Fundamentalists, Modernists, &
            Moderates. New York, Oxford: Oxford University Press. 「미국 장로교회
            논쟁」. 이은선 역. 서울: 아가페출판사.

John K. Luoma
1977   "Who Owns the Fathers? Hooker and Cartwright on the Authority of the
            Primitive Church," Sixteenth Century Journal, Vol VIII, No. 3.

Martin Luther
1982   Works of Martin Luther. Philadelphia Edition. vol. 1. Grand Rapids,
            Michigan: Baker Book House.

J. E. Malherbe, comp.
1998   The Edict of Nantes 1598-1998. Franschhoek, South Africa: Huguenot
            Memorial Museum.

George M. Marsden
1980   Fundamentalism and American Culture: The Shaping of Twentieth
            Century Evangelicalism 1875-1925. New York / Oxford: Oxford
            University Press.

Robert L. W. McCollum
1992   "Presbyterianism in Ireland 1642~1992," Reformed Theological Journal.

Elsie Anne McKee & Brian G. Armstrong, ed.
1989   Probing the Reformed Tradition: Historical Studies in Honor of Edward A
            Dowey, Jr. Louisville, Kentucky: Westminster / John Knox Press

Robert L. W. McCollum,
1992   "Presbyterianism in Ireland 1642~1992," Reformed Theological Journal.

John Macleod

1946   *Scottish Theology: In Relation to Church History.* Edinburgh: The Banner
        of Truth Trust.

W. Macmillan

1931   *The Worship of the Scottish Reformed Church, 1550~1638,* London.

John T. McNeill

1979   *The History and Character of Calvinism.* London, Oxford, New York:
        Oxford University Press.

Thomas M 'crie

1885   *The Life of Andrew Melville,* Edinburgh: William Blackwood and Sons.
1976   *The Life of John Knox.* Glasgow: Free Presbyterian Publications.

Frank S. Mead

1975   *Handbook of Denominations in the United States.* New Sixth Edition,
        Nashville: Abingdon.

H. Henry Meeter

1990   *The Fundamental Principle of Calvinism.* 「칼빈주의 근본원리」. 신복윤
        역. 서울: 성광문화사.
1992   Calvinism. 「칼빈주의」. 박윤선 · 김진홍 역. 서울: 개혁주의신행협회.

Samuel Miller

1842   *Presbyterianism The Truly Primitive and Apostolic Constitution of the
        Church of Christ.* Philadelphia: Presbyterian Board of Publication.

James Moffatt

1928   *The Presbyterian Churches.* London: Methuen & Co. Ltd.

J. N. Murphy

1886   *The Chair of Peter.* London: Burns and Oats.

J. E. Neal

1960 *The Age of Catherine de Medici.* New York: Torchbooks.

John F. New

1968 "The Whitgift-Cartwright Controversy," *Archiv fur Reformations-geschichte,* vol. 59.

Mark A. Noll

1992 *A History of Christianity in the United States and Canada.* Grand Rapids, Michigan: William B. eerdmans Publishing Company.

John A. O'Brien

1975 *Understanding the Catholic Faith.* Notre Dame: Ave Maria.

J. N. Ogilvie

1897 *The Presbyterian Churches: Their Place and Power in Modern Christendom.* New York, Chicago, Toronto: Fleming H. Revel Company.

Robert M. Patterson.

1896 *American Presbyterianism.* Philadelphia: Presbyterian Board of Publication and Sabbath-School Work.

Thomas Ephraim Peck

1892 *Notes on Ecclesiology.* Richmond, Virginia: Presbyterian Committee of Publications.

Lord Eustase Percy

1965 *John Konx.* Richmond, Virginia: John Knox Press.

Lak-Geoon George Paik

1970 *The History of Protestant in Korea 1832~1910.* Seoul: Yonsei University Press

John G. Rechtien

1977   "Antithetical Literary Structures in the Reformation Theology of Walter
            Travers." *Sixteenth Century Journal*, VIII-1. April.

R. C. Reed

1905   *History of the Presbyterian Church of the World*, Philadelphia: The
            Westminster Press.

W. Stanford Reid

1974   *Trumpeter of God: A Biography of John Knox*. Grand Rapids, Michigan:
            Baker Book House.

1982   *John Calvin : His Influence in the Western World*. Grand Rapids,
            Michigan: Zondervan Publishing House.

A. M. Renwick

1960   *The Story of the Scottish Reformation*. London : Inter-Varity Fellowship.

Edwin H. Rian

1940   *The Presbyterian Conflict*. Grand Rapids, Michigan: Eerdmans Publishing
            Company.

John J. Rice

1929   *The Presbyterian Church*, Richmond: Presbyterian Committee of
            Publications.

J. E. Rockwell

1854   *Sketches of the Presbyterian Church, Containing A Brief Summary of
            Arguments in Favour of Its Primitive an Apostolic Character and View of
            Its Principles, Order, and History, Designed Especially for the Youth of
            the Church*. Philadelphia: Presbyterian Board of Publication and Sabbath-
            School Work.

Jack Rogers

1985   *Presbyterian Creeds: A Guide to the Book of Confessions*. Philadelphia:

The Westminster Press.

John Von Rohr

1992   *The Shaping of American Congregationalism 1620~1957.* Cleveland,
        Ohio: The Pilgrim Press.

Samuel Rutherford

1982   *Lex Rex.* Harrisonburg. Virginia: Sprinkle Publications.

Philip Schaff

1890   *Creed Revision in the Presbyterian Churches.* New York: Charles
        Scribner's Sons. 1890.

1907   *History of the Christian Church.* volume 5. Grand Rapids: Eerdmans
        Publushing Company.

1910   *History of Christian Church.* vol. 2. New York: Charles Scribner's Sons.

2004   *History of Christian Church.*(교회사 전집), 이길상 역. 서울: 크리스챤 다
        이제스트 사.

Joseph Smith

1854   *Old Redstone, or Historical Sketches of Western Presbyterianism, Its
        Perilous Times and Its First Records.* Philadelphia.

Morton H. Smith

1962   *Studies in Southern Presbyterian Theology.* Philisburg, New Jersey:
        Presbyterian and Reformed Publishing Company.

H. Shelton Smith, Robert T. Handy, and Lefferts a Loetscher ed.

1963   *American Christianity: An Historical Interpretation with Representative
        Documents.* 2 vols. New York: Charles Scribner's Sons.

James H. Smylie

1985   *American Presbyterians.* Philadelphia: Presbyterian Historical Society.

Thomas Smyth

1843   *Ecclesiastical Republicanism.* New York: R. Carter.

J. P. Sommerville

1983   "The Royal Supremacy and Episcopacy 'Jure Divino' , 1603~1640,"
        Journal of Ecclesiastical History, Vol. 34, No. 4, October.

Matthew Spinka, ed.

1958   *Advocates of Reform: From Wyclif to Erasmus.* Library of Christian
        Classics. Philadelphia: Westminster Press.

Lewis Spitz

1971   *The Renaissance and Reformation Movements.* 2 vols. St. Louis:
        Concordia Publishing House.,

William Warren Sweet

1936   *Religion of the American Frontier: The Presbyterian 1783~1840.* Vol. 2.
        New York and London: Harper & Brothers.

1979   *The Story of Religion in America.* Grand Rapids, Michigan: The Baker
        Book House.

Ellis Robert Thompson

        A History of the Presbyterian Churches in the United States America.
        6:77.

Ernest Trice Thompson

1963   *Presbyterians in the South.* 2 vols. Richmond: John Knox Press.

Walter Travers

1617   *Full and Plaine Declaration of Ecclesiastical Discipline.* London.

Thomas Watson

1979   *Body of Divinity Contained in Sermons Upon the Assembly's Catechism.*
        Edited by George Rogers. Grand Rapids, Michigan: Baker Book House.

1874   "A Supplication Made to the Council." In *The Works of that Learned and Judicious Divine Mr. Richard Hooker Arranged by John Keble*. 6th Edition. vol. 3. Oxford: The Claredon Press.

Paul Tillich
1968   *A History of Christian Thought: From Its Judaic and Hellenistic Origins to Existentialism*. New York: Harper and Row

Leonard J. Trinterud
1970   *The Forming of an American Tradition*. New York: Books for Libraries Press.

Roland G. Usher
1905   *The Presbyterian Movement in the Reign of Queen Elizabeth as Illustrated by the Minute Book of the Dedham Classis 1582~1589*. London: Office of the Royal Historical Society.

David Walker
1983   "Thomas Goodwin and the Debate on Church Government," *Journal of Ecclesiastical History*, Vol. 34, No. 1.

James Walker
1982   *The Theology and Theologians of Scotland 1560~1750*. Edinburgh: Knox Press.

Richard Webster
1857   *History of the Presbyterian Church in America From Its Origin Until the Year 1760, With Biographical Sketches of It Early Ministers*. Philadelphia.

Benjamin B. Warfield
1900   "Are Articles of Peace Worth Keeping?" *The New York Observer* (May 17, 1900).
1979   *The Inspiration and Authority of the Bible*, ed. Samuel E. Craig. New

Jersey: The Presbyterian and Reformed Publishing.

James F. White

1992   *Documents of Christian Worship : Descriptive and Interpretive Sources.*
          Louisville, Kentucky : Westminster / John Knox Press.

Alexander Young

1975   *Chronicles of the First Planters of the Colony of Massachusetts Bay, from*
          1623 to 1636. Baltimore: Genealogical Publishing Co. Inc.

찾아보기